梁松濤 主編

雄安歷史文化叢書

雄安碑刻集

第二輯

第一册

北京燕山出版社

圖書在版編目（CIP）數據

雄安碑刻集. 第2輯 / 梁松濤主編. — 北京 : 北京燕山出版社, 2021.4
ISBN 978-7-5402-6054-5

Ⅰ. ①雄… Ⅱ. ①梁… Ⅲ. ①碑刻－彙編－雄安新區 Ⅳ. ①K877.42

中國版本圖書館CIP數據核字(2021)第035609號

ISBN 978-7-5402-6054-5

9 787540 260545 >

雄安碑刻集・第2輯

主　　編：梁松濤
責任編輯：劉朝霞
封面設計：采薇閣
出版發行：北京燕山出版社有限公司
社　　址：北京市豐台區東鐵匠營葦子坑138號C座
郵　　編：100079
電話傳真：86-10-65240430（總編室）
印　　刷：廣東虎彩雲印刷有限公司
開　　本：787×1092 1/8
字　　數：494.5千字
印　　張：126.5
版　　別：2021年04月第1版
印　　次：2021年04月第1次印刷
I S B N　978-7-5402-6054-5
定　　價：4980.00元　（全2册）

河北大學燕趙文化高等研究院
INSTITUTE FOR ADVANCED STUDY OF YANZHAO CULTURE,HEBEI UNIVERSITY
成|果|文|庫

《雄安歷史文化叢書》編委會

第二輯（第一册）

目録

文安

文安

〇一、唐版授恒州藁城縣令董明府（滿）墓誌銘

題解：

《唐版授恒州藁城縣令董明府（滿）墓誌銘》收録于中國文物研究所，河北省文物研究所：《新中國出土墓誌》（河北卷），北京：文物出版社，2012年，第42頁，刊刻于唐・咸亨三年（672）。誌石長60厘米，寬30厘米，厚10厘米。楷書。誌石1977年出土于文安縣城關鎮麻各莊村南，現藏于文安縣文物管理所。

誌文：

唐版授恒州藁城縣令董明府之墓誌銘

公諱滿，字士盈，邢州平鄉人也。往屬隋葉彫殘，華戎掎鹿，龍鱗懼觸，虎口難探，避地播遷，遂居茲土。其先董父之胤，策名虞典，列績炳于龍官；委質晋圖，良史光于麟筆。三秦壓紐，翼白帝以稱王；七雄吞聲，冠緑幘而臣聖。祖榮，魏梁州司馬。父義，周江王記室。並雲龍擅響，日鶴揮音，文艷鷄鳴，才侔雀頌。公性資天縱，器播生知，韜鳳翮以潛輝，韞龍彰而巨耀。陸沉齊物，晦跡同塵，州里稱曰麟駒，鄉號爲驥足。乾封元年，奉詔版授藁城縣令。咸亨二年十二月十四日終于家，春秋八十有八。息上柱國贊機、玄楚等，陟岵絶漿，倚廬泣血。粤以咸亨三年三月卅日，遷窆于文安縣北三里之平原，禮也。乃爲銘曰：

芳苗祚胤，遠冑洪源。派分颾國，飑散畿川。因官命氏，錫土斯藩。乃祖先父，學藪文雄。雲間布響，日下承風。代傅箕冶，葉轉良弓。惟公挺姿，器韞生知。陸沉齊物，嘉遁隨時。金山墜巘，玉樹摧枝。粤惟孝情，痛此佳城。冰魚夜奠，寒笋朝傾。敬銘翠琰，永置泉扃。

唐故授恒州槀城縣令董明府之墓誌銘　鮮
公諱□字士盈邢州平鄉人也往屬隋季彫殘秦我椅鹿龍攫觸虎
口難揆遐地楷遷遂居茲土其先董父之佩豢名虞典列績炳於龍
官委質晉國良史光於麟筆三秦靡細翼白帝以稱王七雄吞聲羅
緑惟□□□仕樂魏梁州司馬父義周沔王記室並雲龍擅響日鶴
揮音文□□□才伴崔頌公性資天縱器播生知韜鳳翮以潛輝韞
龍□□□□池齋物晦迹同塵州里稱曰麟駒鄉号爲驥是乾封
元年奉□詔□授槀城縣令咸亨二年十二月十四日終於家春秋
八十有八□上柱國贊機玄楚芩陟岵絶膝儲廬泣血粵以咸亨三
年三月卅日遷窆於文安縣北三里之平原礼也迺爲銘曰芳苗
稚胤遠曾興源派分飄國飽散駮川四官命氏錫土斯藩迺祖先
父學數文雄雲閒布響日下承風代傳箕治業轉良弓惟公□姿
器韞生知陸沈齊物嘉遁隨時金山墜璧玉樹摧枝□學惟孝情痛
此律城承奠夜真寒井朝傾哉銘翠琰永置泉扃

○二、銀青光禄大夫太子中允贈工部尚書清河張公（仁憲）神道碑並序

題解：

《銀青光禄大夫太子中允贈工部尚書清河張公（仁憲）神道碑並序》收録于民國十一年（1922）《文安縣志·藝文志》，李煥章撰文，刊刻于唐·大中十二年（858）。

碑文：

天垂四序，所以表歲成之功；地别九州，所以分代天之治。寒燠之運行叶度，河嶽之感應有期。是故體五常而承五福，贊九德而著九功。盛業克著于旂常，佳名攸傳于寰宇。景行藴蓄于玉德，積行必貽于後昆。儉不逮先學，思式崇業，揄揚尚不起美其儀刑，贊述猶不足狀其肅起。廣播名謩，焜燿今古。傳曰：「明德若不當代，其後必有達人。」富哉言乎！有大唐工部張公，孕靈有道之邦，懷抱縱横之略。宏圖推于一德，奇表出于萬人。操筆運六體之工，彎弧倍六鈞之力。輕財重義，急病攘夷。然諾信于友人，惠給行于州里。不以一隅自束，不以一節自持。情懷久約，常從結駟之遊；座列嘉賓，遍受脱驂之惠。視公家之禄，于我如浮雲；顧金玉之藏，比之于纖芥。居如列山，譬若置郵，語默順時，浮沉樂道；僶俛從事，逍遥不羈，嘗仕本州，歷居右職。貞元初，敕授銀青光禄大夫太子中允。貞元四年，薨于昌平縣之官舍，春秋七十五。旋窆于文安縣之西北安樂鄉原。夫人扶風郡太夫人魯氏，左厢兵馬使太子詹事福之女。行符箴頌，禮具蘋蘩。禍先文伯，恨深弃瀆。後公二十二年而殁。至是祔焉，禮也。公諱仁憲，字仁憲，其先清河人。五世相韓，文成見稱于漢代；三臺輔晋，壯武克大于當時。昭彰四表，厭飫八極。祖諱爲，瀛州刺史，封清河伯，遂家于燕。王父諱佐，明皇宣威將軍，行幽州和政府右果毅都尉。烈考諱元皎，宣節校尉、幽州德潤府折衝都尉，奕世載德，克廣前修。輝華閥閲之門，錯綜崆峒之秀。元子諱神寂，無禄早亡。嗣子諱光朝，冠軍大將軍，行左威衛大將軍，檢校國子祭酒，遷兵部尚書。訓稟義方，才推人世；學該典禮，識洞機符；倜儻不群，洞達無撓。出則摧鋒鏑，居則筦韜鈐。珠履常館于五千，鐵衣時驅于十

萬。勳銘彝器，譽冠縉紳。銀黃坐致，琴筑自娱。膺福履以樂天，坦襟懷以卒歲。積慶垂範，高朗令終。誕生元臣，爲國巨防兵部，嗣子諱仲武，今幽州盧龍節度副大使知節度使，兩蕃經略盧龍軍兼充招撫回鶻等使，銀青光禄大夫檢校司空同中書門下平章事兼幽州大都督府長史蘭陵郡王食邑三萬户。星辰降祥，川嶽鍾靈。秉政而清熙帝國，立言而金玉王度。嚴干戈以衛社稷，推篆象以究天人。側席求賢，勞心致禮。歷階清級，夙奉鴻私。洎受鉞專征，登庸任相。調和鼎鼐，圖治六卿之先；論道經邦，崇陟三臺之列。破獯鬻之衆，帳盈七千；拓鮮卑之疆，地開千里。萬狄稽顙，百蠻投誠，爲國幹楨，承天八柱。實生靈之藻鏡，爲明主之腹心。由是賞受二師，職承閫外之專；澤被宣宗，並受專城之寄。伯氏諱仲斌，薊州刺史、静塞軍營團練等使兼侍御史。季氏仲至，涿州刺史、永太軍營團練等使、檢校工部尚書、光禄大夫。繼續家實，蟬聯國楨。黄霸爲列郡之雄，關羽乃萬人之敵。相國有子曰宜方，國子祭酒兼御史丞。薊州有子，長曰得輔，國子祭酒兼侍御史；次曰得平，兼監察御史、審州司馬；敬玄，幽都主簿；敬殷，幽州參軍。洎長房有子曰沛，早亡；琇兼監察御史。有孫曰恵連，兼殿中侍御史。皆珪璋特達，冠蓋相望。丹青克紹于形容，蘭菊聯芳于英蒂。所謂勳業卓冠，儒史名家，穆然清風，高視群品。相國以逮事逾遠，聿修漸遥。松楸既行，琬琰永勒。景行安仰，思之罔寧。是用伐石他山，建碑立隧。以儉居其家，嘗窺舊史，竊熟華宗，授簡勒銘，期于直筆。盛德難名，扣弦闕而常思墮淚；諛聞强繹，媿黃絹而德愧受辛。終惟恐惶，敢載銘曰：

自泮玄黃，即垂載籍。華宗上德，奇謀異跡。聞道赤松，受兵黃石。道著昭晰，慶流輝赫。當塗代漢，興于丞曹。地分東西，位歷卑高。爲郎著筆，作宰操刀。國殊俊彦，代有英旄。降及元魏，清河連偶。爲郡臨燕，卜鳳載仆。公卿窟宅，德義泉藪。史不絶書，士無虛口。惟唐八葉，誕生尚書。文章軌範，禮義權輿。揮金滿路，載德盈車。清風穆若，待價沽諸。泳游道德，藴藉儒史。力荷千鈞，名馳萬里。不享眉壽，不登貴仕。道邁前修，慶流後嗣。克生令子，實曰時英。魁梧器宇，性格恢弘。爵位隆重，度量襟虛。業惟匡國，惟懷永圖。持衡秉鈞，杖鉞以壯。龜鶴齊年，山河比重。籍籍群從，秩秩德音。或臺或閣，如玉如金。日星照地，桃李垂蔭。雪霽崑廟，花繁鄧林。著于梧價，請勒景鐘。草木荒樸，衛刊夷鼎。金石既刻，丹青重炳。

大中十二年歲次戊辰八月壬戌朔十二日癸酉建

幽州盧龍節度使中散大夫檢校太子中允侍御史上柱國李儉撰

銀靑光祿大夫太子中允贈工部尚書淸河張公神道碑 并序

天垂四序所以表歲成之功地別九州所以分代天之治寒燠之運行叶度河岳之感應有期是故體五常而承五福贊九德而著九功盛業克著於旂常佳名攸傳於寰宇景行蘊蓄於玉德積行必貽於後昆儉不逮先學恩式崇業掄揚倘不起美其儀刑贊述猶不足狀其肅趨廣播名譽焜燿今古傳曰明德若不當代其後必有達人詎哉言乎有大唐工部張公孕靈有道之邦懷抱縱橫之略宏圖推於一德奇表出於萬人操筆運六體之工彎弧倍六鈞之力輕財重義急病攘夷然諾信於友人惠給行於州里不以一隅自束不以一節自持倜儻久約常從結綬之遊座列嘉賓遍受脫驂之惠視公家之祿於我如浮雲願金玉之藏比之於纖芥居如列山學若濟鄉語默順時浮沉樂道僶俛從事道遥不羈嘗仕本州歷居右職貞元初勅授銀靑光祿大夫太子中允貞元四年薨於昌平縣之官舍春秋七十五旋窆於文安縣之西北安樂鄉原夫人扶風郡太夫人魯氏左廂兵馬使太子詹事福之女行符箴頌禮具蘋蘩禍先文伯恨深棄瀆後公二十二年而歿至是祔焉禮也公諱仁憲字仁憲其先淸河人五世相韓文成見稱於漢代三尊輔晉壯武克大於當時昭彰四表脈飫八極祖諱爲瀛州刺史封淸河伯遂家於燕王父諱佐明皇宣威將軍行幽州和政府右果毅都尉烈考諱元峻宣節校尉幽州德潤府折衝都尉奕世載德克廣前修輝華閥閱之門錯綜崆峒之秀元子諱神寂無祿早亡嗣子諱光朝冠軍大將軍行左威衛大將軍檢校國子祭酒遷兵部尚書訓聞義方才推人世學該典禮識洞機符倜儻不群洞達無撓出則摧鋒

鎭居則營韜鈐珠履常結於五千鐵衣時驅於十萬勛銘彝器譽冠縉紳銀黃坐致琴筑自娛膺福履以樂天坦襟懷以卒歲積慶垂範高朗令終誕生元臣爲國巨防兵部嗣子諱仲武今幽州盧龍節度副大使知節度使兩番經略盧龍軍充招撫廻鶻等使銀靑光祿大夫檢校司空同中書門下平章事兼幽州大都督府長史蘭陵郡王食邑三萬戶星辰降祥川嶽鍾靈秉政而淸熙帝圖立言而金玉王度戢干戈以衛社稷推家象以究天人側席求賢勞心致禮歷階消級夙奉潔私洎受鉞專征登庸任相調和鼎鼐闡治六樂之先論道經邦崇陟三事之列破獫獯之衆帳盈七千拓鮮卑之疆地開千里萬狄稽顙百蠻投誠爲國幹楨承天八柱實生靈之藻鏡爲明主之腹心由是寘受二師職承閫外之專澤被宮宗並受專城之寄伯氏諱仲斌薊州刺史靜塞軍營團練等使兼侍御史季氏仲至涿州刺史永太軍營團練等使檢校工部尚書光祿大夫繼續家實蟬聯國楨黃霸爲列郡之雄關羽乃萬人之敵相國有子曰宜方國子祭酒兼御史丞薊州有子長曰得輔國子祭酒兼侍御史次曰得平兼監察御史審州司馬敬玄幽都主簿敬殷幽州參軍洎長房有子曰沛早亡秀兼監察御史有孫曰惠連兼殿中侍御史皆珪璋特達冠蓋相望丹靑克紹於形容蘭菊聯芳於英蒂所謂勳業卓冠儒史名家穆然淸風高視羣品相國以遠事逾遠聿修漸遙松楸既行琬琰永勒景行安仰思之罔寄是用伐石他山建碑立隧以儉居其家嘗覽舊史竊熟華宗授簡勒銘期於直筆盛德難名扣弦闕而常思墜淚訣聞強繹媿黃絹而德媿受辛終惟恐惶敢載銘曰自泮玄黃即乖載籍華宗上德奇謀異跡聞道赤松受兵黃石道著昭晰慶流輝赫當塗代漢興於承曹地分東西位歷卑高爲郎著筆作宰操刀國殊俊彥代有英旄降及元魏淸河連偶爲郡臨燕卜鳳載什公卿窟宅德義泉藪史不絕書士無虛口惟唐入葉誕生尚書文章

軌範禮義權輿揮金滿路載德盈車淸風穆若待價沽諸泳游道德蘊藉儒史力荷千鈞名馳萬里不享眉壽不登貴仕道邁前修慶流後嗣克生令子實曰時英魁梧器宇性格恢弘爵位隆重度量襟虛業惟匡國惟懷永圖持衡秉鈞杖鉞以壯鎡錤齊年山河比重籍籍羣從秩秩德音或臺或閣如玉如金日星照地桃李垂蔭雪齊嵐廟花繁鄧林著於梧價請勒景鐘草木荒朴衛刋夷鼎金石既刻丹靑重炳　大中十二年歲次戊辰八月壬戌朔十二日癸酉建幽州盧龍節度使中散大夫檢校太子中允侍御史上柱國李儉撰

〇三、唐河内故常府君（克謀）墓誌銘

題解：

《唐河内故常府君（克謀）墓誌銘》收録于中國文物研究所，河北省文物研究所：《新中國出土墓誌》（河北卷），北京：文物出版社，2012年，第95–96頁。王仲孚撰文，刊刻于唐·咸通六年（865）。誌石長45厘米，寬42厘米，厚3厘米，誌文24行，行10–13字不等。楷書。誌石1974年出土于文安縣趙各莊鄉蘆各莊村，現藏于文安縣文化館。

誌文：

大唐河内故常府君墓誌銘並序

鄉貢五經瑯琊王仲孚撰

常氏之先，后稷之苗，文武之裔，實列授氏，食菜因封，遂爲河内郡人也。府君諱克謀，字境安。曾祖諱冀，字行能，上谷郡司馬試大理評事。列祖諱慶冲，字希夷，學通三教，秘奥道門，霞服霓裳，絶跡塵外。王父諱獻，字貢賓，年纔弱冠，鄉舉孝廉，遂遥攝檀州司户參軍。府君即大理之曾孫，人曹之長子也。公器量恢廓，崇義好古，性唯廉直，立操孤標，議人之所不義，評人之所不平。豈謂大運有期，厥疾斯遘。以咸通五年十一月十四日，終于安樂鄉孫村别業之所，攢塗在堂，春秋七十有七。夫人南陽樂氏，禮同曹蔡，兆箸和鳴。女功善于紃組，婦德備于蓁修。何圖降年不永，早掩泉臺。等林花一枝先落，比鴻雁雙影斷連。以大和三年四月十八日，終于孫村别業，享齡三十有八。以咸通六年十月十二日合祔于莫亭之東，文安之西，去城一十里，安樂鄉孫村别業之東南三里。卜擇高崗，築墳藝梓，以備孝祀蒸嘗之禮。繼夫人太原王氏，所天遽喪，蓬室麻衣，撫育羈孤，無虧晝哭。有子二人，即南陽之自出也。長曰公杞，幼而嗜學，業至研精，洞曉何論，時推傳癖。逢聖上闡文之日，當相國奬能之秋，差遥攝平州石城縣尉。次曰公涉，居家治理，孝而能仁，負米躬耕，以懽晨夕。有女二人：長適弘農楊氏，次娉太原王氏。有孫三人：長曰牧，次曰枚，季曰收。俱秀而文，有黄繭色絲之譽。仙曹若不好弄，而能泣血援毫命于仲孚。仲孚才微管見，與仙曹孔門益友，雲水交知，辭讓不逮，而爲銘焉。

昭昭口族，郁郁其文。禮樂推美，令德爲尊。乃祖乃父，文子文孫。榮耀九族，光揚一門。英英嗣子，孝敬竭誠。築墳藝梓，以修哀榮。泣則有血，哭而無聲。喬山片石，千秋令名。

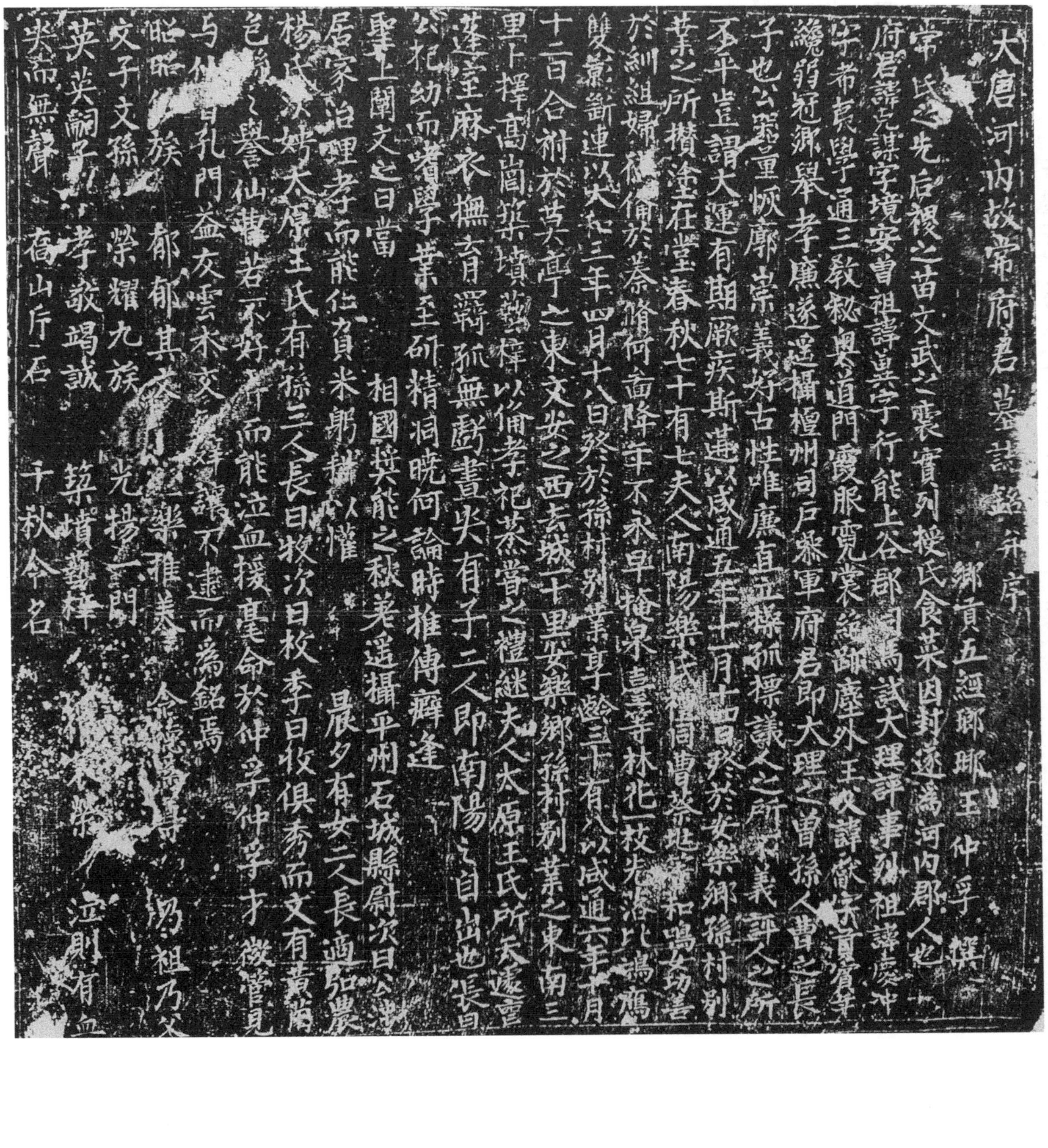

○四、故文安主簿蘇公（洵）墓誌銘

題解：

《故文安主簿蘇公（洵）墓誌銘》收録于民國十一年（1922）《文安縣志·藝文志》，歐陽修撰文，刊刻于宋·治平四年（1067）。

誌文：

有蜀君子曰蘇公，諱洵，字明允，眉州眉山人也。君之行義修于家，信于鄉里，聞于蜀之人久矣。當至和、嘉祐之間，與其二子軾、轍至京師。翰林學士歐陽修得其所著書二十二篇，獻諸朝。書既出，而公卿士大夫争傳。其二子舉進士，皆在高等，亦以文章稱于時。

眉山在西南數千里外。一日，父子隱然名動京師，而蘇氏文章遂擅天下。君之文，博辯宏偉，讀者悚然，想見其人。既見而温温似不能言。及即之，與居愈久而愈可愛，間出其所有，愈叩而愈無窮。嗚呼！可謂純明篤實之君子也。曾祖諱祐，祖諱杲，父諱序，贈尚書職方員外郎，三世皆不顯。職方君三子，曰澹，曰涣，皆以文學舉進士。而君少獨不喜學，年已壯，猶不知書。職方君縱而不問，鄉閭親族皆怪之。或問其故，職方君笑而不答，君亦自如也。年二十七，始大發憤，謝其素所往來少年，閉户讀書爲文辭。歲餘，舉進士，再不中。又舉茂才異等，不中。退而歎曰：「此不足爲吾學也。」悉取所爲文數百篇焚之。益閉户讀書，絶筆不爲文辭者五六年。乃大究六經百家之説，以考質古今成敗治亂、聖賢窮達出處之際，得其精粹，涵濡充溢，抑而不發。久之，慨然曰：「可矣。」由是下筆頃刻數千言，其縱横上下，出入馳驟，必造于深微而後止。蓋其稟也厚，故發之遲；志也慤，故得之精。自來京師，一時後生學者皆尊其賢，學其文，以爲師法，以其父子俱知名，故號老蘇以别之。初，修爲上其書，召試紫微閣，辭不至，遂除試秘書省校書郎。會太常修纂建隆以來禮書，乃以爲霸州文安縣主簿，使食其禄，與陳州項城縣令姚闢同修禮書，爲《太常因革禮》一百卷。書成，方奏未報，而君以疾卒。實治平三年四月戊申也，享年五十有八。天子聞而哀之，特贈光禄寺丞，敕有司具舟載其喪歸于蜀。君娶程氏，大理寺丞文應之女。生三子：曰景先，早卒；軾，今爲殿中丞、直史館；轍，權大名府推官。三女皆早卒。孫曰邁，曰遲。有文集二十卷，《謚法》三卷。君善與人交，急人患難，死則恤養其孤，鄉人多德之。蓋晚而好《易》，曰：「《易》之道深矣。汩而不明者，諸儒以附會之説亂之也。去之，則聖人之旨見矣。」作《易傳》，未成而卒。治平四年十月壬申，葬于彭山之安鎮鄉可龍里。君生于遠方，而學文晚成。常歎曰：「知我者，惟吾父與歐陽公也。」然則非余，誰宜銘？銘曰：

蘇顯唐世，實樂成人。以宦留眉，蕃蕃子孫。自其高曾，鄉里稱仁。偉歟明允，大發于文。亦既有文，而又有子。其存不朽，其嗣彌昌。嗚呼明允，可謂不亡。

故文安主簿蘇公墓誌銘　歐陽修

有蜀君子曰蘇公諱洵字明允眉州眉山人也君之行義修於家信於鄉里聞於蜀之人久矣當至和嘉祐之間與其二子軾轍偕至京師翰林學士歐陽修得其所著書二十二篇獻諸朝書既出而公卿士大夫爭傳其二子舉進士皆在高等亦以文章稱於時眉山在西南數千里外一日父子隱然名動京師而蘇氏文章遂擅天下君之文博辯宏偉讀者悚然想見其人既見而溫溫似不能言及即之與居愈久而愈可愛間出其所有愈叩而愈無窮嗚呼可謂純明篤實之君子也曾祖諱祐祖諱杲父諱序贈尚書職方員外郎三世皆不顯職方君三子曰澹曰渙皆以文學舉進士而君少獨不喜學年已壯猶不知書職方君縱而不問鄉閭親族皆怪之或問其故職方君笑而不答君亦自如也年二十七始大發憤謝其素所往來少年閉戶讀書為文辭歲餘舉進士再不中又舉茂才異等不中退而歎曰此不足為吾學也悉取所為文數百篇焚之益閉戶讀書絕筆不為文辭者五六年乃大究六經百家之說以考質古今成敗治亂聖賢窮達出處之際得其精粹涵蓄充溢抑而不發久之慨然曰可矣由是下

筆頃刻數千言其縱橫上下出入馳驟必造於深微而後止蓋其稟也厚故發之遲志也慤故得之精自來京師一時後生學者皆尊其賢學其文以為師法以其父子俱知名故號老蘇以別之初修為上其書召試紫微閣辭不至遂除試秘書省校書郎會太常修纂建隆以來禮書乃以為霸州文安縣主簿使食其祿與陳州項城縣令姚闢同修禮書為太常因革禮一百卷書成方奏未報而君以疾卒實治平三年四月戊申也享年五十有八天子聞而哀之特贈光祿寺丞勅有司具舟載其喪歸於蜀君娶程氏大理寺丞文應之女生三子曰景先早卒軾今為殿中丞直史館轍權大名府推官三女皆早卒孫曰邁曰遲有文集二十卷謚法三卷君善與人交急人患難死則卹養其孤鄉人多德之蓋晚而好易曰易之道深矣汨而不明者諸儒以附會之說亂之也去之則聖人之旨見矣作易傳未成而卒治平四年十月壬申葬於彭山之安鎮鄉可龍里君生於遠方

而學文晚成常歎曰知我者惟吾父與歐陽公也然則非余誰宜銘銘曰蘇顯唐世實欒成人以宦留眉蕃蕃子孫自其高曾鄉里稱仁偉歟明允大發於文亦既有文而又有子其存不朽其嗣彌昌嗚呼明允可謂不亡

○五、張氏先塋碑記

題解：

《張氏先塋碑記》收録于民國十一年（1922）《文安縣志・藝文志》。

碑文：

奉訓大夫（缺二字）州知州（缺二字）本州諸憲典（缺二字）勸農事張我鑛。奉訓大夫（缺二十六字）歲丙午正月（缺一字）戌（缺一字）武校尉、涿州判官張狀其世次，如（缺十二字）京師（缺六字）曰：「惟我考以力田（缺一字）粟，賑災周匱，蒙聖上（缺五字）幸賴庇，叨厠郡僚之末，禄不終養。兆失所天，言念蓼莪之義，（缺七字）故事，將揭一石于（缺一字）昭示後昆，德不致湮没（缺六字）以至澤及存没矣。」愚維其誠，雅意不可終辭，遂叙而銘焉。

按：張氏世居霸州文安縣（缺三字），大父維在畎畝，慨然恒有（缺八字）。水旱兼發，以濟人（缺一字），以全活者甚衆。鄉人負其財，争者必曰：「汝不愧張氏乎？」其信重（缺二字）。娶（缺一字）氏，生大父（缺四字）未冠，會壬辰之亂，父母俱歿于兵。（缺二字）時河南饑荒，上下無統，强焉凌弱，衆焉暴寡，孰得而控制之？故其遺昆習狃捍忍日相（缺四字）。有顔張三俠，各統（缺二字）百人（缺十四字）有姓者泣告曰：我闔門久賴張氏撫字，無地可酬。我肥且碩，願代死以濟衆（缺四字）而（缺十九字）散亡（缺十字）不數年，以致豐腆，旁近貧乏者，或貲粟積六十年（缺三字）。八月二十三日（缺四字）卒。生父伯用，四女俱適士（缺四字）族。伯用，字春和，謹願寬恕，（缺四字），喜怒不形于色，物我無間諸心，儲振支歲外悉（缺七字）赴人之急，如恐不及。

至元十八年，父（缺十二字）不差，乃默禱于天，誓代其死。夜夢神賜（缺二字），既寤（缺七字）。十九年（缺三字）民（缺二十八字）梁仲友等狀其事，以聞拱衛（缺六字）太醫院（缺四字）府司大卿王伯順入奏（缺七字）世祖（缺一字）歲十一月乙亥，並次子召見（缺二字），上問其齒，對六十有二。問濟民今經幾載，對以祖考以來，幾二百年矣。（缺九字），上以張氏以慈救苦，若（缺一字）問有是心，曰以好人目之。顧謂中書右丞相完澤曰：汝等（缺五字）天下，民無饑困（缺四字），賜之錢一（缺一字）貫（缺十字）以無功，竟不果受。（缺四字）賜食殿中，仍賜（缺一字）一領，金鉤玉環，金頭玉杖，玻璃瓶盞（缺二字）瓶盞。復喻完澤暨平章政事不忽謀曰：「（缺三字）奕美，父善子不惡，好人之子（缺三字）令仕途，試中書省軍使。」乙卯冬（缺一字），復賜（缺二字），坐公于百僚之右，大陳樂隊，使觀之。因問農桑事，應對甚悉。（缺十字），上佳其（缺一字）質。因喻以調護（缺四字），及出，目送久之。三十年春（缺十一字）駕幸上都，六月，敕中書平章政事梁俺都剌，就賜雲南所貢玉仙于其家。十月，公（缺三字）百斛以獻，復賜錢二千五百緡，辭其半受之。以大德九年九月十九日遭病而終。先期自白云：「吾明日逝矣。」因置酒，遍嘗親舊，爲訣遺戒子孫曰：「祖宗積德久矣，迨我（缺三字）國寵，自慚過分，若等孜孜爲善，不墜前功，余瞑目地下矣。」以遠近負欠文券五千餘緡，悉焚之。服所賜衣帽（缺一字）飲酒之賓，急令據床當户，是日捐館。其明了如此，享年七十有六。祔葬于先塋，禮也。配劉氏，先公卒。子四人：長曰璡，字國器，娶王氏。次即敦武，曰玉，字國寶，阿買，小字也，娶王氏。自中書宣使奉旨授霸州知州。父伯用辭，以越次暴貴不祥，改沂尹，秩滿受今職。玉性孝弟，清儉律己，寬厚（缺三字），以廉能稱。次曰珪，字國瑞，娶傅氏。次曰璘，字國珍（缺四字），適李氏之子。繼妻高氏，一女，適高氏子。男孫三人，皆幼。嗚呼！古語有之：源深則流廣，積厚則傳遠。觀張（缺二字）氏（缺一字）世，以致天子寵賚，遐爾問想聞其風采。彼饕餮忘身之儔，豈同年而語哉！竊謂以財發身，積而能散，出于天理之正。其慶垂奕，世世子孫金紫，一門忠孝，蓋有所自云。銘曰：

張氏之源，清河其先。先緊文安之一族，邈不知幾代之弗還。但善稼而爲農師，分端倪而耕田。貯糧爲珍，珠璣爲賤。惟知濟饑夫于凶年，兵塵（缺二字）于河（缺二字）急脱命乎血吻之迫。德培義溉，濟困持顛，救寒袴襦，療饑糜饘，具三（缺二字）。有（缺二字）義楚不減于前，（缺三字）海而（缺一字）四民沐，膾炙之口，聲聞于九年。布衣五造于禁闥，契淵衷而沐雨露之遍。御衣其鮮，寶器其全。子孫朱紫，四馬騙騙。詳于問之，（缺一字）平八埏（缺三字）以福根之固，永廣漣漪，以（缺一字）之延，其陰積夥而陽報乃彰，我知理勢之必然。艾子之原，張氏之阡，刻貞珉而發魂于九泉。

張氏先塋碑記

奉訓大夫缺二字州知州缺二字本州諸憲典缺二字勸農事張我鑛奉訓大夫缺十二字
缺二十六字歲丙午正月缺一字戊缺一字武校尉涿州判官張狀其世次如缺十二字
京師缺六字曰惟我考以力田缺一字粟賑災周匱蒙聖上缺五字幸賴庇叨厠
郡僚之末祿不終養兆先所天言念蓼莪之義缺七字故事將揭一石於缺一字

昭示後昆德不致湮沒缺六字以至澤及存沒矣愚維其誠雅意不可終
辭遂叙而銘焉按張氏世居霸州文安縣缺三字大父維在畎畝慨然恒有
缺八字水旱兼發以濟人缺一字以全活者甚衆鄉人負其財爭者必曰汝不
愧張氏乎其信重缺二字娶缺一字氏生大父缺四字未冠曾壬辰之亂父母俱
歿於兵缺二字時河南饑荒上下無統强爲凌弱衆爲暴寡孰得而控制之
故其遺昆習狃捍忍日相缺四字有顏張三俠各統缺二字百人缺十四字有姓者
泣告曰我閭門久賴張氏撫字無地可𠜂我肥且碩願代死以濟衆缺四字
而缺十九字散亡缺十字不數年以致豐腴旁近貧乏者或貸粟積六十年缺三字
八月二十三日缺四字卒生父伯用四女俱適士缺四字族伯用字春和謹愿
寬恕缺四字喜怒不形於色物我無間諸心儲振支歲外悉缺七字赴人之急
如恐不及至元十八年父缺十二字不差乃默禱於天誓代其死夜夢神賜缺二字
既瘠缺七字十九年缺三字民缺二十八字粱仲友等狀其事以聞拱衛缺六字太
醫院缺四字府司大卿王伯順入奏缺七字世祖缺一字歲十一月乙亥並次子
召見缺二字上問其齒對六十有二問濟民今經幾載對以祖考以來幾二
百年矣缺九字上以張氏以慈救苦若缺一字問有是心曰以好人目之顧謂
中書右丞相完澤曰汝等缺五字天下民無饑困缺四字賜之錢一缺一字貫缺十字
以無功竟不果受缺四字賜食殿中仍賜缺一字一領金鈎玉環金頭玉杖
玻璃瓶盞缺二字瓶盞復喻完澤暨平章政事不忽謀曰缺三字奕美父善子
不惡好人之子缺三字令仕途試中書省軍使乙卯冬缺一字復賜缺二字坐公

於百僚之右大陳樂隊使觀之因問農桑事應對甚悉缺十字上佳其缺一字
質因喻以調護缺四字及出目送久之三十年春缺十一字駕幸上都六月勑中
書平章政事粱俺都剌就賜雲南所貢玉仙於其家十月公缺三字百斛以
獻復賜錢二千五百緡辭其半受之以大德九年九月十九日遘病而終
先期自白云吾明日逝矣因置酒徧請親舊爲訣遺戒子孫曰祖宗積德

久矣迨我缺三字國寵自慚過分若等孜孜爲善不墜前功余瞑目地下矣
以遠近負欠文券五千餘緡悉焚之服所賜衣帽缺一字飲酒之實急令據
床當戶是日捐館其明了如此享年七十有六祔葬於先塋禮也配劉氏
先公卒子四人長曰璉字國器娶王氏次即敦武曰玉字國寶阿買小字
也娶王氏自中書宣使奉旨授霸州知州父伯用辭以越次暴貴不祥改
沂尹秩滿受今職玉性孝弟淸儉律已寬厚缺三字以廉能稱次曰珪字國
瑞娶傅氏次曰璘字國珍缺四字適李氏之子繼妻高氏一女適高氏子男
孫三人皆幼嗚呼古語有之源深則流廣積厚則傳遠觀張缺二字氏缺一字
世以致天子寵賚遝邇問想聞其風采彼饕餮忘身之儔豈同年而語哉
竊謂以財發身積而能散出於天理之正其慶乖奕世世子孫金紫一門
忠孝蓋有所自云銘曰張氏之源淸河其先先緊文安之一族邈不知幾
代之弗遷但善稼而爲農師分端倪而耕田貯糧爲珍珠璣爲曉惟知濟
饑夫於凶年兵塵缺二字於河缺二字急脫命乎血吻之迫德培義漑濟困持
顛救寒袴襦療饑糜饘具三缺二字有缺二字義楚不滅於前缺三字海而缺一字
四民沐膾炙之口聲聞於九年布衣五造於禁闥契淵衷而沐雨露之徧
御衣其鮮寶器其全子孫朱紫四馬騸騸詳於問之缺一字乎八埏缺三字以
禍根之固永廣漣漪以缺一字之延其陰積夥而陽報乃彰我知理勢之必
然艾子之原張氏之阡刻貞珉而發魂於九泉

○六、邑令吴君（質）德政碑記

題解：

《邑令吴君（質）德政碑記》收録于民國十一年（1922）《文安縣志・藝文志》，刊刻于元・延祐六年（1319）。

碑文：

國家設百司庶位，惟以治安天下、撫字黎元爲務。然職乎民者，郡之守，邑之令。雖維二人，而令尤邇民，其縣之休戚，俗之徽惡係焉。苟非公勤廉慎、明敏果决、寬猛得宜者，曷以勝其任哉。延祐己未仲冬初吉，國子博士八撒忽都魯介助教潘澤、長史李君讓以所述文安尹吴君行實示予曰：「尹下車迄今，秩滿而治績著聞，耆宿趙璧等欲爲立石。願文之以播其美，幸無讓爲。」予嘉夫邑令尹從事之勤，鄉人好善之篤，暨三子請謁之固，未易以不敏辭。

按：君吴姓，杭人，名質，字之文。幼以明經進，法律之學，尤所精邃。繇刑曹入掾中書，銓衡器其能，調廣平幕，長而婉畫深謀，綜理郡縣之政，咸適其平，内外莫不歎服。如肥鄉有盗宰他人之畜，胥食其肉，欲縱而勿論，君爲禁治。武安縣僚方以貪污被詰，輒還其職，君劾而停之。榆林郡夫方以貧乏是訴，友益其需，君較而削之。以至置學宫之書，類架閣之牘，靡不淑意，則其施爲有素，概可見矣。

延祐四祀，官承仕郎，來尹是邑。莅事之初，謁宣聖廟，睹學校弛廢，席久虚乏。詢其故，以爲無土産之贍，遂悉心營度。得縣之北鄉石溝港蕪田四頃五十畝，親詣其畔。命工揭石于大成殿之西，用給粢盛廪餼之費，文物浸興由兹始。君每巡鄉勸農不以吏從，第令社學儒生代書，教以播種畦桑，躬詣督責。勤者獎，惰者懲，民勸而致效。農隙之月，謹庠序，申孝弟，民化而向義。

君嘗周覽縣境地形，東北俱下，滹沱河水泛溢民田，具以陳仲温所言利病，稟于上官，疏河築堰。應役之工，取户大丁衆者充之。度地施力，民不知擾，而厥功告成。水退獲粒食之田畝頃計者，五百有畸，可謂一勞永逸，暫費永寧。

折隳户額，歷年既遠，物力增損不同，及影匿勢户，皆閲實均俵。先是催徵納秸之際，民苦其責，君約以三甲輸之，卒不勞而辦。芻塲役夫昔從鄉正，高下其手，君驗以有力者隨月就役。飼馬之所，歲占萬氏地，廐之所需，重斂于民。君以田歸其主，即官曠地創瓦舍，爲楹三十有四，芻豢莝秣之具備焉。前此稱傳者至縣，即取民馬轉送，君勸率僚吏循還遞之。民俗習爲奢僭，婚嫁失時，示以三等例禁，使貧富適宜。以信符妨農，惟用之于金穀刑名，並置訟簿狀牌，隨其事之輕重，期日而決。屯田冒編劉氏地，君究其情，即判而歸之。向以水患民逋于四方，君招誘復業。又值饑年，告糧振濟幾千餘户。又以彌盗之略粉諸門壁，籍其户名，更相保攝。仍革换候館廝養之徒，戒以勿得群聚宵出，牧踐于野，境内寧謐，無攘竊之虞。嗚呼！君之爲縣，興便去弊，曲盡其力，蓋處心以公而不以私也。邑之民于及瓜之後，惓惓不忘其惠，特勸銘以頌德，非有愛民之實者，能致是歟？雖然觀其行之跡，不瑣瑣以求細，不紛紛以釣聲，可謂能且才矣。俾凡承流宣化之官，咸以此心爲心，何患乎天下之不底治，黎民之不得其所哉？故表而書之，庶幾後來亦將有聞風而興起者焉。其辭曰：

維邑之令，職最親民。治否休戚，實係其人。侃侃吴君，繇部掾省。繼進名藩，爲郡挈領。霸之文安，號爲難治。君僅三年，績著五事。下車之日，首謁儒宫。闢田養士，丕變文風。勸農樹藝，罰惰旌勤。禾稼壠上，茂茂如雲。農隙之日，乃立鄉庠。修其孝弟，教以義方。疇昔滹水，蕩析民居。若疏其勢，患已遠除。曩者秣馬，歲占民田。君即曠地，創舉翼然。轉送傳車，數煩民騎。君勸吏僚，循環更遞。俗尚奢僭，婚嫁失時。君示三例，使適厥宜。念彼信符，妨農未便。金穀刑名，用之斯善。置爾訟簿，與爾狀牌。隨事輕重，期日而裁。載籍屯田，冒編劉氏。爰究其情，輒歸其地。水患時至，民逋四方。加意招誘，咸復舊疆。饑饉薦臻，莩者填路。舉廪賑濟，幾千餘户。慮盗竊發，方略是施。排門粉壁，令各保持。戒令候館，及廝養者。宵勿群聚，出踐郊野。君績既成，境内肅清。犢以刀易，犬不夜驚。偉哉施設，利興弊革。存心以公，愛人以德。惠愛所遺，去而益思。睹棠有咏，墮淚有碑。凡今爲縣，不知其幾。使皆如君，世安不理。託諸石鐫，庸表厥賢。來者聞風，庶幾勸焉！

邑令吳君德政碑記　　元　人

國家設百司庶位惟以治安天下撫字黎元爲務然職乎民者郡之守邑之令雖離二人而令尤邇民其縣之休戚俗之徽惡係焉苟非公勤廉愼明敏果決寬猛得宜者曷以勝其任哉延祐己未仲冬初吉國子博士八撒忽都魯介助教潘淳長史李君讓以所述文安尹吳君行實示予曰尹

天津廣興大街　澄泰印字館印

下車迄今秩滿而治績著聞耆宿趙璧等欲爲立石願文之以播其美幸無讓爲予嘉夫邑令尹從事之勤鄉人好善之篤暨三子請謁之固未易以不敏辭按君吳姓杭人名質字之文幼以明經進法律之學尤所精邃繇刑曹入掾中書銓衡器其能調廣平幀長而婉晝深謀綜理郡縣之政咸適其平內外莫不歎服如肥鄉有盜宰他人之畜胥食其肉欲縱而勿論君爲禁治武安縣僚方以貪汚被詰輒還其職君劾而停之榆林郡夫方以貧乏是訴友益其需君敕而削之以至置學宮之書類架閣之牘靡不淑意則其施爲有素概可見矣延祐四禩官承仕郎來尹是邑莅事之初謁宣聖廟覩學校弛廢席久虛乏詢其故以爲無土產之贍遂悉心營度得縣之北鄉石溝港黑田四頃五十畝親詣其畔命工揭石於大成殿之西用給粢盛廩餼之費文物浸興由茲始君每巡鄉勸農不以吏從第令社學儒生代書教以播種畦桑躬詣督責勤者獎惰者懲民勸而致効農隙之月謹庠序申孝弟民化而向義君嘗周覽縣境地形東北俱下滹沱河水泛溢民田具以陳仲還所言利病稟於上官疏河築堰應役之工取戶大丁衆者充之度地施力民不知擾而厥功告成水退獲粒食之田畝頃計者五百有畸可謂一勞永逸暫費永寧折鹽戶額歷年既遠物力增損不同及影匿勢戶皆閱實均俵先是催徵納桔之際民苦其責君約以三甲輪之卒不勞而辦芻塲役夫昔從鄉正高下其手君驗以有力者隨月就役飼馬之所歲占萬氏地厩之所需重歛於民君以田歸其主即官曠地創瓦舍爲槽三十有四芻豢至秣之具備焉前此稱傳者至縣即取民馬轉送君勸率僚吏循還遞之民俗習爲奢僭婚嫁失時示以三等例禁使貧富適宜以信符妨農惟用之於金穀刑名並置訟簿狀牌隨其事之輕重期日而決屯田冒編劉氏地君究其情即判而歸之向以水患民逋於四方君招誘復業又値饑年告糴振濟幾千餘戶又以彌盜之署

天津廣興大街　澄泰印字館印

粉諸門壁籍其戶名更相保攝仍革換候館厮養之徒戒以勿得羣聚宵出牧踐於野境內寧謐無攘竊之虞嗚呼君之爲縣興便去弊曲盡其力盡慮心以公而不以私也邑之民於及瓜之後惓惓不忘其惠特勒銘以頌德非有愛民之實者能致是歟雖然覩其行之迹不瑣瑣以求細不紛紛以鈞聲可謂能且才矣俾凡承流宣化之官咸以此心爲心何患乎天下之不底治黎民之不得其所哉故表而書之庶幾後來亦將有聞風而興起者焉其辭曰維邑之令職最親民治否休戚實係其人侃侃吳君繇部掾省繼進名藩爲郡挈領翕之文安號爲難治君僅三年績著五事下車之日首謁儒宮闢田養士不變文風勸農樹藝罰惰旌勤禾稼隴上茂茂如雲農隙之日迺立鄉庠修其孝弟教以義方疇昔滹水蕩析民居君疏其勢患已遠除蘖者秣馬歲占民田君卽曠地創舉翼然轉送傳車數煩民騎君勸吏僚循環更遞俗尚奢僭婚嫁失時君示三例使適厥宜念彼信符妨農未便金穀刑名用之斯善置爾訟簿與爾狀牌隨事輕重期日而裁載籍屯田冒編劉氏爰究其情輒歸其地水患時至民逋四方加意招誘咸復舊廬饑饉薦臻孚者塡路舉廩賑濟幾千餘戶盧盜竊發方略是施排門粉壁令各保持戒令候館及厮養者宵勿羣聚出踐郊野君績既成境內肅清犢以刀易犬不夜驚偉哉施設利興弊革存心以公愛人以德惠愛所遺去而益思覩棠有咏墮淚有碑凡今爲縣不知其幾使皆如君世安不理託諸石鐫庸表厥賢來者聞風庶幾勸焉

〇七、明山東按察司副使王君繼室宋孺人（榮）墓誌銘

題解：

《明山東按察司副使王君繼室宋孺人（榮）墓誌銘》收録于中國文物研究所、河北省文物研究所：《新中國出土墓誌》（河北卷），北京：文物出版社，2012年，第195–196頁。顧鼎臣撰文，文徵明撰蓋，文徵明書，刊刻于明・嘉靖四十年（1561）。誌石長66.5厘米，寬67厘米，厚12.5厘米，蓋長67厘米，寬67厘米，厚12.5厘米。誌文31行，滿行28字。蓋文5行、滿行4字。篆書。誌石1981年出土于文安縣城關鎮袁家郭村，現藏于文安縣文物保管所。

誌文：

明山東按察司副使王君繼室宋孺人墓志銘

孺人姓宋氏，諱榮，其先北直隸之保定人。祖禎，累官太僕寺卿。父昂，鴻臚寺序班。母朱氏。孺人自幼有賢淑聲，王君元配邢氏不禄，厥考爲擇佳偶，遂委禽焉。入門，值家中落，君又絆身于庠舍，孺人勤約自將，粒蓄絲累，凡歲時養祭之需，宗姻問遺之禮，逮裘葛米鹽瑣細之務，咸力任之，營辨罔不給足。君以是得肆力于學，行能藝業出輩類諸生上。登嘉靖癸未進士第，初授靈壁縣知縣，繼調嘉定縣，徵拜貴州道監察御史。考績，孺人得授今封。君方以蘇州府知府擢山東按察司副使，仍飭太倉州兵備，名位通顯自茲始，而孺人不待矣。孺人生于成化乙巳十月十五日，卒于嘉靖丁酉冬十月十六日，享年五十有三。以卒之後二年己亥二月初七日，卜葬于郭外東北隅之原。厥後王君以副都御史歸，享年七十有八，不禄于嘉靖戊午十一月初三日。迨己未冬，因擇葬于城西郭裏村之原，即以孺人合窆焉。子男三：長綰，次紳，俱國子生；次絡。女三：長邢出，適楊九經；次適張衢，季殀，皆孺人出。孫男四，俱稚弱。孺人婉順而明達。初事兵憲君，見讀書意稍倦怠，輒微言以諷之。事姑太恭人封氏左右，奉養極其敬慎，有疾早夜扶掖，

供進湯藥，不少懈。及卒，哀毀逾節，歲時家廟烝嘗之薦尤虔，每泣而嘆曰：「舅姑存，無以爲養；今有禄入，親不能享。」正德辛未，夫疾幾殆，孺人憂懣，至忘寢食，夜必焚香露禱，願以身代，感夢神人授以劑，夫良愈。尤善教子，有弗率必呵叱之，甚則繼以楚撻，嘗曰：「人家子不才，皆母溺愛以致之爾。」邢孺人所遺女，甫二歲，撫愛如己出；長而嫁，與己女無分毫殊也。君自爲縣令御史知府，所至舉職樹異，政起嘉績，孺人相助之功居多。鼎臣知君久，稔其有賢內子也。爲序而銘之。銘曰：

吁嗟孺人，宦門趾美。于歸得賢，傾家之否。奉先事姑，孝敬並摯。警戒成夫，色笑迪子。婦道母儀，亦既備止。範垂宗姻，名重閭里。服榮方殷，五旬奄逝。其人也女，其行也士。吁嗟孺人。死猶不死。

賜進士及第光禄大夫少保兼太子太傅禮部尚書武英殿大學士
知制誥史館總裁官東吴顧鼎臣撰文
前翰林院待詔將仕佐郎兼修國史長洲文徵明書並篆蓋
吴鼒刻
劉坤重刻

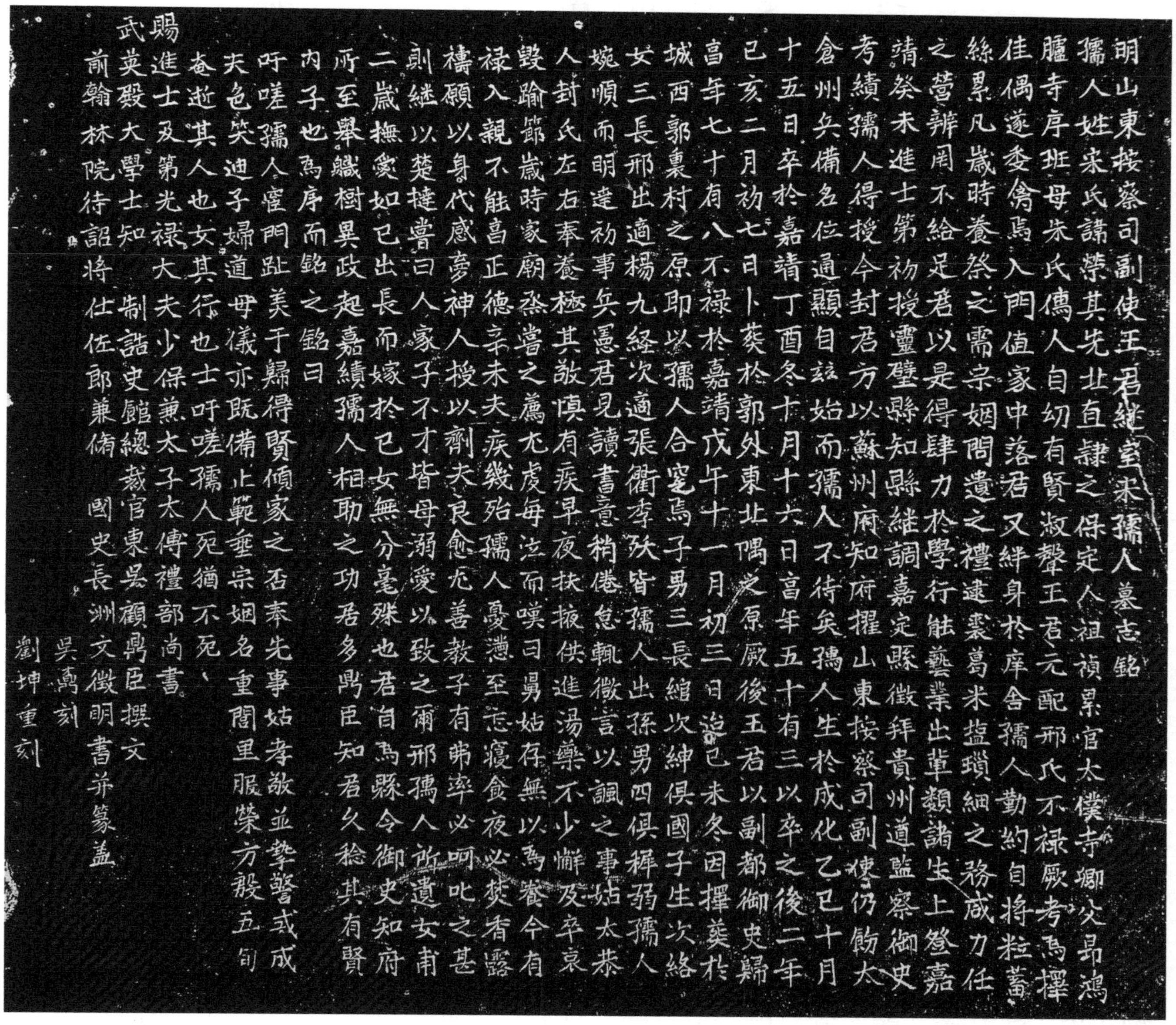
明山東按察司副使王君繼室宋孺人墓志銘
孺人姓宋氏諱榮其先北直隸之保定人祖禎累官太僕寺卿父昂鴻
臚寺序班母朱氏儒人自幼有賢淑聲王君元配邢氏不禄厥考爲擇
佳偶遂委禽焉入門值家中落君又絆身於庠舍孺人勤約自將粒蓄
絲累凡歲時養祭之需宗姻問遺之禮逮褻葛米盐瑣細之務咸力任
之營辦周不給足君以是得肆力於學行能藝業出輩類諸生上登嘉
靖癸未進士第初授靈璧縣知縣繼調嘉定縣徵拜貴州道監察御史
考績孺人得授今封君方以蘇州府知府擢山東按察司副使仍飭太
倉州兵備名位通顯自茲始而孺人不待矣孺人生於成化乙巳十月
十五日卒於嘉靖丁酉冬十月十六日享年五十有三以卒之後二年
己亥二月初七日卜葬於郭外東北隅之原厥後王君以副都御史歸
享年七十有八不禄於嘉靖戊午十一月初三日遂以己未冬因擇葬於
城西郭裏村之原即以孺人合窆焉子男三長縉次紳俱國子生次絡
女三長邢出適楊九經次適張衢李毅皆孺人出孫男四俱穉弱孺人
婉順而明達初事兵憲君見讀書意稍倦怠輒微言以諷之事姑太恭
人封氏左右奉養極其敬慎有疾早夜扶掖供進湯藥不少懈及卒哀
毀踰節歲時家廟祭嘗之薦尤虔每泣而嘆曰舅姑存無以爲養今有
禄入親不能享正德辛未夫疾幾殆孺人憂懣至忘寢食夜必焚香露
禱願以身代感夢神人授以劑夫良愈尤善教子有弗率必呵叱之甚
則繼以楚撻嘗曰人家子不才皆母溺愛以致之爾邢孺人所遺女甫
二歲撫愛如己出長而嫁於己女無分毫殊也君自爲縣令御史知府
所至舉職樹異政起嘉績孺人相助之功居多鼎臣知君久稔其有賢
内子也爲序而銘之銘曰
吁嗟孺人壸門趾美于歸得賢傾家之否奉先事姑孝敬並摯警戒成
夫色笑迪子婦道母儀亦既備止範垂宗姻名重閭里服榮方殷五旬
奄逝其人也女其行也士吁嗟孺人死猶不死、
賜進士及第光禄大夫少保兼太子太傅禮部尚書
武英殿大學士知制誥史館總裁官東吳顧鼎臣撰文
前翰林院待詔將仕佐郎兼脩國史長洲文徵明書并篆蓋
吳鼒刻
劉坤重刻

○八、明誥封恭人董氏墓誌銘

題解：

《明誥封恭人董氏墓誌銘》收録于中國文物研究所、河北省文物研究所：《新中國出土墓誌》（河北卷），北京：文物出版社，2012年，第266–267頁。申時行撰文，徐學謨篆蓋，楊成書，刊刻于明·萬曆七年（1579）。誌石、誌蓋均長70厘米，寬71厘米，厚12厘米。誌文31行，滿行31字，蓋文4行、滿行3字。篆書。誌石1983年出土于文安縣急流口鄉魏李張村，現藏于文安縣文物保管所。

蓋文：

明誥封恭人王母董氏墓誌銘

誌文：

明誥封恭人董氏墓誌銘

賜進士及第資政大夫禮部尚書兼文淵閣大學士知制誥同知經筵事會典總裁吴郡申時行撰

賜進士出身資政大夫南京刑部尚書吴郡楊成書

賜進士出身通議大夫刑部左侍郎吴郡徐學謨篆

董恭人者，故通議大夫都察院右副都御史肅菴王公儀之繼室，而今吏部考功員外郎緘之母也。萬曆己卯夏六月廿有八日，恭人卒于家。越明年，其子考功君述其懿行，來請銘。按狀：恭人系出河間董氏，其先世用武功顯。傳次至瑾者，恭人父也，則獨業儒，爲郡博士弟子員。恭人生而端慧。甫六歲，受《孝經》《女史》諸書，輒通知其義，又諳書法、屬文。既而曰：「非女職也。」悉屏去，更事女紅，女紅輒精絶。王公適求續配，聞其賢，禮聘之，遂歸王公。當是時，公貴爲御史，出典郡，擢臬司參藩，再登開府，恭人咸與偕，多所匡拂，其識鑒有過人者。公之投艱負巨，爲國威重臣，聲施疆場之外，大氏恭人與有功力焉。公既即世，而恭人教諸子學，蚤夜課責，動應古訓，諸子奉教唯謹，竟成考功君。兩者其犖犖大者。至其儉勤理家政，推恩疏戚，人無間言。及春秋高，于内外屬爲高、曾行，慈惠彌篤，終其身不衰，斯又恭人之餘也。恭人生正德十年三月十一日，距卒享年六十五歲，以公憲副時遇恩，有今封。子男七人：曰綰，太學生；曰紳，太學生，卒；曰絡，壽官：俱公前配宋孺人出；曰緘，即考功君；曰練，邑庠生；曰絲，太學生；曰縕，太學生：恭人出。女六人。孫男七人：弘恩，太學生，卒；弘道、弘仁，邑庠生，卒；弘嗣，太學生；弘謨、弘祚，皆邑庠生；弘政。孫女五人。曾孫男三人，女九人。玄孫男一人，女二人。婚姻皆名家。考功君卜萬曆八年十一月十八日，葬城北金沙嶺之原，實新兆云。余嘗觀人情于故所沐澤者，往往必考厥詳聞，見其終始盛衰與否，即欣戚感慨繫之矣。王公曩守吾蘇，既復觀察攝四郡，吾蘇在焉，以是于蘇多惠政，人到今懷之不能忘。其後，公勳秩日隆，則靡不爲慰。又其後，公雖殁，而有令子且昌，則靡不益慰。獨未知恭人德耳。茲攬考功君所述，喟然興歎者久之。嗚呼！睹甘棠者思召澤，繇古記焉。以董恭人上相夫子，下開厥嗣，其潛德如是，今乃知王公之所以功加當時，慶流于兹者，蓋亦有助哉。其爲甘棠也大矣，銘何可辭。銘曰：

中丞舊阡，考功改卜。恭人從之，並受其福。以引以翼，奕世有煜。

明　誥封恭人董氏墓誌銘
賜進士及第資政大夫禮部尚書兼文淵閣大學士知
制誥同知　經筵事　會典總裁吳郡申時行撰
賜進士出身資政大夫南京刑部尚書吳郡楊成書
賜進士出身通議大夫刑部左侍郎吳郡徐學謨篆
董恭人者故通議大夫都察院右副都御史肅菴王公儀之繼室而今吏部
考功員外郎緘之母也萬曆己卯夏六月廿有八日恭人卒于家越明年其
子考功君述其懿行來請銘按狀恭人系出河間董氏其先世用武功顯傳
次至瑾者恭人父也則獨業儒為郡博士弟子員恭人生而端慧甫七歲受
孝經女史諸書輒通知其義又諳書法屬文既而曰非女職也悉屏去更事
女紅女紅輒精絕王公適求續配聞其賢禮聘之遂歸王公當是時公貴為
御史出典郡擢臬司參藩再登開府恭人咸與偕多所匡捄其識鑒有過人
者公之按覈負鉅為
國威重臣聲施彊場之外大氐恭人與有功焉公既即世而恭人教諸子學
蚤夜課責勤應古訓諸子奉教唯謹竟成考功君兩者其犖犖大者至其儉
勤理家政推恩昵戚人無間言及春秋高於內外屬為高曾行慈惠彌篤終
其身不衰斯又恭人之餘也恭人生正德十年三月十一日距卒享年六十
五歲以公憲副時遇
恩有今封子男七人曰緯太學生曰紳太學生卒曰絡壽官俱公前配宋孺人出
曰緘即考功君曰練邑庠生曰緣太學生曰緼太學生恭人出女六人孫男
七人弘恩太學生卒弘道弘仁邑庠生卒弘嗣太學生弘謨弘祚皆邑庠生
弘政孫女五人曾孫男三人女九人玄孫男一人女二人婚姻皆名家考功
君卜萬曆八年十一月廿八日葬城北金沙嶺之原寔新兆云余嘗觀人情
於故所沐澤者往往必考厥詳聞見其終始盛衰與否即欣戚慨槩之矣
王公曩守吾蘇既復觀察攝四郡吾蘇在焉以是於蘇多惠故人至今懷之
不能忘其後公勳秩日隆則雖不為慰又其後公雖殁而有令子且昌則靡
不益慰獨未知恭人德耳茲覽考功君所述喟然興歎者久之嗚呼觀甘棠
者思召澤繇古記焉以著恭人上自天子下開厥閨其潛德如是余迺知王
公之所以功加當時慶流于茲者蓋亦有助哉其為甘棠也大矣銘何可辭
銘曰
中丞舊阡考功啟卜恭人從之並受其福以引以翼奕世有煜

○九、紀六息（克揚）墓誌銘

題解：

《紀六息（克揚）墓誌銘》收録于民國十一年（1922）《文安縣志·藝文志》，高爾儼撰文，刊刻于清·顺治八年（1651）。

誌文：

文安自漢置，相沿已久。其地厚而人淳，士尚禮義。繇科第致位通顯者，前後相望；門第軌範相師效，皆有繩尺，不至逾越。其士紳之子弟，禮法相率以爲常。余猶及見王孝子之裔，及姜、紀、井三大姓之昆弟子姓，與其他族黨戚舊，冠蓋仕宦之盛，比閭親故，文章詩酒之流連，猶及聞高陽相國擁皋比于大中丞公家塾。一時，王翰檢及大中丞之仲氏兩才子，名頡頏。而中丞之（缺二字）漢郡守公，若相國如銓如鈔者，皆極一時之選。師友姻婭相屬，蓋未有也。紀氏于文安爲望族，其先世爲山東之德平人。後徙鹽山，七傳有諱仲和者，生壽，徙居文安。紀氏之起家于文安，自壽始。壽生經歷公亨，亨生長史公紘，紘生方伯公常，常生憲副公誠，誠生鴻臚、給諫兄弟七人，其三爲經歷公大經。大經生于帛，于帛生克揚，號六息。紀氏之諸昆類英達倜儻，有王、謝家風。蓋其先世蘊藉深厚，故其發也，磊砢而英多，乃六息之沉鬱内慧，則似微異于諸昆者。抑其不以祖澤自潤，不以家風自揚詡，而慨然有自上之志，故其期待不同如此。六息性聰慧，于書無所不讀，爲文放意騁懷，能自快其一家之言，而不詭于理。旁及醫藥、陰陽、占候、卜筮諸書，無不洞究。雄山趙丹崖邃于醫，其神不減古倉公、扁鵲，每歎曰：「目中可授吾術者，惟文安紀六息耳。」或以語公，公微笑，固夷然不屑也。然偶爲親族間一奏刀圭輒效，里中稱爲見垣一方云。早習舉子業，有聲藉甚，凡數上賢書而不達。然爲學乃益力，未嘗以翩翩裘馬，如世俗所稱佳公子者自浼，埋頭藏修若寒士。生平無他嗜好，澹然自喻，能爲詩，善鼓琴。其志也如此。作迴文詩六十四字，縱横讀之無不入妙。與人圍棋，已覆局不失一子。其刻意工力，非人所及多此類。十數年間盛衰若轉轂，其鄉之老者漸以彫而少，而壯者亦漸以衰薄失業，風流文物之雅，大非其初。乃俗之淳者亦漸以漓，而士之習不無少變。其氣運爲之而致然乎。夫士君子生于其地，不爲習俗所移，即不爲氣運所使，則夫人定可以勝天。安知變而漓者不以返淳，即其衰薄而彫謝者，十年生息教訓，風流文物不大倍于往初也？

余不過其里者十年許，漢郡守公既謝世，而所謂三大姓之文物風流已不可復見。六息公乃以戊寅之變及于難，撫念昔者，爲之潸然。公之被難也，以忠憤激于衷，故不能委蛇自全。惜未數年，即值鼎革，故無表揚之者。然公固已不朽矣。公三子皆雋，少知名于時，其季者已脱穎舉于鄉。定弟皆從余問業。六息之不得于其身者，將在其諸子輩。其他氏之族後起者，皆嶄然見頭角。盛衰倚伏之數，余又可以操券而俟之矣。

辛卯春，六息嗣君以其母夫人大事執狀來請合葬銘，余爲序而銘之。按狀：公諱克揚，字令聞，六息其别號。母益津王恭肅公諱遴之女。公生十五年而母喪，毀瘠成禮，事父克盡孝道，待庶弟友愛，田宅奴婢取其下者。讀《參同契》輒喜談道家言，生平講學，著述甚富。所撰頌、啓、論、贊、碑、記、序、傳凡數十萬言。以兵火散失，所存《麗奇軒詩文》若干卷行于世。公配馬氏，御史大夫馬公文學曾孫女，陝西臨洮府同知馬公希周之女。性勤儉。公妹氏早寡，迎與同居，無間言。賙娣姒之貧者，教諸子女惟謹。銘曰：

易盡者名，不磷者德。孝友克敦，久而弗忒。誰爲爲之，兵戈晝昏。悔吝終亨，利其後昆。

紀六息墓誌銘　　高爾儼

文安自漢置相沿已久其地厚而人淳士尚禮義繇科第致位通顯者前後相望門第軌範相師教皆有繩尺不至踰越其士紳之子弟禮法相率以為常余猶及見王孝子之裔及婁紀井三大姓之昆弟子姓與其他族黨戚舊冠蓋仕宦之盛比閭親故文章詩酒之流連猶及聞高陽相國擁

皋比於大中丞公家塾一時王翰檢及大中丞之仲氏兩才子名頡頏而中丞之字缺二漢郡守公若相國如銓如鈐者皆稱一時之選師友姻婭相屬蓋未有也紀氏於文安為望族其先世為山東之德平人後徙鹽山七傳有諱仲和者生壽徙居文安紀氏之起家於文安自壽始壽生經歷公亨亨生長史公絃絃生方伯公常常生寵副公誠誠生鴻臚給諫兄弟七人其三為經歷公大經大經生于帛于帛生克揚號六息紀氏之諸昆類英達倜儻有王謝家風蓋其先世蘊藉深厚故其發也磊砢而英多乃六息之沉鬱內慧則似微異於諸昆者抑其不以祖澤自潤不以家風自揚謝而慨然有自上之志故其期待不同如此六息性聰慧於書無所不讀為文放意騁懷能自快其一家之言而不詭於理旁及醫藥陰陽占候卜筮諸書無不洞究雄山趙丹崖遂於醫其神不減古倉公扁鵲每歎曰目中可授吾術者惟文安紀六息耳或以語公公微笑固夷然不屑也然偶為親族間一奏刀圭輒効里中稱為見垣一方云早習舉子業有聲籍甚凡數上賢書而不達然為學乃益力未嘗以翩翩委隨如世俗所稱佳公子者自俛埋頭藏修若寒士生平無他嗜好澹然自喻能為詩善鼓琴其志也如此作廻文詩六十四字縱橫讀之無不入妙與人圍棋已覆局不失一子其刻意工力非人所及多此類十數年間盛衰若轉轂其鄉之老者漸以彫而少而壯者亦漸以衰薄失業風流文物之雅大非其初乃俗之淳者亦漸以漓而士之習不無少變其氣運為之而致然乎夫士君子生於其地不為習俗所移即不為氣運所使則夫人定可以勝天安知變而漓者不以返淳即其衰薄而彫謝者十年生息教訓風流文物不大倍於往初也余不過其里者十年許漢郡守公既謝世而所謂三大姓之文物風流已不可復見六息公乃以戊寅之變及於難撫念昔者為之潸然公之被難也以忠憤激於衷故不能委蛇自全惜未數年即值鼎革故無

表揚之者然公固已不朽矣公三子皆雋少知名於時其季者已脫穎舉於鄉定弟皆從余問業六息之不得於其身者將在其諸子輩其他氏之族後起者皆嶄然見頭角盛衰倚伏之數余又可以操券而俟之矣辛卯春六息嗣君以其母夫人大事執狀來請合葬銘余為序而銘之按狀公諱克揚字令聞六息其別號母登律王恭肅公諱遴之女公生十五年而母喪毀瘠成禮事父克盡孝道待庶弟友愛田宅奴婢取其下者讓爲同爨輒喜談道家言生平講學著述甚富所撰頌啟論贊碑記序傳凡數十萬言以兵火散失所存寵奇軒詩文若干卷行於世公配馬氏御史大夫馬公文學曾孫女陝西臨洮府同知馬公希周之女性勤儉公妹氏早寡迎與同居無間言瞩娣姒之貧者教諸子女惟謹銘曰易盡者名不磷者德孝友克敦久而弗忒雖爲爲之兵戈晝昏悔吝終亨利其後昆

一〇、王敏我（守明）墓誌銘

題解：

《王敏我（守明）墓誌銘》收録于民國十一年（1922）《文安縣志·藝文志》，傳以漸撰文，刊刻于清·順治十二年（1655）。

誌文：

大清肇開一統，次年舉鄉試，三年舉會試。余與諸同年公每握手溯及家世，大抵皆積德累仁以貽謀後人，至近京諸輩往來尤殷厚焉。余嗟先人見背已久，見堂上有嚴親者，輒爲愛慕不忘。乃若迂叟年兄之父，齒高而德卲，行卓而心恬，衆共服其樹品之非常。于其殁也，又安能已于表章而垂諸不朽？

按：公諱守明，字翊哲，號敏我。爲文安甲族，其先六世祖原，以孝聞，特旌于朝。李本寧、李維禎皆爲之傳，朱滄起又揚扢而序之。原生甫玉，精易學，推爲藝林祭酒，顧以數奇不售，乃以其學授侄孫，憲副、司寇兩公卓然成進士，皆其傳也。甫玉生宗孔，宗孔生産，是爲公父，世以孝弟力田聞。公生有至性，方領矩步，斤斤儒者。初習鉛槧，家雖蕭然壁立，螢窗雪案，呫嗶不輟。已而，侍祖疾三年，參苓刀匕，必躬操以進，及即世，而公父居廬，茹澹寡營，門内外事悉以聞公，則公少當户矣。副憲、司寇兩公貴，門戟嵬崔，金章舃奕，公獨泊然也。舉子參藩伯仲二人，嘗謂之曰：「吾以大父故未竟厥學，紹詩書之緒其在後人。」爰日定功課而程督之。及參藩伯仲以文名，則又誡之曰：「士先器識，後文藝，苟稍見效，輒鳴得意，尚何言竪立哉！」其以大器轂諸子也類如此。公大母早喪，其侍大母疾，一如其所以侍祖。繼大母劉，公又竭力温清，三十年如一日。事父壽官公，色養備至，每率參藩兄弟定省榻側，父有嚴訓，必莊然起聽，侍立達旦。閨門之内，儼能朝典。公與胞兄勉我，友于敦篤。當析箸，田園取其荒者，奴婢取其老弱者，器物取其朽窳者。顧能以詘舉盈，以嗇舉豐，志計固然哉。或以讓德之報云。伯兄正我公乏嗣，請公仲子爲後；公許之。嫂孺人紀，弃梧棬，公仲子既爲齊衰如制矣。而族有啖其先人遺産，將構釁；

公憤然作色曰：「所以爲人後者，惟主器是問。胡産之爲？夫夫也，既不利于孺子，有却而歸耳。」一時交服公義。公有饘粥之田頃餘，富人子日事侵牟，公未之察。及司農下清文檄，邑長出公伯憲副之門，廉得其隱占者，富人子自度不免。公慨然曰：「古人讓畔讓道，予何獨不然？」遂一無所問。公舉動多長者行，性好施予。凡族黨中貧不能喪，長不能娶，咸就采就槽于公。無德色，無靳容。居恒闢田爲園，周垣植柳，紛敷緑蔭，題曰「疏柳園」，歲時與二三知己講道論世其中。時方公爲陶徵君，遂分三老五更之席，而鳩杖筵几，觀者盈橋門矣。參藩以丙戌成進士。初，司李太原，迎養公宦邸，公勵以素絲之節，謂：「清、慎、勤三者，居官之要，乃父幸有餘年，滫瀡粗給，可勿復念。」竟策一敝蹇歸。時公年已古稀，而髮黑齒全，神明俱旺，其平昔調攝，得之于澹泊無欲者，不既多乎？順治八年，上親政覃恩，誥封文林郎，如其子官。繼而參藩君行取特授御史。綉斧恩威，乃在楚黄荆漢間。已而，暫停巡方之差遣，舉一時臺官而外用之。候補歸里，燕喜高堂，衆共譽之，爲天倫樂事。夫絲綸賁寵，公且尊榮矣；壽寧康豫，公歌大耋矣。而猶恂恂無異處士風，可謂當世之有道君子矣。乙未，東兗榆園寇起，參藩合力剿平之。又迎養公兗署。公與所知敲棋啜茗，劇譚秋雯樓下，雖香山洛社何讓焉。乃未幾以疾終，易簀之日，怡然適志，絶不及家緣瑣務一語。殆莊生所謂無怛化而與天爲遊者非耶！公生歿年月及男女戚屬具詳狀内。參藩伯仲既卜兆相公莊之祖塋，以四月十一日葬。予屬在年誼，又受治于參藩，多參藩功而即以多公也。乃爲之銘。銘曰：

家世孝友，風流篤厚。巖棲川遊，志侔五柳。鄉頌老成，國稱黄耇。詩書貽燕，文定厥祥。不于其躬，得後而昌。譽命自天，鬱鬱煌煌。堂斧始封，豐利之下。介福方來，山環水瀉。鶴表巋然，奕葉金馬。

王敏我墓誌銘　　傅以漸

大淸肇闢一統次年舉鄕試三年舉會試余與諸同年公每握手迴及家世大抵皆積德累仁以貽謀後人至近京諸聳往來尤殷厚焉余曉先人見背已久見堂上有鬷親者輙爲愛慕不忘迺若迂叟年兄之父齒高而德卲行卓而心恬衆共服其樹品之非常於其歿也又安能已於表章而垂諸不朽按公諱守明字踰哲號敏我爲文安甲族其先六世祖原以孝聞特旌於朝李本寧李維禎皆爲之傳朱濟起又揭扢而序之原生甫玉精易學推爲蓺林祭酒顧以數奇不售迺以其學授任孫憲副司寇兩公卓然成進士皆其傳也甫玉生宗孔宗孔生產是爲公父世以孝弟力田聞公生有至性方領矩步斤斤儒者初習鉛槧家雖蕭然壁立螢窗雪案咕嗶不輟已而侍祖疾三年參苓刀匕必躬操以進及卽世而公父居廬茹澹寡營門內外事悉以聞公則公少當戶矣副憲司寇兩公貴門戟嵬崔金章曷奕公獨泊然也舉子參藩伯仲二人嘗謂之曰吾以大父故未竟厥學紹詩書之緒其在後人爰日定功課而程督之及參藩伯仲以文名則又誡之曰士先器識後文藝苟稍見效輙鳴得意尙何言豎立哉其以大器穀諸子也類如此公大母早喪其侍大母疾一如其所以侍祖繼大母劉公又竭力溫淸三十年如一日事父壽官公色養備至每率叅藩兄弟定省榻側父有嚴訓必莊然起聽侍立達旦閨門之內儼能朝典公與胞兄勉我友于敦篤嘗析箸田園取其荒者奴婢取其老弱者器物取其朽窳者頗能以譎舉盈以齒舉豐志計固然哉或以讓德之報云伯兄正我公乏嗣請公仲子爲後公許之嫂孺人紀棄梧椸公仲子旣爲齊衰如制矣而族有啖其先人遺產將搆釁公憤然作色曰所以爲人後者惟主器是問胡產之爲夫夫也旣不利於孺子有郤而歸耳一時交服公義公有饘粥之田頃餘富人子日事侵牟公未之察及司農下淸丈檄邑長出公伯誌副之門廡得其隱佔者富人子自度不免公慨然曰古人讓畔讓道予何獨不然遂一無所問公舉動多長者行性好施予凡族黨中貧不能喪長不能娶咸就采就稽於公無德色無靳容居恒闢田爲園周垣植柳紛敷綠蔭題曰疎柳園歲時與二三知己講道論世其中時方公爲陶徵君遂分三老五更之席而鳩杖筵几觀者盈橋門矣參藩以丙戌成進士初司李太原迎養公官邸公勵以素絲之節謂淸愼勤三者居官之要乃父幸有餘年滫瀡粗給可勿復念竟策一敝蹇歸時公年已古稀而髮黑齒全神明俱旺其平昔調攝得之於澹泊無欲者不旣多乎順治八年上親政覃恩誥封文林郎如其子官繼而參藩君行取特授御史繡斧恩威乃在楚黃荆漢間已而暫停巡方之差遺舉一時臺官而外用之候補歸里燕喜高堂衆共譽之爲天倫樂事夫絲綸賁寵公且尊榮矣壽甯康豫公歌大耋矣而猶恂恂無異處士風可謂當世之有道君子矣乙未東寇衛園寇起參藩合力勦平之又迎養公兗署公與所知敲棋啜茗劇譚秋安樓下雖香山洛社何讓焉迺未幾以疾終易簀之日怡然適志絕不及家緣瑣務一語殆莊生所謂無怛化而與天爲遊者非耶公生歿年月及男女戚屬具詳狀內參藩伯仲旣卜兆相公莊之祖塋以四月十一日葬予屬在年誼又受治於參藩多參藩功而卽以多公也乃爲之銘銘曰宗世孝友風流篤厚巖棲川遊志作五柳鄕頌老成國稱黃耇詩書貽燕文定厥祥不於其躬得後而昌譽命自天郁郁煌煌堂斧始封豐利之下介福方來山環水澔鶴表歸然奕葉金馬

天津[illegible]大街　商務印字館印

一一、秦邑侯（世禎）去思碑記

題解：

《秦邑侯（世禎）去思碑記》收録于民國十一年（1922）《文安縣志·藝文志》，刊刻于清·順治年間。

碑文：

秦公世禎，遼東瀋陽人，貢士，順治三年任文安縣知縣。詳明爽愷，剔蠹爬奸。丙戌大水，堤岸崩圮，公親操畚鍤，卒保無虞。國初編審，人情驚慌，公清花詭，均徭役，持法最平。圈地使者恣肆，公弗激弗隨，卒挽于正。隱匿連坐，邑民被誣者數十家，公白當事者，獲免，所全活甚衆。作興學校，接士大夫洵洵有禮。行取四川道御史，父老士庶爲生祠以寄去思。歷任江南操江巡撫都御史。翰林王熙《秦公生祠記》見祠祀。井增有《秦公遺愛記》附後。

文邑自漢以後，賢大夫可指數，若秦公品最真，聲實最著。公莅于斯邑甫二載，以治行高等擢御史臺，文人不忍公去，爲攀車縶馬以留之，不得。則父老子弟以迨輿臺婦女皆執香前導，擁數千人以送之，又不已。則相率伐石誌去思，欲壽諸梓以傳之，又不已。則謀畫公像及送者號泣之狀，構祠塑像以祀之。

夫以碣石渤海之雄，烏菟黄龍之後，從龍瀚海，馴雉文潭，宜其靈蠢異態，好憎殊方。方且慮是非向背，淆其指得失，回美歧其趨也。乃公晨起，坐堂皇，左右却立案側，屏息階下，鮮有抱不急之牘溷公押署者。公牒即屬本訟人，刻日追呼，不遺悍隸，聽其束身自詣。徵比錢糧，不煩鞭箠，自能如期如額。監司臺使者至，不朘民膏血以飾廚傳，供帳不失禮亦不得罪，士大夫往來獻酬，不令喜亦不令怒。文學考秀，能者舉不能者勸。三十年之甲第，倚公陶鑄，而對大廷者纍纍。縣尉以下，肅括惟謹，無敢輕用非刑，輕繫囹圄，輕出白票市物及勾攝人者。其大無如河功、審編、撥補。邑當太行東麓六十五河之衝，丙戌大水嚙堤，勢不可支。公立風雨波浪中，以身爲捍，伐河干之柳以爲楗，實薪其中，親操畚鍤，卒底厥績，禾黍油油，惠及鄰封。直指使者聞于上，舉卓異第一人。嘗受牒審户口，公下調縉紳，上調功令，而中實以休養爲主。清花詭而上户出則下户甦，均徭役而新役進則舊役退，蓋于法最平，于巨室最便，而于酌劑實最詳。且若圈補令下，使者輒以天憲臨守令，守令輒披靡，公曰：「朝廷命若司圈丈，豈命若作封豕、呑萬姓耶？」弗激弗詭，咸挽于正。平庸地狹，欲取足廣陵，公力争之；豐利地鹻，欲簡占東西，公力持之，俾占一方撥補，内豎堅不應。公明于神察其飛詭，留其贏餘，務期兩平，而被圈者如獲樂土，被撥者亦不至嘆錐，卓也。至膺内召，尤惓惓爲文邑請命。利弊情形，具疏臚列，朝廷推其洞達。連坐法行，文民被誣者數十家。公白當事獲釋，所全活者衆。恩不責人報，清不求人知。不苛碎凝滯，不含蓄摘發。至今士大夫與鄉秀之子弟，十連三户之窮民，想望其丰采，真所謂中行之君子，而愷悌之父母也。

在禮以勞定國，能禦大災，能捍大患者，即祀之。夫大勞疇有過于體國經野，大災疇有過于河害，而大患疇有過于征役者乎？自今以後，饑者公所哺，富者公所遺，是皆秦侯之子若孫也。故相與捧土築祠以尸祝永永云。

祠在迎恩門外，崔邑侯遺愛亭右側，有門翼然，有堂顒然，有碑穹然，有像肅然。凡父老子弟入公像祠下者，某以爲瘠，某以爲肥，某以爲肖，其擁肩而觀，搏顙而退，欲行反顧而拭淚以出者，無異于祖公北上時也。噫！異哉，是可以徵去思矣。公勞心莅任，飲冰茹蘖，擢爲名御史，聲震長安，行且大拜爲開國功臣。尸祝在天下萬世，寧獨文有墮淚碑耶？是役也，闔邑縉紳士民踴躍歡助。而學博高公桂，縣尉周公南，諸生紀克明、井增實克襄以觀成。

秦邑侯去思碑記

秦公世禎遼東瀋陽人貢士順治三年任文安縣知縣詳明爽愷剔蠹爬奸丙戌大水堤岸崩圻公親操畚鍤卒保無虞國初編審人情驚慌公滌花詭均徭役持法最平圈地使者恣肆公弗激弗隨卒挽於正隱匿連坐邑民被誣者數十家公白當事者獲免所全活其衆作興學校接士大夫洵洵有禮行取四川道御史父老士庶爲生祠以寄去思陞任江南操江

巡撫都御史翰林王熙秦公生祠記見祠祀并增有秦公遺愛記附後文邑自漢以後賢大夫可指數若秦公品最眞譽實最著公莅於斯邑甫二載以治行高等擢御史臺文人不忍公去爲攀車繫馬以留之不得則父老子弟以迨輿臺嫠婦女皆執香前導擁數千人以送之又不已則謀晝公像及送者號泣之狀欲壽諸梓以傳之又不已則相率伐石誌去思搆祠塑像以祀之夫以碣石渤海之雄烏菟黃龍之傑從龍瀚海馴雉文潭宜其靈蠢異態好惛殊方方且慮是非向背淆其指得失回美歧其趨也迺公晨起坐堂皇左右却立案側屏息堦下鮮有拖不急之牘澗公押署者公牒即屬本訟人剋日追呼不遣悍隸聽其束身自詣徵比錢糧不煩鞭箠自能如期如額監司臺使者至不朘民膏血以飾厨傳供帳不失禮亦不得罪士大夫往來獻酬不令喜亦不令怒文學考秀能者舉不能者勸三十年之甲第倚公陶鑄而對大廷者彙彙縣尉以下肅括惟謹無敢輕用非刑輕繫囹圄輕出白票市物及勾攝人者其大無如河功寄編撥補邑當太行東麓六十五河之衝丙戌大水嚙堤勢不可支公立風雨波浪中以身爲捍伐河干之柳以爲樁實薪其中親操畚鍤卒底厥績不黍油惠及鄰封直指使者聞於上舉卓異第一人嘗受牒審戶口公下調紹紳上調功令而中實以休養爲主滌花詭而上戶出則下戶甦均徭役而新役進則舊役退蓋於法最平於巨室最便而於酌劑實最詳且若圈補令下使者輒以天憲臨守令守令輒披靡公曰朝廷命若司圈丈豈命若作封豕吞萬姓耶弗激弗詭咸挽於正平庸地狹欲取足廣陵公力爭之豐利地𨻶欲簡占東西公力持之俾占一方撥補內豎堅不應公明於神察其飛詭留其贏餘務期兩平而被圈者如獲樂土被撥者亦不至嗟難卓也至膺內召尤惓惓爲文邑請命利弊情形具疏臚列朝廷推其洞達連坐法行文民被誣者數十家公白當事獲釋所全活者衆恩不責人報

清不求人知不苛碎凝滯不含蓄摘發至今士大夫與鄉秀之子弟十連三戶之窮民想望其丰采眞所謂中行之君子而愷悌之父母也在禮以勞定國能禦大災能捍大患者即祀之夫大勞疇有過於體國經野大災疇有過於河害而大患疇有過於征役者乎自今以後饑者公所哺富者公所遺是皆秦侯之子若孫也故相與捧土築祠以尸祝永永云祠在迎恩門外舊邑侯遺愛亭右側有門翼然有堂顯然有碑穹然有像肅然凡父老子弟入公像祠下者某以爲瘠某以爲肥某以爲肖其擁肩而觀搏顙而退欲行反顧而拭淚以出者無異於祖公北上時也噫異哉是可以徵去思矣公勞心蒞任飲冰茹蘗擢爲名御史聲震長安行且大拜爲開國功臣尸祝在天下萬世寧獨文有墮淚碑耶是役也闔邑縉紳士民踴躍歡助而學博高公桂縣尉周公南諸生紀克明井增實克襄以觀成

一二、陳恭人墓誌銘

題解：

《陳恭人墓誌銘》收録于民國十一年（1922）《文安縣志·藝文志》，王士正撰文，刊刻于清·康熙五十三年（1714）。

誌文：

恭人陳氏，順天文安人。父國籌，蒲縣知縣，母苗早逝。事繼母鞏以孝聞。年十四，歸紀君子湘。事舅姑以孝，處娣姒以和。姑病，籲天願以身代。時篝燈操作鍼紉，佐子湘誦讀不輟。子湘以順治十二年成進士。歷杭州推官，徐州同知，知漢陽府，最後知鞏昌府，皆以恭人從。鷄鳴昧旦，勗勉如良師友。其遠識定力，有士君子所難者，無如徐州、漢陽二事。其在徐州也，值河漲，城不浸者三版，子湘胼胝河干，不遑內顧。時風雨大作，堤瀕圮矣。城中人争登雲龍山避水。或謂恭人：「曷暫出？」恭人不可。城卒無恙。其在漢陽，會有滇寇之變。子湘奉檄至武昌供行營軍糈，漢陽日數驚。人皆走避湖中，城郭闃如。恭人携子女臧獲數十輩堅處城中，曰：「吾不可先去，以爲民望。」巡撫張公聞而嘉歎，命假中丞儀仗迎入武昌以旌異之。凡恭人所爲，知大體，臨大節不類巾幗者如此。其他如代子湘置篋，生子三人，女二人，撫之均一，人稱其惠。嫂姜早世，撫其兩女，嫁之。視諸從子猶己出，代謀婚嫁。子湘兄孟起卒官，立遣長子入都經紀其喪歸；人稱其友。其厚于族黨，尤多可書者。王氏姑早孀，迎歸，三十餘年，如事親之禮。子湘從兄恭，從子婦姜，從姪婿井某，皆貧不能葬，葬之。甥馬某才而貧，迎置家塾讀書，卒爲諸生。從嫂趙，孀且老，歲時賙之無倦。姪婿何某遊金陵，家遭回禄，迎姪女于家，爲治舍，人以爲難。恭人有異母弟肇行，延師教之成立。從兄某卒于粵，七千里歸其喪，葬之。其厚于私家又如此。

子湘以辛未秋歸自鞏昌，恭人以甲戌秋八月遽嬰疾以卒。子湘寓書曰：「栗里去官之後，遽奪吾耕饁之侶，老夫忽忽不能自持。子其爲敘述以緩吾悲，可乎？」其言有深痛，故不得辭。恭人生崇禎辛未，距其卒，得年六十有四。初封孺人，再封宜人，晉封恭人。子男子六人：遠宜、邁宜、述宜、逯宜、薖宜、蘧宜。遠宜則恭人出也。子女子五人，王聲鉉、井鈃、馮廷松、郝士鑒、劉儁其婿也。孫一，乾。銘曰：

二南之化，始于宮闈。流風先被，大夫之妻。蘋藻筐筥，列彼風詩。亶無愧焉，女宗母師。後有觀者，視此桓碑。

陳恭人墓誌銘　王士正

恭人陳氏順天文安人父國鎔蒲縣知縣母苗早逝事繼母耀以孝聞年十四歸紀君子湘事舅姑以孝處娣姒以和姑病籲天願以身代時篝燈操作鍼紉佐子湘誦讀不輟子湘以順治十二年成進士歷杭州推官徐州同知知漢陽府最後知鞏昌府皆以恭人從雞鳴昧旦勗勉如良師友其遠識定力有士君子所難者無如徐州漢陽二事其在徐州也値河漲城不沒者三版子湘胼胝河干不遑內顧時風雨大作堤瀕圮矣城中人爭登雲龍山避水或謂恭人曷暫出恭人不可城卒無恙其在漢陽會有滇寇之變子湘奉檄至武昌供行營軍糈漢陽日數驚人皆走避湖中城郭闃如恭人攜子女臧獲數十輩堅處城中曰吾不可先去以爲民望巡撫張公聞而嘉歎命假中丞儀仗迎入武昌以旌異之凡恭人所爲知大體臨大節不類巾幗者如此其他如代子湘置𨣵生子三人女二人撫之均一人稱其恵娌妾早世撫其兩女嫁之視諸從子猶已出代謀婚嫁子

湘兄孟起卒官立遺長子入都經紀其喪歸人稱其友其厚於族黨尤多可書者王氏姑早孀迎歸三十餘年如事親之禮子湘從兄恭從子婦姜從姪壻井某皆貧不能葬葬之甥馬某才而貧迎置家塾讀書卒爲諸生從嫂趙孀且老歲時賙之無倦姪婿何某游金陵家遭回祿迎姪女於家爲治舍人以爲難恭人有異母弟紫行延師敎之成立從兄某卒於粤七千里歸其喪葬之其厚於私家又如此子湘以辛未秋歸自鞏昌恭人以甲戌秋八月遘嬰疾以卒子湘寓書曰栗里去官之後遽奪吾耕饁之侶老夫忽忽不能自持子其爲叙述以緩吾悲可乎其言有深痛故不得辭恭人生崇禎辛未距其卒得年六十有四初封孺人再封宜人晉封恭人子男子六人遠宜邁宜述宜逯宜薖宜蘧宜遠宜則恭人出也子女子五人王聲鉉井鈃馮廷松郝士鑒劉儁其壻也孫一乾銘曰二南之化始於宮闈流風先被大夫之妻蘋藻筐筥列彼風詩亶無愧焉女宗母師後有觀者視此桓碑

一三、閱文安堤工作

題解：

《閱文安堤工作》，乾隆撰文，刊刻于乾隆三十二年（1767）。碑文7行，滿行17字。行書。此碑現藏于文安縣皇恩亭。

碑文：

辛巳秋行潦，風浪掀喧豗。文安本大窪，長堤報漫開。清水向南泄，百里遭沴災。蠲賑命妥爲，急堵決口培。蘇橋至馬村，加高益厚皆。大工癸未就，涸土耕犁排。連年幸有收，元氣復田垓。堤上兹臨閱，士民欣我來。叩謝爾莫亟，吾猶抱慊哉。閱文安堤工作。

乾隆丁亥仲春月下浣御筆

一四、紀（邁宜）泰安墓誌銘

題解：

《紀（邁宜）泰安墓誌銘》收録于民國十一年（1922）《文安縣志·藝文志》，裘日修撰文，刊刻于清·乾隆三十四年（1769）。

誌文：

《循吏傳》始子長，《文苑傳》始蔚宗，諸史因之，代有其人。然列循吏者十九不以文章稱，列文苑者又十九不以政事稱，二者果不可兼收歟？曩余奉視河決，于工次識開封同知紀君黄中。因讀其尊人所刊《儉重堂集》，其宗人侍讀曉嵐所序也。一官一集，仿楊誠齋之例。其詩出入于東坡、劍南之間，而上溯漢魏，下法元明。一一矩矱古人，而不爲太倉、歷下之剿綴；一一能自用其性靈，而不爲竟陵、公安之詭俊纖仄，歎爲一代作者。後見曉嵐稱之，曉嵐曰：「國初有諱元，字子湘者，與王阮亭同舉進士，以詩鳴一時。即公父也。」公承家學，年少即工古文詞，于作者流别無所不窺；與人談，上下數千年如瓶瀉水。家有别業曰集園，集勝流唱和其間，風流照映，望若神仙中人。既出仕，雖案牘旁午，亦不廢吟詠。解組後益肆力于古作者。年八十八，病且革矣，猶令孫輩檢《太白詩注》考同異。其文章卓然一家，蓋有由也。曉嵐又曰：「公蓋早負經世志。」初，受知于楊文定公，待以國士。康熙甲午舉于鄉，屢躓春官，乃筮仕。初任山東之平陰，甫受事，即請豁秏羡六千餘金，民大和。尋攝東阿事，規地形，修水利，鋤豪强之梗議者。渠以迅就，其利至今。又兼攝單縣事。縣故劇邑，塵案纍纍至百數。公至未半月，咸厘結之，吏民驚以爲神，而上官亦不能抑公論。乃奏升泰安州知州。甫莅任，汶水大溢，有旨予賑。公躬自巡視崎嶇頹垣破屋間，泥塗没脛不憚，帑不濫而民皆給。先是，賑未至時，一二不逞者或鼓衆攘奪，公不欲張皇以爲功，杖其首惡，衆立定，上官聞而壯之。公固請修汶水堤岸爲後防。工甫竣，水復大至，民賴以無虞。又捐千金募民懇河畔田，穿渠引水，凡三載，得膏沃百餘頃。會改泰安爲府治，上官擬即奏公爲知府，適以部民犯銅禁，遂罣吏議。至乾隆元年，事得白。發直隸，以知縣用官本土，異數也。初署赤城，即力白前吏之枉，頗忤上官意，因調署内丘。内丘瘠土也，而法明舊制，賦頗重。公力請減，又與上官齗齗争，遂以他事落職。歸來乃一意于著述，非本志也。然即所已試，已無愧古循吏矣。余嘗謂政事文章皆根于心術，而成于學問。其人以惻怛慈愛爲心，其文必不失温柔敦厚之旨，其政亦不爲俗吏之所爲，其人能爲根柢之學，其政必有益于民生，其文亦必有關于世教。刀筆筐篋之吏，與雕章繪句之才，分路而馳，皆逐末而失其本者也。今觀于公，余言不既信矣乎？公諱邁宜，字德庸，偲亭其號，文安人。以乾隆三十年卒。卒後二年，公子黄中、鴻中將葬公，以曉嵐求銘于余，視其狀與曉嵐所言合，乃爲銘曰：

其心和且平，其言明且清。其政不肅而成，其顯晦不能與命争。其不朽者，後世之名。

覩者覩此桓碑

紀泰安墓誌銘　　裘日修

循吏傳始子長文苑傳始蔚宗諸史因之代有其人然列循吏者十九不以文章稱列文苑者又十九不以政事稱二者果不可兼收歟曩余奉視河決於工次識開封同知紀君黃中因讀其尊人所刊儉重堂集其宗人侍讀曉嵐所序也一官一集仿楊誠齋之例其詩出入於東坡劍南之間而上溯漢魏下法元明一一矩矱古人而不爲太倉歷下之剽竊一一能自用其性靈而不爲竟陵公安之詭僻纖仄歎爲一代作者後見曉嵐稱之曉嵐曰國初有諱元字子湘者與王阮亭同舉進士以詩鳴一時即公父也公承家學年少即工古文詞於作者流別無所不窺與人談上下數千年如瓶瀉水家有別業曰集園集勝流唱和其間風流照映望若神仙中人既出仕雖案牘旁午亦不廢吟詠解組後益肆力於古作者年八十

入病且革矣猶令孫㒸檢太白詩註考同異其文章卓然一家蓋有由也曉嵐又曰公蓋早負經世志初受知於楊文定公待以國士康熙甲午舉於鄉屢蹟春官乃筮仕初任山東之平陰甫受事即請豁耗羨六千餘金民大和尋攝東阿事規地形修水利鋤豪强之梗議者渠以迅就其利至今又兼攝單縣事縣故劇邑靡案櫐櫐至百數公至未半月咸爲結之吏民驚以爲神而上官亦不能抑公論乃奏陞泰安州知州甫蒞任汶水大溢有旨予賑公躬自巡視崎嶇頹垣破屋間泥塗沒脛不憚祭不濫而民皆給先是賑未至時一二不逞者或鼓衆攘奪公不欲張皇以爲功杖其首惡衆立定上官聞而壯之公因請修汶水堤岸爲後防工甫竣水復大至民賴以無虞又捐千金募民墾河畔田穿渠引水凡三載得膏沃百餘頃會改泰安爲府治上官擬即奏公爲知府適以部民犯銅禁遂罣吏議至乾隆元年事得白發直隸以知縣用官本土巽數也初署赤城即力白前吏之枉頗忤上官意因調署內邱內邱瘠土也而法明舊制賦頗重公力請減又與上官斷斷爭遂以他事落職歸來乃一意於著述非本志也然即所已試已無愧古循吏矣余嘗謂政事文章皆根於心術而成於學問其人以惻怛慈愛爲心其文必不失溫柔敦厚之旨其政亦不爲俗吏之所爲其人能爲根柢之學其政必有益於民生其文亦必有關於世教刀筆筐篋之吏與雕章繪句之才分路而馳皆逐末而失其本者也今觀於公余言不既信矣乎公諱適宜字德庸偲亭其號文安人以乾隆三十年卒卒後二年公子黃中濶中將葬公以曉嵐求銘於余視其狀與曉嵐所言合乃爲銘曰其心和且平其言明且清其政不肅而成其顯晦不能與命爭其不朽者後世之名

一五、閱文安堤工疊舊作韻

題解：

《閱文安堤工疊舊作韻》收録于張兆祥編《廊坊文物》，北京：開明出版社，2001年，第157頁。乾隆撰文，刊刻于乾隆三十五年（1770）。碑文7行，滿行18字。行書。此碑現藏于文安縣皇恩亭。

碑文：

萬民隨兩岸，笑語任掀豗。登岸罷清蹕，纔容綫路開。閱堤乃要務，釜底每被災。壬午始興工，卑薄一律培。癸未告蕆事，丁亥獲收皆。戊子復行潦，己丑重淪排。茲焉觀醲流，田畧涸高垓。窪地原汪洋，治水漸斯來。或曰田占水，其然豈然哉！閱文安堤工疊舊作韻。

庚寅暮春月中浣御筆

一六、閱文安堤工再疊舊作韻

題解：

《閱文安堤工再疊舊作韻》，乾隆撰文，刊刻于乾隆三十八年（1773）。碑文5行，滿行37字。行書。此碑現藏于文安縣皇恩亭。

碑文：

登堤望大窪，銀浪轟雷㕡。百里渺無極，愁眉蹙難開。緣因庚寅潦，辛卯繼更災。去歲堤始成，早增薄者培。疏泄減大半，尚未涸以皆。大吏踞而陳：「非不竭力排，稍待四月間，或可耕田垓。」然則非秋豐，此地賦何來？文安窪，惟丁亥春涸出種麥，庚寅經此閱視，窪仍爲水占。今尚一望汪洋，爲之軫念。雖周元理云四月可以盡涸，亦未能期其必然。且此窪至今積水，則上年之難施耕種可知。昨歲畿輔既稱普豐，而文安窪尚有積水，百姓豈能納無田之賦？然大窪之有無正供及賦額重輕，不可不徹底稽核。爲民籌久遠計，因敕軍機大臣會同周元理核實以聞，另取進止。吾當有明詔，蠲緩蘇民哉。

閱文安堤工再疊舊作韻，癸巳暮春月中浣御筆

一七、秋槎觀察使紀公（淑曾）原任沔陽州知州去思碑

題解：

《秋槎觀察使紀公（淑曾）原任沔陽州知州去思碑》收録于民國十一年（1922）《文安縣志·藝文志》，劉掞撰文，刊刻于清·乾隆四十三年（1778）。

碑文：

秋槎先生以乾隆辛卯來治沔陽，三年將升遷以去。沔之士民相與言曰：「自夫子之莅吾邑也，士奮于塾，農安于耕，鄉之鬥辨者息，而江漢之沸騰者平。其諸古之所謂豈弟君子者乎，盍相與尸而祝之。」乃先生聞之而弗善也，屬其耆老而固辭焉。既而，先生攝郡丞，遷太守，攝行監司，去沔已四年矣，而士民之謳思如前也。則又相與言曰：「自夫子之去而爲郡丞、太守也，吾沔又爲其屬邑。夫子之撫字而訓定之者，不異于曩時。如之何其可忘也。」邑之東門外有池，方廣數十畝，臺榭臨其上。當盛夏之月，芙蕖榮茂，夫子嘗偕賓佐僚吏納凉于此。爰即其地爲屋數楹，以奉先生，而諸生以時肄業習禮其中。既落成，陳君德溥、譚君光譜、王君沂、張君錫麒等，以書來徵記于余。余維《甘棠》三章，思召伯也。漢儒謂召伯避暑憩于甘棠，南國之人睹其樹，思其人，徘徊而不忍去。今以先生乘凉之區，而士民繫懷。其視甘棠之陰有適相符者。可見君子之豈弟，古與今非有殊途；斯民之懷仁，古與今亦非有異理也。余得從先生講學于兹八年，竊見其藴負廣博淵深，必將大爲世用。異時當有尹吉甫者出，而賦《崧高》《烝民》。今所敘詠，不過俗民歌謡，竊比于甘棠詩人之義云爾。先生諱淑曾，字衣孟，號秋槎，文安人。乾隆癸酉舉人，丙戌謁選得湖北縣令，辛卯來治沔陽，甲午攝漢陽同知，丙申知漢陽府事，今任湖北驛鹽道。詩曰：

沔實下池，圍湖以耕。北漢南江，恃防爲命。江漲尤烈，遏漢逆行。岸名大本，舊防圮傾。洪流震蕩，患氣方盈。公察其害，

悉心以營。信而後勞，畚鍤載興。傾廩助之，民無所病。偃虹屹若，安流不驚。江水既東，漢流亦寧。于斯八載，屢豐是慶。沔之舊俗，愿慤相與。新氓雜居，乃或齟齬。鬥辨成風，不可户語。士爲民倡，宜樹之表。乃新黌宮，鐘鼓在序。從公于邁，趨蹌樽俎。更召生徒，精舍爰處。菲陋如予，實襄厥事。公來函丈，圖左書右。最爾六行，必先孝友。課爾六藝，禮樂居守。德行爲先，六藝爲後。士屏浮華，咸趨純厚。三年學生，散歸其鄉。轉相告誡，革澆爲良。以我嘉穀，化彼莠稂。奪攘者息，險膚者懲。公在沔邑，治行既彰。公典漢郡，五邑是倡。漢人愛戴，如在沔疆。東門之池，公昔徜徉。沔人思公，曰此甘棠。乃勤垣墉，乃修宇棟。畏壘之民，俎豆是供。縫掖之士，爰居諷誦。我作此詩，匪公之重。以貽無窮，勸者宜衆。學道愛人，窮經致用。凡百學人，咸視此頌。

乾隆四十三年夏五月望前二日

秋槎觀察使紀公原任涔陽州知州去思碑　涔陽 劉掞

秋槎先生以乾隆辛卯來治涔陽三年將升遷以去涔之士民相與言曰自夫子之涖吾邑也士蕃於塾農安於耕鄉之鬪辨者息而江漢之沸騰者平其諸古之所謂豈弟君子者乎盍相與尸而祝之乃先生聞之而弗善也屬其耆老而固辭焉既而先生攝郡丞遷太守攝行監司去涔已四年矣而士民之謳思如前也則又相與言曰自夫子之去而爲郡丞太守也吾涔又爲其屬邑夫子之撫字而訓定之者不異於曩時如之何其可忘也邑之東門外有池方廣數十畝叢樹臨其上當盛夏之月芙蕖榮茂夫子嘗偕賓佐僚吏納涼於此爰卽其地爲屋數楹以奉先生而諸生以

時肄業習禮其中既落成陳君德溥譚君光譜王君沂張君錫麒等以書來徵記於余余維甘棠三章思召伯也漢儒謂召伯避暑憩於甘棠南國之人睹其樹思其人徘徊而不忍去今以先生乘涼之區而士民繫懷其親甘棠之陰有適相符者可見君子之豈弟古與今非有殊途斯民之懷仁古與今亦非有異理也余得從先生講學於茲八年竊見其蘊負廣博淵深必將大爲世用異時當有尹吉甫者出而賦崧高烝民今所敘詠不過俗民歌謠竊比於甘棠詩人之義云爾

先生諱淑曾字衣孟號秋槎文安人乾隆癸酉舉人丙戌謁選得湖北縣令辛卯來治涔陽甲午攝漢陽同知丙申知漢陽府事今任湖北驛鹽道

詩曰涔實下池圍湖以耕北漢南江恃防爲命江漲尤烈過漢逆行岸名大本舊防圮傾洪流震蕩患氣方盈公察其害悉心以營信而後勞畚鍤載與傾壞助之民無所病偃虹屹若安流不驚江水既東漢流亦寧於斯八載屢豐是慶涔之舊俗愿慤相與新氓雜居乃或齟齬鬪辨成風不可戶語士爲民倡宜樹之表乃新黌宮鏞鼓在序從公於邁趨蹌樽俎更召生徒精舍爰處菲陋如予實襄厥事公來函丈圖左書右最爾六行必先孝友課爾六藝禮樂居守德行爲先六藝爲後士屛浮華咸趨純厚三年學生散歸其鄉轉相告誡革澆爲良以我嘉穀化彼莠稂奪攘者息險儁者懲公在涔邑治行既彰公與漢郡五邑是倡漢人愛戴如在涔疆東門之池公昔徜徉涔人思公曰此甘棠乃勸垣墉乃修宇棟畏壘之民俎豆是供縫掖之士爰居諷誦我作此詩匪公之重以貽無窮勸者宜衆學道愛人窮經致用凡百學人咸視此碩乾隆四十三年夏五月望前二日

一八、閲文安堤工三疊旧韻

題解：

《閲文安堤工三疊旧韻》收録于張兆祥編《廊坊文物》，北京：開明出版社，2001年，第157頁。乾隆撰文，刊刻于乾隆五十三年（1788）。碑文6行，滿行30字。行書。此碑現藏于文安縣皇恩亭。

碑文：

文安地處窪，淀水相擊匽。辛巳及辛卯，衝堤凡兩開。（文安地勢窪下，舊多積水，自辛巳漫溢培修堤工之後，民間得以種植有收，至辛卯復被淀水衝擊，地畝仍爲水占。隨令將堤工增高培厚，以冀消涸。及癸巳親臨閲視，又命軍機大臣會同該督徹底稽核，減輕賦額，並將無田之賦清釐豁免。）吾民歎昏墊，賑濟頻救災。茭楗那惜費，低增薄與培。癸巳臨閲後，至今安晏皆。兹來觀民風，熙熙迎駕排。暖衣過冬月，新苗茁春垓。幸此十餘歲，象如癸巳來。（該處堤工穩固，十餘年以來，並無漫溢之患。而堤南大窪，地畝連年多獲豐收。兹來省視麥田，一望青葱，民氣倍形安樂，爲之欣慰。）既思語忌盈，吾惟益惕哉。

乾隆戊申仲春閲文安堤工三疊舊韻御筆

四四

一九、樹唐碑記

題解：

《樹唐碑記》收録于民國十一年（1922）《文安縣志·藝文志》，賀家駿撰文，刊刻于清·道光二年（1822）。

碑文：

聞自道光壬午之歲，邑大水。冬十二月，神道冰積三尺，碑忽傾圮，聲如雷，聞者第駭然驚之，而罔知其故也。有履冰者見之，碑已折，旁有鐵柱二具，以告邑令，則劉公楚楨也。嘗留心古跡，聞之即驗之，爰收其柱而藏之。及冰消，始議立焉。人皆難之。公乃親爲布畫，鎔鐵而鑄之，未一日而工竣，且使人搨其文焉。而唐碑至是賴以存。

樹唐碑記　賀家駿

聞自道光壬午之歲邑大水冬十二月神道冰積三尺碑忽傾圮聲如雷
聞者第駭然驚之而罔知其故也有履冰者見之碑已折旁有鐵柱二具
以告邑令則劉公楚楨也嘗留心古蹟聞之即驗之爰收其柱而藏之及
冰消始議立焉人皆難之公乃親爲布畫鎔鐵而鑄之未一日而工竣且
使人搨其文焉而唐碑至是賴以存

二〇、節孝趙母賀孺人墓誌銘

題解：

《節孝趙母賀孺人墓誌銘》收録于民國十一年（1922）《文安縣志・藝文志》，賀家駿撰文，刊刻于清・同治四年（1865）。

誌文：

粵自昭垂鉅典，丕著乃榮施，俾隱德幽光，咸被寵錫于罔極，惟詳。于戲！不其禕而。節孝婦賀孺人，武孝廉魁源公室女。世居邑城西，十有九歲適城内貢生趙公景芳長子春達。初娶李氏，早卒，繼娶孺人，生女三。越九年，春達逝世。孺人乃剪髮矢厥志，祇祇事乃姑朝夕，用代厥修子職匪懈，並克撫幼弟。惟時怙冒，用肇造有家，冀厥後，庶幾獲繩繩乃祖乃父于無匱。詎知昊天不弔，門衰祚薄，家益弗克自振。迨同治乙丑歲嘉平念有八日，年僅四十有八歲而卒。孺人胞弟武庠生祥明公命予誌，余以同宗弗獲辭，爰誌厥巔末，百拜而爲之銘曰：

如玉斯潔，惟石之介。苦節以貞，争光日月。縱未永年，聞者慨焉。乃畢乃事，其德以金。于焉陳情，爰錫厥銘。茫茫泉路，庶慰幽靈。而今而後，敬列志書。昭茲來許，光大門閭。以正性情，以端風俗。猗歟休哉，載企載慕。

節孝趙母賀孺人墓誌銘　　賀家駿

粵自昭垂鉅典丕著乃榮施俾隱德幽光咸被寵錫於罔極惟詳於戲不其禕而節孝婦賀孺人武孝廉魁源公室女世居邑城西十有九歲適城内貢生趙公景芳長子春達初娶李氏早卒繼娶孺人生女三越九年春達逝世孺人乃翦髮矢厥志祇祇事乃姑朝夕用代厥修子職匪懈幷克撫幼弟惟時怙冒用肇造有家冀厥後庶幾獲繩繩乃祖乃父於無匱詎知昊天不弔門衰祚薄家益弗克自振迨同治乙丑歲嘉平念有八日年僅四十有八歲而卒孺人胞弟武庠生祥明公命予誌余以同宗弗獲辭爰誌厥巔末百拜而爲之銘曰如玉斯潔惟石之介苦節以貞爭光日月縱未永年聞者慨焉迺畢乃事其德以金於焉陳情爰錫厥銘茫茫泉路庶慰幽靈而今而後敬列志書昭茲來許光大門閭以正性情以端風俗猗歟休哉載企載慕

二一、重修文昌廟記

題解：

《重修文昌廟記》收録于民國十一年（1922）《文安縣志·藝文志》，賀家駿撰文，刊刻于清·同治九年（1870）。

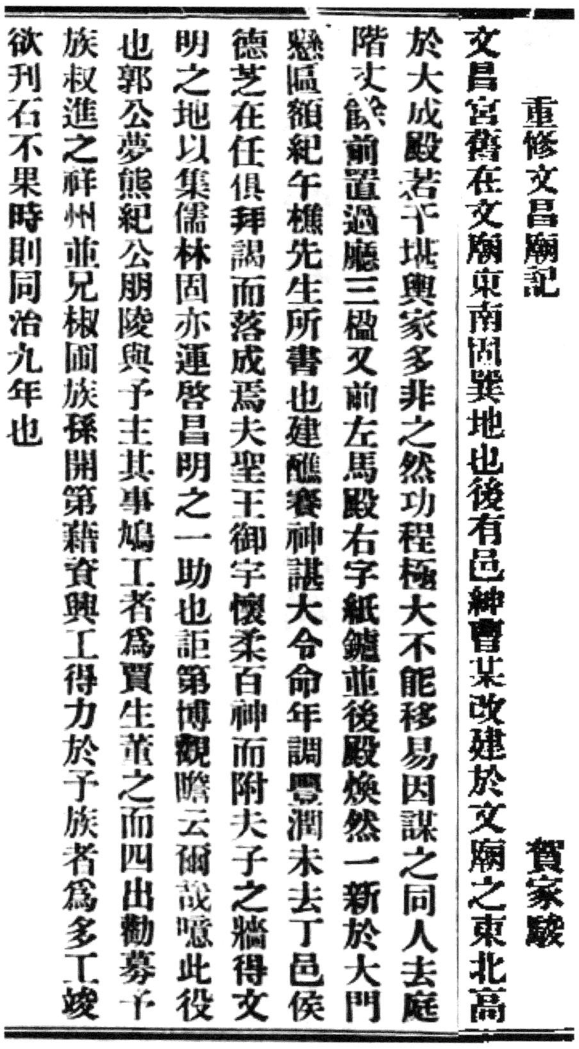

重修文昌廟記　賀家駿

文昌宮舊在文廟東南固巽地也後有邑紳曹某改建於文廟之東北高於大成殿若干堪輿家多非之然功程極大不能移易因謀之同人去庭階丈餘前置過廳三楹又前左馬殿右字紙鑪並後殿煥然一新於大門懸區額紀午樵先生所書也建醮賽神諶大令命年調豐潤未去丁邑侯德芝在任俱拜謁而落成焉夫聖王御宇懷柔百神而附夫子之牆得文明之地以集儒林固亦運啓昌明之一助也詎第博觀瞻云爾哉噫此役也郭公夢熊紀公朋陵與予主其事鳩工者爲賈生董之而四出勸募予族叔進之祥州並兄椒圃族孫開第藉資興工得力於予族者爲多工竣欲刊石不果時則同治九年也

碑文：

文昌宮，舊在文廟東南，固巽地也。後有邑紳曹某，改建于文廟之東北，高于大成殿若干，堪輿家多非之。然功程極大，不能移易，因謀之同人，去庭階丈餘，前置過廳三楹。又前左馬殿，右字紙鑪並後殿，煥然一新。于大門懸匾額，紀午樵先生所書也。建醮賽神，諶大令命年調豐潤未去，丁邑侯德芝在任，俱拜謁而落成焉。夫聖王御宇，懷柔百神，而附夫子之墻，得文明之地以集儒林，固亦運啓昌明之一助也。詎第博觀瞻云爾哉？噫！此役也，郭公夢熊、紀公朋陵與予主其事。鳩工者爲賈生董之，而四出勸募，予族叔進之，祥州並兄椒圃，族孫開第，藉資興工，得力于予族者爲多。工竣欲刊石，不果。時則同治九年也。

二二、張封君鳴歧墓誌銘

題解：

《張封君鳴歧墓誌銘》收録于民國十一年（1922）《文安縣志·藝文志》，劉秉琳撰文，刊刻于清·同治十一年（1872）。

誌文：

公姓張氏，諱鳳山，號鳴歧，順天南路廳屬文安人。祖清標，考瑞伍，皆不仕。公幼天資敏捷，好學異常，塾師以爲遠到材，成童，即丁母何安人艱，連日哀毁不食，族戚百端勸諭，始日食粥數甌，然數載骨立，遂傷心氣，不能卒讀。服闋，改業入武庠。十載間，其父並祖母王太安人相繼謝世，其養生送死數大事感動鄰里，無貧富一皆推服。終制後，即攜其繼母費安人所出兩弟，對安人泣曰：「吾家世代忠，遠近聞之。吾撫兩弟並子箴兒成立，以光吾族，始能慰先人于地下耳。」延師課讀，誠敬兼盡。仲弟郁亭報捐例貢，佐公治家。季弟棫樵，登咸豐乙卯賢書，長子獻臣，登咸豐辛酉賢書。人皆謂公孝友忠信，天固有以報之也。

公家初止中人之產，後由勤儉稍豐。凡有乞貸者，償否聽其自然；歷助鄉黨鄰里，賙其貧乏；凡材可爲士商農者，賴之資生有策。先是，咸豐三年，粵逆竄入静海之獨流鎮，鄉人以公素有重名，恃爲保障，挈家來依，絡繹而至。然難發倉卒，勢難多載衣食，歸息無期，難免凍餒。公則按其旅次，計其户口，一一概勻撥糧石以賙其困，人幸再生。又以本村四面皆冰，一概鑿開，使賊無一騎能渡。村北面冰不能合之處，設船二隻，不時可渡。該處有總統各路官軍大營駐紮，負販人等貿易最便，且得聞賊中動静信息。自是逃難，老幼難平歸里矣。嗚呼！士生斯世，往往不能闇修于家，即有其人，則又難備鄉黨緩急，處士虛聲，卒亦無補于時。若公立愛于家，仗義于鄉，孝弟爲仁之本端在于是，洵可稱一鄉之善士矣。

公終于同治十一年十月十一日，壽七十。以子官故城訓導，封修職郎。元配吴孺人早逝，繼配王孺人。子二：長箴，次籙。

女一，孫二，曾孫三。光緒四年與吳孺人合葬于邑之齊莊村東新塋墓次。余于甲寅權大城邑篆，旋移宰寶坻。公長子箴，時從余學，光緒乙亥分巡天、河兩郡，獻臣以其尊人已故八載，乞墓誌銘于余。余素知公德，故樂爲之銘。銘曰：

篤行君子，内外一誠。家庭楨幹，鄉黨干城。世積乃德，世延乃名。綿綿福蔭，松柏叢生。

張封君鳴岐墓誌銘　劉秉琳

公姓張氏諱鳳山號鳴岐順天南路廳屬文安人祖清標考瑞伍皆不仕
公幼天資敏捷好學異常塾師以爲遠到材成童即丁母何安人艱連日
哀毀不食族戚百端勸諭始日食粥數甌然數載骨立遂傷心氣不能卒
讀服闋改業入武庠十載間其父並祖母王太安人相繼謝世其養生送

死數大事咸動鄰里無貧富一皆推服終制後即撫其繼母費安人所出
兩弟對安人泣曰吾家世代忠遠近聞之吾撫兩弟並子箴兒成立以光
吾族始能慰先人於地下耳延師課讀誠敬兼盡仲弟郁亭報捐例貢佐
公治家季弟棫樵登咸豐乙卯賢書長子獻臣登咸豐辛酉賢書人皆謂
公孝友忠信天固有以報之也公家初止中人之產後由勤儉稍豐凡有
乞貸者償否聽其自然慨助鄉黨鄰里賙其貧乏凡材可爲士商農者賴
之資生有策先是咸豐三年粵逆竄入靜海之獨流鎮鄉人以公素有重
名恃爲保障挈家來依絡繹而至然難發倉卒勢雖多載衣食歸息無期
難免凍餒公則按其旅次計其戶口一一概勻撥糧石以賙其困人幸再
生又以本村四面皆冰一概鑿開使賊無一騎能渡村北面冰不能合之
處設船二隻不時可渡該處有總統各路官軍大營駐紮負販人等貿易
最便且得聞賊中動靜信息自是逃難老幼難平歸里矣嗚呼士生斯世
往往不能闔修於家即有其人則又難備鄉黨緩急處士慮聲卒亦無補
於時若公立愛於家仗義於鄉孝弟爲仁之本端在於是洵可稱一鄉之
善士矣公終於同治十一年十月十一日壽七十以子官故城訓導封修
職郎元配吳孺人早逝繼配王孺人子二長箴次籛女一孫二曾孫三光
緒四年與吳孺人合葬於邑之齊莊村東新塋墓次余於甲寅權大城邑
篆旋移宰寶坻公長子箴時從余學光緒乙亥分巡天河兩郡獻臣以其
尊人已故八載乞墓誌銘於余余素知公德故樂爲之銘銘曰篤行君子
內外一誠家庭楨幹鄉黨干城世積乃德世延乃名綿綿福蔭松柏叢生

二三、安州訓導王公（璞）墓誌銘

題解：

《安州訓導王公（璞）墓誌銘》收録于民國十一年（1922）《文安縣志·藝文志》，徐致祥撰文，刊刻于清·光緒十四年（1888）。

誌文：

按狀：君姓王氏，諱璞，號十橋，晚號迂叟。世居文安左家莊，道光中遷勝芳。曾祖家驥，庠生。祖調，乾隆丁酉科副榜，有名德。父秋元，嘉慶戊辰恩科舉人，知山東清平縣。贈兩代如制，嗣以次子璐知湖北襄陽府，三代皆贈中憲大夫，晉贈通議大夫。清平公生三子，君居季，幼而慈和，誠篤無欺。洎入塾，師授昌黎《原道》篇，越夕盡能成誦，師愛之。年二十補博士弟子員，旋食餼。屢躓秋闈，不欲以他途進，故終老于學博，實心訓課。初選安州訓導，捐己資加課，人樂從之游。遭喪去，服闋，署新樂縣學官。邑令以徵糧激變，聚城隍廟焚香立誓，變幾成。君始以學官不欲與地方事辭；邑令招既有文武生廿餘人來謁，以事告君，細詢端末，曲開導，怵以國法，事得寢。調署永平府學，書院膏火向多爲胥書乾没，君親給之，士得沾實惠。繼者上其事，著爲令，飢渴于善。同治六年，歲大旱。君方家居，倡捐躬查，全活甚衆。豫捻闌入境，捐資修城，府尹以聞，加同知銜。文安堤内地勢釜底，令始至，徵堤外八村殷户，計畝索捐，差催頗擾。君上書瀝陳民艱，暗稽户册，得貧户二千餘家，按畝墊資繳縣，官民皆不知，後爲令訪聞。曾文正公督直隸，開禮賢館。令以君名上，有「好義急公，一鄉稱善」之語。謁曾公，條陳八事，皆時急務。土匪肆擾，創修本村土城，境以安謐。光緒紀元，文邑墊水中八年矣。今傅相李公繼建節，入覲面受三宫聖人成命，欲奪文民于寒濤巨浸中而温飽之。公懔上旨，纂前緒，議濬中亭河以宣泄。觀察史公承其役，欲得廉勤紳士而明于地形水勢者，採輿論以屬君。君受事，殫數月之力，善相水勢，溝漱防淫，不費水衡一錢。事蕆，李公奏賞三品封典，兼河工隨帶加二級。復飭偕史公搶堵永定河，決口合攏，上其功，賞花翎。顧皆非公意。故其在工，自史公以下，咸知文安有隱君子也。先是，清平公欲建支祠，尼于異議，志不得就，訖易簀，泣以屬君。君卒成先志，于村東建祠，爲屋廿有四楹。工次，積勞致疾成瘧，幾殆。綿惙中語其子福曾曰：「祖志已遂，縱死何憾。」後竟獲痊。村東某姓高宅，居者多不吉，歸諸君，拆而改建，磚石中獲人齒骨纍纍。審其故，乃取土義園而成者。乃盡毀之，得齒骨無算，爲瘞而祭之，且申義園取土之禁。購村北數畝地爲義園，乞官示而瘞之，骸得全而君亦吉。暇日喜爲詩，嗜高密李氏《主客圖》，清奇僻苦，殆有夙契。著詩若干卷，養疾滄州學署，猶著《病叟吟》一卷，自謂舍此無所興寄也。撫兄子慈愛逾于所生，而訓督特嚴。福曾以優貢朝考二等，以教職用，君爲喜慰，以其仍得讀書也。福曾訓導博野，君就養。書院公田八頃，爲豪猾恣吞，歲入不及五十金。君訓福曾曰：「書院膏火本前人所以嘉惠寒畯，歲入所餘，不以潤詩書而以飽魚肉，秉鐸者羞也。」福曾乃綜核出入，偕邑侯創規條，懲刁劣，重扃試，增器備。福曾調任滄州去，博野諸生遠送者數十人，皆戀戀于君之善教也。滄州去文邑近，君扁舟旋里，與父老流連歡宴，後乃遘疾。福曾復迎至滄之學舍，逾年，疾復作，卒。君生于嘉慶二十四年己卯六月十四日，卒于光緒十四年戊子七月初十日，享壽七十歲。配孟淑人。子一，福曾，光緒己卯優貢生，乙酉科副榜，候選知縣。女二，長適邊履泰，次適李端棻。孫祖綱、祖紹、祖紱。福曾以年月日葬君于中口新營之原，求銘幽之文于余。通家誼不獲辭，乃序而銘之曰：

惟長人，度誾誾。貊德音，孚惠心。福鄉鄰，澹災祲。貽子孫，有壬林。鬱佳城，恒山陰。松丸丸，柏森森。永以安，遺愛深。爲世楷，昭來今。

安州訓導王公墓誌銘

徐致祥

按狀君姓王氏諱璞號十橋晚號迂叟世居文安左家莊道光中遷勝芳曾祖家驥庠生祖謨乾隆丁酉科副榜有名德父秋元嘉慶戊辰恩科舉人知山東淸平縣贈兩代如制嗣以次子璐知湖北襄陽府三代皆贈中憲大夫晉贈通議大夫淸平公生三子君居季幼而慈和誠篤無欺洎入塾師授昌黎原道篇越夕盡能成誦師愛之年二十補博士弟子員旋食餼屢躓秋闈不欲以他途進故終老於學博實心訓課初選安州訓導捐己貲加課人樂從之游遭喪去服闋署新樂縣學官邑令以徵糧激變聚城隍廟焚香立誓變幾成君始以學官不欲與地方事辭邑令招既有文武生廿餘人來謁以事告君細詢端末曲開導怵以國法事得寢調署永平府學書院膏火向多爲胥書乾沒君親給之士得沾實惠繼者上其事著爲令飢渴於善同治六年歲大旱君方家居倡捐躬查全活甚衆豫捻闌入境捐貲修城府尹以聞加同知銜文安堤內地勢釜底令始至徵隄外八村殷戶計畝索捐差催頗擾君上書瀝陳民艱暗稽戶册得貧戶二千餘家按畝墊貲繳縣官民皆不知後爲令訪聞曾文正公督直隸開禮賢館令以君名上有好義急公一鄉稱善之語謁曾公條陳八事皆時急務土匪肆擾創修本村土城境以安謐光緒紀元文邑墊水中八年突今傳相李公繼建節入覲面受三宮聖人成命欲奪文民於寒濤巨浸中而溫飽之公懔上旨纂前緒議濬中亭河以宣洩觀察史公承其役欲得廉勤紳士而明於地形水勢者採輿論以屬君君受事殫數月之力善相水勢溝漱防淫不費水衡一錢事蕆李公奏賞三品封典兼河工隨帶加二級復飭偕史公搶堵水定河決口合龍上其功賞花翎顧皆非公意故其在工自史公以下咸知文安有隱君子也先是淸平公欲建支祠尼於異議志不得就訖易簀泣以屬君君卒成先志於村東建祠爲屋廿有四楹工次積勞致疾成痹幾殆綿惙中語其子福曾曰祖志已遂縱死何憾後竟獲痊村東某姓高宅居者多不吉歸諸君拆而改建甎石中獲人齒骨纍纍審其故乃取土義園而成者乃盡毀之得齒骨無算爲瘞而祭之且申義園取土之禁購村北數畝地爲義園乞官示而瘞之骸得全而君亦吉暇日喜爲詩嗜高密李氏主客圖淸奇僻苦殆有夙契著詩若干卷養疾滄州學署猶著病叟吟一卷自謂舍此無所興寄也撫兄子慈愛逾於所生而訓督特嚴福曾以優貢朝考二等以教職用君爲喜慰以其仍得讀書也福曾訓導博野君就養書院公田八頃爲豪猾恣吞歲入不及五十金君訓福曾曰書院膏火本前人所以嘉惠寒畯歲入所餘不以潤詩書而以飽魚肉秉鐸者羞也福曾乃綜核出入偕邑侯創規條懲刁劣重扃試增器備福曾調任滄州去博野諸生遠送者數十人皆戀戀於君之善教也滄州去文邑近君扁舟旋里與父老流連歡宴後乃遘疾福曾復迎至滄之學舍踰年疾復作卒君生於嘉慶二十四年己卯六月十四日卒於光緒十四年戊子七月初十日享壽七十歲配孟淑人子一福曾光緒己卯優貢生乙酉科副榜候選知縣女二長適邊履泰次適李端棻孫祖綱祖紹祖紱福曾以　年　月　日葬君於中口新營之原求銘幽之文於余通家誼不獲辭乃序而銘之曰惟長人度諳諳貊德音孚惠心福鄉鄰濟災祲貽子孫有壬林鬱佳城恒山陰松丸丸柄森森永以安遺愛深爲世楷昭來今

天津廣興大街澄秦印字館印

二四、通議大夫杜公（恩綬）墓誌銘

題解：

《通議大夫杜公（恩綬）墓誌銘》收録于民國十一年（1922）《文安縣志·藝文志》，刊刻于清·光緒二十七年（1901）。

誌文：

公諱恩綬，字鴻印，順天文安縣人。祖登雲，嘉慶戊午科舉人，選用知縣。父香林，增廣生，有孝行。自國初，世祖以迄于公，十世業儒。公天性聰敏，器識過人，善讀六經，遂入國學。嗣因家道中落，改業農商。于是量物度時，精勤業務。迨道光二十三年，公父病，在視終宵不解衣帶，營治藥物必自其手。公父歿，則事母如事父。母病，服勞達旦者十餘日。母歿，則推其所以事親者以事長兄。公處家庭以孝友稱。公初業商農，頗求饒益，以娛親心。既而，經紀有方，智足以擴其業，利足以仁其族。又建義塾以教子弟，施牛痘以保嬰兒。同治初年，籌款襄辦城工。城竣，經順天府尹賞給「樂善好施」匾額。六年，鹽梟等匪並起，公創辦團練，修築寨墻，設防籌餉，措置適宜。附近各村被匪蹂躪殆遍，惟蘇橋一鎮賴以保全。商民稱慶，鄉黨懷之。十三年，因本邑遽遭水患，饑民不堪，公襄辦撫，全活甚衆。政府獎加六品銜。光緒元年，佐陳參戎本榮修千里堤，改築滄浪淀堤，修閘灌田，以興水利，故淀内膏腴百餘頃無水旱之虞。惟因文安窪水患頻仍，每遇河水盛漲，晝夜以堤防爲己任。規畫形勢，指陳利弊，多適機宜。當道巨公如陳公本榮、程公竹溪、嚴公作霖，咸器重之。十年，創立崇實文社，提倡教育，培植士林，文風丕振，士人頌之至今。十一年，復籌賑有功，經李文忠公鴻章奏獎五品銜。十六年五月，公忽染痰疾，臥床月餘，不醒世事，幸醫藥有靈，病因之漸痊。是年冬，猶力疾襄辦賑務，惟病時發時愈，如是十有餘年。至二十七年十一月，公以舊疾復發，卒于家。死之日，戚族鄉黨皆哀之。公對于振興實業，籌辦自治，及一切慈善事宜，皆殫竭忠誠，三十餘年，功效卓著。是故邑有舉也，非其倡不興；

里有争也，非其解不息。此其顯著者。公之大德，尤在弭患于幾先，息事于未然也。公平日議正詞明，言信行果，遇惡必戒，遇善必顯。至于市不容奸，人懷自厲，風化肅然也。先是，公與鎮紳靳君詩橋、穆君魁吾相友善，凡關于地方公益，莫不和衷共濟，各盡所長。至今鄉人稱道弗衰，群奉爲自治之模範焉。

公享年七十有八，配劉宜人，繼配王宜人。生二子：長心田，以邑學生議叙，按經歷充邑北二區警董；次良田，法政專門學堂畢業，以勞績累進知縣、直隸州知州，遷京師高等審判廳推事。公初誥封奉直大夫，後以子貴累贈爲通議大夫。劉、王兩宜人皆累贈爲淑人。女三人，適許、適孔、適陸，皆世族。孫二人：承烈、承謨。孫女一。三十二年，葬公于文安趙家坊之西原上。其子良田乞予文其墓道之碑，予既粗述其事實，乃兼述其懿德，而系一銘。銘曰：

浮雲富貴，爲壽幾何。立身後名，千古不磨。亦既有名，而又有子。瓜瓞綿綿，本支百世。

通議大夫杜公墓誌銘

公諱恩綬字鴻印順天文安縣人祖登雲嘉慶戊午科舉人選用知縣父香林增廣生有孝行自國初世祖以迄於公十世業儒公天性聰敏器識過人善讀六經遂入國學嗣因家道中落改業農商於是量物度時精勤業務迨道光二十三年公父病在視終宵不解衣帶營治藥物必自其手公父歿則事母如事父母病服勞達旦者十餘日母歿則推其所以事親者以事長兄公處家庭以孝友稱公初業商農頗求饒益以娛親心既而經紀有方智足以擴其業利足以仁其族又建義塾以教子弟施牛痘以保嬰兒同治初年籌款襄辦城工城竣經順天府尹賞給樂善好施匾額六年鹽梟等匪並起公創辦團練修築寨牆設防籌餉措置適宜附近各村被匪蹂躪殆遍惟蘇橋一鎮賴以保全商民稱慶鄉黨懷之十三年因本邑遽遭水患饑民不堪公襄辦撫全活甚衆政府獎加六品銜光緒元年佐陳參戎本榮脩千里隄改築滄浪淀隄脩牐灌田以興水利故淀內膏腴百餘頃無水旱之虞惟因文安窪水患頻仍每遇河水盛漲晝夜以

天津廣興大街 證泰印字館印

隄防爲己任規畫形勢指陳利弊多適機宜當道巨公如陳公本榮程公竹溪嚴公作霖咸器重之十年創立崇實文社提倡教育培植士林文風不振士人頌之至今十一年復籌賑有功經李文忠公鴻章奏獎五品銜十六年五月公忽染痰疾臥床月餘不醒世事幸醫藥有靈病因之漸痊是年冬猶力疾襄辦賑務惟病時發時愈如是十有餘年至二十七年十一月公以舊疾復發卒於家死之日戚族鄉黨皆哀之公對於振興實業籌辦自治及一切慈善事宜皆殫竭忠誠三十餘年功效卓著是故邑有舉也非其倡不興里有爭也非其解不息此其顯著者公之大德尤在弭患於幾先息事於未然也公平日議正詞明言信行果遇惡必戒遇善必顯至於市不容奸人懷自厲風化肅然也先是公與鎮紳靳君詩橋穆君魁吾相友善凡關於地方公益莫不和衷共濟各盡所長至今鄉人稱道弗衰曁奉爲自治之模範焉公享年七十有八配劉宜人繼配王宜人生二子長心田以邑學生議敘按經歷充邑北二區警董次良田法政專門學堂畢業以勞績累進知縣直隸州知州遷京師高等審判廳推事公初誥封奉直大夫後以子貴累贈爲通議大夫劉王兩宜人皆累贈爲淑人女三人適許適孔適陸皆世族孫二人承烈承讀孫女一三十二年葬公於文安趙家坊之西原上其子良田乞予文其墓道之碑予既祇述其事實乃兼述其懿德而系一銘銘曰浮雲富貴爲壽幾何立身後名千古不磨亦既有名而又有子瓜瓞綿綿本支百世

二五、清兵部差官李公煌暨配王宜人墓誌銘

題解：

《清兵部差官李公煌暨配王宜人墓誌銘》收録于民國十一年（1922）《文安縣志・藝文志》，張省山撰文，刊刻于清・光緒二十八年（1902）。

誌文：

公姓李氏，諱煌，字振寰，庠生樹勳公五子也。世居文邑東南岳新莊。公資慧，膂力過人。幼喜誦讀，長好武功。年十六即入武庠，二十一歲應道光丁酉科鄉試。場前夢一鬼持斗罩公首，公驚寤曰：「鬼斗魁也。」是科遂中亞元。甲辰科挑取一等，籤掣兵部差官。羽檄紛馳，迭著功績于風塵跋涉間。公意盡忠即以盡孝，揚名聲，顯父母，胥將于是乎在。咸豐元年，公母潘太宜人得重疾，公在京，聞之驚懼。每不值班，輒歸家省親，年餘，往反殆無虛日。及太宜人卒，公以不得侍晨夕抱恨靡窮，功名一途，于是灰冷，蕭然解組，將以事父者，盡子職也。樹勳公殁，公整理家務井井有條，尤留心畎畝間。嘗丈合村地畝，繪圖作魚鱗册，鄉里珍寶之。迄今爲地畝争辯者證以公册，皆帖然服，無異詞，其忠正格人有如此者。配王宜人，同邑太學生沛霖公女，有淑德。公殁後能撫幼子，勤儉治家，水患三十年，其家業弗墜也。公生子一，女三。子佑曾，精歧黄術，爲衆所推。光緒壬寅正月，葬公暨配于村西里許之祖塋。求誌于余，余爲姻亞弟，且相得，故知公最悉，因爲之誌，且附以銘。銘曰：

事君盡忠，事親盡孝。夫惟李公，持身有道。馬鬣既封，豐碑屹然。讀斯文者，其衿式焉。

清兵部差官李公煋暨配王宜人墓誌銘　　張省山

公姓李氏諱煋字振寰庠生樹勳公五子也世居文邑東南岳新莊公資慧膂力過人幼喜誦讀長好武功年十六即入武庠二十一歲應道光丁酉科鄉試場前夢一鬼持斗罡公首公驚寤曰鬼斗魁也是科遂中亞元甲辰科挑取一等籤掣兵部差官羽檄紛馳迭著功績於風塵跋涉間公意盡忠即以盡孝揚名聲顯父母胥將於是乎在咸豐元年公母潘太宜人得重疾公在京聞之驚懼每不值班輒歸家省親年餘往返殆無虛日及太宜人卒公以不得侍晨夕抱恨靡窮功名一途於是灰冷蕭然解組將以事父者盡子職也樹勳公歿公整理家務井井有條尤留心畎畝閒嘗丈合村地畝繪圖作魚鱗册鄉里珍寶之迄今爲地畝爭辯者證以公

册皆帖然服無異詞其忠正格人有如此者配王宜人同邑太學生沛霖公女有淑德公歿後能撫幼子勤儉治家水患三十年其家業弗墜也公生子一女三子佑曾精岐黃術爲衆所推光緒壬寅正月葬公暨配於村西里許之祖塋求誌於余余爲姻亞弟且相得故知公最悉因爲之誌且附以銘銘曰事君盡忠事親盡孝夫惟李公持身有道馬鬣既封豐碑屹然讀斯文者其矜式焉

二六、清孝廉王禹忱墓誌

題解：

《清孝廉王禹忱墓誌》收録于民國十一年（1922）《文安縣志·藝文志》，陳德沛撰文，刊刻于中華民國四年（1915）。

誌文：

吾友禹忱，性和易，中無城府，樂與人爲善。丱角爲文，便得雅人深致。十八歲丁父憂，益刻苦，于經、史、子、集能博觀約取。弱冠，文愈進，才名噪三輔，館諸生舍不能容。文邑遭水患，大父母年逾古稀，群季幼，僅太夫人以紡績相助。吾友操持家計，無幾微難色。近歐風東漸，士習囂張。吾友爲本縣高小校長者，再監黃村中學者一，監順天第四中學者又一。先後來學者不下千人，一經管理教授，各恪守學規，爲從前私塾所不及。于民國四年陰曆十月十四日夜間，在縣立高小校内暴卒。城廂士民百方營救，冀其復甦，群弟子見其不起，環立呼號。親友暨識與不識，皆哭。畿輔名下來吊者，數月不絶。予適從南方來，途次聞耗，悲痛填膺，至今與人論及之，淚猶涔涔下也。今夫時有今古，直道同在人心。士大夫不能坦白爲懷，往往由疑生忌，由忌生怨。見豕負塗，載鬼一車，猜忌遂生睽孤之象。吾友海涵地負，群疑涣散，萬物于以歸懷。使易師位而秉國鈞，其感召不知若何矣。其在《剥》之上九，雖一陽在外，碩果猶存，並此一陽而亡之，吾不僅爲吾友悲也已。

禹忱姓王氏，諱克襄，中光緒癸卯乙科，享年四十有七。曾祖諱平衡，妣氏邢。祖諱相林，妣氏高。父諱寶箴，庠生。性端嚴，傳子有家法。母氏孫。娶齊氏，齊氏生四子：曰瑶樹，曰琪樹，曰錦樹，曰榕樹。女二。門人以予二人同學，久交莫逆，遂囑爲墓誌，無庸謝不敏焉。備述之，以告後人云。

清孝廉王禹忱墓誌　陳德沛

吾友禹忱性和易中無城府樂與人爲善丱角爲文便得雅人深致十八歲丁父憂益刻苦於經史子集能博覽約取弱冠文愈進才名噪三輔館諸生皆不能容文邑遭水患大父母年逾古稀羣季幼僅太夫人以紡績相助吾友操黃家計無幾微難色近歐風東漸士習囂張吾友爲本縣高小校長者再監黃村中學者一監順天第四中學者又一先後來學者不下千人一經管理教授各恪守學規爲從前私塾所不及於民國四年陰曆十月十四日夜間在縣立高小校內暴卒城廂士民百方營救冀其復

天津廣興大街源泰印字館印

甦羣弟子見其不起環立呼號親友暨識與不識皆哭幾輔名下來吊者數月不絕予適從南方來途次聞耗悲痛塡膺至今與人論及之淚猶涔涔下也今夫時有今古直道同在人心士大夫不能坦白爲懷往往由疑生忌由忌生怨見豕負塗載鬼一車猜忌遂生睽孤之象吾友海涵地負羣疑渙散萬物於以歸懷使易師位而秉國鈞其感召不知若何矣其在剝之上九雖一陽在外碩果猶存並此一陽而亡之吾不僅爲吾友悲也已禹忱姓王氏諱克襄中光緒癸卯乙科享年四十有七曾祖諱平衡妣氏邢祖諱相林妣氏高父諱寶箴庠生性端嚴傳子有家法母氏孫娶齊氏齊氏生四子曰瑤樹曰琪樹曰錦樹曰榕樹女二門人以予二人同學久交莫逆遂囑爲墓誌無庸謝不敏焉備述之以告後人云

二七、清誥授奉政大夫賞戴花翎銘加同知銜山東堂邑縣知縣文安王君（福曾）墓誌銘

題解：

《清誥授奉政大夫賞戴花翎銘加同知銜山東堂邑縣知縣文安王君（福曾）墓誌銘》，王樹枏撰文，朱益藩正書，袁勵準篆蓋。誌文55行，滿行20字。蓋文7行，滿行5字。誌石出土于河北省文安縣，拓片現藏于國家圖書館。

誌蓋：

清誥授奉政大夫賞戴花翎銘加同知銜山東堂邑縣知縣文安王君墓志銘

誌文：

清故誥授奉政大夫賞戴花翎同知銜山東堂邑縣知縣文安王君墓志銘

賜進士出身誥授通奉大夫前甘肅新疆布政使新城王樹枏撰

賜進士出身誥授資政大夫賞戴花翎賞穿戴膆貂褂毓慶宮行走兼南書房行走前二品銜都察院副都御史蓮花朱益藩書

賜進士出身誥授光禄大夫頭品頂戴賞戴花翎前翰林院侍講南書房行走宛平袁勵準篆蓋

君諱福曾，字桐孫，姓王氏，其先山東人。明指揮東樓公始遷直隸之文安。乾隆時有副貢生諱調者，于君爲曾祖。娶劉氏，生秋元。嘉慶戊辰舉人，山東清平知縣。清平生君孝諱璞，爲安州訓導，好學有隱行。其卒也，嘉定徐侍郎致祥誌其墓。君生而

聰慧，四歲學應對，進退禮如成人。既長，劬力于學，補博士弟子。光緒己卯，以優行貢成均，考烈二等，選授博野訓導。書院舊有田八百畝，咥于勢豪。君至，爲探其咽，出之以哺學子。從游之士歲常數百人。乙酉再上公車，誤中其副，旋以迴避，改補滄州。又三年，奉安州公諱，予寧歸里，家居侍母且十載。以前在博野檄辦海運有勞，薦擢知縣，至是奉母命敦，强謁，進授山東堂邑。值庚子之變，莅任數月，旋罷去。逾年，再至堂邑，盜數百毛起。連歲盤牙搜牢持搏掩，吏民皆重足莫敢誰何。君則躬搗賊巢，利牖其黨，爲我耳目，道引渠俊授首，民用大□。君嚴于治盜，不畏强桀，而慈呴民若兒子，聽獄不輕用敲扑，反覆窮詰必得情後已。邑遇旱災，爲文禱于神自責，雨常應期。朝令裁衛所屯田，索地價錢，君念民痌瘝，爲代輸金千七百餘。而尤以建學植才爲急，捐置圖書數千卷，宣明教條，作士表儀。君出則先勞于民，入則侍母側，道終日所事，以娛親志。時母孟太淑人，春秋高，陳情乞終養歸。士民聞之，籲于大吏，杜城以尼其行。既遭母喪，君適患病且棘，邑父老相與禱祈，扶攜赴署，訊起居安否。既去，則攀轅流涕，爲鐫石于東門之外，以誌其思。君勇于爲義若性命，中日之戰，君起鄉團捍閭里；水災，調穀粟飢，隱親經絡，活民數千。完中亭河堤，沮洳之田變腴地六七萬畝。其在博野，舉孝子于逢雷。在堂邑，有乞人武訓者，積訾創建三邑義學，君請之大府，奏旌于朝，尤足勵末俗云。君生于咸豐元年九月二十六日，卒于丁巳年六月二十一日，享年六十有七。配崔宜人，清苑訓導霸州崔宜枋之女。柔嘉淑嫕，善事舅姑，相夫有儀，教子有法。處豐能約，克定厥家。生子祖綱，以貢生歷官山東城武、朝城知縣。簉室楊宜人，生子祖紹，同知職銜；祖紱，中學校學生。長女婿，武昌進士范迪襄；次女婿，山西知縣范迪明。孫貽謀、貽猷、貽榮。孫女二。祖綱以年月日葬于中口新營山之原，來乞爲銘墓之文。吾聞君生平者，碑碣鼎彝，刀布文字，考釋精審，多創解。嘗著《化度寺塔銘考》一卷，足訂大興翁氏之誤。其詩尤清婉可誦也。乃爲之銘曰：

文足以華國而慳于一第，才足以濟時而堇于一試。在家在邦，有聲其皇。造福于一邑，而樹德于一鄉。斯所以沒事，而民不忘乎。嗚呼！君今往矣，而有不忘者存。我銘其幽，以詔後人。

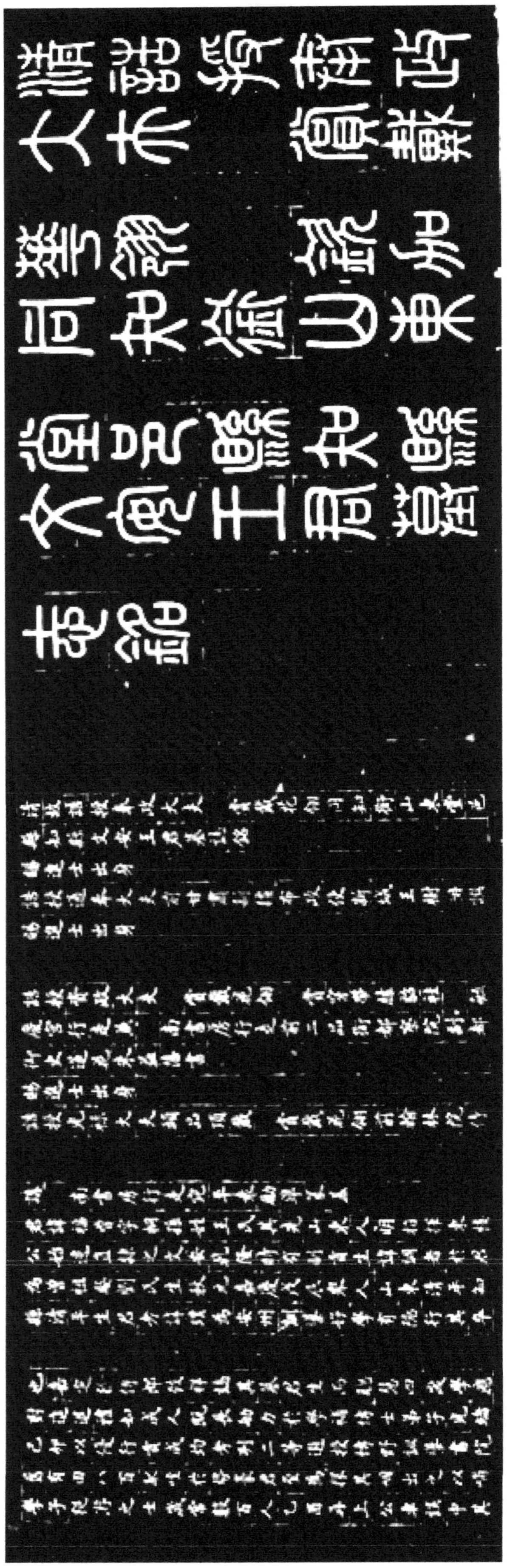

二八、清封恭人董母王太夫人墓誌銘

題解：

《清封恭人董母王太夫人墓誌銘》收録于民國十一年（1922）《文安縣志·藝文志》，刊刻于中華民國十一年（1922）。

誌文：

夫人系直隸大城名族，文安廩生國子監典籍銜董公仙舫之正室。幼而端淑，無俟姆訓，自合閫儀。工鍼黹，善書畫，烹飪各事，靡不精湛，鄉里稱羡。長嬪董室，翁姑色喜，娣姒怡怡。一切執役，不假女僕。孝友慈愛，各尊其極。戚黨來覲，群贊賢淑。

董氏一時望族，縉紳冠蓋，縱馳宇内，以學政世其家者也。初，子容公與德配陳太夫人，思宗祧之重、繼嗣之要，賢其子之才哲，宜求婦之堪與齊者。内外親僉謂王族舊門，家法承守，嶄然翹楚，教訓子女，德具幽閒。爲公子擇婦，莫王氏若。來歸後家遠暫替，仙舫公就館外方，老幼食口浩繁，夫人皆以身任之。嘗以繪畫、刺綉補助生活。每夜至鷄鳴後，殘燈熒然，勇爲不輟。甚或氣塞地圻，凍侵手僵，血淚交並，而夫人處以毅然。計如此者十有一載，莫以艱難稍懈其志。斷鍼充積盈筐，哲嗣著《斷鍼吟》一章，不忍卒誦。嗟嗟！當國家多故，民窘財竭，支撑危局，經數十年作罅漏之補苴，奠大局如磐石，即翹然傑出之英俊，猶且不易。矧一弱婦人，肩斯巨任，事大小雖不同，其心性之堅定，志節之超卓，操心危慮，患深則一也。猗歟偉哉！家道方興，春暉先謝，享壽七旬有二，竟于民國元年夏曆十一月廿九日仙逝。哀乎悲矣！夫人有丈夫子二：祖輝，業儒；述輝，任江蘇徐海鎮守使署副官長，曉暢軍事，學問一承家法，有能聲，光顯其親，旦夕問事。民國十一年三月十一日將合葬夫人于漱芳園仙舫公墓。敬刊諸貞珉，永昭萬世。百拜而爲之銘曰：

玉生藴潤，蕙茁含芳。緊惟夫人，家國之光。温惠淑慎，琬琰圭璋。陶髮歐荻，後先頡頏。虆虆馬鬣，寂寂冥堂。佑子孫兮，永熾永昌。

請封恭人董母王太夫人墓誌銘

夫人系直隸大城名族文安廩生國子監典籍銜董公仙舫之正室幼而端淑無俟姆訓自合閫儀工鍼黹擅書畫烹飪各事靡不精湛鄉里稱美長嬪董室翁姑色喜娣姒怡怡一切執役不假女僕孝友慈愛各遵其極

天津華夏大新聯書印字館印

戚黨來覲羣贊賢淑董氏一時望族縉紳冠蓋縱馳宇內以學政世其家者也初子容公與德配陳太夫人思宗祧之重繼嗣之要賢其子之才哲宜求婦之堪與齊者內外親僉謂王族舊門家法承守嶄然翹楚教訓子女德具幽閒爲公子擇婦莫王氏若來歸後家運暫替仙舫公就館外方老幼食口浩繁夫人皆以身任之嘗以繪畫刺繡補助生活每夜至雞鳴後殘燈熒然勇爲不輟甚或氣塞地坼凍侵手僵血淚交幷而夫人處以毅然計如此者十有一載莫以艱難稍懈其志斷鍼充積盈筐哲嗣著斷鍼吟一章不忍卒誦嗟嗟當國家多故民窘財竭支撐危局經數十年作罅漏之補苴奠大局如磐石即翹然傑出之英俊猶且不易矧一弱婦人肩斯巨任事大小雖不同其心性之堅定志節之超卓操心危慮患深則一也猗歟偉哉家道方興春暉先謝享壽七旬有二竟於民國元年夏歷十一月廿九日仙逝哀乎悲矣夫人有丈夫子二祖輝業儒兆輝任江蘇徐海鎮守使署副官長曉暢軍事學問一承家法有能聲光顯其親旦夕間事民國十一年三月十一日將合葬夫人於漱芳園仙舫公墓敬刊諸貞珉永昭萬世百拜而爲之銘曰玉生蘊潤蕙茁含芳繄惟夫人家國之光溫惠淑慎琬琰圭璋陶髮歐荻後先頡頏纍纍馬鬣寂寂冥堂佑子孫兮永熾永昌

二九、重修文廟記

題解：

《重修文廟記》收録于民國十一年（1922）《文安縣志・藝文志》，尚野撰文。

碑文：

文安廟學，貞祐甲戌，金主南渡，焚蕩殆盡，僅存大觀八行之碑。宋、遼、金祚終，皇元受命，奄有中夏，戊戌肇開貢舉，草昧漸革。世祖潛藩，賓禮師儒，延問治道，務先學校。即位明年，特降詔條，欽崇宣聖，光賁儒宫。至元三年，敕上都建孔子廟。又以中書左丞許衡爲國子祭酒，以教胄子。用敦化源，四方萬里，莫不知所振厲，黽勉從事。文安近在畿内，獨無以應德意。二仲釋奠，即其故基，表以草幕，苟簡不恭，習以爲常，觀者惻然。八年辛未，縣設教諭，以邑儒董君榮爲之。董君素有興復議而病未能也。即言于縣，以國家方事襄樊，爲平宋張本，俎豆軍旅，不獲所請，遂以自任，營積八年，江淮嶺海，悉歸版圖。明年庚辰，以屋貸錢，合若干緡，伐木湯川，往返千里，三歷寒暑，衆材始聚。瓦甓釘礎，堊黝丹漆，各輸所有，以後爲耻。卜日其吉，工力並作。不期月，禮殿四楹，宏敞靚深，先聖先師十哲像設，顯嚴如一大府。惟從祀之室，大成之門，經畫井井，未克畢舉，今復七歲矣。主簿姚元、縣尉張瑛、縣尹楊潤、今縣令李侯祐感嘆興起，相繼而輔成之。二十八年，兩廡翼翼，繪像七十二子。董君既没，其子道清學正、孫禎教諭承其事，如君存焉。大德辛丑，後以講堂，前以櫺星。至大四年，以雀育廡屋瓦，易版以瓴。初，講堂有闕，至是户牖端朗，階址堅整，燦然一新。李侯伻來謂予曰：「文安廟學之廢，迄于董君經始之前，爲荆棘瓦礫者六十六年。董君父子祖孫，勤苦堅懇四十餘年，始終一意，卒成盛事。佑慮歲月之久，有攘没其美者，請文勒諸石，永資名教。」野既允祐之請，且以邑之令佐于王事鞅掌之暇，與董君父子、祖孫共成學廟。喜其民牧學官克協終始，因併附此，以示無窮耳。

翰林國史院檢閱李鼎賡而贊之曰：皞皞太古，赫赫斯文，三五尊諸，時稱聖君。夫子崇崇，德穆道充，拓而擴之，執其大中。綱常既立，彝倫攸敘，萬物蒼蒼，咸得其所。尼于周衰，阨于强秦，漢唐以來，或屈或信。皇元統一，尚儒惟實，廣建辟廱，焞燿星日。曩者太陽，學舍荒凉，茅茨階陛，葛虆垣墻。爰有董公，憂心忡忡，質宅營構，未遂而終。厥孫嗣事，傷悼先志，諮諏邑侯，侯忠其義。未幾落成，殿屋峥嶸，邑侯之仁，郡教之誠。匪人不格，匪誠不感，宜勤堅珉，永爲勝覽。

重修文廟記　元　尙野

文安廟學貞祐甲戌金主南渡焚蕩殆盡僅存大觀八行之碑宋遼金祚終皇元受命奄有中夏戊戌肇開貢舉草昧漸革世祖潛藩賓禮師儒延問治道務先學校卽位明年特降詔條欽崇宣聖光賁儒宮至元三年勑上都建孔子廟又以中書左丞許衡爲國子祭酒以教胄子用敦化源四方萬里莫不知所振厲黽勉從事文安近在畿內獨無以應德意二仲釋奠卽其故基表以草幕苟簡不恭習以爲常觀者惻然八年辛未縣設教諭以邑儒董君榮爲之董君素有興復議而病未能也卽言於縣以國家方事襄樊爲平宋張本俎豆軍旅不獲所請遂以自任營積八年江淮嶺

天津廣興大街源泰印字館印

海悉歸版圖明年庚辰以屋貲錢合若干緡伐木湯川往返千里三歷寒暑衆材始聚瓦甓釘礎堊黝丹漆各輸所有以後爲恥卜日其吉工力並作不期月禮殿四楹宏敞靚深先聖先師十哲像設顯嚴如一大府惟從祀之室大成之門經畫井井未克畢擧今復七歲矣主簿姚元縣尉張瑛縣尹楊潤今縣令李侯祐感嘆興起相繼而輔成之二十八年兩廡翼翼繪像七十二子董君既沒其子道淸學正孫禎教諭承其事如君存焉大德辛丑後以講堂前以櫺星至大四年以雀育廡屋瓦易版以甎初講堂有闕至是戶牖端朗階阯堅整燦然一新李侯伻來謂予曰文安廟學之廢迄於董君經始之前爲荆棘瓦礫者六十六年董君父子祖孫勤苦堅懇四十餘年始終一意卒成厥事佑慮歲月之久有據沒其美者請文勒諸石永資名教野既允佑之請且以邑之令佐於王事鞅掌之暇與董君父子祖孫共成學廟喜其民牧學官克協終始因併附此以示無窮耳翰林國史院檢閱李鼎賡而贊之曰皞皞太古赫赫斯文三五尊諸時稱聖君夫子崇崇德穆道充拓而擴之執其大中綱常既立彝倫攸敘萬物蒼蒼咸得其所尼於周衰阨於强秦漢唐以來或屈或信皇元統一尙儒惟實廣建辟廱焞燿星日曩者太陽學舍荒凉茅茨階陛葛虆垣墻爰有董公憂心忡忡質宅營構未遂而終厥孫嗣事傷悼先志諮諏邑侯侯忠其義未幾落成殿屋峥嶸邑侯之仁郡教之誠匪人不格匪誠不感宜勒堅珉永爲勝覽

三〇、修城隍廟碑記

題解：

《修城隍廟碑記》收録于民國十一年（1922）《文安縣志·藝文志》，明王陞撰文。

碑文：

城隍之名，自國朝始。其山川之靈氣，蒼黎之精神，實憑嚮焉，而吾邑最顯著。邑，澤國也。滹沱以北之水，以我爲委，故今堤環之，決則數年不可耒耜。己亥秋，水漲甚，雄、鄚皆匯爲巨浸。其水横流數十里，濤聲波光，山頽霆擊。防者以急告，邑侯岳君欲以身護之，且邀惠于神曰：「蕭竹之不具，鍤畚之不力，長吏罪也。而風雨雷電之不時以佐水虐神，其謂長吏何？與其以璧馬乞靈于玄冥也，孰若爲民請命于神明？長吏且負薪堤上，與百姓從事矣。」無何，陰雲匝地，風起乾方，驟雨急電，天色慘黯，里之縉紳父老相顧，歎詫堤壞矣！須臾而霽，不風不雨者浹旬，而堤得無恙。是歲也，穡人成功，污邪坻積。百姓懷侯之明德，烹羔酌觥以躋公堂。邑侯謝不敏，曰：「神之惠也。異日之風伯雨師，若有主者以驅之，不然，吾即效王尊投陽侯之波，何益哉？」百姓又相從新廟貌，拓廟之門宇，事竣而屬不佞陞記之。陞嘗讀吾師按察碑記，文在是矣，復何能贅？雖然，常以臆論之，世治有鬼神之用而其跡隱，世亂有鬼神之跡而其用彰。其易如天，其簡如地，就之如日，望之如雲，潤之如雨露，震之如雷電，則天地鬼神之功化，且斂而歸于無。世所稱福善、禍淫持世之說，鬼神之所待衰俗者耳。以邑侯明察之官，忠信之長，慈惠之師，其政治者也，其與神交成以各協其職也。惟神有德，唯侯代之。今邑侯遷秩去，百姓攀轅不可得，民又將歸望于神矣。長吏之所司者，陽法也；神之所司者，陰德也。紀綱總之有司，風俗散之百姓，以神之聰明正直，不蕲世淆而顯其用。使百姓潰焉，如水之波，流而不知防也。啓聰予鑒，俾淳而不漓，樸而不雕，平而不競，嗇而不侈，則庶幾于先民之法度，後之捧檄以照臨吾土者，以爲蒲鞭，可以臥理也。則山川之靈氣，蒼黎之精神，唯神聽之矣。

修城隍廟碑記　明　王陞

城隍之名自國朝始其山川之靈氣蒼黎之精神實憑藉焉而吾邑最顯著邑澤國也滹沱以北之水以我爲委故今堤堰之決則數年不可耒耜己亥秋水漲甚雄鄭皆匯爲巨浸其水橫流數十里濤聲波光山頹霆擊防者以急告邑侯岳君欲以身護之且邀惠於神曰蕭竹之不具鍤畚之不力長吏罪也而風雨雷電之不時以佐水虐神其謂長吏何與其以璧

天津廣發大街　振泉印字館印

馬乞靈於玄冥也孰若爲民請命於神明長吏且負薪堤上與百姓從事矣無何陰雲匝地風起乾方驟雨急電天色慘黯里之縉紳父老相顧歎詫堤壞矣須臾而霽不風不雨者浹旬而堤得無恙是歲也穡人成功汚邪坻積百姓懷侯之明德烹羔酌觥以躋公堂邑侯謝不敏曰神之惠也異日之風伯雨師若有主者以驟之不然吾即効王尊投陽侯之波何啻哉百姓又相從新廟貌拓廟之門宇事竣而屬不佞陞記之陞嘗讀吾師按察碑記文在是矣復何能贅雖然嘗以臆論之世治有鬼神之用而其迹隱世亂有鬼神之迹而其用彰其易如天其簡如地就之如日望之如雲潤之如雨露震之如雷霆則天地鬼神之功化且歛而歸於無世所稱福善禍淫持世之說鬼神之所待衰俗者耳以邑候明察之官忠信之長慈惠之師其政治者也其與神交感以各協其職也惟神有德惟侯代之今邑侯遷秩去百姓攀轅不可得民又將歸望於神矣長吏之所司者陽法也神之所司者陰德也紀綱總之有司風俗散之百姓以神之聰明正直不斬世沵而顯其用使百姓瀆焉如水之波流而不知防也啓聰子嚳俾淳而不漓樸而不雕平而不競嗇而不侈則庶幾於先民之法度後之捧檄以照臨吾土者以爲蒲鞭可以臥理也則山川之靈氣蒼黎之精神唯神聽之矣

三一、修城記

題解：

《修城記》收録于民國十一年（1922）《文安縣志・藝文志》，李時撰文。

碑文：

文安，畿内邑也。距京師二百餘里，當瀛、霸之衝。城而邑者，舊矣。承平既久，無兵革之虞，有司玩于豫防。歲就傾頓，久之，益加夷焉！正德辛未，河北盜起，摽掠諸州縣，已而大衆屯聚文安。文安視他州縣，荼毒獨甚，坐城之廢故也。歲癸酉，齊東王君來尹是邑，顧而歎曰：「民保于城，城關于令，城之廢，民弗能生矣！伊誰之責歟？」乃集邑耆舊，諭之曰：「爾民非城無以自衛，今僅存遺址，爾民將何賴乎？予欲藉爾力繕城以保爾生，于爾何如？」耆舊咸曰：「是固侯之生我也，敢不惟命？」君乃鳩工，顧所費不貲，莫可猝辦。復曰：「吾民如沉痾始脱，而體實羸。予不欲重費吾民，倘撅土成城，因以濬池，豈曰省費，而功亦易集矣！」遂絜高卑，度厚薄，具楨幹，畚鍤雲集，併力交作。興役于甲戌三月，閲明年乙亥秋，乃訖工焉。城周迴九里，高若干丈，列雉堞，建樓櫓。題其門額，南曰來薰，北曰拱辰，東曰迎恩，西曰永定。謹扃鑰以詰奸僞，置鍾簴以警晨昏。由是，文安之民咸欣欣焉，賴以無恐。

鄉進士王君克敬，邑之彦也。懼王侯之功，泯于後來，徵予言以記。予惟古稱設險以守國，又爲城池以爲固，申畫郊圻，慎固封守，則城隍之設，固有司所不廢者。然《出車》之詩有曰：「天子命我，城彼朔方。」《蒸民》之詩曰：「王命仲山甫，城彼東方。」夫以玁狁之難甚亟，朔方之城，乃須天子之命。齊遷臨淄，仲山甫以上卿臨焉。古之不敢輕用民力如此。是以《春秋》之義，凡用民必書，不時害義，固加貶矣。雖時且義亦書，見勞民爲重事爾。今王君成城以衛民，誠使以佚道而非輕于用民者，是可書也已。若夫遂生養以興教化，俾風俗和洽而不勞民于守國之末，是又王君之當務者。君名鼎，字公實。能于其政，觀此，可概其餘矣。相是役者，縣丞王景沂云。

修城記

李時

文安畿內邑也距京師二百餘里當瀛霸之衝城而邑者舊矣承平既久無兵革之虞有司玩於豫防歲就傾頹久之益加夷焉正德辛未河北盜起摽掠諸州縣已而大衆屯聚文安文安視他州縣荼毒獨甚坐城之廢故也歲癸酉齊東王君來尹是邑顧而歎曰民保於城城關於令城之廢民弗能生矣伊誰之責歟廼集邑耆舊諭之曰爾民非城無以自衛今僅存遺址爾民將何賴乎予欲藉爾力繕城以保爾生於爾何如耆舊咸曰是固侯之生我也敢不惟命君乃鳩工顧所費不貲莫可猝辦復曰吾民如沉痾始脫而體實羸予不欲重費吾民倘撫土成城因以濬池豈曰省費而功亦易集矣遂絜高卑度厚薄具楨幹畚鍤雲集併力交作興役於甲戌三月閱明年乙亥秋廼訖工爲城周廻九里高若干丈列雉堞建樓櫓題其門額南曰來薰北曰拱辰東曰迎恩西曰永定謹扃鑰以詰奸僞置鍾簴以警晨昏由是文安之民咸欣欣焉賴以無恐鄉進士王君克敬邑之彥也懼王侯之功泯於後來徵予言以記予惟古稱設險以守國又爲城池以爲固申晝郊圻慎固封守則城隍之設固有司所不廢者然出車之詩有曰天子命我城彼朔方烝民之詩曰王命仲山甫城彼東方夫以玁狁之難甚亟朔方之城廼須天子之命齊邊臨淄仲山甫以上卿臨爲古之不敢輕用民力如此是以春秋之義凡用民必書不時害義固加貶矣雖時且義亦書見勞民爲重事爾今王君成城以衛民誠使以佚道而非輕於用民者是可書也已若夫遂生養以興教化俾風俗和洽而不勞民於守國之末是又王君之當務者君名鼎字公實能於其政觀此可概其餘矣相是役者縣丞王璟沂云

天津協興大街　[illegible]印字館印

三二、崔令公（儒秀）去思碑記

題解：

《崔令公（儒秀）去思碑記》收録于民國十一年（1922）《文安縣志·藝文志》，邢孔陽撰文。

碑文：

檢舊史，吾邑受太行西麓之水以十數。注雍奴，下天津，轉輸于海。自何承矩塘濼廢，虖池玳瑁，閭殫爲河。延祐中，吴公質疏河築堰，至我明史公天祐，益拓而延袤之。以里計者，百有二十。防植田闢，歲穰民和。自甲辰穿于鄰蟻，丁未、辛亥復兩失其防，鰍鱣舞于町疃，舳艫維于麗譙。繇役之不平而富者貧，萑苻之弗懲而良者懼。其憑城依社者，復飛食里中，天若哀我遺黎，錫吾崔侯。客歲首夏來莅兹土，知長堤爲民司命。甫下車，躬率丁夫，補苴其單薄而繕完其罅漏，平戎、易城悉據吾邑上游。平戎力微弗逮，侯與之協修。易城芥視伊八村民而因以芥吾民，侯則與之代修。往時收經費者兼度支，民之傾産逃亡者纍纍，侯悉革除，宿痏如洗。平市價，衙役弗得低昂。食無兼味，儼然萊蕪甑也。清聽訟，無旁撓，無薄罰；緩催科，無侵擾，無逋賦。嚴儌巡，立勾引窩藏之禁，而蘆臺、清州之駕輕舠剽掠肆出者無敢入境。褫猾胥積蠹若而人，而敲骨吸髓之奸杜，革里甲十季三百餘而飛灑詭寄之弊清。去歲季夏，雄縣王村河溢，水與堤平，侯立風雨波浪中，晝夜負土搴茅，幸保無虞，禾黍油油，洵爲樂土。平戎疏防，卒爲雄人盜决。民猶得飽遺粒，以不至轉徙，皆侯之遺也。然吾侯不重懲其盜决者之辜，而聯保大退修月堤以固吾圉，其禦災捍患，暫費永寧，爲三邑經久之慮，益宏且遠矣。闔邑士民于侯之擢計部也，弗能挽侯之轍而又弗能已于思。余于是臚列梗概，勒之貞珉，以識不忘，爲將來者勖。侯諱儒秀，號敬初，河南陝州人。戊戌進士。

崔令公去思碑記　　邢孔陽

檢舊史吾邑受太行西麓之水以十數注雍奴下天津轉輸於海自何承矩塘濼廢虖池玳瑁閘彈爲河延祐中吳公質疏河築堰至我明史公天祐益拓而延袤之以里計者有二十防植田闢歲穰民和自甲辰穿於鄰蟻丁未辛亥復兩失其防鰍鱣舞於町疃舳艫維於麗譙繇役之不平而富者貧萑苻之弗懲而良者懼其遷城依社者復飛食里中天若哀我遺黎錫吾崔侯客歲首夏來涖茲土知長堤爲民司命甫下車躬率丁夫補苴其單薄而繕完其罅漏平戎易城悉據吾邑上游平戎力微弗逮侯與之協修易城芥視伊八村民而因以芥吾民侯則與之代修往時收經費者兼度支民之傾產逃亡者纍纍侯悉革除宿痞如洗平市價衙役弗得低昂食無兼味儼然萊蕪甑也淸聽訟無旁撓無薄罰緩催科無侵擾無逋賦嚴儆巡立勾引窩藏之禁而蘆臺淸州之駕輕舠剽掠肆出者無敢入境覦猾胥積蠹若而人而敲骨吸髓之奸杜革里甲十季三百餘而飛灑詭寄之弊淸去歲季夏雄縣王村河溢水與堤平侯立風雨波浪中晝夜負土搴茅幸保無虞禾黍油油洵爲樂土平戎疎防卒爲雄人盜決民猶得飽遺粒以不至轉徙皆侯之遺也然吾侯不重懲其盜決者之辜而聯保大退修月堤以固吾圉其禦災捍患暫費永寧爲三邑經久之慮益宏且遠矣闔邑士民於侯之擢計部也弗能挽侯之轍而又弗能已於思余於是臚列梗概勒之貞珉以識不忘爲將來者勗侯諱儒秀號敬初河南陝州人戊戌進士

天津鍋店大街　德太印字館印

三三、鄭邑侯（之僑）減徵碑記

題解：

《鄭邑侯（之僑）減徵碑記》收録于民國十一年（1922）《文安縣志·藝文志》，紀克家撰文。

碑文：

益津屬首廣陵，稱層齒國。當十五河衝，形如釜底，而東北一派，尤衆流匯歸之區。其地若效勇三營、牛台四淀並牧馬草場若干處，耕耨所不施，穀種所不布，污邪之鄉，與益津之蒼兒淀、金水窪俱澤藪云。國初，原無額税。正德時，始議開墾。勳戚大璫，乞爲莊田，進爲官税。而牧馬備荒種種名項，皆非正供，以故起課倍重民田，徵求倍急正税。有析家蕩産以輸之，絜妻子捐鄉井以避之矣。益津自王大司馬遴抗疏止驛遞之借補，而蒼兒淀減矣。嗣後，金水窪屢經申請，辛壬间亦減矣！文視益津税重而苦倍，且波臣肆虐，十載四見。先是，崔、戴兩侯力請如益津法，不得。

今鄭侯甫下車，洞悉其事，曰：「此文民害，不有以除之，謂子民何？」力請于監司、撫按以及屯臺使者，俱報可會撫臺劉具疏上聞，而前屯熊與今屯盧亦各具題。盧公慨然曰：「長孺矯詔，漢天子不聞罪其擅也。」遂允鄭侯請，批准減徵。獨進宫，與莊田二頃，尚候明旨。至神宗有鼎湖泣昇遐一詔，首恤文民，允其所請。比額歲省千餘金。文民感泣曰：「從此無蕩産析家者矣，無絜妻子捐鄉井者矣！伊誰賜而敢忘報也耶？」

徵言于余，勒貞珉以垂永久。余聞而忻然曰：「廣陵爲畿南澤國，歲苦營淀課税之重，非吾侯加意民瘼，則蕞爾疾苦，呼天莫應，叩閽無路，胡以聞監司、直指使者，至廑聖天子欽恤之恩？」此文民秉彝好，有同然者也。乃若修重堤而四載無浮家之苦，賑煢獨而一方鮮納溝之虞，贖鍰弗問，囊橐不染。錙銖錢穀維清，猾吏絶無侵冒，持己以儉，視民如傷。是侯之所以德吾民與民之所以見德于侯者，更僕未易數。茲特因衆之請，而記減徵始末，若其循政，班班具在。尸祝之典，願侯異日云。鄭侯，諱之僑，號東里，山西文水人，甲午舉人。

鄭邑侯減徵碑記　　　紀克家

益津屬首廣陵稱孱蔽國當十五河衝形如釜底而東北一派尤衆流滙歸之區其地若劾勇三營牛台四淀並牧馬草場若干處耕耨所不施穀種所不布沔邪之鄉與益津之苕兒淀金水窪俱澤藪云國初原無額稅正德時始議開墾勳戚大璫乞爲莊田進爲官稅而牧馬備荒種種名項皆非正供以故起課倍重民田徵求倍急正稅有析家蕩産以輸之挈妻子捐鄉井以避之矣益津自王大司馬遴抗疏止驛遞之借補而苕兒淀減矣顧後金水窪屢經申請幸不聞亦減矣文視益津稅重而苦倍且波臣肆虐十載四見先是崔戴兩侯力請如益津法不得今鄭侯甫下車洞悉其事曰此文民害不有以除之謂子民何力請於監司撫按以及屯尊使者俱報可會撫臺劉具疏上聞而前屯憲與今屯憲亦各具題盧公慨然曰長孺矯詔漢天子不聞罪其擅也遂允鄭侯請批准減徵獨進宮與莊田二頃尙候明旨至神宗有鼎湖泣昇遐一詔首恤文民允其所請比

天津京東大街澄春印字館印

額歲省千餘金文民感泣曰從此無蕩産析家者矣無挈妻子捐鄉井者矣伊誰之賜而敢忘報也耶徵言於余勒貞珉以垂永久余聞而忻然曰廣陵爲畿南澤國歲苦窪淀課稅之重非吾侯加意民瘼則哀爾疾苦呼天莫應叩閽無路劾以聞監司直指使者至廑聖天子欽恤之恩此文民秉彝好有同然者也乃若修重隄而四載無浮家之苦賑煢獨而一方鮮納溝之虞蠲鏹兆閭襄粲不染錙銖錢穀維淸猾吏絕無倖冒持己以儉視民如傷是侯之所以德吾民與民之所以見德於侯者更僕未易數茲特因衆之請而記減徵始末若其循政斑斑具在尸祝之典願侯異日云鄭侯諱之儁號東里山西文水人甲午舉人

三四、三貞烈碑記

題解：

《三貞烈碑記》收録于民國十一年（1922）《文安縣志・藝文志》，教諭郝尚禮撰文。

碑文：

正德庚午，畿輔弗靖。文安一女二婦被擄，義不辱死，君子韙焉，以爲有貞烈風。先是，巡撫都御史孟公上其事于朝，下詔旌表，所司因循未舉。嘉靖丁亥，巡撫河東許公按邑，聞其事，嘆曰：「嗟乎！三貞值變不污，昭質罔虧，嚴霜烈日，憤憤而死，不辱其身，死雖弗一，衷其是而已矣。」夫死，人情所難也。三氏者獨不愛生，猝然變當其前，虧體辱名，雖生猶死，故死有所不懼。弗舍義而死，不愧其心，固不知其爲貞、爲烈，而暇論及于名哉！惟慷慨殺身，後人哀之，直其節而是其死，于是乎有貞節者名焉！名之所在而風斯遠，故三代以降，多民勵節，三氏者謂非聞風興起者乎？是故盡其道者存乎常，苦其節者存乎變。常則人之所同，而變則惟其所獨。然天地之正氣，生于心，感于時，爲忠、爲烈、爲義、爲貞、爲直、爲潔、爲不污，皆正氣所存也。

三氏者，生窮鄉下邑，未聞君子之道而有古人之節，非正氣根心而能若是乎？故三氏者，死猶不死也。千載而下，其又有聞三氏風而興者乎？按：董氏，孫氏鎮民董成章女，被賊獲，投井死。姚氏，孫家務民張文舉妻，國子生姚鏜女。詈賊，支解死。劉氏，裴鉞妻，生員裴瀾母。詈賊，兵之，額破，血流被面，猶詈，碎其屍。

嗚呼！鉉道靡靈，造昧時艱，群凶逆命，污人妻女，劫人藏積。正氣弗没，三貞女誓義不辱，烈烈而死，事雖奏旌，弗彰于時，湮滅不稱，世遠恐遺，斯足悲矣！幸值風司昭彰于石，以昌以熾，永爲後則。噫！人亦不幸而生于若時哉！君子曰：閭巷之人，砥行立節，非有青雲之士爲之表揚，惡能施于後？三貞亦當幸所遇矣！敬書此，以備他日秉筆者采擇焉。

三貞烈碑記

敎諭 郝尙質

正德庚午畿輔弗靖文安一女二婦被擄義不辱死君子題焉以爲有貞烈風先是巡撫都御史孟公上其事於朝下詔旌表所司因循未舉嘉靖丁亥巡撫河東許公按邑聞其事嘆曰嗟乎三貞値變不汚昭質罔虧嚴霜烈日憤憤而死不辱其身死雖弗一表其是而已矣夫死人情所難也三氏者獨不愛生猝然變當其前虧體辱名雖生猶死故死有所不懼弗舍義而死不媿其心固不知其爲貞爲烈而暇論及於名哉惟慷慨殺身後人哀之直其節而是其死於是乎有貞節者名焉名之所在而風斯遠故三代以降多民勵節三氏者謂非聞風興起者乎是故盡其道者存乎常若其節者存乎變常則人之所同而變則惟其所獨然天地之正氣生於心感於時爲忠爲烈爲義爲貞爲直爲潔爲不汚皆正氣所存也三氏者生窮鄉下邑未聞君子之道而有古人之節非正氣根心而能若是乎故三氏者死猶不死也千載而下其必有聞三氏風而興者乎按董氏孫氏領民董成章女被賊獲投井死姚氏孫家務民張文舉妻國子生姚鎧女詈賊支解死劉氏裴鉞妻生員裴瀾母詈賊兵之額破血流被面猶詈

碎其屍嗚呼鉉道靡靈造昧時艱孽兇逆命汚人妻女刼人戕積正氣弗沒三貞女誓義不辱烈烈而死事雖奏旌弗彰於時湮滅不稱世遠恐遺斯足悲矣幸値風司昭彰於石以昌以熾永爲後則噫人亦不幸而生於若時哉君子曰閭巷之人砥行立節非有靑雲之士爲之表揚惡能施於後三貞亦當幸所遇矣敬書此以備他日秉筆者採擇焉

三五、重修文廟記

題解：

《重修文廟記》收録于民國十一年（1922）《文安縣志・藝文志》，紀旻撰文。

碑文：

蓋聞勤宣社稷，爰重職司；秩祀廟堂，是關令典。尼父與天無極，素王亘古同休。歷朝之封號，鼎鼎有加；聖主之龍文，煌煌具列。有虔俎豆，幸甚生儒。第宇寰之，廟貌鱗如，歲月之浸淫不戒。櫺星圮仄，殿宇傾頹。竊每歎夫緇衣白帢，偏能結萬姓之緣，絇履青衿，無計購半鐶之入，豈真廣大之教不及旁曲之流？事在人爲，時誠有待。維我明府楊公，三韓名胄，一代奇才。期月政成，殫心力作。首行鄉飲之大禮，旋開書院之崇基。既梓月課之文，復試七篇之藝。每逢朔望，瞻廟貌之荒凉；主祭春秋，歎學宮之茂草。以爲禺中不事，將薄景于崦嵫；黔首漸安，敢後期于縫掖。乃集學博齊、張兩君，邑庠多士，僉謀布算，衆口同詞。于是設法勸輸，躬先捐俸。本維桑之計，以供在頖，胡後弗前？合衆腋之材，以緝一裘，胡難弗易？于于喁喁，籍籍紛紛。輸之若轉環，赴之如流水。土金木石之必偫，丹青漆堊之必儲。扶其衺邪，救其崩裂，宫墻萬仞，非一手一足之爲勞；砌以白石，封以銀泥，泮水半規，豈盈尺盈寸之可測。畚鍤有嚴于紀律，登馮不謝于昏朝。門墻因此而增新，殿廡于焉而表盛。罘罳承乎夕露，飛棋耀乎晨霞。纍纍者舒顔，可冀躋文章于上苑；誾誾者和氣，自兹洽道教于中庸。庠序爲出治之基，絃歌皆愛人之驗。鳩工卜日，足徵樂赴之情；原始要終，不出神君之料。振累年之曠舉，壯一邑之鉅觀。以彼其勳，能育不言之桃李；若而人者，真成大造之爐錘。聊紀貞珉，以昭輿論云爾。至工料金錢之數目，起作報竣之日期，與督修巡閲之姓氏，例應並記于左。

重修文廟記

紀昊

蓋聞勸宣社稷爰重職司秋祀廟堂是關令典尼父與天無極素王亘古同休歷朝之封號鼎鼎有加聖主之龍文煌煌具列有虔俎豆幸茁生儒鄉宇實之廟貌鮮如歲月之浸淫不戒樞星圯瓜殿宇傾頹竊每歎夫縫衣白帢偏能結萬姓之緣絢履青衿無計購半鍰之入豈眞廣大之教不及旁曲之流事在人爲時誠有待維我明府楊公三韓名胄一代奇才期月政成殫心力作首行鄉飲之大禮旋開書院之崇基既梓月課之文復試七篇之藝每逢朔望瞻廟貌之荒凉主祭春秋歎學宮之茂草以爲禹中不事將薄景於崦嵫黔首漸安敢後期於縫掖乃集學博齊張兩君邑庠多士僉謀布算衆口同詞於是設法勸輸躬先捐俸本維桑之計以供在類胡後弗前合衆腋之材以緝一裘胡難弗易于于喁喁籍籍紛紛輸之若轉環赴之如流水土金木石之必徭丹青漆堊之必備扶其衺邪救其崩裂宮墻萬仞非一手一足之爲勞砌以白石封以銀泥泮水半規豈盈尺盈寸之可測畚鍤有儀於紀律登焉不謝於昏朝門墻因此而增新殿廡於焉而表盛衆底承乎夕露飛栱耀乎晨霞巢巢者舒顏可冀躋文章於上苑闉闍者和氣自茲洽道教於中庸庠序爲出治之基絃歌皆愛人之驗鳩工卜日足徵樂赴之情原始要終不出神君之料振累年之曠舉壯一邑之鉅觀以彼其勛能育不言之桃李若而人者眞成大造之爐錘聊紀貞珉以昭輿論云爾至工料金錢之數目起作報竣之日期與督修巡閱之姓氏例應並記於左

三六、重修城垣碑記

題解：

《重修城垣碑記》收録于民國十一年（1922）《文安縣志・藝文志》，知縣曹大俊撰文。

碑文：

古者畫郊圻以固封守，完要塞以備不虞，城之由來尚矣。後世一郡一邑皆有城，所以固圉，亦以衛民。邑之關鍵與其風氣，俱維繫乎此，城顧不重哉！文安城自明季修葺以來，迭經水患，傾圮已久，蓋不啓閉者，多歷年所矣。其圮之甚者，夷爲平地，人畜皆可通行；其圮之未甚者，城垣隍裂而爲二，兩無依傍，亦岌岌有欲圮之勢。

癸亥秋，余忝莅斯土，下車後，周覽城垣，目視情形，惕然者久之。時值賊匪横行，烽燧告警，屢奉扎飭，修理城垣，用是急急邀集城鄉紳耆公同商酌，捐資籌辦。咸諾曰：「善。」因以各鄉之紳耆分勸各鄉，而以城内之紳耆分往協同勸導。不數月，捐有成數。爰于甲子歲三月開工。以後隨捐隨修，乙丑七月工竣。登臨其上，局勢整竣，門樓雉堞，規模一新，焕然改觀矣。

是役也，官紳皆自備資斧，不浮費捐項一文。收發帳目，紳耆經理，不假官吏之手。是以輿情允洽，踴躍輸將，迅速蕆事也。襄是役者，同城諸寅好及城鄉各紳耆，朝夕在局，盡心籌畫，鳩工庀材，不遺餘力。而前署少府潘君復初，尤能不辭勞瘁，始終其事云。工成，謹識其巔末于右，是爲敘。

重修城垣碑記

知縣 曹大俊

古者營郊圻以固封守完要塞以備不虞城之由來尚矣後世一郡一邑皆有城所以固圉亦以衛民邑之關鍵與其風氣俱維繫乎此城顧不重哉文安城自明季修葺以來迭經水患傾圮已久蓋不啓閉者多歷年所矣其圮之甚者夷爲平地人畜皆可通行其圮之未甚者城垣隍裂而爲二兩無依傍亦岌岌有欲圮之勢癸亥秋余忝蒞斯土下車後周覽城垣目覩情形惕然者久之時値賊匪橫行烽燧告警屢奉札飭修理城垣用是急急邀集城鄉紳耆公同商酌捐貲籌辦咸諾曰善因以各鄉之紳耆分勸各鄉而以城內之紳耆分往協同勸導不數月捐有成數爰於甲子歲三月開工以後隨捐隨修乙丑七月工竣登臨其上局勢整竣門樓雉堞規模一新煥然改觀矣是役也官紳皆自備資斧不浮費捐項一文收發帳目紳耆經理不假官吏之手是以輿情允洽踴躍輸將迅速蕆事也襄是役者同城諸寅好及城鄉各紳耆朝夕在局盡心籌畫鳩工庀材不遺餘力而前署少府潘君復初尤能不辭勞瘁始終其事云工成謹識其顛末於右是爲叙

三七、忠義專祠碑記

題解：

《忠義專祠碑記》收録于民國十一年（1922）《文安縣志・藝文志》，知縣諶命年撰文。

碑文：

聖清有天下二百有二十年。仁育義正，恩德之入人心者至深，故下之報其上者亦至篤。自川陝剿寇，桂、羅諸名將以鄉練起家，天下知團保之有益于身家，而即有益于國也。故繼起者風舉而雲合。其大者追殲蕩滌，若湘淮諸軍，蔚然皆成一路勁旅，爲四方所倚重；而其小者，亦能奮忠義，保鄉里，益國家。即不幸殞身受害，而其忠奮激烈之氣，磊落鬱勃，且發爲靈怪以終未竟之志。張睢陽爲厲鬼以殺賊，顏常山既亡，諸將旋殺王俌。援古例今，事君若符契，然則團練誠有裨于國家，而國家亦何可無倡率團練之豪傑哉？同治六年夏，大旱，畿輔盜起。于是，文安之大趙村人衛千總銜武生高光祖，監生高象乾，文生王寶書、王芳譜倡辦團練。秋七月戊子，賊竄至縣屬留寨村，光祖等禦諸常家村，擊却之。八月丁亥，賊犯南阜廟，規北竄，光祖等分其衆爲二，一出小泗莊，一向東南。戊子，賊抵大趙，光祖、象乾、寶書、芳譜等身先捕戰，陷重圍，遂及于難。鄉勇高大有、王奎玉、寇喜峰等死之。光祖子武生高鳴韶以救父深入，亦死。光祖等雖死，衆愈奮。癸卯夜，賊竄黄甫村，遠近集衆追剿。遥見大趙村、馬武營窪中，火光躍躍，勢若追兵，賊喪膽，乃竄大城屬王之保，盤踞伺隙。而諸團衆志成城，賊去，無敢復犯。

七年春，捻逆來竄，文邑共爲一團。先在王家口防子牙河，繼在青縣、滄州防運河，遏賊西竄。固後來者之才勇智略，更盛乎前人，亦光祖等義烈倡導之功也。事聞，奉旨：高光祖、王寶書、王芳譜之子俱賞給雲騎尉世職，並准建祠立坊，以旌其忠。諸人殉義之烈，與國家褒忠之隆，維天紀而快人心，俱足以垂萬祀。然則團練誠有裨于國家，而國家亦何嘗不重團練之士哉？

庚午春，命年奉檄來攝文邑。邑之人士以祠碑請，命年深敬光祖諸人之秉義愛國，而又知我國家食教忠之報者，固莫大于團練也。且願吾文人士，慕光祖之風烈，感國家之深仁，益篤鄉誼、明敵愾、勇公義、怯私門，其效忠于上者，正未有艾也，于文之人士有厚望焉。故不敢以不文辭，而謹誌之。

忠義專祠碑紀　知縣諆命年

聖清有天下二百有二十年仁育義正恩德之入人心者至深故下之報其上者亦至篤自川陝勦寇桂羅諸名將以鄉練起家天下知團保之有益於身家而即有益於國也故繼起者風舉而雲合其大者追殲蕩滌若湘淮諸軍蔚然皆成一路勁旅爲四方所倚重而其小者亦能奮忠義保鄉里益國家即不幸殞身受害而其忠奮激烈之氣磊落鬱勃且發爲靈怪以終未竟之志張睢陽爲厲鬼以殺賊顏常山既亡諸將旋殺王俌援古例今事若符契然則團練誠有裨於國家而國家亦何可無倡率團練之豪傑哉同治六年夏大旱畿輔盜起於是文安之大趙村人衛千總銜武生高光祖監生高象乾文生王寶書王芳譜倡辦團練秋七月戊子賊竄至縣屬留褁村光祖等禦諸常家村擊却之八月丁亥賊犯南阜廟規北竄光祖等分其衆爲二一出小泗莊一向東南戊子賊抵大趙光祖象乾寶書芳譜等身先捕戰陷重圍遂及於難鄉勇高大有王奎玉寇喜峯等死之光祖子武生高鳴韶以救父深入亦死光祖等雖死衆愈奮癸卯夜賊竄黃甫村遠近集衆追勦遙見大趙村馬武營窪中火光躍躍勢若追兵賊喪膽乃竄大城屬王之保盤踞伺隙而諸團衆志成城賊去無敢復犯七年春捻逆來竄文邑共爲一團先在王家口防子牙河繼在青縣滄州防運河遏賊西竄固後來者之才勇智略更發乎前人亦光祖等義烈倡導之功也事聞奉旨高光祖王寶書王芳譜之子俱賞給雲騎尉世職並准建祠立坊以旌其忠諸人殉義之烈與國家褒忠之隆維天紀而快人心俱足以垂萬禩然則團練誠有裨於國家而國家亦何嘗不重團練之士哉庚午春命年奉檄來攝文邑邑之人士以祠碑請命年深敬光祖諸人之秉義愛國而又知我國家食教忠之報者固莫大於團練也且願吾文人士慕光祖之風烈感國家之深仁益篤鄉誼明敵愾勇公義怯私門其效忠於上者正未有艾也於文之人士有厚望焉故不敢以不文辭而謹誌之

天津廣興大街 德義印字館印

三八、捐置廣陵書院奬資碑記

題解：

《捐置廣陵書院奬資碑記》收録于民國十一年（1922）《文安縣志·藝文志》，知縣諶命年撰文。

碑文：

邑有廣陵書院，圮廢久矣。經前任曹侯創置，茲宇規模宏敞，復捐有歲修。其嘉惠士林之意，誠深遠也。予于春初來署斯邑，下車觀風，繼以月課，肄業生童，咸知自勵，心實慰焉。嘗爲籌薪水，助奬資，而鞅掌簿書，未遑及也。適邑西付花紳民欲以其所歲出之差，捐歸書院，具禀于予，董事者復爲之請。予曰：「此美意也，亦良法也。」因允之，以著爲例。茲董事諸君，欲勒之石，以垂永久，而請予爲記。予既重諸君之請，又喜書院得此裨益，所以培士氣而振文風者，實基于此。倘聞風興起，請捐不急之差徭，權作生童之膏火，則大廈萬間，廣庇寒士，彬彬濟濟，相慶彈冠，其造就正未可量也。是爲記。

捐置廣陵書院奬資碑記　知縣諶命年　進士

邑有廣陵書院圮廢久矣經前任曹侯剏置茲宇規模宏敞復捐有歲修其嘉惠士林之意誠深遠也予於春初來署斯邑下車觀風繼以月課肄業生童咸知自勵心實慰焉嘗爲籌薪水助奬資而鞅掌簿書未遑及也適邑西付花紳民欲以其所歲出之差捐歸書院具禀於予董事者復爲之請予曰此美意也亦良法也因允之以著爲例茲董事諸君欲勒之石以垂永久而請予爲記予既重諸君之請又喜書院得此裨益所以培士氣而振文風者實基於此倘聞風興起請捐不急之差徭權作生童之膏火則大厦萬間廣庇寒士彬彬濟濟相慶彈冠其造就正未可量也是爲記

三九、樂安邑侯邵公（秉忠）德政之碑

題解：

《樂安邑侯邵公（秉忠）德政之碑》收録于民國十一年（1922）《文安縣志·藝文志》，李焕章撰文。

碑文：

今上御極之廿二載，海寓升平，中外寧謐。值大計吏，敕諭諸督撫大臣，各舉廉正仁惠兼恩威明信知拊循大體者，克銓衡臺省，以襄至治，擢不次入，列三事，拜九卿，如漢潁川、勃海故事。大中丞施公，加意擇察，慎簡乃僚。百四州邑薦我邑侯邵公第一，更以爲卓異首于是邑。四幕之裏，四幕之表，胥大歡悦；縈諸寤寐，形之詠歌，劖石紀公諸績。郎槐鉅定，皮丘龍丘柏，寢馬車瀆之區，鱗次立也。鄉先生、邑弟子員泐公功德之萬一于通衢。乃以辭屬予，不佞用是悚然，曰：「甚矣。」

邑之難治所從來矣，邑爲重大邑。直郡，北瀕海，幅員數百里，田數十萬，賦數萬，丁役數萬。喜訟獄，大豪斷不法，持令短長，奸民狡獪，窺令釁隙，老吏猾胥，夔夔睢睢之倫，陰陽摩切，求令喜怒與俱。以比數十年，令不得遷擢。邇者太康張公，號神明，興利黜弊，邑改觀矣。未幾輒去，邑愈不可治。戊午夏，我公至，今五年所。初勵其志，繼奏其效，終觀其成。我公之于邑，若子游之武城，子夏之莒父，子賤之單父。大儒以德行文學飭吏事，寧能以條目舉耶？然公之治邑，有數大端，弗可泯没。公甫下車，有巨憝以邑事訟上官，意摇亂公所爲。公毅然曰：「邑有令，令爲政。今與暴子弟共爲政，渠能窺網之奸，令豈弗能爲破柱之擒耶？」乃縶其最凶悍者置之法，黨附者解散。邑人多以無情辭，走闕下，株連半邑。中禍及令，令往往爲所詘。公縛其尤無良者，患遂除。邑兵火後，多盜竊。公令村各設戍，戍各設漏刻，自四鄙至邑，鈴柝相聞。公武勇，善騎射，恒夜率精甲兜出不意，繞出村前後，飄忽如風雨。嚴保甲，不逞無容足，盜跡遂絶。邑逃人累數家，累數十百家，梏拿鋃鐺，市相屬，塗相接也。公令自首。

五年中，邑不知有督捕者。舊時徵比期五日，悍胥押之需索遍閭里，繫至邑禁爲滿，更置處曰公所。逋欠者械中，其終歲不得出，邑大苦之。公立法十，其數月收一。民自輸不假胥役，歲里季僅三四至，不俟鞭樸告完矣。編審不增丁，以少易老。己未歲歉，公設賑皆遍給無遺漏者，外州邑流移多歸焉。詰獄擿發如神，人不能毫髮欺。爰書定，上官咸報可。他州邑重獄、疑獄皆委公。郡之南邑，有惡宦，日殺五人，承問者不敢坐，公立置之大辟。公大興文教學宫，繕泮壁，建文昌祠，置奎樓，雉堞間修壽亭，姜公祠，糴穀六百石散給疲社貧民。去年秋，濟水溢，草橋南北數十里，中流揹渡，行旅維難。公力懲之，塞淄上流曲堤，水大至，邑城無恙。公爲人慷慨明決，見義必爲，不畏强禦，不狥請託，巨室無車上舞，庠序無效陽鱎，吏胥無倚城社，蚩蚩之氓，無歌《碩鼠》，而悲哀鴻。嚮所謂邑難治，公鉛刀割之，鳴琴理之，恢恢乎有餘力矣。公嘗語人：「爲政，急則弦絶，緩則韋弛。」公猛以濟寬，威以佐仁，而本以寬仁。邑氓之飢寒疾苦，無斯須之去懷，儼然慈母之于嬰孺，恩勤顧復，罔不至矣。

余不佞，更念自有樂邑來，循異吏如隋之蕭信公，宋之黄公鐸，元之綦公泰，張公德政。舊朝之沈公清、權公謹、吴公悌，公里人之王公惟幾，姜公璧。本朝之張公見龍。《蕭信公傳》驅蟒，蚕去留衣冠，蟒不敢出。事涉怪誕。黄公鐸，綦公泰，張公德政，建學宫，斷疑案，禱雨應，外聲寥寥。沈公清、權公謹以文學孝行，于邑無大益。吴公悌，理學清净畫一，不擾民，無異政可見。王公以威著。姜公以惠著。張公剛克柔克，左右咸宜，歷日淺未竟其用。若我公，于諸公可云兼之矣。衆曰：「公之澤不限于百年，公之績不囿于百里。」召伯之甘棠，召父之畏壘，待我公而三。它日《金石録》與峴山石並列，視湯陰令諸碑不啻過云。

公諱秉忠，字憲思，順天文安人。康熙庚戌進士。系之頌，頌曰：

惟兹乘州，實隸齊疆。馬瀆莫莫，海甸茫茫。户勤絃誦，家殖農桑。士尚節義，人重綱常。淳久而澆，厚移而凉。譬諸嘉禾，稂莠其旁。譬諸美珠，魚目斯張。吏注下考，厥績弗彰。偉哉邵公！南宫上第，對策明光。分符握篆，來自帝邦。茹蘖飲冰，廉正自將。邑有巨凶，號曰禺强。雄冠舞馬，意氣揚揚。任俠兼並，竊令短長。公立誅之，餘孽遁藏。邑有奸民，狙詐猖狂。蜚語闕下，如沸如螗。公縛治之，邑始安康。萑苻之衆，結聚跳梁。公設漏戍，匿影銷亡。逋人貽害，桎梏桁楊。公命自首，無辜解殃。出粟濟困，築堤利商。詰獄慎行，編審賑荒。加意黔首，撫字多方。築樓奎宿，繕祠文昌。大興文教，甄拔群芳。吏不舞署，胥不擾鄉。天子圖治，端坐明堂。咨爾四嶽，各舉循良。中丞施公，肅拜薦章。三公九列，立陟廟廊。紆服遥頒，燦爛七襄。懽呼紳士，趨走編氓。支脉之滏，歌鼓逢逢。廣饒之區，頌聲洋洋。琢石摛辭，喬喬皇皇。千秋百世，永念不忘。

樂安邑侯邵公德政之碑　李焕章

今上御極之廿二載海寓昇平中外寧謐値大計吏勅諭諸督撫大臣各舉廉正仁慈兼恩威明信知猷循大體者克銓衡薦省以襄至治擢不次入列三事躋九卿如漢潁川渤海故事大中丞施公加意擇察愼簡乃條百四州邑薦我邑侯邵公第一更以爲卓異首於是邑四幕之裏四幕之表胥大歡悅筑諸簫縣形之詠歌劖石紀公諸績耶槐鉅定皮丘龍丘栢寢馬車瀆之區鱗次立也鄉先生邑弟子員泐公功德之萬一於通衢乃以辭屬予不佞用是悚然曰甚矣邑之難治所從來矣邑爲重大邑直郡北瀕海幅員數百里田數十萬賦數萬丁役數萬嚚訟獄大豪斷不法持令短長姦民狡猾窺令釁隙老吏猾胥蝬蠹睢睢之倫陰陽摩切求令嘻怒與俱以比數十年令不得遷擢遐者太康張公號神明興利剔弊邑改觀矣未幾輒去邑愈不可治戊午夏我公至今五年所初勵其志繼奏其效終覩其成我公之於邑若子游之武城子夏之莒父子賤之單父大儒以德行文學飭吏事崇能以條目舉耶然公之治邑有數大端弗可泯沒公甫下車有巨憝以邑事訟上官意搖亂公所爲公毅然曰邑有令令爲政令與暴子弟共爲政渠能窺網之姦令豈弗能爲破柱之擒耶乃繫其

天津環興大街　勝泰印字館印

最凶悍者置之法黨附者解散邑人多以無情辭走闕下株連半邑中禍及令令往往爲所詘公縛其尤無良者患遂除邑兵火後多盜竊公令村各設戍戍各設漏刻自四鄙至邑鈴柝相聞公武勇善騎射恒夜率精甲兜出不意繞出村前後飄忽如風雨嚴保甲不逞無容足盜跡遂絕邑逃人累數家累數十百家桔槔銀鐺市相屬塗相接也公令自首五年中邑不知有督捕者舊時徵比期五日悍胥押之需索遍閭里繫至邑禁爲滿更置處曰公所逋欠者械中其終歲不得出邑大苦之公立法十其數月收一民自輸不假胥役歲里季僅三四至不俟鞭朴告完矣編審不增丁以少易老已未歲歉公設賑皆遍給無遺漏者外州邑流移多歸焉詰獄摘發如神人不能毫髮欺爰書定上官咸報可他州邑重獄疑獄皆委公郡之南邑有惡宦日殺五人承問者不敢坐公立置之大辟公大興文教學宮繕泮壁建文昌祠置奎樓雉堞間修爵亭姜公祠糴穀六百石散給疲社貧民去年秋濟水溢草橋南北數十里中流揹渡行旅維艱公力懲之塞淄上流曲堤水大至邑城無恙公爲人慷慨明决見義必爲不畏強禦不狥請託巨室無車上僕庠序無效陽鱎吏胥無倚城社蚩蚩之氓無歌碩鼠而悲哀鴻向所謂邑難治公鉛刀劃之鳴琴理之恢恢乎有餘力矣公嘗語人爲政急則弦絕緩則韋弛公猛以濟寬威以佐仁而本以寬仁邑氓之飢寒疾苦無斯須之去懷儼然慈父母之於嬰孺恩勤顧復罔不至矣余不佞更念自有樂邑來循異吏如隋之蕭信公宋之黃公鐸元之綦公泰張公德政舊朝之沈公清權公謹吳公悌公里人之王公惟幾姜公璧本朝之張公見龍蕭信公傳驅蟒蚨去留衣冠蟒不敢出事涉怪誕黃公鐸綦公泰張公德政建學宮斷疑案禱雨應外譽家寥沈公清權公謹以文學孝行于邑無大益吳公悌理學清淨畫一不擾民無異政可見王公以威著姜公以惠著張公剛克柔克左右咸宜歷日淺未竟其用

天津廣孚大街　源泰洋字館印

若我公於諸公可云兼之矣衆曰公之澤不限于百年公之績不囿於百里召伯之甘棠召父之畏壘待我公而三它日金石錄與峴山石並列視湯陰令諸碑不啻過云公諱秉忠字藎思順天文安人康熙庚戌進士系之頌頌曰惟茲乘州寔隸齊疆馬瀆莫莫海甸茫茫戶勤絃誦家殖農桑士尚節義人重綱常淳久而澆厚移而凉譽諸嘉禾稂莠其旁譽諸美珠魚目斯張吏注下考厥績弗彰偉哉邵公南宮上第對策明光分符擢篆來自帝邦茹蘗飲冰廉正自將邑有巨兇號曰禺强雄冠僕馬意氣揚揚任俠兼并窺令短長公立誅之餘孽遁藏邑有姦民狙詐猖狂蜚語闕下如沸如螗公縛治之邑始安康萑苻之衆結聚跳梁公設漏戍匿影銷亡逋人貽害桎梏桁楊公命自首無辜解殃出粟濟困築堤利商詰獄慎行編審賑荒加意黔首撫字多方築樓奎宿繕祠文昌大興文教甄拔羣芳吏不舞署胥不擾鄉天子圖治端坐明堂咨爾四岳各舉循良中丞施公肅拜薦章三公九列立陟廟廊紆服遙頌燦爛七襄懽呼紳士趨走編氓支脈之滋歌鼓逢逢廣饒之區頌聲洋洋琢石摛辭喬喬皇皇千秋百世永念不忘

四〇、待庵井夫子（鎡）墓誌

題解：

《待庵井夫子（鎡）墓誌》收録于民國十一年（1922）《文安縣志·藝文志》，魏廷珍撰文。

碑文：

吾師井夫子，諱鎡，字成鼇，號莘崖，又號待庵。世爲文安巨族。祖、父以科第顯，吾師承稟家學，登己酉賢書。初授東明教諭，補景州學正，遷山海衛教授。所至皆以興文教、正風俗爲首務。學者稱爲待庵夫子。享壽七十有八，丁酉六月卒于官。以長君隆平諭，恭遇覃恩，貤贈文林郎、山海衛儒學教授。

嗟夫！師道之不立久矣。求其無忝此職者，蓋甚難之。余景人也，方夫子鐸景時，余以諸生問業，夫子以爲材，命與長君共硯席。從遊數載，親承講授，乃得聞所未聞。夫以吾師之才之品，孝友表範彝倫，文章包羅衆藝。顧乃儒官終老，衡品者惜之。然吾夫子歷任三年，化雨春風，隨材造就，鑪錘之鍛，莫不處爲席珍，出爲國華。即以是爲聖天子董學校、宣教化之臣，擬之湖州、鹿洞，何多愧焉。先儒有言，師道立，則善人多。意在斯乎！余賦質不及中人，自遊夫子門，領其訓誨，幸捷南宫，遂以文字供奉内廷。未嘗貽固陋譏。今且屢典封疆，負荷重大而夙夜匪懈，廉潔自矢，不致隕越滋戾者，皆奉吾夫子之教，而思以終身者也。吾師子男四人：長其演，即隆平諭；次其潁，癸卯舉于鄉，授中翰；次其洵，己酉、庚戌聯捷成進士；次其范，邑庠生。此其得諸趨庭之訓，以光大先業者，更當何如？

吾夫子以待庵自署，有以也夫。吾師著作甚富，《半學山房文集》若干卷，乃其手續。復工書法，爲士林楷模。蓋祖父以來，世傳也。癸卯，與元配紀孺人、繼配高孺人、側室吴孺人，合葬于仙居鄉之祖阡。長君愷一請余爲文以表其墓。謹録其梗概，以告後世之爲師者。

待庵井夫子墓志

魏廷珍

吾師井夫子諱鎡字成齋號莘崖又號待庵世爲文安巨族祖父以科第顯吾師承稟家學登巳酉賢書初授東明教諭補景州學正遷山海衛教授所至皆以興文教正風俗爲首務學者稱爲待庵夫子享壽七十有八丁酉六月卒於官以長君隆平諭恭遇覃恩貤贈文林郎山海衛儒學教授嗟夫師道之不立久矣求其無忝此職者蓋甚難之余景人也方夫子鐸景時余以諸生問業夫子以爲材命與長君共硯席從遊數載親承講授乃得聞所未聞夫以吾師之才之品孝友表範彝倫文章包羅衆藝顧乃儒官終老衡品者惜之然吾夫子歷任三年化雨春風隨材造就鑪錘之鍛莫不處爲席珍出爲國華即以是爲聖天子董學校宣教化之臣擬之湖州鹿洞何多愧焉先儒有言師道立則善人多意在斯乎余賦質不及中人自遊夫子門領其訓誨倖捷南宮遂以文字供奉內廷未嘗貽固陋譏今且屢典封疆負荷重大而夙夜匪懈廉潔自矢不致隕越滋戾者皆奉吾夫子之教而思以終身者也吾師子男四人長其演即隆平諭次其頌癸卯舉於鄉授中翰次其洵己酉庚戌聯捷成進士次其范邑庠生此其得諸趨庭之訓以光大先業者更當何如吾夫子以待庵自署有以也夫吾師著作甚富半學山房文集若干卷迺其手續復工書法爲士林楷模蓋祖父以來世傳也癸卯與元配紀孺人繼配高孺人側室吳孺人合葬於僑居鄉之祖阡長君愷一請余爲文以表其墓謹錄其梗概以告後世之爲師者

四一、紀甘泉（晋）墓誌銘

題解：

《紀甘泉（晋）墓誌銘》收録于民國十一年（1922）《文安縣志·藝文志》，李中儉撰文。

碑文：

甲戌秋，予客揚州甘泉縣署，經紀知縣事紀公之喪。紀公予中表兄也。予至揚未浹月而公病，又旬日而公卒。閲十六年庚寅冬，其孤發曾始來乞銘。泣而言曰：「不肖兄弟無狀，今乃得謀先人之窆事，且念先人居家服官，大節可示子孫而式鄉黨者，惟尊者能傳之，敢以泉壤之文相累也。」予辭不獲已，乃按狀而次之。

公諱晋，字企瞻，號寬夫，行四。世爲文安望族，公祖孟起公，工科掌印給事中。父公選公，吏科掌印給事中。予姑歸焉，即公母也。公兄弟六人，公第三。幼而聰敏，年十七補邑庠生。力學工詩文，顧不屑屑逐時趨，以是久困于鄉。家素貧，自公父公選公以邑令行取，歷官給諫，身歿家無長物，又十五年再遭母憂。時伯兄官江南之旌德，奔喪後，旋偕仲兄同之任所，家事一一委公。公摒檔諸務之餘，讀書寶樹軒中，課諸弟益嚴，業益精，文成往往驚其同學。

戊午舉于鄉，壬戌以明通授祁州學正。能舉其職，祁之士風爲之振。六年俸滿遷邑令，得江南之當塗。當塗獄囚當暑多疫死，公抵任，首分其罪之輕重別禁。大吏嘉奬，著爲令。斷于、王兩姓爭産百餘年未結之案，一邑頌神明焉。調桃源辦災賑，請開倉不俟文移，所全活無算。是年，駕幸江南，公迎送境上，蒙溫旨宣問出身。既而堵禦六塘河水。明年，督捕蝗蝻，與民夫兵弁雜作數十日不得息，歲以無害。調甘泉，甘泉爲揚城附郭縣，水陸之衝，浩穰，號爲難治。公下車而商民帖然。公過邵伯湖，知二閘將壞，急牒請當道爲先事防，或阻之不果，已而閘陷堤壞，公引咎。大吏重公先見，題升江防廳。既格于例不果，然終以疏防，部議落職。恩許赴部引見，大吏奏留任辦賑。因查下河，回署而病，遂卒。壽五十有二。綜公生平宦跡，蓋勤于民事爲多也。自公官祁州學政時，正定、順德、廣平、大名四郡同災，大吏聞有司奉行賑務不善，委公勘驗。公微服密詗，或餉以金，公笑出委牌示之，竟去。至一小村，有百餘人臥路啼曰：「縣册獨漏我曹。」公惻然周以錢，且曰：「我行路人，與汝官有舊，當爲汝告補登之。」未至縣，其官廉得之，要至館舍，叩首請罪，獻白金三百。公笑曰：「君畏罪耶？子民饑餓至此，而君留此餘資，營辦免罪，此自速罪也。如能以此捐給某村災民，某當更以捐賑高義聞于上。」其官感激，應命而退。終不罪一官，而民獲實惠焉。公初以祖、父皆成進士，然後登仕，志不欲速成。故其在學官也，上游有問，或非事關學校輒不對。然諸大吏知公才，漸委以民事。既不獲已，常語兒子曰：「我之就此，無以紹祖武，汝曹念之，他日無汲汲一命爲也。」天性篤于兄弟。遷當塗之歲，伯兄殁，携遺孤與副室金氏之任，視孤如己出。公殁後十年，獲登鄉薦云。著有《寶樹軒詩》二卷，《制藝》二卷。配李孺人。子二人：長發曾，壬申副榜，候選知縣；次淑曾，癸酉舉人，現任湖北天門縣知縣，題升沔陽州知州。女二人，孫男三人，孫女二人。銘曰：

縉紳之門，世載其文。清白之澤，世載其德。黃門孫子，青衿鵠起。既起而稽，屈伸有時。祁學六載，强仕一命。越俎不知，孰云其競？三宰江縣，民事云勞。不辭蹇蹇，以蘇嗷嗷。湖堤漫波，或議其後。曲突無功，爛額爲咎。吏文批根，皇恩弃瑕。志用未竟，隕世而何。家軒實樹，蘭玉滿庭。勉繩祖武，尚有典型。丈夫出處，卓犖可記。我勒幽珉，永啓來裔。

紀甘泉墓誌銘

李中倫

甲戌秋予客揚州甘泉縣署縡紀知縣事紀公之喪紀公予中表兄也予至揚未浹月而公病又旬日而公卒閱十六年庚寅冬其孤發曾始來乞銘泣而言曰不肖兄弟無狀令乃得謀先人之窆事且念先人居家服官大節可示子孫而式鄉黨者惟尊者能傳之敢以泉壤之文相累也予辭不獲已乃按狀而次之公諱晉字企踰號寬夫行四世爲文安望族公祖孟起公工科掌印給事中父公選公吏科掌印給事中予姑歸焉卽公母也公兄弟六人公第三幼而聰敏年十七補邑庠生力學工詩文顧不屑屑逐時趨以是久困於鄉家素貧自公父公選公以邑令行取歷官給諫身歿家無長物又十五年再遭母喪時伯兄官江南之旌德奔喪後旋偕仲兄同之任所家事一一委公公摒擋諸務之餘讀書寶樹軒中課諸弟益嚴業益精文成往往竊其同學戊午舉於鄉壬戌以明通授祁州學正能舉其職祁之士風爲之振六年俸滿遷邑令得江南之當塗當塗獄囚嘗[illegible]公抵任首分其罪之輕重別禁大吏嘉獎著爲令斷于王兩姓爭産百餘年未結之案一邑頌神明焉調桃源辦災賑請開倉不俟文移所全活無算是年駕幸江南公迎送境上蒙溫旨宣問出身既而堵禦六壩河水明年督捕蝗蝻與民夫兵弁雜作數十日不得息歲以無害調甘泉甘泉爲揚城附郭縣水陸之衝浩穰號爲難治公下車而商民帖然公過邵伯湖知二閘將壞急牒請當道爲先事防或阻之不果已而閘陷堤壞公引咎大吏重公先見題陞江防廳既格於例不果然終以疎防部

議落職恩許赴部引見大吏奏留任辦賑因査下河回署而病遂卒壽五十有二綜公生平宦跡蓋勤於民事爲多也自公官祁州學政時正定德廣平大名四郡同災大吏聞有司奉行賑務不善委公勘驗公微服密詷或餉以金公笑出委牌示之竟去至一小村有百餘人臥路啼曰縣册獨漏我曹公惻然周以錢且曰我行路人與汝官有舊當爲汝告補登之未至縣其官廉得之要至館舍叩首請罪獻白金三百公笑曰君畏罪耶子

民饑餓至此而君留此餘貲營辦免罪此自速罪也如能以此捐給某村災民某當更以捐賑高義聞於上其官感激應命而退終不罪一官而民獲實惠焉公初以祖父皆成進士然後登仕志不欲速成故其在學官也上游有問或非事關學校輒不對然諸大吏知公才漸委以民事既不獲已常語兒子曰我之就此無以紹祖武汝曹念之他日無汲汲一命爲也天性篤於兄弟遷當塗之歲伯兄歿携遺孤與副室金氏之任視孤如已出公歿後十年獲登鄉薦云著有寶樹軒詩二卷制藝二卷配李孺人子二人長發曾壬申副榜候選知縣次淑曾癸酉舉人現任湖北天門縣知縣題陞沔陽州知州女二人孫男三人孫女二人銘曰縉紳之門世載其文淸白之澤世載其德黃門孫子靑衿鵲起既起而稽屈伸有時祁學六載强仕一命越徂不知孰云其競三宰江縣民事云勞不辭蹇蹇以蘇嗷嗷湖隄漫波或議其後曲突無功爛額爲咎吏文批根皇恩棄瑕志用未竟限世而何 叶 家軒寶樹閬玉滿庭勉繩祖武尚有典型丈夫出處卓犖可記我勒幽珉永啓來裔

四二、永平府教授賀公（莊）墓誌銘

題解：

《永平府教授賀公（莊）墓誌銘》收録于民國十一年（1922）《文安縣志·藝文志》。

碑文：

公姓賀氏，諱莊，字臨之，號敬亭。世居城之西郭，學者所稱清貧君子者也。以壬辰科舉人登進士第，以知縣用，改就教職，選正定府教授。丁内艱，服闋，選永平，主講敬勝書院，善衡文，士多宗之。公生而聰敏，讀書多穎悟，行文清空一氣，每援筆立就，試輒冠軍。以幼年食廪餼，早登賢書。與人談文，娓娓不倦，有子弟者争開館延之。然家素貧，所得館穀僅得糊口，乏田産，恰如也。嘗設館邑東之大趙。甫閲文，有一友造訪，公迎之，友見公眉分五彩，異之。曰：「公必非久困者。」公笑置之。公于制藝，好蘭雪齋詩、宗我法集，故其詩文多清詞麗句，不染塵氛焉。當公之筮仕永平也，家徒四壁。逾年，積清俸少許，使人歸以營室。甫啓土，有黄沙土脊，堅硬如石，尋之不見首尾。或曰：「此土龍也，大吉，不宜損。」築室者不便，竟鑿而斷之。室成數月，而公之訃音至矣。時逆氛甚熾，道路梗塞。幸錫之師署昌黎教諭，公之中表也，經理其事，得扶柩以旋里。家室蕭條，依然如故，可勝言哉。

公父循齊，爲邑諸生，持家有法，邑稱隱君子。弟芳，國學生，言語循循有理致。子廣源，邑庠生，與予同硯席。暇日讀公所遺《課藝存餘》並《敬亭詩稿》，均清刻不膚云。某月日，廣源將營葬，屬予爲文以勒之石。予不敢辭，遂百拜而銘之曰：

惟公之興，能亢吾宗。竟辭墨綬，以教職終。爲貧而仕，克守家風。筮仕五載，依然困窮。有子能教，藉以成名。薄田數畝，無以謀生。讀書爲樂，不問窮通。貧固爲命，貴又何榮。遽爾溘逝，四壁塵封。嗚呼已矣，慨然此銘。

永平府教授賀公墓誌銘

公姓賀氏諱莊字臨之號敬亭世居城之西郭學者所稱淸貧君子者也以壬辰科舉人登進士第以知縣用改就教職選正定府教授丁內艱服闋選永平丰講敬勝書院善衡文士多宗之公生而聰敏讀書多穎悟行文淸空一氣毎援筆立就試輒冠軍以幼年食廩餼早登賢書與人談文娓娓不倦有子弟者爭開館延之然家素貧所得館穀僅得餬口乏田產怡如也嘗設館邑東之大趙甫閱文有一友造訪公迎之友見公眉分五彩異之曰公必非久困者公笑置之公於制藝好闡雪齋詩宗我法集故其詩文多淸詞麗句不染塵氛爲富公之筮仕永平也家徒四壁踰年積淸俸少許使人歸以營室甫啓土有黃沙土脊堅硬如石尋之不見首尾或曰此土龍也大吉不宜損築室者不便竟鑿而斷之室成數月而公之訃音至矣時逆氛甚熾道路梗塞幸錫之師署昌黎教諭公之中表也經理其事得扶柩以旋里家室蕭條依然如故可勝言哉公父循齊爲邑諸生持家有法邑稱隱君子弟芳國學生言語循循有理致子廣源邑庠生與予同硯席暇日讀公所遺課藝存餘並敬亭詩稿均淸刻不膚云某月日廣源將營葬屬予爲文以勒之石予不敢辭遂百拜而銘之曰惟公之興能亢吾宗竟辭墨綬以教職終爲貧而仕克守家風筮仕五載依然困窮有子能教藉以成名薄田數畝無以謀生積書爲樂不問窮通貧固爲命貴又何榮遽爾遠逝四壁塵封嗚呼已矣慨然此銘

天津[illegible]大[illegible]印

四三、清誥封中憲大夫碩亭紀公（邁宜）偕德配誥封恭人王恭人合葬墓誌銘

題解：

《清誥封中憲大夫碩亭紀公（邁宜）偕德配誥封恭人王恭人合葬墓誌銘》收録于中國文物研究所：《新中國出土墓誌》（河北卷），北京：文物出版社，2012年，第430–432頁。陳宏謀撰文，李中簡篆額，戈濤書丹，蔣永芳鎸，刊刻于清·乾隆三十年（1765），誌石長65厘米、寬887厘米、厚1714厘米，誌文43行，滿行38字。楷書。誌石1949年出土于文安縣。

誌文：

皇清誥封中憲大夫碩亭紀公偕德配誥封恭人王恭人合葬墓誌銘

賜進士出身誥授光禄大夫經筵講官太子太保東閣大學士兼工部尚書管理工部事務年家眷侍生陳宏謀頓首拜撰文

賜進士出身誥授朝議大夫日講起居注官翰林院侍講學士年家愚表姪李中簡頓首篆額

賜進士出身誥授朝議大夫刑科掌印給事中年眷姪戈濤頓首拜書丹

文安爲畿輔人文藪，而紀氏又文安文獻家也。余官三秦，紀君虚中以進士授鄜縣，旋調繁，令省會之咸寧。莅官數載，克耐煩勞，實心民事，循績卓然。余亟登之薦剡，遂由潼津司馬洊守西寧，擢楚南廉訪。嗣余調撫中州，紀君從兄黄中任縣倅，明悉河務，無浮囂習，因首拔之。其後余撫吴中，而紀君弟澄中又適令荆溪，誠樸有爲，能稱其官。余時嘉紀氏多才，兄弟皆能于其職也。紀君虚中質敏而學純，立身行己，明白坦易。令咸寧時，余每喜與之談人情世務，因述其家風世德，知尊公銓期已屆，有勸之仕者，則曰：「一生矢志勵學，向欲筮仕以行，顧年將邁，兩子均已出仕，

願益畢志于學，訓兩子行之，以用于世，亦所以報國恩、酬素志也。」母王恭人，系出名門，明于大義，甘淡泊，耐勞苦，今雖垂暮善病，而經理家務，井井有條，門庭肅穆。余因此知紀氏一門庭訓母儀可師可法。紀君兄弟之科第綿延，咸登仕籍，良非偶然也。尊公卒于江南官署，紀君兄弟扶柩歸里。葬事方畢，而王恭人又相繼而逝。今余適官京師，紀君兄弟以合葬請余銘其墓。余回憶十數年前，紀君絮語如昨，雖不文，情不容辭。按狀：公姓紀氏，諱邁宜，字幼槃，號碩亭。先世代有達人。由山東德平遷居文安，遂家焉。公爲先封翁季子，賦資聰穎，受書皆過目成誦。方成童，即饒文譽，後登鄉薦。幼失怙恃，事生母程太恭人先意承志，居喪遵禮盡制，鄉黨咸矜式之。兄弟友愛，根于至性。當家業中落，分析各居，而田產仍聽長兄主持，不以絲毫介意。至白首，手足依依，迭相倡和，猶如總角時。其才識卓越，經濟偉然，一時邑令咸相推重。保定以下各邑，爲諸河歸淀咽喉，地處下游，歷受水患，賴長堤爲之捍衛，諸邑民合力修之。有以堤不在文安，文安之民不應修爲言者，呈縣求免。邑令集紳士公議之，咸是其說。公獨慨然曰：「吾邑勢處保定下流，長堤爲諸水尾閭，于文安更關要害。今將堤委他邑，彼水盛漲時，正惟恐堤之不決也。吾邑小民圖小利不能顧久遠，是堤不宜免。」邑令服其識見超達，遂仍集夫修堤，至今賴之。嗚呼！公雖未歷仕途，而心切爲民，識規遠大，夫豈石隱者流所可同年語耶？公兩子：一宦陜甘，一宦江南。公與恭人皆就養官齋，部署督飭，務使和平理事，愷切爲民，聞堂上敲樸聲，輒拂然不樂，動曰：「爲民父母，民即吾子也。有過宜憐而教戒之，勿專用刑也。」又訓其次子曰：「汝勿輕言民難治也。臨民之道，惟以誠相感。豚魚尚可格，况吾赤子乎！」是皆本幹濟之才，爲愷摯之語，而公子亦遂能仰承先志，各著循聲，是公子之德惠在人，即公與恭人之惠澤不朽也。公居家時，遇人急難，殫力賙濟。值歲荒，有餓于道者，立典衣煮粥活之。有負公金而宦于外者，公持券往索，而其人已去官，公即焚其券，然彼尚有余資，而公實窘甚。所謂寧人負己，毋己負人，其學有定力如此。待人不設城府，天真和藹，故家人子弟咸喜公之樂易，而當時賢士大夫，亦莫不願聆其議論丰采，相交恐後。公淡于進取，自爲諸生已然。而于詩古文辭，洋洋灑灑，每藉事發抒，以放其意之所欲言，大約以少陵爲宗，而游衍于樂天、劍南之間。在家昆玉談心，聯床風雨，則有《春草軒集》及《詩餘》諸卷。就養于秦，則有《遊華唱和集》《馮翊奉天懷古》諸詩，《湟中竹枝》等詞。在楚則有《楚遊草》，在吳則有《返吳吟》《陽羨竹枝詞》等作。足跡所至，上下古今，輒形吟詠，胸懷瀟灑，超脱不群，即其詩可以想見其爲人矣。公生于康熙三十年閏七月初一日，卒于乾隆二十九年七月初十日，享年七十有四。雍正甲辰舉人，候選知縣，以子虛中貴，誥封中憲大夫。德配王恭人，大理府知府諱坦女。敬老慈幼，愷惻柔嘉，與公鴻案齊莊，垂六十年。生于康熙二十八年九月二十二日，卒于乾隆三十二年正月二十六日，享年七十有九，誥封恭人。乾隆三十年十一月十三日，公先卜葬于廣陵里之原，後三年，以恭人祔。銘曰：

文安之紀世書香，湛深經術垂縹緗。孝友醇篤式表坊，厚德醞釀熾而昌。白首如賓鴻案莊，人偕往矣澤方長。選卜幽宅寄歸藏，山青水麗其永康。

江寧蔣永芳鐫

皇清誥封中憲大夫碩亭紀公偕德配 誥封恭人王恭人合葬墓誌銘

賜進士出身 誥授光祿大夫 經筵講官 太子太保東閣大學士兼工部尚書管理工部事務

年家眷侍生陳宏謀頓首拜撰文

賜進士出身 誥授朝議大夫 日講起居注官翰林院侍讀學士年家眷愚表姪李中簡頓首篆額

賜進士出身 誥授朝議大夫刑科掌印給事中年眷姪戈濤頓首拜書丹

文安為畿輔人文藪而紀氏又文安文獻家也余官三泰紀君虛中以進士授鄜縣旋調繁令省會之咸寧蒞官數載克耐煩勞實心民事循績卓然余亟登之薦剡遂由潼津司馬游守西寧擢楚南廉訪嗣余調撫中州紀君從兄黃中任縣倅明悉河務無浮囂習因首拔之其後余撫吳中而紀君弟澄中又適令荆溪誠樸有為能稱其官余時嘉紀氏多才兄弟皆能於其職也紀君虛中質敏而學純立身行己明白坦易令咸寧時余每喜與之談人情世務因述其家風世德知尊公銓期已届有勸之仕者則曰一生矢志勵學向欲筮仕以行顧年將邁兩子均已出仕頗益畢志於學訓兩子行之以用於世亦所以報 國恩酬素志也母王恭人系出名門明於大義甘淡泊耐勞苦今雖垂暮善病而經理家務井井有條門庭肅穆余因此知紀氏一門庭訓母儀可師可法紀君兄弟之科第綿延咸登仕籍良非偶然也尊公卒於江南官署紀君兄弟扶柩歸里葬事方畢而王恭人又相繼而逝今余適官京師紀君兄弟以合葬請余銘其墓余回憶十數年前紀君絮語如昨雖不文情不容辭按狀公姓紀氏諱邁宜字幼槃號碩亭先世代有達人由山東德平遷居文安遂家焉公為先封翁季子賦資聰穎受書皆過目成誦方成童即饒文譽後登鄉薦幼失怙恃事生母程太恭人先意承志居喪遵禮盡制鄉黨咸稱式之兄弟友愛根於至性當家業中落分析各居而田產仍聽長兄主持不以絲毫介意至白首手足依依迭相倡和猶如總角時其才識卓越經濟偉然一時邑令咸相推重保定以下各邑為諸河歸泄咽喉地處下游歷受水患賴長堤為之捍衛諸邑民合力修之有以堤不在文安文安之民不應修為言者呈縣求免邑令集紳士公議之咸是其說公獨慨然曰吾邑勢處保定下流長堤為諸水尾閭於文安更關要害今將提委他邑彼水盛漲時正惟恐堤之不決也吾邑小民圖小利不能顧久遠是堤不宜免邑令服其識見超達遂仍集夫修堤至今賴之嗚呼公雖未歷仕途而心切為民識覘遠大夫豈石隱者流所可同年語耶公兩子一官陝甘一官江南公與恭人皆就養官齋部署督飭務使和平理事愷切為民聞堂上敲朴聲輙拂然不樂動曰為民父母民即吾子也有過宜憐而教戒之勿專用刑也又訓其次子曰汝勿輕言民難治也臨民之道惟以誠相感豚魚尚可格況吾赤子乎是皆本幹濟之才為愷摯之語而公子亦遂能仰承先志各著循聲是公子之德惠在人即公與恭人之惠澤不朽也公居家時遇人急難殫力賙濟值歲荒有餓於道者立典衣煮粥活之有負公金而宦於外者公持券往索而其人已去官公即焚其券然彼尚有餘貲而公貧窘甚所謂寧人負己毋己負人其學有定力如此待人不設城府天真和藹故家人子弟咸喜公之樂易而一時賢士大夫亦莫不願聆其議論丰采相交恐後公淡於進取自為諸生已然而於詩古文辭洋洋灑灑每藉事發抒以放其意之所欲言大約以少陵為宗而游衍於樂天劍南之間在家昆玉談心聯床風雨則有春草軒集及詩餘諸卷就養於秦則有遊華唱和集馮翊奉天懷古諸詩湟中竹枝等詞在楚則有楚遊草在吳則有返吳吟陽羨竹枝詞等作足跡所至上下古今輙形吟咏胸懷瀟灑超脫不羣即其詩可以想見其為人矣公生於康熙三十年閏七月初一日卒於乾隆二十九年七月初十日享年七十有四 雍正甲辰舉人候選知縣以子虛中貴

誥封中憲大夫德配王恭人大理府知府諱坦女敬老慈幼愷惻柔嘉與公鴻案齊莊垂六十年生於康熙二十八年九月二十二日卒於乾隆三十二年正月二十六日享年七十有九

誥封恭人乾隆三十年十一月十三日公兆卜葬於廣陵里之原後三年以恭人祔銘曰

文安之紀世書香湛深經術垂縹緗孝友可篤式表坊序德醞釀熾而昌白首如賓鴻案莊人偕往矣澤方長選卜幽宅寄歸藏山青水麗其永康

江寧蔣永芳鐫

目録

霸州

霸州

〇一、金涿州固安縣潁川陳公（孝初）塔記

题解：

《金涿州固安縣潁川陳公（孝初）塔記》收録于民國二十三年（1934）《霸縣新志·金石志》，張微之撰文，刊刻于金·大定十六年（1176）。

碑文：

粵胡公封陳□，後在齊爲陳氏。降及世衰，相尋以干戈。又遭秦、漢更起，其間大族大姓散之四方，貶損而爲士庶者不無。公姓陳，諱孝初。明達寬厚，貌如其心，事父母以孝聞。善受持《大法華經》而不食葷茹，常以殺生爲戒。少任事于家，皆有紀綱。父父、子子、兄兄、弟弟，家道行焉。越大定十一年冬，國家行南郊禮，恩賜七十以上民爵一級，公官授進義校尉。抑嘗聞佛教始創于西土，然後流于中國。其中行之難易、淺深，皆存乎人。如公幼崇佛道，積至晚年方晤，大抵如雲霧晦月、垢塵止鑑者也。夫壽，人情所欲也。得之自□□公□□□□一日謂曰：「吾年七十餘，昨非孰無？此行不濟彼岸，更何所俟？」遂乃自誓，擇日焚身，實大定十六年正月二十二日也。其故老姻族，咸以種種方便，告勸再三，終不得以奪其志。比至所擇日前，以凡齋十日，止食飲香水而已。自是百里之內，大曰寺、小曰邑，于公所前後左右列成四十餘壇，晝夜不絶禮讃，是皆不待召而至者也。及其擇日，未天之明，公登焚臺，揚聲讃佛，勸鄉人以善。顧其日將東出，曰：「吾當歸矣！」結坐，未幾而火興，有祥雲出其上，衆盡瞻睹，歎譽莫已。而次日聚收靈骨，其中燒出一小金佛，殆寸餘，並有舍利三粒。

金涿州固安縣穎川陳公塔記　張微之

粤胡公封陳口後在齊爲陳氏降及世衰相尋以干戈又遭秦漢更起其間大族大
姓散之四方貶損而爲士庶者不無公姓陳諱孝初明達寬厚貌如其心事父母以
孝聞善受持大法華經而不食葷茹常以殺生爲戒少任事於家皆有紀綱父父子
子兄兄弟弟家道行焉越大定十一年冬國家行南郊禮恩賜七十以上民爵一級
公官授進義校尉抑嘗聞佛教始創於西土然後流於中國其中行之難易淺深皆
存乎人如公幼崇佛道積至晚年方晤大抵如雲霧晦月垢塵止鑑者也夫壽人情

所欲也得之自口口公口口口口一日謂曰吾年七十餘昨非孰無此行不濟彼岸
更何所俟遂乃自誓擇日焚身實大定十六年正月二十二日也其故老姻族咸以
種種方便告勸再三終不得以奪其志比至所擇日前以凡齋十日止食飲香水而
已自是百里之內大曰寺小曰邑於公所前後左右列成四十餘壇晝夜不絕禮讚
是皆不待召而至者也及其擇日未天之明公登焚臺揚聲讚佛勸鄉人以善顧其
日將東出曰吾當歸矣結坐未幾而火與有祥雲出其上衆盡瞻覩歎譽莫已而次
日聚收靈骨其中燒出一小金佛殆寸餘并有舍利三粒其自百年而下未之有也
若非宿殖德本孰能如此往聞菩薩臨火坑初見火相似難及投身卽無火相見青
蓮池故也如公在焚臺火方及燃勸人以善而顔色自若雖菩薩心不過是也於其
年正月己巳劉思善劉密郝永資李興俊皆公里人也當公面前各燒一指而歸仰
供養所謂一士之善則一鄉之善一鄉之善則一方之善可知也其後里中父老子
弟相與議取西山之石卜地建塔卽葬公靈骨及燒出金佛舍利於其中而在公舊
居之南原之北也則使無廢後觀微之乃公里中之甥也幼爲兒童時及長尚記其
公與予父相友善詳知其所以爲君子人也公曾大父諱文玉大父諱永堅父諱公
直皆積善弗仕並信著釋門世爲涿州固安縣北南里人其先莫知其所以徙公兄
弟三人撫養諸弟而爲過友仲曰瓊早卒季曰存君亦喜與學佛人口前數年嘗燒
一指公卽其長也娶三淇張氏生二男一女長曰和次曰吉并姪曰舉曰瑜皆行義
修潔女曰羊哥以其長公之至愛者也歸里人良家子老永昌之弟孝君并與二三
故老以公行狀屬予以求文予以倦遊多病是時不得造觀爲恨故不讓而樂爲之
辭以紀其實時大定十六年二月四日也

舊志云塔在北岸村高七尺餘有頂有座中六稜石題式一方面刻石像題蘇氏菩薩其餘皆志陳公之事實

其自百年而下，未之有也。若非宿殖德本，孰能如此？往聞菩薩臨火坑，初見火相似難，及投身即無火相，見青蓮池故也。如公在焚臺，火方及燃，勸人以善而顔色自若，雖菩薩心不過是也！于其年正月己巳，劉思善、劉密、郝永資、李興俊，皆公里人也，當公面前各燒一指，而歸仰供養。所謂一士之善則一鄉之善，一鄉之善則一方之善，可知也。其後，里中父老子弟相與議取西山之石，卜地建塔，即葬公靈骨及燒出金佛、舍利于其中，而在公舊居之南原之北也，則使無廢後觀。微之乃公里中之甥也，幼爲兒童時，及長，尚記其公與予父相友善，詳知其所以爲君子人也。公曾大父諱文玉，大父諱永堅，父諱公直，皆積善弗仕，並信著釋門。世爲涿州固安縣北南里人，其先莫知其所以徙。公兄弟三人，撫養諸弟而爲過友。仲曰瓊，早卒。季曰存君，亦喜與學佛人□前數年嘗燒一指。公即其長也。娶三淇張氏，生二男一女。長曰和，次曰吉，並姪曰舉、曰瑜，皆行義修潔。女曰羊哥，以其長，公之至愛者也，歸里人良家子。老永昌之弟孝君並與二三故老，以公行狀屬予以求文。予以倦遊多病，是時不得造觀爲恨，故不讓而樂爲之辭，以紀其實，時大定十六年二月四日也。

〇二、重修廟學記

题解：

《重修廟學記》收録于一九六三年《霸州志·藝文志》，學士尚野撰文，刊刻于元·皇慶二年（1313）。

碑文：

闕里宅廟，孔子夢奠之。明年，魯哀公立之。天下初無廟也，《禮》釋奠：先聖先師即其學以行事。釋者曰：「先聖先師若唐虞之夔伯夷、周之周公、魯之孔子，則各自奠之。孔子之聖，非魯所得專。秦漢釋奠無文。晉宋以来，于辟雍、于太學、于國子寺固報本知，自而絜矩未敷。唐武德二年，始于國子立學，孔子廟亦不過京城而已。貞觀四年，詔州縣學皆作孔子廟，釋奠下達矣。貞祐甲戌，金主遷汴，其于廟學焚蕩將盡。癸巳，金亡。皇元受命，奄有中夏，霸神霄宮丁真人于州治之東，構堂函丈，塐夫子、顔、孟像以事之。州長僚屬，春秋月朔，應時祭告。至元丙子，杭宋內附。己卯，嶺海悉平。元貞丙申，達魯花赤也先、知州劉甫以爲庳隘不足以陳俎豆，撤而大之，創殿四楹，舊像微小，莫敢改爲。判官崔孝恭增建两廡，以坏爲壁，水潦頽圮。至大元年，王崇道爲州，增修之，尋入于壞。間歲二月，奉直大夫楊侯世彬来莅兹土，署事三日，謁廟慨嘆。明年，侯以益津之永濟鎮殿成，公服告遷，先聖配位，降座升輿，奉安禮訖。取法京師，乃捐俸金，言發于廷，遠近咸若，得錢以貫計八千二百有奇。陶甓市材釘礎，黝堊丹漆，備役以牙儈，惟恐妨農。卜事有日，受知大府，我獨賢勞，一歲再奔命而止。皇慶改元，一新廟殿。大成至聖文宣王、兖國公、鄒國公、十哲，章施可徵，顯嚴如在。两廡翬飛，基址峻整，什伯前修。隅以大庖，周以深宮，大門言言，棘門有侐，又先是之未有也。」因請記之，乃告曰：孔子嘗言之：「古之學者爲己，今之學者爲人。」先儒新安朱氏所記廟學，無慮十數，而必以是爲説。曰天，曰性，曰心，曰民彝，曰物則，曰固有，曰人倫，曰仁義禮智之性、君臣父子、夫婦長幼、朋友之倫，曰學校，曰五教，曰鄉三物，曰小大有序，曰政事之本、道德之歸，曰道德性命之旨、詩書禮學之文，曰孝弟忠信、禮義廉耻以修其身，求師取友、誦詩讀書以窮事物之理，曰洒掃應對進退、禮樂射御書數、致知格物，自身及家，自家及國，達之天下，曰明義反本，曰不慕人爵，爲君子儒，曰不失其性，不亂其倫，曰人才衆多，風俗美盛，是皆所謂爲己者也。曰科舉文字，曰場屋雕篆，曰記誦文辭，曰記誦剽掠，曰割裂裝綴，曰誇多門靡，曰異端雜學，曰荒虚浮誕，曰阿世徇私，曰干時取寵，曰追時好而取世資，曰忘本逐末，懷利去義，曰其趋卑陋，惟利禄之知，曰徇近小之利，忘其所貴于己者，曰窮高極遠不務力行之實，徇常守舊而不知禮義之所以然，曰重失其性，益亂其倫，風俗日弊，人材日衰，是皆所謂爲人者也。時方業進士，庶幾知所好惡焉。侯字仲文，保定人。今爲朝列大夫、户部員外郎，所在有聲，匪直茲云。皇慶二年立石。

重脩廟學記　蒲城尚野　學士

闕里宅廟孔子薨之明年魯哀公立之天下初無廟也禮釋奠先聖先師即其學以行事釋者曰先聖先師若唐虞之夔伯夷周之周公魯之孔子則各自奠之孔子之聖非魯所得專秦漢釋奠無文晋宋以来于辟雍于太學于國子寺固報本知自而絜矩未敷唐武德二年始于國子立學孔子廟亦不過京城而已貞觀四年詔州縣學皆作孔子廟釋奠下達矣貞佑甲戌金主遷汴其於廟學焚蕩將盡癸巳金亡皇元受命奄有中夏霸神霄宮丁真人于州治之東構堂函丈塐夫子顏孟像以事之州長僚屬春秋月朔應時祭告至元丙子杭宋内附己卯鎮海悉平元貞丙申達魯花赤也先知州劉甫以爲庫隘不足以陳俎豆撤而大之祠殿四楹舊像微小莫敢改爲判官崔孝恭增建兩廡以坏爲壁水潦頹圮至大元

年王宗道爲州増修之尋入於壞閣歲二月奉
直大夫楊侯世彬來蒞兹土署事三日謁廟慨
嘆明年侯以益津之求濟鎮殿成公服告遷
先聖配位降座升輿奉安禮訖取法京師乃捐俸金
言發於廷遠近咸若得錢以貫計八千二百有
奇陶甓市材釘礎黝堊丹漆備役以牙儈惟恐
妨農卜事有日受知大府我獨督勞一歲再奔
命而止皇慶改元一新廟殿
大成至聖文宣王兗國公鄒國公十哲章施可徵顯
嚴如在两廡翬飛基址峻整什伯前脩隅以大
庖周以深宮大門言言棘門有侐又先是之未
有也因請記之乃告曰孔子嘗言之古之學者
爲己今之學者爲人先儒新安朱氏所記廟學
無慮十數而必以是爲說曰天曰性曰心曰民
彝曰物則曰固有曰人倫曰仁義禮智之性君
臣父子夫婦長幼朋友之倫曰學校曰五教曰
鄉三物曰小大有序曰政事之本道德之歸曰
道德性命之旨詩書禮學之文曰孝弟忠信禮

義廉恥以脩其身求師取友誦詩讀書以窮事
物之理曰洒掃應對進退禮樂射御書數致知
格物自身及家自家及國達之天下曰明義反
本曰不慕人爵爲君子儒曰不失其性不亂其
倫曰人才衆多風俗美盛是皆所謂爲己者也
曰科舉文字曰場屋雕篆曰記誦文辭曰記誦
剽掠曰割裂裝綴曰誇多鬬靡曰異端雜學曰
荒虛浮誕曰阿世徇私曰干時取寵曰追時好
而取世資曰忘本逐末懷利去義曰其趨卑陋
惟利祿之知曰狥近小之利忘其所貴於己者
曰窮高極遠不務力行之實狥常守舊而不知
禮義之所以然曰重失其性益亂其倫風俗日
獘人材日衰是皆所謂爲人者也時方業進士
庶幾知所好惡焉侯字仲文保定人今爲朝列
大夫户部員外郎所在有聲匪直兹云皇慶二
年立石

〇三、元河間清鹽使郝君（從）墓誌銘

題解：

《元河間清鹽使郝君(從)墓誌銘》收録于民國二十三年(1934)《霸縣新志·金石志》，元袁桷撰文，刊刻于元·延祐五年(1318)。

誌文：

君諱從，字從之，霸州信安縣人。壯歲秀整，植聲節。與人交，不爲儉薄意，拯其急難，里人推德之。至元十三年，爲河間清鹽使副，後升正使。治弗煩擾，而政日以理。始君從弟彬，弱冠事裕宗，後爲工部尚書，官浸顯。從之曰：「吾郝氏由大父宛平君多惠政，後宜有顯者，徵在尚書，吾仕宜已矣。」會得末疾，息心斷家事，調佐寒暑，力補治，策杖閭里如平時。逾二十年，嘗謂其子志善曰：「才能不如古人，擇今世賢公卿如古人者事之，斯近之。翕赫取貴艷，非進身本也。」志善從太傅之子大夫遊，始爲北郊署丞，爲監察御史。而君與世嗒然，益若相遺者焉。延祐五年十月某日卒，年七十有一。噫！士患不知命，逐日希影，挈挈然不返，若君能知止矣。而其弟參大政，罷歸閉門幾十年，亦不出，今拜大司農。郝氏之昌，殆未易量也。考諱德仁，妣李氏。宛平君諱政，以參政贈資德大夫、尚書右丞，追封薊國公，謚康靖。賈氏，薊國夫人。配劉氏。二女，長適楊居易，次適集賢殿照磨李忠。將以十有二月某日葬宛平君墓左，御史來乞銘。銘曰：

始奇終閟，覯德日温。訓言衡門，不華以尊。曄曄大椿，灌膏培根。弗利其身，利其後昆。

元河間清鹽使郝君墓誌銘

元　袁桷

君諱從字從之霸州信安縣人壯歲秀整植聲節與人交不爲儉薄意拯其急難里人推德之至元十三年爲河間清鹽使副後陞正使治弗煩擾而政日以理始君從弟彬弱冠事裕宗後爲工部尚書官寖顯從之曰吾郝氏由大父宛平君多惠政後宜有顯者徵在尚書吾仕宜已矣會得末疾息心斷家事調佐寒暑力補治策杖閭里如平時踰二十年嘗謂其子志善曰才能不如古人擇今世賢公卿如古人者事之斯近之翕赫取貴艷非進身本也志善從太傅之子大夫遊始爲北郊署丞爲監察御史而君與世嗒然益若相遺者焉延祐五年十月某日卒年七十有一噫士患不知命逐日希影挈挈然不返若君能知止矣而其弟參大政能歸閉門幾十年亦不出今拜大司農郝氏之昌殆未易量也考諱德仁妣李氏宛平君諱政以參政贈資德大夫尚書右丞追封薊國公謚康靖貲氏薊國夫人配劉氏二女長適楊居易次適集賢殿照磨李忠將以十有二月某日葬宛平君墓左御史來乞銘銘曰始奇

終閟祝德日溫訓言衡門不華以尊晞晞大椿灌膏培根弗利其身利其後昆

○四、元榮禄大夫司農卿郝公（元良）墓誌銘

題解：

《元榮禄大夫司農卿郝公（元良）墓誌銘》收録于民國二十三年（1934）《霸縣新志·金石志》，大學士馬祖常撰文，刊刻于元·延祐七年（1320）。

誌文：

公諱元良，字景文，霸州信安人也。弱冠起家，給事裕皇邸，以才知名。至元二十年，擢揚州路治中。二十二年，遷同知淮南道宣慰事司，又遷江淮等處財賦總管。江淮吏牘有令：察司不按劾。公受命陛辭，懇請許察司按劾財賦吏牘，然後臣敢行。詔獎諭而從之。未幾，丁太夫人憂，扶柩歸葬，斬衰哭泣，居墓廬，毁過常制。近臣以聞，朝廷遣使賜食品憫勞焉。縉紳大夫咸榮羡之。服除，會兩淮鹽法壞，吏因緣大賈相爲奸，田畝單弱，操錢售不得，食鹽益翔貴，州縣上狀。詔公行户部尚書，乘傳往治。既至，督淮南轉運司漕輓廪益之，在鹽官者輸倉氏主之，閲其書之次以爲先後，販者不得賄吏，破其囊橐，均利于衆。大德八年，正授工部尚書，改户部尚書。至大元年，拜中書參知政事。二年，遷尚書參知政事，階榮禄大夫。公固辭，不允，乃就職。歲餘，以疾力辭，杜門家居。後尚書省臣果有罪負辜，公愈以能退自喜，獨雍容灌園種樹，無資則持器物鬻之。八年履迹不過中門，從遊之士已知其無志于一世矣。屬延祐，天子思用有經術之臣，命中書即家起爲大司農卿，間又病免。上以侍醫視藥存問。公雖病，猶以國憂，而其言語未嘗及其私也。延祐七年三月十一日，終于所居之正寢，享年六十有二。公祖贈資德大夫、尚書右丞，謚康靖。考贈榮禄大夫、司徒，謚孝懿，並追封薊國公。祖妣賈氏、妣弭氏，並追封薊國夫人。夫人李氏，先公十年卒。男子二人：長曰升，次曰謙，早世。女子二人，皆幼。按：郝氏出太原郝鄉，所謂以鄉爲氏者也。其世之或仕或學，列于史官者尚矣。然以才謁選進

而爲股肱之臣，幾何人哉！進而爲股肱，施其謀畫者，又幾何人哉！則郝之世，自公尤顯矣。公少俊偉慷慨，能《國語》，長博通古今經世之學，發用之，應驗如占筮。稽考先王宗廟，朝廷疑識，旁及百家之書。而推愛親黨，撫摩其孤者，又純篤無僞。嗚呼！書傳所謂愷悌大雅之君子，舍公其誰歟？今亡矣，悲夫！其子升將以是月二十一日葬公于都城西山之麓之原。余知公實深，敢不哭而爲銘，曰：

雲爲雨，星爲石，星石可泐名不斁。嗚呼！善人保窀穸。

元榮祿大夫司農卿郝公墓誌銘　大學士 馬祖常

公諱元良字景文霸州信安人也弱冠起家給事裕皇邸以才知名至元二十年擢揚州路治中二十二年遷同知淮南道宣慰事司又遷江淮等處財賦總管江淮吏牘有令察司不按劾公受命陛辭懇請許察司按劾財賦吏牘然後臣敢行詔獎諭而從之未幾丁太夫人憂扶柩歸葬斬衰哭泣居墓廬毀過常制近臣以聞朝廷遣使賜食品憫勞爲縉紳大夫咸榮羨之服除會兩淮鹽法壞吏因緣大賈相爲奸田畝單弱操錢售不得食鹽益翔貴州縣上狀詔公行戶部尚書乘傳往治既至督淮南轉運司漕輓廪益之在鹽官者輸倉氏主之閱其書之次以爲先後販者不得賄吏破其爨竈均利於衆大德八年正授工部尚書改戶部尚書至大元年拜中書參知政事二年遷尚書參知政事階榮祿大夫公固辭不允乃就職歲餘以疾力辭杜門家居後尚書省臣果有罪負辜公愈以能退自喜獨雍容灌園種樹無賫則持器物鬻之八年履迹不過中門從遊之士已知其無志於一世矣屬延祐天子思用有經術之臣命中書卽家起爲大司農卿間又病免上以侍醫視藥存問公雖病猶以國憂而其言語未嘗及其私也延祐七年三月十一日終於所居之正寢享年六十有二公祖贈資德大夫尚書右丞謚康靖考贈榮祿大夫司徒謚孝懿並追封薊國公祖妣賈氏妣張氏並追封薊國夫人夫人李氏先公十年卒男子二人長曰升次曰謙早世女子二人皆幼按郝氏出太原郝鄉所謂以鄉爲氏者也其世之或仕或學列於史官者尚矣然以才謁選進而爲股肱之臣幾何人哉進而爲股肱施其謀畫者又幾何人哉則郝之世自公尤顯矣公少俊偉慷慨能國語長博通古今經世之學發用之應驗如占筮稽考先王宗廟朝廷疑識旁及百家之書而推愛親黨撫摩其孤者又純篤無僞嗚呼書傳所謂愷悌大雅之君子舍公其誰歟今亡矣悲夫其子升將以是月二十一日葬公於都城西山之麓之原余知公實深敢不哭而爲銘曰雲爲雨星爲石星石可泐名不斁嗚呼善人保窀穸

〇五、宣聖廟學記

题解：

《宣聖廟學記》收録于一九六三年《霸州志・藝文志》，翰林承旨黄溍撰文，刊刻于元・至順三年（1332）。

碑文：

霸州之益津人宫君祺，即其西鄉所居宫家莊作學舍。合韓謝莊子弟肄業其中，且爲廟像。先聖先賢以春秋旦望奠謁如學宫法。念無以示永久，爰狀其事走京師，請奎章閣侍書學士内翰虞伯生爲之記。公方有大論撰，未暇如君祺請，乃以狀授溍，俾執筆而書之。溍惟古之施教導民，有本有原，必由鄉以達于國。是以六鄉之吏，去民愈近者，爲教愈詳。一歲之中，州長之屬民讀法者四，黨正七，族師十有四，而閭胥則無時焉。若夫二十五家之間，則又有門塾，而以仕焉而已者爲之左右師，雖閭胥弗親也。故上之教不煩，而民之爲士者恒足賴。其詩曰：「攸介攸止，烝我髦士。」人生其時，獨何幸歟？今郡邑用著令，既咸得立學，承宣德意而崇厲之，厥有師帥，而鄉閭之教希闊弗講，雖有樸茂之資，何以培其根而達其枝也哉？君祺不自耀其材以取顯仕，而主昌平之侯館，固非有長民者之責，乃能汲汲焉圖所以私淑。其人如此，可謂有志于古矣。昔者魯修泮宫而《春秋》不書，説者曰：「此有國之常事爾。」君祺之爲，蓋禮之以義起而出于常事之外者也。可無書乎？凡廟學總爲屋十餘楹，費錢若干緡，經始于至順二年春二月，而落成于秋八月。翰林直學士趙公子昌與君祺居相望，實有以相之。其來請記，則冬十有二月也。至順三年立石。

宣聖廟學記

義烏黃溍翰林承旨

霸州之益津人宫君祺即其西鄉所居宫家庄作學舍合韓謝庄子弟肄業其中且為廟像先聖先賢以春秋旦望奠謁如學宫法念無以示永久爰狀其事走京師請奎章閣侍書學士内翰虞伯生為之記公方有大論譔未暇如君祺請乃以狀授溍俾執筆而書之溍惟古之施教導民有本有原必由鄉以達於國是以六鄉之吏去民愈近者為教愈詳一歳之中州長之屬民讀法者四黨正七族師十有四而閭胥則無時焉若夫二十五家之閭則又有門塾而以仕焉而已者為之左右師雖閭胥弗親也故上之教不煩而民之為士者恒足賴其詩曰攸介攸止

烝我髦士人生其時獨何幸歟今郡邑用著令既咸得立學承宣德意而崇厲之厥有師帥而鄉閭之教希濶弗講雖有朴茂之資何以培其根而達其枝也哉君祺不自耀其材以取顯仕而主昌平之侯館固非有長民者之責乃能汲汲焉圖所以私淑其人如此可謂有志于古矣昔者魯脩泮宫而春秋不書說者曰此有國之常事爾君祺之為蓋禮之以義起而出于常事之外者也可無書乎凡廟學總為屋十餘楹費錢若干緡經始于至順二年春二月而落成于秋八月翰林直學士趙公子昌與君祺居相望實有以相之其來請記則冬十有二月也至順

三年立石

〇六、重修廟學記

題解：

《重修廟學記》收録于一九六三年《霸州志・藝文志》，河間總管王思誠撰文，刊刻于元・至正十一年（1351）。

碑文：

爲政之道，其所始在于厚風俗，厚之之本必由于學校。是以教隆于上，則俗美于下，理之必然也。百里之邑，千里之郡，推而至于天下，豈異是哉？國家崇儒重道，内立監學，外而郡邑，皆設學官，誠以風化之所係也，人才之所出也。至正十一年春，奉訓大夫兗州王公從善來守霸郡，視篆之初，即拜謁先聖廟，見其墻垣廢傾，齋舍罔有，講習無所施，乃顧瞻太息，謂學正孟之晋曰：「學校不治，則風俗何自而易移，人才何由而作興？豈非承流宣化者之責歟？」于是令民子弟之俊秀者，即入學肄習，權葺一室，使之受業。公首捐俸金以作新學校，而謀于同僚，同僚僉允，亦各捐俸以助，民之好義者效其力，不日而得錢若干緡。遂市瓦木，重修講堂三間，創建東西齋舍十有二楹，築墻周圍，務以堅固，改月而功畢。上不廢于公帑，下不擾于民庶。昔也荒蕪如彼，今也輪奐若此。使師生有所依，教養有所設，將見風俗淳美，人才輩出。公之承宣德意，可謂知所本矣。公前任松江府推官，治獄明恕，平反甚衆，人人頌其廉明，自南而來者口不絶稱。今公之守霸郡，甫下車，善者趨而迎，奸者畏而遁。革弊起廢，號令一新，士庶歌于途，農民樂于野。修堤堰一十八里，及南北兩關橋道，井井有法，民之感戴，其能已乎？之晋以狀來，盛稱公念念不忘于學校，不可不記其事，壽于金石，俾異時爲政者有所取法，幸爲之記。余聞而韙之，則復之曰：「昔文公治蜀，至今聲名照映簡册者，以爲治之有所本也。王公以學校爲先，其文公之心哉。」余亦有説焉，興作學校，固郡守之職，然典教者能以守之之心爲心，則教養可期其效。苟非其人，則亦徒爲虚舍，爲守者能不憾歟？今之晋乃鄒國公五十二代孫，德行純厚，文學充裕，則教養之施，公可無憾矣。公字仲祥，世居兗之滕村。性鯁直，決疑剖事無留難。此特記其政事之大略爾，當有執史筆者詳書之。至正十一年立石。

重脩廟學記

滋陽王思誠河間總管

為政之道其所始在于厚風俗厚之之本必由于學校是以教隆于上則俗美于下理之必然也百里之邑千里之郡推而至于天下豈異是我國家崇儒重道內立監學外而郡邑皆設學官誠以風化之所係也人才之所出也至正十一年春奉訓大夫兗州王公從善来守霸郡視篆之初即拜謁

先聖廟見其墻垣廢傾齋舍罔有講習無所施𢌞顧瞻太息謂學正孟之晉曰學校不治則風俗何自而易移人才何由而作興豈非承流宣化者之責歟于是令民子弟之俊秀者即入學肄習

椎葺一室使之受業公首捐俸金以作新學校而謀于同僚同僚僉允亦各捐俸以助民之好義者効其力不日而得錢若干緡遂市瓦木重脩講堂三間刱建東西齋舍十有二楹築墻周圍務以堅固改月而功畢上不廢于公帑下不擾于民庶昔也荒蕪如彼今也輪奐若此使師生有所依教養有所設將見風俗淳美人才輩出公之承宣德意可謂知所本矣公前任松江府推官治獄明恕平反甚衆人人頌其廉明自南而来者口不絕稱今公之守霸郡甫下車善者趍而迎奸者畏而遁葺獎起廢號令一新士庶歌于途農民樂于野脩堤堰一十八里及南北兩閘橋道井井有法民之感戴其能已乎之晉以狀来盛稱公念念不忘于學校不可不記其事壽于金石俾異時為政者有所取法幸為之記余聞而韙之則復之曰昔文公治蜀至今聲名照映簡冊者以為治之有所本也王公以學校為先其文公之心哉余亦有說焉興作學

校固郡守之職然典教者能以守之之心為心則教養可期其効苟非其人則亦徒為虛舍為守者能不憾歟今之晉乃鄒國公五十二代孫德性純厚文學充裕則教養之施公可無憾矣公字仲祥世居兗之滕村性鯁直決疑剖事無留難此特記其政事之大畧再當有執史筆者詳書之至正十一年立石

○七、梁侯（伯常）築堤記

題解：

《梁侯（伯常）築堤記》收録于一九六三年《霸州志·藝文志》，州學正蔡茂撰文，刊刻于明·洪武十七年（1384）。

碑文：

霸州九河下流，堤爲民命。大明洪武十四年秋七月雨，堤决臨津，判郡張侯子芳極力爲塞之，民以稍安。十五年夏六月，雨復作，水大溢，堤决夾河，州境之不没者十之二。判郡林侯伯雲率民塞之，水稍息，然而堤塌河淤，民猶疲于奔走也。是歲冬十一月，太守梁侯伯常来，竟以堤事入奏之，上爲之惻然。十六年春二月，上以延安侯来賑濟。是歲，租賦咸免，恩至渥矣。秋七月，布政司以堤役大興，發保定府之夫役若干来助工，命太守梁侯總其事。西自臨津固安界白廟以東，至于青口永清縣界八十餘里，高者一丈四尺，廣倍之，低者一丈，廣倍之。冬十一月，以地凍止工。十七年春三月，堤成。夏六月，復霆雨連日，固安堤决，水又大溢，境上新堤之不没者僅尺許。同知常侯親率丁夫冒雨巡視修葺，堤益堅完，一郡爲之以安。况非是堤而今歲之民又弗可保矣。然是堤之工非常也，百倍于前，所可恨者，多善决不恒。咸謂不可不記，庶使来者有知，不敢有所輕也，于是乎書。洪武十七年立石。

梁侯築堤記

富春蔡茂州學正

霸州九河下流堤為民命

大明洪武十四年秋七月雨堤决臨津判郡張侯子芳極力為塞之民以稍安十五年夏六月雨復作水大溢堤决夾河州境之不沒者十之二判郡林侯伯雲率民塞之水稍息然而堤塌河淤民猶疲于奔走也是歳冬十一月太守梁侯伯常來竟以堤事入

奏之

上為之惻然十六年春二月

上以延安侯來賑濟是歳租賦咸免

恩至渥矣秋七月布政司以堤役大興發保定府之夫役若干來助工命太守梁侯揔其事西自臨津固安界白廟以東至于青口東清縣界八十餘里高者一丈四尺廣倍之低者一丈廣倍之冬十一月以地凍止工十七年春三月堤成夏六月復霪雨連日固安堤决水又大溢境上新堤之不沒者僅尺許同知常侯親率丁夫冒雨巡視脩葺堤益堅完一郡為之以安况非是堤而今歳之民又弗可保矣然是堤之工非常也百倍于前所可恨者多善决不恒咸謂不可不記庶使來者有知不敢有所輕也于是乎書

洪武十七年立石

一〇八、重修廟學記

題解：

《重修廟學記》收録于一九六三年《霸州志·藝文志》，翰林學士丘濬撰文，刊刻于明·成化五年（1469）。

碑文：

我太祖高皇帝開國建號之初元，歲在戊申，是秋八月，王師定元都。明年冬十一月，即詔相臣定學校規制教條来上。閱月頒下，天下府州若縣期以嗣歲正月開設學校，時洪武紀元之次，三歲庚戌也。霸州在勝國之時，隸大都路爲支郡，至是更路以府，而州仍隸焉。州舊有學，是時，守臣因其舊，起其廢，合以新度，用以應詔命。邦人士夫脱干戈，即得從事于俎豆詩書之習，浣百年之夷染，復三代之華教。其土地若始離洪荒，其人民若始出胞胎，頓然一新，非復往昔之舊矣。肆我太宗文皇帝建藩于燕，既而入正大統，並建两京，霸自是遂入邦畿内，爲赤縣地。密邇皇化，凡教令之頒，先天下而首得之。以故士風民俗，日改月化，視前代而有加。乃成化四年，太原李君庭訓来知州事。始至，循故事，詣學宮，謁先聖，禮成，退坐明倫堂，進諸生講解經傳。顧瞻廟貌，日就頽剥，堂宇日將傾圮。大懼學政廢弛，人才放失，無以稱祖宗興學育才之意，而有以来瘝官不事事之誚。退而謀諸僚，議以克合，乃各捐己俸，節冗費，究宿弊，以資用度不足，而又募之富民，召工市材，揆日興作。自大成殿以及两廡、明倫堂，以及三齋下至于師生之舍，庾庫門墻之屬，咸一新之。凡五閱月，而厥功以成。太守帥師生行釋菜禮，以告成于先聖，畢則大會僚屬以落之，是歲九月丁卯也。時監察御史三山陳公煒奉璽書督學事，巡行至霸，師生合辭請文，以紀其成。乃具書，遣生員孫昱、趙麟代請于予。粤自孔子夢奠两楹之後，中更秦禍，漢興，歷高、惠、文、景四帝，至于孝武元朔五年，蓋八十有三年矣，而學校始興。雖以有宋崇儒右文之世，亦必更四君八十四年之久，而後有州郡之學。惟我聖祖武功甫成，而文教之興，速在一二年之間。霸于是時入職方僅逾期爾，而遽得以沐浴教養之澤，服儒服、事文事，以有弦誦詠游之樂，以迄于今，一何幸也。始者，南北相望猶四千里，今又幸在輦轂下，德澤之沾溉，條教之宣敷，朝發而夕至，舉目而見，側耳而聞，跂足而可以俟其来也。于戲！得之既先，則其所以感發而興起之者，烏可以後？嗣今吏于茲，師範于茲，教養于茲者，其尚急所先端其本，勉力以圖報稱，以毋忘其所自哉，是爲記。成化五年立石。

重脩廟學記　瓊山丘濬翰林學士

我
太祖高皇帝開國建號之初元歲在戊申是秋八月
王師定元都明年冬十一月即
詔相臣定學校規制教條来上閲月頒下天下府

州若縣期以嗣歲正月開設學校時洪武紀元之次三歲庚戌也霸州在勝國之時隸大都路為支郡至是更路以府而州仍隸焉州舊有學是時守臣因其舊起其廢合以新度用以應詔
命郡人士大脫干戈即得從事于俎豆詩書之習浣百年之夷染復三代之華教其土地若始離洪荒其人民若始出胞胎煥然一新非復往昔之舊矣肆我
太宗文皇帝建藩于燕既而入正大統並建兩京霸

自是遂入邦畿內為赤縣地客通
皇化凡教令之頒先天下而首得之以故士風民俗
日改月化視前代而有加乃成化四年太原李
君庭訓來知州事始至循故事詣學官謁
先聖禮成退坐明倫堂進諸生講解經傳顧瞻廟貌
日就頹剥堂宇日将傾圮大懼學政廢弛人才
放失無以稱
祖宗興學育才之意而有以來瘝官不事事之誚退
而謀諸僚議以克合乃各捐已俸節冗費究宿

弊以資用度不足而又募之富民召工市材揆
日興作自大成殿以及兩廡明倫堂以及三齋
下至于師生之舍庾庫門墻之屬咸一新之凡
五閱月而厥功以成太守帥師生行釋菜禮以
告成于
先聖畢則大會僚屬以落之是歲九月丁卯也時監
察御史三山陳公煒奉
璽書督學事巡行至覇師生合辭請文以紀其成
乃具書遣生員孫昱趙麟代請于予粵自孔子

夢奠兩楹之後中更秦禍漢興歷高惠文景四
帝至于孝武元朔五年蓋八十有三年矣而學
校始興雖以有宋崇儒右文之世亦必更四君
八十四年之久而後有州郡之學惟我
聖祖武功甫成而文教之興速在一二年之間覇於
是時入職方僅踰朞爾而遽得以沐浴教養之
澤服儒服事文事以有弦誦詠游之樂以迄于
今一何幸也始者南北相望猶四千里今又幸
在輦轂下德澤之沾溉條教之宣敷朝發而夕

至舉目而見側耳而聞跂足而可以俟其來也
於戲得之既先則其所以感發而興起之者烏
可以後嗣今吏于兹師範于兹教養于兹者其
尚急所先端其本勉力以圖報稱以毋忘其所
自哉是為記成化五年立石

○九、重修儒學記

題解：

《重修儒學記》收録于一九六三年《霸州志·藝文志》，翰林學士王獻撰文，刊刻于明·成化十三年（1477）。

碑文：

皇上嗣登寶祚之十有二年，詔天下儒學嘉崇孔子，以祀天享地禮，所以振起文教，風勵士類之心至矣。于是四方萬國曉然知其意向所在，莫不以興賢育才爲首務。况霸州密邇畿甸之内，蒙被聖化、沐浴膏澤之最先者乎！欒清蔣侯来守是邦，孚政惠民，興廢舉滯，而庠校一事，猶拳拳焉。每詣學宫謁先師，顧瞻殿堂，頹圮弗治，大懼無以稱上意旨，亟圖新之。乃捐己俸爲之倡，衆志胥悦，力爲之助。鳩材庀工，化腐而堅，易撓而隆。禮殿、儀門、倫堂、齋舍、東西之廡，丹碧黝堊，光彩聿新，規模閎壯，夐加疇昔。休宿之舍，庖廩之所，靡不畢舉，不勞于民，不侈于費。經始于成化丁酉仲夏五月，落成于孟秋七月。學正趙瑛、吴賓，訓導劉澗暨諸生徒，咸謂不可無述以垂永久，來求予言。嗟夫！學校之設，所以明彝倫、敦教化，王政之本係焉。唐虞三代盛時，養士有定制，教士有定法，是以學校興行，化理隆洽。漢、唐而下，或興或廢，治否随之。我國家建學育才，一遵古制，百年于兹，賢才彙出，布列位者彬彬乎。其盛雖本于上之人教養之有其法，抑亦下之下奉行者得其人也。今侯之爲治，不以簿書期會爲能，而以學政爲急。俾爲師者，得以遂其施教之心；爲弟子者，得以安其受教之地。講明道德，漸磨仁義，俾俗尚日淳，賢才日盛，其于王政，豈小補哉。凡僚屬各捐己資，共爲落成者，列其姓字于碑陰。不惟用是以彰侯之賢，且使後之司民牧者知所勸云。成化十三年立石。

重脩儒學記

錢塘王獻　翰林學士

皇上嗣登寶祚之十有二年詔天下儒學嘉崇孔子以祀天事地禮所以振起文教風勵士類之心至矣于是四方萬國曉然知其意向所在莫不以興賢育才為首務況霸州密邇
畿甸之內蒙被
聖化沐浴膏澤之最先者乎樂清蔣侯來守是邦孚政惠民興廢舉滯而庠校一事猶拳拳焉每詣
學宮謁
先師顧瞻殿堂頽圮弗治大懼無以稱
上意旨亟圖新之乃捐已俸為之倡衆志胥悅力為之助鳩材庀工化腐而堅易撓而隆禮殿儀門倫堂齋舍東西之廡丹碧黝堊光彩聿新規模閎壯夐加疇昔休宿之舍庖廩之所靡不畢舉不勞于民不侈于費經始于成化丁酉仲夏五

月落成于孟秋七月學正趙瑛吳賓訓導劉潤暨諸生徒咸謂不可無述以垂永久來求予言嗟夫學校之設所以明彝倫敦教化王政之本係焉唐虞三代盛時養士有定制教士有定法是以學校興行化理隆洽漢唐而下或興或廢治否隨之我
國家建學育才一遵古制百年于茲賢才彙出布列位者彬彬乎其盛雖本于上之人教養之有其法抑亦下之下奉行者得其人也今侯之為治不以簿書期會為能而以學政為急俾為師者得以遂其施教之心為弟子者得以安其受教之地講明道德漸磨仁義俾俗尚日淳賢才日盛其于王政豈小補哉凡僚屬各捐已資共為落成者列其姓字于碑陰不惟用是以彰侯之賢且使後之司民牧者知所勸云成化十三年立石

一〇、明東郭范君（昭）偕王碩人合葬墓誌銘

題解：

《東郭范君（昭）偕王碩人合葬墓誌銘》收録于民國二十三年（1934）《霸縣新志・金石志》，翰林院編修邢一鳳撰文，刊刻于明・成化十五年（1479）。

誌文：

東郭君者，予門人水部主政范子充濁之祖也。甲辰春，濁始筮仕，来謁予，曰：「濁不佞，爰居北平之霸郡，凡七世矣。雖詩書之澤，簪笏相望，而未有舉進士第者。今始發于吾，玆惟幸哉。然實賴吾祖父之教，未敢忘所自也。」予觀其年少而貌古，質樸而文粹，予愛之重之。先是，庚子秋，濁獲薦鄉書，君之父曰廣德翁者，尚垂白在堂。顧謂君曰：「四世聚首，人生所難，矧有賢子孫哉！」暨曾孫舉進士，則翁已不逮見，君每有遺恨焉。然濁固幸君無恙，視厥祖，猶厥曾祖也。于是霸郡去京師二百餘里，凡歲時閑暇，必迎君京邸，以就禄養，君亦欣欣然從之。往来游息，不憚跋涉，人咸以百歲期矣。又二年丙午，君即捐世。噫！斯數命之奇耳。距生成化己亥正月廿有六日，卒是年三月廿有一日，得壽六十有八，爰葬郡城坤域之八里許。又一年丁未，厥配王碩人亦卒。生同君年十月十有三日，卒後君年四月十有一日，得壽六十有九。濁父子將以明年之正月廿五日，起君窆合厝，請予銘之。按狀：君諱昭，字維顯。君父諱延壽，母張氏。父以掾授廣德巡檢，是爲廣德翁。翁父錦以貢士除陝省淳化尹，復改東省之范邑，而翁壯歲從宦于范，實生君焉。錦父勝，貤封如其子官。勝父仲温，乃君之高祖，即濁之七世祖也。初君幼時，與其從父延安暨弟暘輩同業舉子事。迨二君次第領鄉薦，君獨緣家嗣，綜理家務，未究厥志。然延安之通判杭州，暘之刺史階、亳，所至政聲懋著，皆君勸諭力也。君貌樸質純，外直内婉，孝友出天性，而禮讓周洽，亦不假飾取者。故上自廣德翁暨君輩，與其子姓兄弟無慮數十人，

明東郭范君偕王碩人合葬墓誌銘　翰林院編修邢一鳳撰

東郭君者予門人水部主政范子允濁之祖也甲辰春濁始筮仕來謁予曰濁不佞
爰居北平之霸郡凡七世矣雖詩書之澤翕翕相望而未有舉進士第者今始發於
吾玆惟幸哉然實賴吾祖父之教未敢忘所自也予觀其年少而貌古質樸而文粹
予愛之重之先是庚子秋濁獲薦鄉書君之父曰廣德翁者尚垂白在堂顧謂君曰
四世聚首人生所難矧有賢子孫哉暨曾孫舉進士則翁已不逮見君每有遺恨焉
然濁問幸君無恙覩厥祖猶厥曾祖也於是霸郡去京師二百餘里凡歲時閑暇必
迎君京邸以就祿養君亦欣欣然從之往來游息不憚跋涉人咸以百歲期矣又二
年丙午君即捐世噫斯數命之奇耳距生成化己亥正月廿有六日卒是年三月廿
有一日得壽六十有八爰葬郡城坤域之八里許又一年丁未厥配王碩人亦卒生
同君年十月十有三日卒後君年四月十有一日得壽六十有九濁父子將以明年
之正月廿五日起君窆合厝請予銘之按狀君諱昭字維顯君父諱延壽母張氏父
以掾授廣德巡檢是爲廣德翁翁父錦以貢生除陜省涫化尹復改東省之范邑而
翁壯歲從宦於范實生君焉錦父勝貤封如其子官勝父仲溫迺君之高祖即濁之
七世祖也初君幼時與其從父延安暨弟暘輩同業舉子事迨二君次第領鄉薦君
獨緣家嗣綜理家務未究厥志然延安之通判杭州暘之刺史階邑所至政聲懋著
皆君勸諭力也君貌樸質純外直內婉孝友出天性而禮讓周洽亦不假飾取者故
上自廣德翁暨君輩與其子姓兄弟無慮數十人而具無間言迺居在郡治之東偏
因以東郭自號人咸稱爲東郭君云配王氏里人現之女勤儉恭順未嘗輕一言笑
克相夫子宜於家室而義方之訓又克輔君所不逮者生子一魁充郡庠生行將貢
於有司以當世用配王氏孫男三濁爲之長娶曹氏次克愚亦郡庠生娶顧氏次充
鈍孫女三長適孫梅次許白聘次許隆聘曾孫男二與直與諒曾孫女二俱幼咸濁
出銘曰積善餘慶虧盈益謙天道孔昭匪人則然以繩祖武施及孫子配與之俱胡
不康止有美爾阡有遐爾原以永終譽於萬斯年

而具無間言，乃居在郡治之東偏，因以東郭自號，人咸稱爲東郭君云。配王氏，里人現之女。勤儉恭順，未嘗輕一言笑，克相夫子，宜于家室。而義方之訓，又克輔君所不逮者。生子一，魁，充郡庠生，行將貢于有司，以當世用，配王氏。孫男三：濁爲之長，娶曹氏；次充愚，亦郡庠生，娶顧氏；次充鈍。孫女三：長適孫梅；次許白聘；次許隆聘。曾孫男二，與直、與諒。曾孫女二，俱幼，咸濁出。銘曰：

積善餘慶，虧盈益謙。天道孔昭，匪人則然。以繩祖武，施及孫子。配與之俱，胡不康止。有美爾阡，有遐爾原。以永終譽，于萬斯年。

一一、劉侯（永寬）修造記

题解：

《劉侯（永寬）修造記》收録于一九六三年《霸州志·藝文志》，武英殿大學士劉吉撰文，刊刻于明·成化二十二年（1486）。

碑文：

霸州，京畿近輔，城郭之壯固，市井之森列，民物之蕃阜，甲于他郡。而其學校、壇墠、祠廟、廨宇，歲久多頽，圮弗治。成化乙巳歲，劉侯來知州事，慨然思一新之。于是荐爲區畫，歲葺月理。學自大成殿兩廡頗仍其舊，加彩飾作新之功。如神厨、神庫各三楹，號舍二十四楹，壇舊址壞于水，遂移置之。山川壇居郡城之東。社稷、郡厲二壇，列址于郡城之北，東西相向。城隍廟爲寢室，爲左右廂者各三楹。公廨吏署以楹計者十有四，預備倉以楹計者四十有五。凡橋梁、渠道不可缺者，皆燦然略具。工畢，而民不擾。蓋侯措置有方，經計有度，董治有法，而又知所先後，不亟以歲月之延而事易成也。大抵近輔郡邑，視遠地供應實繁，又嘗苦不均。侯至即審定其等差，均其所出，亦務從約省。歲屢歉，賑貸以時，逋流來歸者以千計。于預備事用意尤切，每仿常平法，視粟價高下爲贏縮而出納之，州藏積有新資，以請于巡撫，出假貧民爲本業。俾入粟食鹽楮幣以請于户部，得折銀，亦以粟入。有以罪贖米者，米貴久不能償者，乃爲奏請得以麥代，皆以實預備倉。今其粟在倉者，巨萬計。侯之所以爲民者，蓋如此也。嗚呼！古之善治者，其詳至于橋梁、市井無不備葺，然未嘗不以裕民爲先務，所謂必時視民之所勤。民勤于力，則工築罕；民勤于財，則貢賦少；民勤于食，則有事廢也。苟時詘而舉嬴，則救死不贍，奚暇治禮義哉？劉侯居繁劇之地，乃能知所先務，而又能出其餘力，以修舉一郡之典制，其亦可謂善矣。宜乎民之樂其成，而又欲紀其績也。或曰：「侯治郡績，精誠所感。」有祝蝗息妖止妄之異，其事已載之方輿家，茲不具。侯名永寬，字公量。初以鄉貢進士，通判松江，既又判嚴州。以公勤被薦，秩滿績最，遷今秩，歷任幾六載。又嘗被觀風者之薦，其信下獲上，政績顯著如此，故予不辭，爲之記云。成化二十二年立石。

劉侯脩造記

傅野劉吉 武英殿大學士

霸州京畿近輔城郭之壯固市井之森列民物之蕃阜甲於他郡而其學校壇壝祠廟廨宇歲久多頽圮弗治成化乙巳歲劉侯來知州事慨然思一新之于是荐爲區畫歲葺月理學自大成殿兩廡傾仍其舊加彩飾作新之功如神厨神庫各三楹號舍二十四楹壇舊址壞于水遂移置之山川壇居郡城之東社稷郡厲二壇列址于郡城之北東西相向城隍廟爲寢室爲左右廂者各三楹公廨吏署以楹計者十有四預備倉以楹計者四十有五凡橋梁渠道不可缺者皆燦然畧具工畢而乃不擾盖侯措置有方經計有度董治有法而又知所先後不亟以歲月之延而事易成也大抵近輔郡邑視遠地供應實繁又嘗苦不均侯至即審定其等差均其所出亦務從約省歲饑賑貸以時逋流來歸者以千計于預備事用意尤切每倣常平法視粟價高下爲糴縮而出納之州藏積有新資以

請于巡撫出假貧民爲本業俾入粟食鹽楮幣以請于戶部得折銀亦以粟入有以罪贖米者米貴久不能償者乃爲
奏請得以麥代皆以實預備倉今其粟在倉者巨萬計侯之所以爲民者盖如此也嗚呼古之善治者其詳至于橋梁市井無不脩葺然未嘗不以裕民爲先務所謂必時視民之所勤民勤于力則工築罕民勤于財則貢賦少民勤于食則有事廢也苟時詘而舉敝則救死不贍奚暇治禮義哉劉侯居繁劇之地乃能知所先務而又能出其餘力以脩舉一郡之典制其亦可謂善矣宜乎民之樂其成而又欲紀其績也或曰侯治郡績精誠所感有祝蝗息妖止妄之異其事已載之方輿家兹不具侯名來寬字公量初以鄉貢進士通判松江既又判嚴州以公勤被薦秩滿績最遷今秩歷任幾六載又嘗被觀風者之薦其信下獲上政績顯著如此故予不辭爲之記云成化二十二年立石

一二、新築河堤記

題解：

《新築河堤記》收録于一九六三年《霸州志・藝文志》，王華撰文，刊刻于明・弘治十年（1497）。

碑文：

弘治甲寅春，吾邑毛侯世誠，受命知霸州。又明年，部使者以侯理行超卓，剡章以聞，将以大侯之擢，而普其惠于人人。聖天子以霸人安侯之理，乃循漢世良二千石增秩、賜金之典，進侯階奉直大夫，錫之誥命以褒嘉之，以榮其親及其室人。俾終惠于霸人，霸人德上之賜，而喜獲終侯之惠也。咸願請樹碑，以頌侯

新築河堤記　餘姚王華論德

弘治甲寅春吾邑毛侯世誠受
命知霸州又明年部使者以侯理行超卓剡章以
聞將以大侯之擢而普其惠于人人
聖天子以霸人安侯之理乃循漢世良二千石增秩
賜金之典進侯階奉直大夫錫之誥命以褒嘉
之以榮其親及其室人俾終惠于霸人霸人德
上之賜而喜獲終侯之惠也咸願請樹碑以頌侯德

藝文志　十八

固禁不許則以侯嘗為禦災捍患之事容囑貢
士韓生貫來告予曰霸為州距京師南二百餘
里厥壤卑下凡西北諸河之水悉經流于此以
東注于海每夏秋霖潦衆水奔會輒成巨浸歲
比不登民恒告歉侯于下車之初遂麥有兩岐
之瑞民咸以為德政之孚未幾渾河水決州境
陸沉侯因惕然自省天其以是警予乎民患之
宜除莫先于此者乃度地勢乃相厥址距州治

德。固禁不許，則以侯嘗爲禦災、捍患之事，密囑貢士韓生貫來告予曰：霸爲州，距京師南二百餘里，厥壤卑下。凡西北諸河之水，悉經流于此，以東注于海。每夏秋霖潦，衆水奔會，輒成巨浸。歲比不登，民恒告歉。侯于下車之初，適麥有兩岐之瑞，民咸以爲德政之孚。未幾，渾河水決，州境陸沉，侯因惕然自省，天其以是警予乎？民患之宜除，莫先于此者。乃度地勢，乃相厥址。距州治北三十餘里，去舊坊百步許，循河築堤，以殺下流之湍悍，障衆水而東之。民聞令下，不煩戒約而争先趨事，于是束蒭抱薪，裹粮荷鍤，鼕鼓不鳴，萬杵齊發，役夫呼忭，歡聲若雷。肇工于乙卯年二月之吉，至四月而告堤成。東西綿亘十餘里，河流其道，原野其藝，連歲豐登，家給人足，百廢俱舉。侯于是乃嚴法制以懲奸暴，敷惠利以綏善良。畨端徑遂，而争奪之患息；勾稽版籍，而徭役之法均；作新庠序，以敦教化之原；勸課農桑，以厚衣食之本。斥淫祀而邪慝無所容，謹儲畜而緩急有所備。請托不行，而民隱獲伸；聽斷惟公，而吏蠹由絶。凡兹衆美，皆侯理行之超卓，可以垂憲方来者。侯皆損挹不自居，而吾儕罔克究其頌德之願。昔王子贛欲以身捍金堤之决，而天子致增秩之寵。翟方進奏罷鴻隙陂，而父老興壞陂之謡。則古之爲治者，未嘗不以水事興廢爲輕重。侯能盡心水事，而使吾霸之民雨不憂潦，暘不病旱，

北三十餘里去舊坊百步許循河築堤以殺下
流之湍悍障衆水而東之民聞令下不煩戒約
而争先趨事于是束蒭抱薪裹粮荷鍤鼕鼓不
鳴萬杵齊發役夫呼忭懽聲若雷肇工于乙卯
年二月之吉至四月而告堤成東西綿亘十餘
里河流其道原野其藝連歲豐登家給人足百
廢俱舉侯于是乃嚴法制以懲奸暴敷恵利以
綏善良畨端徑遂而争奪之患息勾稽版籍而
徭役之法均作新庠序以敦教化之原勸課農
桑以厚衣食之本斥淫祀而邪慝無所容謹儲

畜而緩急有所備請托不行而民隱獲伸聽断
惟公而吏蠹由絶凡兹衆美皆侯理行之超卓
可以垂憲方来者侯皆損挹不自居而吾儕罔
克究其頌德之願昔王子贛欲以身捍金堤之
决而天子致增秩之寵翟方進奏罷鴻隙陂而
父老興壞陂之謡則古之爲治者未嘗不以水
事興廢爲輕重侯能盡心水事而使吾霸之民
雨不憂潦暘不病旱績用卓卓如此其著舉此

績用卓卓，如此其著。舉此以列其餘，亦節以一惠之意也。是用徵文刻石，昭示將来。此吾民侈上賜而報侯之德也。予與侯同邑人，相知最稔，聞韓生言，益喜侯之不負吾知也。願爲之次第其言，俾歸而刻之石，以垂于永久。使繼侯而牧于斯者，有所考而論其世，知其人焉。弘治十年立石。

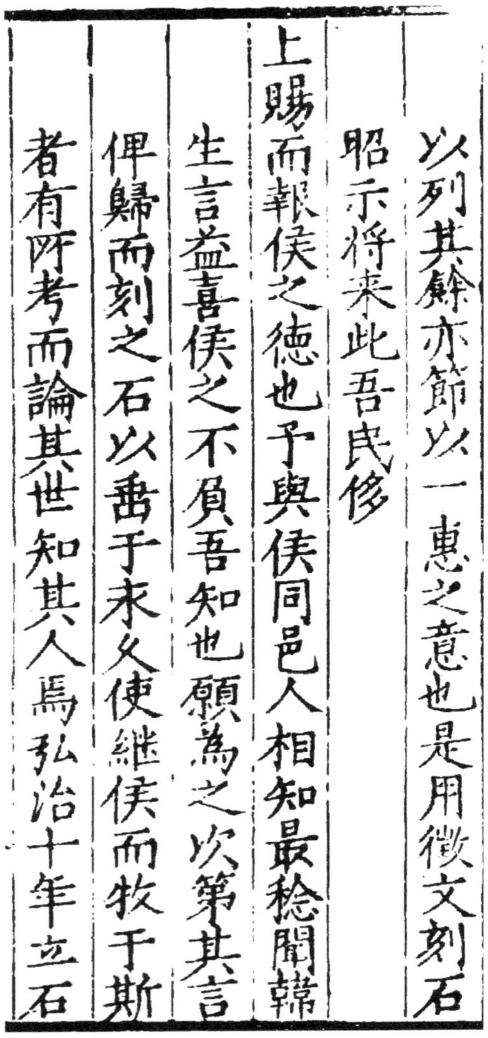
以列其餘亦節以一惠之意也是用徵文刻石
昭示将来此吾民侈
上賜而報侯之德也予與侯同邑人相知最稔聞韓
生言益喜侯之不負吾知也願為之次第其言
俾歸而刻之石以垂于永久使繼侯而牧于斯
者有所考而論其世知其人焉弘治十年立石

一三、徐侯（以貞）遺愛碑記

題解：

《徐侯（以貞）遺愛碑記》收録于一九六三年《霸州志・藝文志》，教授仇潼撰文，刊刻于明・弘治十年（1497）。

碑文：

弘治七年甲寅春三月，前奉訓大夫長山徐侯知霸州。甫五載，茂著厥績，進順天府治中。既去，州之人思而不忘。九年丙辰春，乃相與購石，求能頌侯之德者。時余留滯都下，遂群走而造焉。余學謭位下，不敢承其托，三讓不可，乃進而問焉。其耆老進曰：「霸，實故益津關也。置于周顯德中，其地卑下，西山有名之水

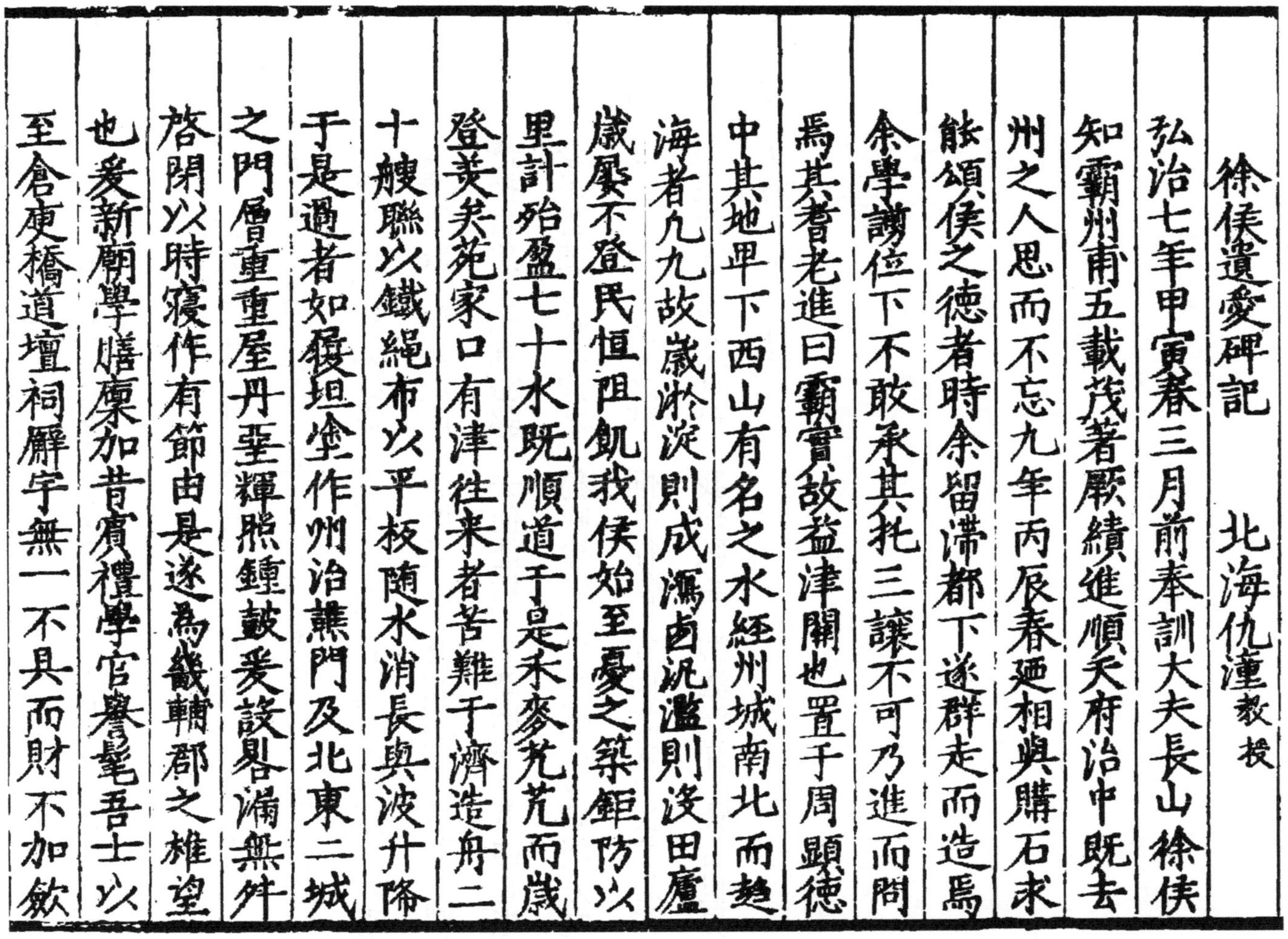
徐侯遺愛碑記　北海仇潼教授
弘治七年甲寅春三月前奉訓大夫長山徐侯
知霸州甫五載茂著厥績進順天府治中既去
州之人思而不忘九年丙辰春廼相與購石求
能頌侯之德者時余留滯都下遂群走而造焉
余學謭位下不敢承其托三讓不可乃進而問
焉其耆老進曰霸實故益津關也置于周顯德
中其地卑下西山有名之水經州城南北而趍
海者凡九故歲淤淀則成瀰㴱汎濫則沒田廬
歲屢不登民恒阻飢我侯始至憂之築鉅防以
里計殆盈七十水既順道于是禾麥芃芃而歲
登美矣苑家口有津往来者苦難于濟造舟二
十艘聯以鐵絙布以平板隨水消長與波升降
于是過者如履坦塗作州治譙門及北東二城
之門層臺重屋丹堊輝照鍾鼓爰設晷漏無舛
啓閉以時寢作有節由是遂為畿輔郡之雄望
也爰新廟學繕廪加昔賓禮學官譽髦吾士以
至倉庾橋道壇祠廨宇無一不具而財不加歛

經州城南北而趨海者，凡九。故歲淤淀則成瀉鹵，泛濫則没田廬，歲屢不登，民恒阻飢。我侯始至，憂之，築鉅防以里計，殆盈七十。水既順道，于是禾麥芃芃而歲登美矣。苑家口有津，往來者苦難于濟，造舟二十艘，聯以鐵繩，布以平板，隨水消長，與波升降，于是過者如履坦塗。作州治譙門及北、東二城之門，層重重屋，丹堊輝照，鍾鼓爰設，晷漏無舛，啓閉以時，寢作有節，由是遂爲畿輔之雄望也。爰新廟學，膳廪加昔，賓禮學官，譽髦吾士，以至倉庾、橋道、壇祠、廨宇，無一不具，而財不加歛，民不告勞。古之大夫有從政愛民如我侯者乎？是可頌矣。」余曰：「是有績焉，健吏或可以勉而企也。」其庶人在官者，進曰：「侯剛嚴疾惡，如鮑宣；鈎距明察，如趙廣漢；不畏强禦，如張敞；車服鮮明，如王陽。侯之一身而衆美咸萃，即孔子所謂成人矣！可謂無頌乎？」余曰：「束衆杙不足以爲梁柱，總百指不足以當股肱，聚小善不足以爲大德也。」其士大夫進曰：「我侯之治，蓋有不令而民從，不言而民信也。已去而若在，益久而彌新。此我侯躬行之化，民蓋陰受其惠，無得而稱之者。如陽春之于萬物，和融滋液不可得而見，其如父母之于遠方。視其昔之所爲，非教其子之法，則養其子之貞，不然則防其子之患害者也。然非其跡，無以知其心；非其小，何以見其大？願有頌焉。」余應之曰：我侯名以貞，字本良，第成化戊戌進士。嘗知鎮之寧晋，閩之松溪，皆有善政。今霸州樂其善而思之，思之不置，又請刻諸石以頌之。因系以詩曰：

霸在畿内，實惟三輔。在人之身，乃股乃肱。厥地沮洳，衆流所趨。故岸一決，敢有其廬。惟是徐侯，東國之俊。不自有己，惟民之徇。乃築長堤，宛如虹霓。水不敢怒，狂瀾既西。苑口多溺，舟人墊斷。飛橋既成，如行堤岸。譙門峨峨，既北東城。更漏分明，晏寢夙興。逢掖貫魚，弦誦溢郭。夫何能然，一新廟學。百神有祀，百役有差。豪民胥徒，孰敢攖之。猗嗟徐侯，古之循吏。疇能方之，衆善皆備。漢二千石，登庸之階。惟是徐侯，霖雨之才。民之思侯，大旱欲雨。得民何深，召父杜母。我作歌詩，渢渢洋洋。後百世見，侯之甘棠。弘治十年立石。

民不告勞古之大夫有從政愛民如我侯者乎是可頌矣余曰是有績焉徒吏或可以勉而企也其庶人在官者進曰侯剛嚴疾惡如鮑宣鈎鉅明察如趙廣漢不畏強禦如張敞車服鮮明如王陽侯之一身而衆美咸萃即孔子所謂成人矣可謂無頌乎余曰未衆棧不足以為梁柱總百指不足以當股肱聚小善不足以為大德也其士大夫進曰我侯之治蓋有不令而民從不言而民信也已去而若在益久而彌新此我侯躬行之化民蓋陰受其惠無得而稱之者如陽春之于萬物和融滋液不可得而見其如父母之于遠方視其昔之所為非教其子之法則養其子之貞不然則防其子之患害者也然非其迹無以知其心非其小何以見其大願有頌焉余應之曰我侯名以貞字本良第成化戊戌進士嘗知鎮之寧晉聞之松溪皆有善政今霸州樂其善而思之思之不置又請刻諸石以頌之因系以詩曰霸在畿內實惟三輔在人之身

乃股乃肱厥地沮洳衆流所趨故岸一决敢有其廬惟是徐侯東國之雋不自有已惟民之徇乃築長堤宛如虹霓水不敢怒狂瀾既西苑口多溺舟人塹断飛橋既成如行堤岸譙門峩峩既北東城更漏分明晏寢夙興逢掖貫魚弦誦溢郭夫何能然一新廟學百神有祀百役有差豪民胥徒孰敢攖之猗嗟徐侯古之循吏疇能方之衆善皆備漢二千石登庸之階惟是徐侯霖雨之才民之思侯大旱欲雨得民何深召父杜母我作歌詩渢渢洋洋後百世見侯之甘棠

弘治十年立石

一四、修河繕城記

题解：

《修河繕城記》收録于一九六三年《霸州志·藝文志》，編修顧清撰文，刊刻于明·弘治十七年（1504）。

碑文：

霸州，在京師南二百餘里，厥壤卑下，西北諸山水散行燕趙間，比其合，皆匯于是。既匯而盈，然後東流，出丁字沽，會白河以入于海。其源衆而委迫，遇霖潦則溢，而上壞民田廬舍，歲庸不登，氓以告病。州之城，相傳築于燕昭王，宋楊延朗嘗修之以禦北狄。當其時，號爲北方重鎮。然皆土墉無磚石之固，山水至則嚙而傾之，故歲久益壞。弘治戊午，東魯劉君珩来治是邦，巡撫使洪公宣之察其才，首屬以河事，既復以城役委之。君受命曰：「吾職也。其敢不力？」是歲築河堤，起涿州東境，接固安楊先務、荆垈等村，至州之趙村務臨津水口。經州南關，過保定文安縣蘇家橋，抵大城縣之辛張口，總爲三百餘里。廣尋有二尺，趾倍之，崇丈有八尺，傍植柳以爲固。其間爲水口一百六十有七。堤既成，水用無患。己未，甓州城先北面當水衝者，以次及其餘城。舊無南門楼，至是新作之，亦爲樓于北城，與故東、西二樓相望，皆飭以丹漆，基以剛石，華焕堅確，可久弗壞。其外爲深壕，爲四橋于壕上，當城之門。城之高丈有七尺，周六里三百二十步，壕之深如城之高，而殺其一尺，其上爲固防，防之上亦樹以柳。首尾涉二年，作一十七個月，而堤與城俱成。城北一面既成，而水益以無患。凡二役所費薪藁、楗、瓦、木、石、瓢之類，爲錢以四十萬計，皆官自經紀，不以煩民。既訖工，又以其餘力，作大橋于州東苑家口，以濟往來，新州學祭器、師生會食器，作順天行府、太僕分寺、馬神廟及諸藏庾、廨舍、壇壝、衢路，以次一新，而民不知費。于是州人士太學生顧昇等狀君之績，因刑科都給事中于君朝瑞屬予書。按城郭溝洫，保國利人之大計，君力爲之，得孟子「佚道使民」之義。其餘亦皆郡政之不可缺者。爲守若是，可以稱厥職矣。不書無以示後，且使安庸不事事者，竄其間而莫辨也。用摭實而著之，使觀風者采焉。弘治十七年立石。

脩河繕城記

華亭顧清編脩

霸州在京師南二百餘里厥壤卑下西北諸山水散行燕趙間比其合皆匯于是既匯而盈然後東流出丁字沽會白河以入于海其源衆而委迫遇霖潦則溢而上壞民田廬舍歲庸不登氓以告病州之城相傳築于燕昭王宋楊延朗嘗脩之以禦北狄當其時號為北方重鎮然皆土墉無甃石之固山水至則齧而傾之故歲久益壞弘治戊午東魯劉君珩来治是邦巡撫使洪公宣之察其才首屬以河事既復以城役委之君受命曰吾職也其敢不力是歲築河堤起涿州東境接固安楊先務荆垡等村至州之趙村務臨津水口經州南關過保定文安縣蘇家橋抵大城縣之辛張口總為三百餘里廣尋有二尺趾倍之崇丈有八尺傍植柳以為固其間為水口一百六十有七堤既成水用無患己未甓州城先北面當水衝者以次及其餘城舊無南門楼至是新作之亦為楼于北城與故東西

二楼相望皆飭以丹漆基以剛石華煥堅確可久弗壞其外為深壕為四橋于壕上當城之門城之高丈有七尺周六里三百二十步壕之深如城之高而殺其一尺其上為固防防之上亦樹以柳首尾涉二年作一十七箇月而堤與城俱成城北一面既成而水益以無患凡二役所費薪藁楗瓦木石甓之類為錢以四十萬計皆官自經紀不以煩民既訖工又以其餘力作大橋于州東苑家口以濟往来新州學祭器師生會食器作順天行府太僕分寺馬神廟及諸藏庾廨舍壇壝衢路以次一新而民不知費于是州人士太學生顧昇等狀君之績因刑科都給事中于君朝瑞屬予書按城郭溝洫保國利人之大計君力為之得孟子佚道使民之義其餘亦皆郡政之不可缺者為守若是可以稱厥職矣不書無以示後且使妄庸不事事者竄其間而莫辨也用摭實而著之使觀風者采焉弘治十七年立石

一五、明故通奉大夫河南等處承宣布政使司左布政使雁山孟公（廷相）洎配封孺人司氏合葬墓誌銘

題解：

《明故通奉大夫河南等處承宣布政使司左布政使雁山孟公（廷相）洎配封孺人司氏合葬墓誌銘》收録于民國二十三年（1934）《霸縣新志・金石志》，王遴撰文，李玳書丹，范充濁篆蓋，刊刻于明・萬曆元年（1573）。

誌文：

賜進士第通議大夫兵部左侍郎奉敕協理京營戎政前都察院右副都御史郡人王遴撰

賜進士第大中大夫陝西布政使司右參政前刑部江西司郎中郡人李玳書丹

賜進士第中議大夫陝西按察使司副使前户部山西司郎中郡人范充濁篆蓋

隆慶辛未春，余以省告回籍。時雁山孟公病痰濕，余往視公，精神睟盎，雙目炯炯，因留余飲，而意興豪爽，無異平昔。歸與親友言公疾，皆曰：「公壽尚未艾也。」既余奉召入京。乃壬申秋，公以背疽卒于家，距生弘治甲子，享年六十有九。訃聞，余不勝悲痛。嗚呼！公竟止于是耶？卜明年癸酉三月十六日葬于郡城乾隅，啓其配司孺人之兆，與合葬。孺人之葬，未有銘。至是，諸子持進士姚君應龍述公與孺人世行以請。余辱公交三十年矣，故知公莫如余，因次第其事，誌曰：公諱廷相，字爰立，別號雁山，霸州鄭金里人。世濟醇德，至南昌照磨公，始以制貢仕。安生欽，例授義民爵。欽生瑛，亦以制貢任應州學正，即公考也。公生而穎異，少小時即善記誦，能屬文，鄉人神之。學正公每謂其配胡曰：「吾兒必亢吾宗也。」迨長，博識洽聞，精討敏詣，爲文根極旨領，雄勍瑰琦，盡剷浮曼。習初試，即補州學生。嘉靖丁酉，姚狀元淶主試事，偶造經所，于塵壤中取一廢卷，讀之，大擊賞曰：「此卞璞、隋珍也。奚爲而置諸？」遂前。第比啓封，則公也。

明故通奉大夫河南等處承宣布政使司左布政使鴈山孟公洎配封孺人司氏合
葬墓誌銘

賜進士第通議大夫兵部左侍郎奉勑協理京營戎政前都察院右副都御史郡人

王遴撰

賜進士第大中大夫陝西布政使司右參政前刑部江西司郎中郡人李玳書丹

賜進士第中議大夫陝西按察使司副使前戶部山西司郎中郡人范充濶篆蓋

隆慶辛未春余以省告回籍時鴈山孟公病痰濕余往視公精神睟盎雙目𤏲𤏲因留余飲而意興豪爽無異乎昔歸與親友言公疾皆曰公壽尚未艾也既余奉召入京乃壬申秋公以背疽卒於家距生弘治甲子享年六十有九訃聞余不勝悲痛嗚呼公竟止於是邪卜明年癸酉三月十六日葬於郡城乾隅啟其配司孺人之兆與合葬孺人之葬未有銘至是諸子持進士姚君應龍述公與孺人世行以請余等公交三十年矣故知公莫如余因次第其事誌曰公諱廷相字叟立別號鴈山霸州鄚金里人世濟醇德至南昌照磨公始以制貢仕安生欽例授義民爵欽生瑛亦以制貢任應州學正即公考也公生而穎異少小時即善記誦能屬文鄉人神之學正公每謂其配胡曰吾兒必亢吾宗也迨長博識洽聞精討斂詣為文根極旨領雄剏瑰琦盡剷浮曼習初試即補州學生嘉靖丁酉姚狀元淶主試事偶遺經所於廡壞中取一廢卷讀之大擊賞曰此卞璞隋珍也奚為而賓諸遂前第比啟封則公也有頃謁謝姚深以遠到期公云戊戌舉進士授行人啣命封代事竣擢兵科給事中公夙著儁聲而又儀狀厚重鎖闈中咸推轂焉當是時輔臣嚴嵩估世宗皇帝之寵恣其威福公首欲詆之學正公適見其草愀然曰汝此舉甚韙但嵩相新悅于上疏入汝必殆吾與汝母已屆榆齡汝不可不念公踟躕良久疏不果上然此聲頗聞於嵩歲甲辰以天子覃恩封學正公如公官母胡封孺人時有冊封周藩之命公奉之以歸

尋遷禮科左給事中會學正公胡孺人相繼即世茹哀飲血作冉五霜辛亥服闋補吏科左給事中公既至諸同事咸喜而相謂曰時事多艱言路岌岌老成人來可與共濟矣嗣諸同事有所建白或持議未決者多就公揆之公徐出數語輒了了剖析因不推誠抑下先是俺答入寇毀我邊垣上出帑金百萬以助修繕當事者得請派民間夫車以供輸運而償以直夫驅內地之民以役於邊大非人情所堪而出車之家蒙害尤甚給直之給發不常侵漁弊剧民甚苦之又因寺以馬分牧於民驗給邊戍及乘肥能斂則反之原牧者而兌其瘠壯苟原牧者備之不豫則有司峻於督責富者坐此而困中家則鬻產鬻子而不贍二者交征畿輔諸郡縣力痛財殫莫知所終公毅然曰修邊所以衛民畜馬所以備邊乃重為民病宜請罷之因痛陳民生疾苦之狀其論修邊也乞以夫車之直給邊戍計時日而責其成則戍無失伍民無棄農兩利俱存而大功易舉其論兌馬也乞以羸馬易價貯之冏庫買馬散軍雖少損公家之財而民瘼可瘳疏奏上嘉納之閭里息肩公之力也壬子脩裕景二王府命公巡視公庶事究圖釐剔弊蠹禁各役之冒破抑中貴之獵取裁冗費以二十萬計初仇咸寧鸞之再用也嚴實援之後鸞以勤王功拜大將軍賜之圖記事許秘聞寵蠱內雜人言莫入至是則嵩亦患之矣乃以公為兵科都給事中蓋欲藉公以制鸞不肯或可假鸞以禍公也公反復思維不為身家計一日謂大司馬趙公錦曰仇咸寧驕甚非社稷之利言官職當直斥其罪顧彼竊執樞機恐變生於激趙頷之遂相與密定潛消默奪之策日伺鸞隙以納言悟主時虜駐古北口鸞不出師禦之且欲張皇其勢以嘗朝廷奏請戶兵工各亞卿一人率郎屬督理兵馬器械糧餉科道二人隨行紀功上許之朝紳相顧錯愕畏威結舌公抗疏曰大駕親征則公卿科道扈蹕未聞大將興師而以諸臣佐其下風者況邊鎮兵食各有司存而大將軍此請殊乖國體鸞聞之大怒劾公沮隔軍情有礙行事上兩留中公揣上意難以頓悟因陳安攘大計陰欵諸公之行略曰臣近見大將軍仇鸞請三部堂司科道與之共事而選調宣大精兵入衛雖若慎重邊務拱護神京臣愚以為虜患在於乘虛而戎政先

有頃謁謝，姚深以遠到期公云。戊戌舉進士，授行人，銜命封代。事竣，擢兵科給事中。公夙著雋聲，而又儀狀厚重，鎖闥中咸推轂焉。當是時，輔臣嚴嵩怙世宗皇帝之寵，恣其威福。公首欲詆之，學正公適見其草，愀然曰：「汝此舉甚韙，但嵩相新悅于上，疏入，汝必殆。吾與汝母已屆榆齡，汝不可不念。」公踟躕良久，疏不果上，然此聲頗聞于嵩。歲甲辰，以天子覃恩，封學正公如公官，母胡封孺人。時有册封周藩之命，公奉之以歸，尋遷禮科左給事中。會學正公、胡孺人相繼即世，茹哀飲血，荏冉五霜。辛亥服闋，補吏科左給事中。公既至，諸同事咸喜而相謂曰：「時事多艱，言路岌岌，老成人來，可與共濟矣。」嗣諸同事有所建白，或持議未繼者，多就公揆之。公徐出數語，輒了了剖析，罔不推誠抑下。先是，俺酋入寇，毀我邊垣，上出帑金百萬以助修繕。當事者得請泒民間夫車以供輸運，而償以直。夫驅內地之民以役于邊，大非人情所堪，而出車之家，蒙害尤甚。矧直之給發不常，侵漁弊劇，民甚苦之。又冏寺以馬分牧于民，聽給邊戍，及乘肥罷敝則反之。原牧者而兑其盛壯，苟原牧者備之不豫，則有司峻于督責，富者坐此而困，中家則售産鬻子而不贍。二者交徵，畿輔諸郡縣，力痛財殫，莫知所終。公毅然曰：「修邊所以衛民，畜馬所以備邊，乃重爲民病，宜請罷之。」因痛陳民生疾苦之狀。其論修邊也，乞以夫車之直給邊戍，計時日而責其成，則戍無失伍，民無弃農，兩利俱存，而大功易畢。其論兑馬也，乞以贏馬易價貯之冏庫，買馬散軍，雖少損公家之財，而民瘵可瘳。疏奏，上嘉納之。閭里息肩，公之力也。壬子，修裕、景二王府，命公巡視。公庶事究圖，釐剔弊蠹，禁各役之冒破，抑中貴之獵取，裁冗費以二十萬計。初，仇咸寧鸞之再用也，嚴實援之。後鸞以勤王功拜大將軍，賜之圖記，事許秘聞，寵艷內維，人言莫入，至是則嵩亦患之矣。乃以公爲兵科都給事中，蓋欲藉公以制鸞。不爾，或可假鸞以禍公也。公反復思維，不爲身家計。一日，謂大司馬趙公錦曰：「仇咸寧驕甚，非社稷之利。言官職當直斥其罪，顧彼筦執樞機，恐變生于激。」趙頷之，遂相與密定潛消默奪之策，日伺鸞隙以納言悟主。時虜駐古北口，鸞不出師禦之，且欲張皇其勢以嘗朝廷，奏請户、兵、工各亞卿一人，率郎屬督理兵馬、器械、糧餉，科道二人隨行紀功。上許之。朝紳相顧錯愕，畏威結舌。公抗疏曰：「大駕親徵，則公卿科道扈蹕，未聞大將興師而以諸臣佐其下風者。况邊鎮兵食，各有司存，而大將軍此請殊紊國體。」鸞聞之大怒，劾公沮隔軍情，有碍行事。上兩留中，公揣上意，難以頓悟，因陳安攘大計，陰欵諸公之行，略曰：「臣近見大將軍仇鸞請三部堂司科道與之共事，而選調宣大精兵入衛。雖若慎重邊務，拱護神京，臣愚以爲虜患在于乘虛，而戎政先于有備，乞將所敕大臣科道事，宜先咨各邊鎮巡使之實心奉行。倘賊犯近京之地，諸臣始出京料理提調，庶體統可全，明效可圖。若宣大屯守之兵，則斷不宜徵調。蓋武備疏闊，則戎且生心，惟令厚集于本鎮，擐甲俟賊。不忘唇齒之勢，期收犄角之功，斯外柔而內寧矣。至于朵顔三衛夷人，亟須諭以禍福，結以恩信，此守在四夷之一義也。其種牧于李家莊者，本非屬夷。然未有不可懷服者，伏願概以撫三衛之術撫之，彼必厭北虜虎狼之凶，而慕天朝德威之重，幡然用命，縱不能恃此以爲藩籬，必不外弛以爲虜之佌助也。」上可其奏。説者謂公此疏言婉而利溥，不惟寢遏咸寧之請，修舉宣大之備，固結三衛之心，而招徠李家莊之虜，俾其革心向化，翬焉爲我之鍵鑰，則首倡于公也。無何，復上團營五事、安邊七略，皆救正鸞之所紛更者。鸞益怒，厲聲曰：「此人凡事沮抑我，必使渠無焦類。」公不怖也。七月，虜移營近邊，烽煙相望，而鸞尚幸兵自重。公再疏曰：「寇迫門庭，人情匈匈，今五戎畢集于都下，而大將軍未有啓行之期。一旦虜騎充斥，咎將誰歸？」章雖不報，上意頗爲感動，隨遣中使賫密旨問鸞，鸞以偶感瘡疾，暫留調治對。公又疏曰：「大將軍操國家大柄，職在滅虜而朝食，何乃逗留若此。倘虜乘中秋月白而深入，不知將何以待之。如果瘡疾未痊，乞諭自度進止。」亦不報。公曰：「事急矣。」乃偕部院徑舉豐城侯李公熙代鸞，制曰可，遂奪其印符。虜聞之，稍稍引去，鸞抑鬱轉劇，卒。有巧于收功者，方發其勾虜邀功之罪，詔僇其屍，妻孥並坐誅。上怒未解，而欲咎言官之不諫。偶閲公留中諸疏，始爲霽威。事甫定，嵩既多公之能制鸞，而復虞公之將及己，欲市恩結納，令所親致辭于公曰：「師相虚棘寺之秩以待公，願一往見。」公正色曰：「某生平不能阿附以苟富貴。」嚴大恚之，亟出公湖廣參政，守武昌。或者謂公静鎮奸雄，其功莫尚，不當使之外補。或者謂公外藩之行，是亦一幸也。楚俗悍而善訟，武昌爲甚。公至，諗其無情者繩以法無貸，狡僞者懼，夙習頓變。其黄州興國諸所多强梁，而明並日等與固始馬武寨賊及諸洞苗連結應援，白晝大都攫民金，掠民子女，略無憚避，官不敢問，撫臺馮公岳檄本省兵洎河南兵討之。公語于撫臺曰：「此賊嘯聚肆毒，聲勢已張，大兵壓境，彼必據險，否則星流雲散，度難卒下，莫若弛兵款之，出其不意，一舉可定也。」馮公然其言。乃託以他事，偕至興國，用間設伏，曲中機宜，五月而獲其魁並日等斬之，餘黨悉平。進兵攻馬武，賊大駭，焚其寨遁，諸方帖然。撫按交章薦之。乙卯，遷按察使。公舊知楚囚多無罪，論死者不下數十種，公輒爲平反，勘叛苗阿項等。讞獄稱上意，賜白金十兩。丙辰，遷山西右布政使。例防秋以藩佐行，不煩左右轄，撫按重邊事，以公守北樓口，十月而罷。是年，叙防秋功，復荷白金之賜。丁亥三月，會左使遷，公當視篆，適内殿經始告詘，遣唐御史自化清諸省宿逋，唐宵人也。至晋，公不能媚事，大不悦。十一月，公遷河南左布政使。行矣。唐既承輔臣風旨，而又欲快其私，論公法外徵泒，官攢那移，有旨落職，聽所司勘覆，唐蓋以他人之愆而嫁之公也。後所司覆無絲毫實，時嚴相專未敢請。隆慶丁卯，穆宗皇帝即位，詔舉遺逸，于是公卿臺省薦公者十餘疏。而山西監司饒君仁侃亦覆前勘，方奉柄用之命，乃以一疽長逝。傷哉傷哉！公器度閎碩，篤中不欺，與人不設機防，或事倉卒至，人或以非禮加，惟于于待之，真有長者風。至于義所激發，雖膏鋒齒劍，擢筋剥膚不惜也。故解組十五年，欣然自樂，恂恂若儒素，罕迹城市，寡涉公府，未嘗以尺牘干要津。性善飲，飲輒醉，醉亦無惰容、無嫚語，親族有不給，量爲賑恤，莫之靳。訓諸子，嚴而不迫，先立身之大猷，而次舉子業，每曰：「吾入官二十年，官階二品，恩至渥也。雖以虔恭自惕，而復被謗至此。今幸昭雪，奈老矣，不任驅馳。望汝等圖報萬一。」一曰性等皆丈夫子，懋修惟勤，足繼公志。方公居諫垣時，最稱盤錯而守正不阿，建忠抗節，嚴相惡之，而不能陷之，至處仇咸寧事爲尤烈，不畏難以容奸，

於有備乞將所勑大臣科道事宜先咨各邊鎮巡使之實心奉行倘賊犯近京之地諸臣始出京料理提調庶體統可全明效可圖若宣大屯守之兵則斷不宜徵調蓋武備踈闊則戎且生心惟令厚集於本鎮擐甲俟賊不忘脣齒之勢期收犄角之功斯外柔而内寧矣至於朶顔三衛夷人亟須諭以禍福結以恩信此守在四夷之一義也其種牧於李家莊者本非屬夷然未有不可懷服者伏願俯以撫三衛之術撫之彼必厭北虜虎狼之凶而慕天朝德威之重幡然用命縱不能恃此以爲藩籬必不外弛以爲虜之佽助也上可其奏說者謂公此疏言婉而利溥不惟寢邀咸寧之請修舉宣大之備固結三衛之心而招徠李家莊之虜俾其革心向化罕焉爲我之鍵鑰則首倡於公也無何復上團營五事安邊七略皆救正鸞之所紛更者鸞益怒厲聲曰此人凡事沮抑我必使渠無噍類公不怖也七月虜移營近邊烽煙相望而鸞尚幸兵自重公再疏曰寇廹門庭人情匈匈今五戎畢集於都下而大將軍未有啟行之期一旦虜騎充斥咎將誰歸章雖不報上意頗爲感動隨遣中使賫密旨問鸞鸞以偶感瘡疾暫留調治對公又疏曰大將軍操國家大柄職在滅虜而朝食何乃逗留若此倘虜乘中秋月白而深入不知將何以待之如果瘡疾未痊乞諭自度進止亦不報公曰事急矣乃偕部院徑舉豐城侯李公熙代鸞制曰可遂奪其印符虜聞之稍稍引去鸞抑鬱轉劇卒有巧於收功者方發其勾虜邀功之罪詔僇其屍妻孥並坐誅上怒未解而欲咎言官之不諫偶閱公留中諸疏始爲霽威事甫定嵩既多公之能制鸞而復虞公之將及己欲市恩結納令所親致辭於公曰師相虛輔寺之秩以待公願一往見公正色曰某生平不能阿附以苟富貴嚴大恚之亟出公湖廣參政守武昌或者謂公靜鎮奸雄其功莫尚不當使之外補或者謂公外藩之行是亦一幸也楚俗悍而善訟武昌爲甚公至論其無情者繩以法無貸狡僞者懼風習頓變其黄州興國諸所多鴟梟而明並日等與固始馬武寨賊及諸洞苗連結應援白晝大都搜民金掠民子女略無憚避官不敢問撫臺馮公岳檄本省兵泊河南兵討之公語于撫臺曰此賊嘯聚肆毒聲勢已張大兵壓境彼必據險否則星流

不危言以釀禍。陰伐鸞謀，徐回上意，可以見其志獎王室而才濟時危矣。使公終履亨嘉，展其奇抱，則標植康濟，必有焜煌史帙、紀勒旂常者。惜乎！賫志而没也。大司徒清渠劉公每語人曰：「彝常鐘鼎，置之蓬蒿。」世共以爲確論。公配司，以公貴封孺人。司亦霸之右族，而孺人則處士盛宣公之子也。孺人生于正德六年，性婉娩恭懿，稍鏡史圖，處士公異之，難其配。見公幼露頭角，心欲歸焉。學正公亦聞孺人有士行，命公以委禽髫年曰：「嬪敬戒是將。」學正公素凝重，而胡復莊嚴，孺人曲意事之，最得其歡心。學正公携胡之應州任，以家屬之公。孺人慮公之荒于業也，請以身代，修蒸嘗時，織紝弘任，恤惠臧獲，庶政井井辦。公乃無内顧憂，得肆其力于文章。值數奇不偶，居常不怡，孺人婉辭慰之而不忘規勖。故公每稱孺人爲良友。公既上第，迎學正公、胡孺人于應州，以就禄養，孺人事之，視前益謹。胡謂學正公曰：「貴而能敬，佳婦也。」學正公疾，公方奉使周藩，孺人醫禱備至，昕夕服勞，幸遷延，未即大故，公馳歸侍養，因爲孺人謝，孺人曰：「子事父，婦事舅，一道也。」不幸，學正公、胡孺人相繼殂。孺人哀毁，幾無生，鄉人咸仰之，以爲内則。方公之論咸寧也，殆若騎虎，諸子竊懼不保，孺人諭之曰：「天若垂眷社稷，必不使忠藎受禍，兒輩無過憂。」已而果然。公歷三藩，恒與孺人俱，

雲散度雖卒下莫若弛兵款之出其不意一舉可定也馮公然其言乃託以他事偕
至與國用間設伏山中機宜五月而獲其魁並日等斬之餘黨悉平進兵攻馬武賊
大駭焚其寨遁諸方帖然撫按交章薦之乙卯遷按察使公舊知楚囚多無辜論死
者不下數十種公輒爲平反勘叛苗阿項等讞獄稱上意賜白金十兩丙辰遷山西
右布政使例防秋以藩佐行不煩左右轄撫按重邊事以公守北樓口十月而罷是
年叙防秋功復荷白金之賜丁亥三月會左使遷公當視篆適內殿經始告詘遣唐
御史自化清諸省宿逋唐宵人也至晉公不能媚事大不悅十一月公遷河南左布
政使行矣唐既承輔臣風旨而又欲快其私論公法外徵派官攢鄉移有旨落職聽
所司勘覆唐蓋以他人之慾而嫁之公也後所司覈無絲毫實時嚴相專未敢請隆
慶丁卯穆宗皇帝即位詔舉遺逸於是公卿臺省薦公者十餘疏而山西監司饒君
仁侃亦覆前勘方奉柄用之命乃以一疽長逝傷哉傷哉公器度閎碩篤中不欺與
人不設機防或事倉卒至人或以非禮加惟于于待之眞有長者風至於義所激發
雖膏鋒齒劍攖筋剝膚不惜也故解組十五年欣然自樂恂恂若儒素罕跡城市寡
涉公府未嘗以尺牘干要津性善飲飲輒醉醉亦無惰容無嫚語親族有不給量爲
賑卹莫之靳訓諸子嚴而不迫先立身之大猷而次舉子業每曰吾入官二十年官
階二品恩至渥也雖以虔恭自惕而復被謗至此今幸昭雪奈老矣不任驅馳望汝
等圖報萬一曰性等皆丈夫子懋修惟勤足繼公志方公居諫垣時最稱鯁錯而守
正不阿建忠抗節嚴相惡之而不能陷之至處仇咸寧事爲尤烈不畏難以容奸不
危言以釀禍陰伐鸞謀徐回上意可以見其志獎王室而才濟時危矣使公終履亨
嘉展其奇抱則標植康濟必有焜煌史帙紀勒旂常者惜乎賫志而没也大司徒清
渠劉公每語人曰彝常鐘鼎置之蓬蒿世共以爲確論公配司以公貴封孺人司亦
霸之右族而孺人則處士盛宣公之子也孺人生於正德六年性婉娩恭懿稍鏡史
圖處士公異之難其配見公幼露頭角心欲歸焉學正公亦聞孺人有士行命公以
委禽髫年曰嬪敬戒是將學正公素凝重而胡復莊嚴孺人曲意事之最得其歡心

樸素類寒家婦，遠厚味，却綺麗，耻爲靖刻飾。至于公愛客，則孺人必腆潔致饋；公樂施，則孺人必敬承無吝色。其所以戒諸子者，惟驕、奢、淫、逸四病，而勉之以滋德力學，以紹家聲云。噫！古稱文伯之母言不逾閾，莒相之主行存乎勤。以孺人方之蔑如也。後公五年而生，先公十年而没。男四人：曰性，州學生；曰志，曰經，州弟子員，皆孺人出；曰大，側出。曰性，娶杜氏，繼蔡氏，再繼段氏。曰志，娶夏氏。曰經，娶余女。曰大，聘楊氏。女五人：長適固安高中丞子標，次適郡人李都事子用章，俱孺人出；次適郡人郭知縣子九仞；兩尚幼，俱側出。孫男三：知言、嘉言，曰性之子；代言，曰志之子。孫女三：曰性長女，許聘新安張縣學生男黨，次尚幼；曰志女，許聘郡人劉庠生男兆熊。銘曰：

國之將相，如嵩如鸞。愚者風靡，智者吞歎。惟公獨立，奇服峨冠。以封以駁，弘濟艱難。違時外補，衆曰良翰。嗟彼讒人，胡爲戕善。來賁丘園，式歌且燕。卒厄于行，搢紳交薦。夫夫婦婦，鬱矣斯阡。子子孫孫，既庶且賢。夫豈偶然，我銘揭之，用彰好旋。

餘姚王正心鐫。

學正公攜胡之應州任以家屬之公孺人慮公之荒于業也請以身代脩蒸嘗時繼祉弘任邮惠臧獲庶政井井辦公乃無內顧憂得肆其力於文章値數奇不偶居常不怡孺人婉辭慰之而不忘規勗故公每稱孺人爲良友公既上第迎學正公胡孺人於應州以就祿養孺人事之視前益謹胡謂學正公曰貴而能敬佳婦也學正公疾公方奉使周藩孺人醫禱備至昕夕服勞幸遄延未即大故公馳歸侍養因爲孺人謝孺人曰子事父婦事舅一道也不幸學正公胡孺人相繼殂孺人哀毁幾無生鄉人咸仰之以爲內則方公之論咸寧也殆若騎虎諸子竊懼不保孺人諭之曰天若垂眷社稷必不使忠藎受禍兒輩無過憂已而果然公歷三藩恒與孺人俱朴素類寒家婦遠厚味却綺麗恥爲靖刻飾至於公愛客則孺人必腆潔致餽公樂施則孺人必敬承無吝色其所以戒諸子者惟驕奢淫逸四病而勉之以滋德力學以紹家聲云噫古稱文伯之母言不踰閾莒相之主行存乎勤以孺人方之蔑如也後公五年而生先公十年而沒男四人曰性州學生曰志曰經州弟子員皆孺人出曰大側出曰性娶杜氏繼蔡氏再繼段氏曰志娶夏氏曰經娶余女曰大聘楊氏女五人長適固安高中丞子標次適郡人李都事子用章俱孺人出次適郡人郭知縣子九仞兩尚幼俱側出孫男三知言嘉言曰性之子代言曰志之子孫女三曰性長女許聘新安張縣學生男黨次尚幼曰志女許聘郡人劉庠生男兆熊銘曰國之將相如嵩如鸞愚者風靡智者吞歎惟公獨立奇服峨冠以封以駁弘濟艱難違時外補衆曰良翰嗟彼讒人胡爲戕善來賁丘園式歌且燕卒厄於行搢紳交薦夫夫婦婦鬱矣斯阡子子孫孫既庶且賢夫豈偶然我銘揭之用彰好旋　　餘姚王正心鐫

右碑見存第一區孟家墳村民王姓家民國二十年春季王姓掘井灌園深至丈餘發見此石遠近傳觀始知地即孟公墓田蓋孟氏式微久矣孟氏明代多聞人舊志不之及亦其漏略也誌言孟公以隆慶壬申秋卒卜明年癸酉三月十六日葬考壬申爲隆慶六年其明年爲萬歷元年作誌時未及改元故止稱明年云

一六、明南京工部右侍郎張公（恕）墓誌銘

題解：

《明南京工部右侍郎張公（恕）墓誌銘》收録于民國二十三年（1934）《霸縣新志·金石志》，刑部尚書洪鍾撰文，刊刻于明·正德三年（1508）。

誌文：

正德戊辰七月十七日，工部亞卿張公卒于官。其孤驄衰絰踵門，捧其同年右通政程公載道所狀行實，泣而言曰：「先人不幸，奄有今日，顧其操存履歷，惟台丈稔知，敢以志銘上干，幸矜而賜之，則地下之目瞑矣。」言訖，再拜痛泣，予弗忍辭。按狀：公諱恕，字希仁，世居順天霸州。曾大父思温，隱德弗耀。大父恭，州庠生，賫志而没。父安，任巡檢，以公貴，贈文林郎、監察御史。妣田氏，贈孺人。公幼聰穎不凡，始入小學，講解超異于衆，長補州庠弟子員。舉成化丁酉鄉薦前列。登辛丑進士高第，尋授山東夏津知縣。到官即以冰蘖自持，諏咨風俗，搜剔民隱。凡可以植利祛蠹者，知無不爲，爲無不力。久之，六事畢舉，百廢俱興。丙午，銓曹以公政績上聞，取授南京山西道監察御史。瀕行，稚老攀留不可得，乃立生祠以志思。弘治戊申，丁孺人田氏艱，居喪盡禮。庚戌制滿，補貴州道監察御史。公歷兩京，風裁凝重，恒病言事者務瑣屑而徇愛憎。故凡有建明，必切于事情，愜于物議，時僉謂識體。丙辰，按關右有捷聞，賜金幣勞之。戊午，按兩浙，監科試惟正惟公，所取多得人。己未，九載秩滿，晉河南按察副使，奉敕管河及水利。時河久爲患，公殫心竭慮，訪求方略，堤防疏導，河患以弭。甲子，晉雲南按察使，紀綱振肅，憲度清明。正德丁卯，升南京都察院右僉都御史，奉敕兼管操江。公以南畿根本，長江天險，乃修戰艦、儲戎器、勵官兵、習水戰，職業振舉。戊辰四月，擢南京工部右侍郎，莅任甫月，偶中風疾，

竟弗能療。嗚呼！公竟止于斯耶！公天性廉介質直，悃愊無華。早孤，與其兄忠友愛篤至。居官垂三十年，所得俸祿，即以推散，產業自祖遺之外，未嘗有所增益。卒之日，衣衾棺殮之類幾不具。嗚呼！公之律身制行，其無靦古人矣乎！公生于景泰壬申，距卒享年五十有七。配江氏，封孺人，有賢行。子男三：長龍、次豸，俱卒；次即驄。女一，聘州人賈瑛子時華。孫女二，俱幼。驄卜正德四年春二月甲申，扶柩歸葬于祖塋之次，禮也。銘曰：

　　廉兮直兮，成厥德兮，著厥績兮。一世之植兮，百世之式兮。

明南京工部右侍郎張公墓誌銘　　刑部尚書 洪鍾

正德戊辰七月十七日工部亞卿張公卒於官其孤驄衰絰踵門捧其同年右通政程公載道所狀行實泣而言曰先人不幸奄有今日顧其操存履歷惟台丈稔知敢以誌銘上干幸矜而賜之則地下之目瞑矣言訖再拜痛泣予弗忍辭按狀公諱恕字希仁世居順天霸州曾大父思溫隱德弗耀大父恭州庠生齋志而沒父安任縂檢以公貴贈文林郎監察御史妣田氏贈孺人公幼聰穎不凡始入小學講解超異於衆長補州庠弟子員舉成化丁酉鄉薦前列登辛丑進士高第尋授山東夏津知縣到官卽以冰蘗自持諏咨風俗搜剔民隱凡可以植利袪蠹者知無不爲爲無不力久之六事畢舉百廢俱興丙午銓曹以公政績上聞取授南京山西道監察御史瀕行稚老攀留不可得乃立生祠以志思宏治戊申丁孺人田氏艱居喪盡禮庚戌制滿補貴州道監察御史公歷兩京風裁凝重恒病言事者務瑣屑而徇愛憎故凡有建明必切於事情愜於物議時僉謂識體丙辰按關右有捷聞賜金幣勞之戊午按兩浙監科試惟正惟公所取多得人己未九載秩滿晉河南觀察副使奉勑管河及水利時河久爲患公殫心竭慮訪求方略隄防疏導河患以弭甲子晉雲南按察使紀綱振肅憲度清明正德丁卯陞南京都察院右僉都御史奉勅兼管操江公以南畿根本長江天險乃修戰艦儲戎器勵官兵習水戰職業振舉戊辰四月擢南京工部右侍郎莅任甫月偶中風疾竟弗能療嗚呼公竟止於斯耶公天性廉介質直悃愊無華早孤與其兄忠友愛篤至居官垂三十年所得俸祿卽以推散產業自祖遺之外未嘗有所增益卒之日衣衾棺殮之類幾不具嗚呼公之律身制行其無靦古人矣乎公生於景泰壬申距卒享年五十有七配江氏封孺人有賢行子男三長龍次豸俱卒次卽驄女一娉州人賈瑛子時華孫女二俱幼驄卜正德四年春二月甲申扶柩歸葬於祖塋之次禮也銘曰廉兮直兮成厥德兮著厥績兮一世之植兮百世之式兮

一七、修城記

題解：

《修城記》收録于明·嘉靖二十七年（1548）《霸州志·藝文志》，安陽编修崔銑撰文，刊刻于明·嘉靖二年（1523）。

碑文：

初，賊起畿内，霸州守臣取其親屬係于獄。賊悉衆屢攻，霸州知州王汝翼以死守，賊竟不克，去。州城舊獨北面以磚爲之。正德癸酉甲戌，大水，獨舊磚城存。知州告其僚與民曰：「古之作事，惟其久安。觀其城之圮與存可知矣。吾欲如城北者爲之，何如？」衆曰：「然。」可準城北役，會三城二百萬方，灰百萬斤，闕帑金不給用，乃陶磚于隍，市灰于山，令民有粟與薪者陶治。有車者致灰，皆給以直。事具，白于王都御史倬、順天府楊府尹廉、董御史建中、蔣副使曙，咸可之。既知州遷河間同知，御史檄霸州同知李曰雍領之。御史曰：「往見道上多冗樹，伐之給陶者，可裕民也。」御史曰：「知州創謀且材，宜使終之。」檄河間令来督工，知州高鵬亦至。御史曰：「毋蔽于欺而匱于財，毋急于名而監工。」乙亥春三月己未，役俱來，乃肇事。夏後四月丙戌，城成，而霸臺上建崇樓。霸人曰：「是役也，王公主之，董公規之，王守勞之，高守李倅相之，可以固民矣。不可莫之紀。」遂刻石霸臺上。崔子曰：「銑聞往者賊之南也，裕州故名饒方。知州聞賊奔，賊至入屠城，同知都采死之。唐縣南陽之狹邑也。千户陳錦以唐令恊民守之，賊環攻三旬，竟不克。是故城者政之所具而非所以恃也。勝負之機，豈不信哉？」嘉靖二年立石。

脩城記

安陽崔銑編脩

初賊起畿內霸州守臣取其親屬係于獄賊悉衆屢攻霸州知州王汝翼以死守賊竟不克去州城舊獨北面以磚為之正德癸酉甲戌大水獨舊磚城存知州告其僚與民曰古之作事惟其久安觀其城之圮與存可知矣吾欲如城北者為之何如衆曰然可準城北後會三城二百萬方灰百萬斤閱帑金不給用乃陶磚于隍市灰于山令民有粟與薪者陶冶有車者致灰皆給以直事具白于王都御史倬順天府楊府尹廉董御史建中將副使曙咸可之既知州遷河間同知御史檄霸州同知李日雍領之御史曰

往見道上多冗樹伐之給陶者可裕民也御史曰知州創謀且材宜使終之檄河間令来督工知州高鵬亦至御史曰毋蔽于欺而匱于財毋急于名而監工乙亥春三月巳未役俱来乃肇事夏後四月丙戌城成而霸臺上建崇樓霸人曰是役也王公主之董公規之王守勞之高守李倅相之可以固民矣不可莫之紀遂刻石霸臺上崔子曰銑聞往者賊之南也裕州故名饒方知州聞賊奔賊至入屠城同知都乘死之唐縣南陽之狹邑也千户陳錦以唐令協民守之賊環攻三旬竟不克是故城者政之所具而非所以恃也勝負之機豈不信哉嘉靖二年立石

一八、重修演武場記

題解：

《重修演武場記》收録于明・嘉靖二十七年（1548）《霸州志・藝文志》，兵備副使馬應龍撰文，刊刻于明・嘉靖四年（1525）。

碑文：

霸州演武場在城北隅一里許，基趾狹隘，廳事卑陋，不堪周旋。余承兵寄于兹，欲廓而新之，以災傷荐臻，興役惟艱而止。今歲春夏，霪雨彌月，墻宇益傾。水停，泥淖不可肄藝矣。適州守劉璋以升任至，乃晋而謀之曰：「承平不廢武，故農隙即講。况霸爲畿甸重地，四極廣衍，而拱衛上游者也。不逞之徒，時或有之，于是武尤當加意焉。今場傾圮若兹，近廢武不講矣，奚兵備爲。吾欲不勞民傷財以集事，何處而可，其酌議以佐成之。」璋曰：「疆域賴武以戢，吾輩當任其事，候退而計之以上，可否？」翌日，詣曰：「可以舉矣。」約其經費無甚侈，顧官區畫之耳。于是期日抵場，相與量度，規制既定，乃招傭鳩匠，易材木、淘瓦。諸工用咸萃，遂卜吉以經營，專官以董事，平高下、拓垣墉、築斫磨礱，分役齊興，塗茨丹雘，次第俱舉。舊廳向東背西，既湫且隘，乃移而背東面西。棟宇軒豁，四顧宏敞，巍然一巨址也。爲正廳，退居各五楹，左右翼室四楹，前廳左爲將臺，上設大纛。又迤南別爲廳事二楹，遇操爲州官退息之所，周圍繚墻闢新基，各倍于昔。東西縱約各二百步，南北縱約各七十五步。前門附耳三楹，列八字壁。門外竪坊高低三楹，各顔其扁。正廳爲振威，退居爲講武，前門爲保障，牌坊爲演武。經始于是歲八月初七日，訖工于十月三十日。璋乃率僚屬而來，告曰：「惟場之底績也，力取諸傭而受其直，材措諸官而無損于下，撤廢以措用，因舊以爲新，弗勞弗傷，逾兩月而告成。人若不知者，但歲久易湮，世平易玩，即故而葺，因迹從事于記乎可稽，敢請。」余諾曰：「子之云固也，國家所恃以爲重者，城池武備相須，以爲修攘之本。」是故自京師而省衛，而郡邑莫之或缺者，其爲制，則因人之多寡

重脩演武塲記　鳳林馬應龍兵備副使

霸州演武塲在城北隅一里許基址狹隘廳事卑陋不堪周旋余承乏寄于兹欲廓而新之以災傷荐臻興役惟艱而止今歲春夏靄雨彌月墻宇益傾木停泥淖不可肄藝矣適州守劉瑋以陞任至乃晋而謀之曰承平不廢武故農隙即講况霸爲

畿甸重地四極廣衍而拱衛上游者也不逞之徒時或有之于是武尤當加意焉今塲傾圮若兹近廢武不講矣奚兵備爲吾欲不勞民傷財以集事何處而可其酌議以佐成之瑋曰疆域賴武以戢吾輩當任其事俟退而計之以上可否翌日詣曰可以舉矣約其經費無甚侈願官區畫之耳于是期日抵塲相與量度規制既定乃招傭鳩匠易材木淘甓瓦諸工用咸萃遂卜吉

以經營尊官以董事本高下拓垣墉築斷磨甎分役齊興坌茨丹艧次第俱舉舊廳向東背西既湫且隘乃移而背東面西棟宇軒豁四顧宏敞巍然一巨址也爲正廳退居各五楹左右翼室四楹前廳左爲將臺上設大纛又迤南別爲廳事二楹遇操爲州官退息之所周圍繚墻闢新基各倍于昔東西縱約各二百步南北縱約各七十五步前門附耳三楹列八字壁門外竪坊高低三楹各顔其扁正廳爲振威退居爲講武前門爲保障牌坊爲演武經始于是歲八月初七日訖工于十月三十日瑋乃率僚屬而來告曰惟塲之底績也力取諸傭而受其直材措諸官而無損于下撤廢以措用因舊以爲新弗勞弗傷踰兩月而告成人若不知者但歲久易湮世平易玩即故而葺因迹從事于記乎可稽敢請余諾曰子之云固也

國家所恃以爲重者城池武備相須以爲脩攘之本是故自

京師而省衛而郡邑莫之或缺者其爲制則因人之多寡而爲廣狹焉夫患隱于無虞患生于有

而爲廣狹焉。夫患隱于無虞，慝生于有隙。慎忽之間，治亂由之，所以使釁不可啓者，其防杜之豫，則在我有以立其具，以示其不可啓之形。霸州之城，往歲余與知州閻棋、同知蔣廉等粗完之矣。今是場也，亦暨璋與廉等協乃心力，而卒克就緒焉。嘗思往者，獠豿躑躅，變起倉卒，勇者奪氣，智者失策，幾不能守，凡以無備故也。安不忘危，故有兵備員之設，然兵備之所以爲職者，在固城池、繕甲兵，俾有備無患，非臨事而後爲之所也。是故即地以設險，視時以握機，因人以爲兵，捍禦嚴内外之防，紀律閑教習之久，于是乎守，于是乎操，則隱然伏難犯之威，有警則投之攻守，動罔不利，無虞亦可以豫塞禍源而陰折逆氣矣。所謂恃以爲重者，殆庶幾乎！夫覆隍有戒，當知封守之慎，戎兵克詰，不忘隆盛之時。懷永圖者以爲何如。是役也，經畫措置者皆璋之力也。督作服事，廉亦預有勞焉。余職守無狀不足數，但漫書此以記歲月云。嘉靖四年立石。

隙慎忽之間治亂由之所以使釁不可啓者其
防杜之豫則在我有以立其具以示其不可啓
之形霸州之城往歲余與知州閻棋同知蔣廉
等粗完之矣今是場也亦暨璋與廉等協乃心
力而卒克就緒焉嘗思往者獠豿躑躅變起倉
卒勇者奪氣智者失策幾不能守凡以無備故
也安不忘危故有兵備員之設然兵備之所以
爲職者在固城池繕甲兵俾有備無患非臨事
而後爲之所也是故即地以設險視時以握機
因人以爲兵捍禦嚴内外之防紀律閑教習之
久于是乎守于是乎操則隱然伏難犯之威有
警則投之攻守動罔不利無虞亦可以豫塞禍
源而陰折逆氣矣所謂恃以爲重者殆庶幾乎
夫覆隍有戒當知封守之慎戎兵克詰不忘隆
盛之時懷永圖者以爲何如是役也經畫措置
者皆璋之力也督作服事廉亦預有勞焉余職

守無狀不足數但漫書此以記歲月云嘉靖四
年立石

一九、重修廟學記

題解：

《重修廟學記》收録于明·嘉靖二十七年（1548）《霸州志·藝文志》，知府前兵部郎中賈銓撰文，刊刻于明·嘉靖六年（1527）。

碑文：

興道弘化必資之人才，毓秀儲賢必資之學校。古者黨庠術序之法立，而智仁聖義中和之士出，治隆俗美，蓋有自也。洪惟太祖高皇帝，天挺聖智，動見幾先。故開國之初，即命郡縣建學，選秀俊以備生徒，擇師儒以重模範。畀之以經書，厚之以廪餼，約之以條教。程督之事，又責之守令。良法美意，曲爲造就，即

成周養士致理之意也。列聖相承，率由一道，其視漢、唐、宋歷世學校始備者，大霄壤矣。雖然，立法在君上，奉法在臣下。今兹劉侯以高明通達之才，用視郡事，政平人和之餘，留意教化，黜浮華，崇淳篤，民風士習翕然嚮正。侯下車之初，見廟貌圮壞，慨然欲圖修治。時兵備馬公命侯增建演武場，既命改建兵備道，各爲經理，以次就緒。去冬初農隙，乃遍歷學宫，逐一相視，何者剥落宜在修葺，何者傾壞宜在增造，何者廢缺宜在創作，規畫甫定，聚材鳩工，卜日經營。自大成殿而下爲两廡，剥壞欹側，逼近殿廷。今乃東西拓二步，上自覆庇，周及垣圍，下及踐籍，咸撤弊惡，聿新精美。廡之南爲大成門，門南爲櫺星門。一則方嚮失端，一則體格非式，况歷日既久，朽敗將作。今則釐之正之，補益而潤色之，堅完雅麗，氣象森嚴，此增修之制也。廟後明倫堂五楹，堂下三齋各三楹，饌堂亦三楹，齋下門各一楹。門之外各爲路，而南又各門一楹，東曰昭文，西曰啓獻，是雖即舊以更新，而皆飾陋以增華，軒豁壯觀，夐倍疇昔，此修葺之治也。堂後尊經閣五楹，疊柱層檐，雕斫采飾，崇典籍也。中立矻然，崔嵬鎮重，表靈秀也。閣後四十四楹，週迴序次，星列拱嚮，肅規度也。委曲深邃，幽静清虚，遠塵囂也。號之西廨宇四區，樸素整潔，聯絡依附，又餘功之致詳也，此皆創作新制。是役也，雖亦用財，

用之有經而不費；然亦用民，用之有時而不劳。經始于丙戌十月，訖工于丁亥九月。從容計處，底期告成，士遊于此者，奠獻于殿廡之下，足以肅恭敬而收放心；執經于堂齋之前，足以析精微而廣聞見。有號舍以專進修，有高閣以便覽閲。遊息又足以發心思而成德業，漸涵既密，造詣彌深，一旦乘時彙進，而爲正君善俗之用，攄悃效忠，利益非細，學敷培養之功，劉侯貽謀之善，于斯爲大。侯諱璋，字尚德，陝西中部人。昆弟子姪科第相仍，才猷氣節爲世雅重，侯守霸善政實多，興學校乃良有司第一事也。故記其梗概以垂永永。嘉靖六年立石。

重脩廟學記　郡人賈銓知府前兵部郎中

興道弘化必資之人才毓秀儲賢必資之學校
古者黨庠術序之法立而智仁聖義中和之士
出治隆俗美蓋有自也洪惟
太祖高皇帝天挺聖智動見幾先故開國之初即命
郡縣建學遴秀俊以備生徒擇師儒以重模範
畀之以經書厚之以廪餼約之以條教程督之
事又責之守令良法美意曲為造就即成周養
士致理之意也
列聖相承率由一道其視漢唐宋歷世學校始備者
大霄壤矣雖然立法在
君上奉法在臣下今茲劉侯以高明通達之才用視
郡事政平人和之餘留意教化黜浮華崇淳篤
民風士習翕然向正侯下車之初見廟貌圮壞
慨然欲圖脩治時兵備馬公命侯增建演武場
既命改建兵備道各為經理以次就緒去冬初

豊隙乃偏歷學宮逐一相視何者剥落宜在修
葺何者傾壞宜在增造何者廢缺宜在創作規
畫甫定聚材鳩工卜日經營自大成殿而下為
兩廡剥壞欹側逼近殿廷今乃東西拓二步上
自覆庇週及垣圍下及甃甓咸撤弊惡聿新精
美廡之南為大成門門南為欞星門一則方向
失端一則體格非式況歷日既久朽敗將作今
則甃之正之補益而潤色之堅完雅麗氣象森
嚴此增修之制也廟後明倫堂五楹堂下三齋
各三楹饌堂亦三楹齋下門各一楹門之外各
為路而南又各門一楹東曰昭文西曰啓獻是
雖即舊以更新而皆飾陋以增華軒豁壯觀實
倍疇昔此修葺之治也堂後尊經閣五楹疊柱
層簷雕斲釆飾崇典籍也中立矻然崔嵬鎮重
表靈秀也閣後四十四楹週廻序次星列拱向

肅覩度也委曲深邃幽靜清虛遠塵囂也號之
西廨宇四區朴素整潔聯絡依附又餘功之致
詳也此皆創作新制是役也雖亦用財用之有

經而不費然亦用民用之有時而不勞經始于
丙戌十月訖工于丁亥九月役容計慶底期告
成士遊于此者負獻于殿廡之下足以肅恭敬
而收放心執經于堂齋之前足以析精微而廣
聞見有號舍以專進修有高閣以便覽閱遊息
又足以發心思而成德業漸涵既深造詣彌深
一旦乘時彙進而為正君善俗之用攄悃効忠
利益非細學數培養之功劉侯貽謀之善于斯
為大侯諱璋字尚德陝西中部人昆弟子姪科
第相仍才猷氣節為世推重侯守霸善政實多
興學校乃良有司第一事也故記其梗槩以垂
永永嘉靖六年立石

二〇、復學基記

題解：

《復學基記》收録于明・嘉靖二十七年（1548）《霸州志・藝文志》，知州趙應式撰文，刊刻于明・嘉靖二十四年（1545）。

碑文：

嘉靖之壬午，天王臨御，百度惟新。霸之巨奸若張本者咸伏辜，本貽贖巨萬，指所據學宮之地而强貨于民，以足其簿録之數。士民咄有煩言，莫之正者，廿有四載。嘉靖之乙巳，大巡胡公即受命，結十年之制獄于漁陽，殲再世之民蠹于涿鹿。士聞之，欣然謂民曰：「汝何久據官墻而不我歸也？吾得聞于大巡矣。」民亦曰：「吾嘗輸貽物而代彼償矣，亦願汝之聞也。」公抵霸，士民果求直于庭。公曰：「徒取民財固不可，不察鄉校之議亦不可，養士之區不早爲之所，而日聽侵削，又大不可。」乃語知霸州事趙應式曰：「子正疆界而務服民心，辨曲直而期協輿論。因是定四維之則，立百世之規，而勿昏且怠。」式奉教唯謹，乃閲故牘，屬耆民，偕僚宷，率師儒除荒穢，披瓦礫，命工操繩尺以隨。始歷其東當文昌祠之北，耆民宿儒咸指曰：「此官廨射圃之故基。」而武寧狄者已廬其上，亟撤之，而議其罰地歸學宮者，東西四十丈，南北五十五丈。自祠歷南面而西，凡以丈計者，三十一丈有奇，則李氏之居。折而北者，幾五十丈，又西若犬牙錯入者，凡十二丈，則尉氏之居。詰之，民曰故蹟也。問之士，曰：「然。」歷西而北以郭之翰之居爲准則，西入民居者凡五丈，問之士，曰：「故蹟也。」而民亦曰：「然。」自翰之居而北，則士民所争之地也。維時故民劉志道者，遺其孤孫承業，盧文已亡，而地歸于李氏。董冠之地，亦爲隆氏所有。咸召而謂之曰：「據學宮之地者張本也，非汝也；貨之者爾之父若兄，暨爾大父，非汝也。宜若無罪。然地有贏利，知之而不歸，歸之而不早，汝亦有罪焉。」遂計其直而償以地，取其贏而歸之學，自東而西凡二丈五尺。直北而後止三氏者，皆稽首請罪，士亦無間言。既乃具牘請可于兵憲徐公，徐韙之，遂

復學基記　郾城趙應式 知州

嘉靖之壬午

天王臨御百度惟新霸之巨奸若張本者咸伏辜本贓贖巨萬指所據學宮之地而强貸于民以足其簿録之數士民咄有煩言莫之正者廿有四載嘉靖之乙巳大巡胡公即受

命結十年之制獄於漁陽殲再世之民蠹於涿鹿士聞之欣然謂民曰汝何久據官墻而不我歸也吾得聞于大巡矣民亦曰吾嘗輸贓物而代彼償矣亦願汝之聞也公抵霸士民果求直于庭公曰徒取民財固不可不察鄉校之議亦不可養士之區不早為之所而日聽侵削又大不可乃語知霸州事趙應式曰子正疆界而務服民心辨曲直而期協輿論因是定四維之則立百世之規而勿昏且怠式奉教唯謹乃閱故牘屬耆民偕儒學率師儒除荒穢披瓦礫命工操繩尺以隨始歷其東當文昌祠之北者民宿儒咸指曰此官廨射圃之故基而武宰狄者已廬其上亟撤之而議其罰地歸學宮者東西四十丈南北五十五丈自祠壁南面而西凡以丈計者三十一丈有奇則李氏之居折而北者幾五十丈又西若犬牙錯入者凡十二丈則尉氏之居詰之民曰故牘也問之士曰然歷西而北以郭之翰之居為准則西入民居者凡五丈問之

士曰故牘也而民亦曰然自翰之居而北則士民所爭之地也維時故民劉志道者遺其孤孫承業盧文已亡而地歸于李氏董冠之地亦為隆氏所有咸召而謂之曰據學宮之地者張本也非汝也貸之者爾之父若兄暨爾大父非汝也宜若無罪然地有羸利知之而不歸歸之而不早汝亦有罪焉遂計其直而償以地取其羸而歸之學自東而西凡二丈五尺直北而後止三氏者皆稽首請罪士亦無間言既乃具牘請

聞于胡公，且請勒石以杜後言，公咸允焉。愚觀曩時大奸垂涎茲土，豪奪巧偷，取于官而寄之民，幾一世矣。士秉義而歸之學，若運之掌然，夫豈士之能，蓋聖澤入人之深，而聖世崇儒之至故耳。夫豈士之能爾，多士宜念之哉。夫宋木之下可以習儀，矍相之圃可以觀德，舞雩之壇可以風咏。爾多士沐聖澤，生聖世，當圖不負而不朽者，以仰承休德，未可以爭尺寸之土而爲功，夫籩豆之事，存之有司。日者邵公持憲節于霸，政本諸身，教由于衷，多士得所師將自治不暇矣，尚容以是自多耶？乃式觀漁陽、涿鹿之舉，胡公若風行霆震矣。茲處又有委曲詳盡，若憫其情而不忍訖其罰者，毋乃賢者之不可測乎？毋乃事有當然者乎？公之善，他日自有惇史書之于學，良史書之于朝，式屬吏也，故不敢悉。嘉靖二十四年立石。

可于兵憲徐公徐趨之遂聞于胡公且請勒石以杜後言公咸允焉愚觀曩時大奸垂涎茲土豪奪巧偷取于官而寄之民幾一世矣士秉義而歸之學若運之掌然夫豈士之能盖聖澤入人之深而聖世崇儒之至故耳夫豈士之能爾多士宜念之哉夫宋木之下可以習儀矍相之圃可以觀德舞雩之壇可以風咏爾多士沐聖澤生聖世當圖不負而不朽者以仰承休德未可以爭尺寸之土而為功夫籩豆之事存之有

司日者邵公持憲節于霸政本諸身教由于衷多士得所師將自治不暇矣尚容以是自多耶乃式觀漁陽涿鹿之舉胡公若風行霆震矣茲處又有委曲詳盡若憫其情而不忍訖其罰者毋乃賢者之不可測乎毋乃事有當然者乎公之善他日自有惇史書之于學良史書之于朝式屬吏也故不敢悉嘉靖二十四年立石

二一、敕封徵仕郎兵科給事中南河孟公（瑛）行狀

題解：

《敕封徵仕郎兵科給事中南河孟公（瑛）行狀》收録于明·嘉靖二十七年（1548）《霸州志·藝文志》，吏科給事中清豐呂時中撰文，刊刻于明·嘉靖二十六年（1547）。

碑文：

公諱瑛，字時潤，居濱玉帶河，遂號南河，蓋從其地云。世籍霸州，爲霸詩禮族。成化間，先大父安爲南昌照磨，父欽義官府君攜家從之，而公實生于大父君之宦邸。少即穎特不凡，長益

開敏英毅，肆力載籍。弘治癸丑，補庠弟子員，凡臺試多首選，故霸之推明經者惟公歸。然卒不遇于科目，所謂命数非耶？既即幡然曰：「已矣。吾之不遇于時也，非我後人志將奚酬？」于是日課其子今給事廷相，勤勤懇懇，夙夜不少懈。或詰以古者易子而教，公曰：「過庭必訓，非孔氏家法耶！所係者顧身有正不正耳。」課且益力，責乎子者由己，而推乎身者爲教，給事所以有今日，豈非其效理然耶？公事義官君與母苗，以孝聞，跡其大者，義官君病痢頗劇，公侍湯藥四十餘日無怠容。義官君索桃甚急，而醫且忌之，公且獻且禱，然竟已痢。苗亦嘗病癰，醫者咸謂不治。公與孺人胡涕泣，懇醫以咀水收之。又禱于神，願以身代。不數日，癰亦不潰。夫痢以犯忌而無恙，癰以法幻而遂瘳，純孝咸孚，證諸鬼神矣。及義官君既逝，公爲弟珣、瑭婚娶，禮儀備至。里人曰：「倘義官君尚在，亦莫過之。」凡義官君所遺者，公悉以分之二弟，雖毫髪不私也。嘉靖癸未，貢于廷。公曰：「丈夫不能策足名流，致身廊廟，而徒以區區吏俗趋承奔役于上官，吾不爲也。」請于銓部，得山西興縣學訓，繼又爲應州學正。興與應俱久乏科目，公皆開導振作，誨而不倦。故兩地人材彬彬乎輩出者，公之功居多焉。嗚呼！孝德敦于二人，友愛隆于昆弟。成厥子裕後之慈，敷厥教錫類之公，若公者可謂完德君子矣。己亥春，

勅封徵仕郎兵科給事中南河孟公行狀
清豐吕時中撰吏科給事中
公諱瑛字時潤居濵壬苪河遂號南河蓋從其
地云世籍霸州為霸詩禮族成化間先大父安
為南昌照磨父欽義官府君携家從之而公實
生于大父君之官邸少即頴特不凡長益聞敏
英毅肆力載籍弘治癸丑補庠弟子員凡堂試
多首選故霸之推明經者惟公歸然卒不遇于

科目所謂命數非耶既即惝然曰已矣吾之不
遇于時也非我後人志将奚酬于是日課其子
今給事廷相勤勤懇懇夙夜不少懈或詰以古
者易子而教公曰過庭必訓非孔氏家法耶所
係者顧身有正不正耳課且益力責乎子者由
已而推乎身者為教給事所以有今日豈非其
效理然耶公事義官君與毋苗以孝聞跡其大
者義官君病痢頗劇公侍湯藥四十餘日無怠
容義官君索桃甚急而醫且忌之公且獻且禱

然竟已痢苗亦嘗病癱醫者咸謂不治公與孺
人胡涕泣懇醫以咀水妝之又禱于神願以身
代不數日癱亦不潰矣痢以犯忌而無恙癱以
法幻而遂瘳純孝感孚證諸鬼神矣及義官君
既逝公為弟珣瑭婚娶禮儀備至里人曰倘義
官君尚在亦莫過之凡義官君所遺者公悉以
分之二弟雖毫髮不私也嘉靖癸未貢于
廷公曰丈夫不能策足名流致身廊廟而徒以區
區吏俗趨承奔役于上官吾不為也請于銓部

得山西興縣學訓繼又為應州學正興與應俱
久乏科目公皆開導振作誨而不倦故兩地人
材彬彬乎輩出者公之功居多焉嗚呼孝德敦
于二人友愛隆于昆弟成厥子裕後之慈敷厥
教錫類之公若公者可謂完德君子矣已亥春
給事奉
詔歸省面欲迎養于都下時公猶在應應之士人
固留之給事乃以書徧投當路為迫切之詞于
是始得解組乙巳

給事奉詔歸省回，欲迎養于都下。時公猶在應，應之士人固留之。給事乃以書遍投當路爲迫切之詞，于是始得解組。乙巳，天子以廟制成，覃恩朝士，因給事之貴，封公爲徵仕郎、兵科給事中，配胡氏爲孺人。乃丙午冬，給事奉敕使代，復自都下送公及孺人歸霸。丁未春，給事以在告得便道歸省。未幾，而公以病不起矣。公生于成化八年十一月一日，卒于嘉靖二十六年九月一日，享年七十有六。配即孺人胡氏。胡，霸之著族，國初進士宗禧氏之後也。婦儀母訓，咸正無缺，南河公之所以全其德，與給事之所以顯其身，胡蓋有以助成之云爾。今固强健日新，壽考未艾，宜矣。子男一，即給事，先聘張氏，范縣尹來鳳女，繼聘司氏，封孺人。女四：長適杜道立，城武尹存忠子；次適聽選官翟繼美；次適知印王瑋，太學生朋之子；次適楊慶雲，典膳潤之子。孫男四：曰性，曰氣，曰志，曰才。孫女二。以是年十二月之庚申日，葬于霸乾域三里，蓋即義官君之新阡也。先是給事以狀見屬，予固同年，有子之分，義不得辭，故爲之次第如此。謹狀。

天子以廟制成覃恩朝士因給事之貴封公為徵仕郎兵科給事中配胡氏為孺人迺丙午冬給事
奉
勑使代復自都下送公及孺人歸霸丁未春給事以在告得便道歸省未幾而公以病不起矣公生于成化八年十一月一日卒于嘉靖二十六年九月一日享年七十有六配即孺人胡氏胡霸之著族
國初進士宗禧氏之後也婦儀母訓咸正無缺南

河公之所以全其德與給事之所以顯其身胡蓋有以助成之云爾今固強健日新壽考未艾宜矣子男一即給事先聘張氏范縣尹來鳳女繼聘司氏封孺人女四長適杜道立城武尹存忠子次適聽選官翟継美次適知印王瑋太學生朋之子次適楊慶雲典膳潤之子孫男四曰性曰氣曰志曰才孫女二以是年十二月之庚申日葬于霸乾域三里盖即義官君之新阡也先是給事以狀見屬予固同年有子之分義不得辭故為之次第如此謹狀

二二、重修霸州儒學記

題解：

《重修霸州儒學記》收録于明・嘉靖二十七年（1548）《霸州志・藝文志》，知州東平唐交撰文，刊刻于明・嘉靖二十七年（1548）。

碑文：

嘗詠《詩》曰：「文武吉甫，萬邦爲憲。」釋者曰：「惟其有文武之德，則萬邦以之爲憲矣。」文武之選難矣哉。霸州爲京畿南輔，嘗産劇盗，民窮俗敝，號稱難治。而整飭兵戎之寄，朝廷特委重焉，銓司每難其人。丁未冬，我木涇周公自督四川學至冢卿，喜于得公，乃疏諸朝而授之。公至，繕城郭，修樓櫓，編保甲，時簡教，凡克詰兵戎之訓，無所不用其誠。不數月而墜者舉、廢者興、涣者合、怯者勇。然尤忌兵之病民，而或艱于食也。乃寬借募之夫，而月一再閱，使之知方，而亦不失乎生産作業，即古寓兵于農之意也。凡在統馭，罔不畏威懷德，雖鑽穴逾垣之輩，無有敢犯公之禁者。暇嘗詣學，見其頽壁敗垣，傾圮莫治。我皇上敬一亭及啓聖祠，僅餘數楹漫立，而尊經一閣，惟存敗基數尺而已。公喟然嘆曰：「凌高馭空，令人心曠神怡，超然有遠覽八極之志者，亦以其地爲然也。頽敝若此，士氣其奚昌乎？」乃進交等議豎植，出本道餼廪餘貲，鳩工掄材，指授方略，梓匠用命，僅逾月而三宇告成。敬一亭三間，豎箴石六、碑文一，啓聖祠三間，安神主八。尊經閣亦三間，環柱十有八，磚基高十五尺，層樓高二十三尺。規模宏敞，輪奂鮮明。業者陟焉，目炫心奪，恍然不識其爲舊遊息處也。猗歟休哉！噫！視之而弗葺者，幾歲幾人，乃今一旦俱起而新之，文事武備，咸正罔缺，詩人有作，必將以文武歸我公矣。公廉静簡重，寬裕優容，平生不輕喜怒，平易近民。而于刑名尤不事深刻，苟有冤者，必與平反，民賴以存活者衆多。嘗修《霸州志》，建都察院，作文明書院，而給教官以護城之田。凡公所爲皆不求人知，不求同俗之事也。不能殫述，特舉一二以例其餘云。公諱復俊，字子籲，别號木涇，蘇州崑山人。維公善教，遐不作人，感發而興起焉者，其在吾人歟。嘉靖二十七年立石。

重脩霸州儒學記

東平唐交知州

嘗詠詩曰文武吉甫萬邦為憲釋者曰惟其有文武之德則萬邦以之為憲矣文武之選難矣哉霸州為
京畿南輔嘗產劇盜民窮俗敝號稱難治而整飭兵戎之寄
朝廷特委重焉僉司每難其人丁未冬我木涇周公自督四川學至冢卿喜于得公乃疏諸朝而授之公至繕城郭修樓櫓編保甲時簡教凡克詰兵戎之訓無所不用其誠不數月而墜者舉廢者興渙者合怯者勇然尤忌兵之病民而或艱于食也乃寬借募之夫而月一再閱使之知方而亦不失乎生產作業即古寓兵于農之意也凡在統馭罔不畏威懷德雖鑽穴踰垣之輩無有敢犯公之禁者暇嘗詣學見其頹壁敗垣傾圮莫治我
皇上敬一亭及啓聖祠僅餘數楹漫立而尊經一閣惟存敗基數尺而已公喟然嘆曰凌高馭空令人心曠神怡超然有遠覽八極之志者亦以其地為然也頹敝若此士氣其奚昌乎乃進交等

議暨植出本道鎮庫餘貲鳩工掄材指授方畧梓匠用命僅逾月而三宇告成敬一亭三間暨箴石六碑文一啓聖祠三間安神主八尊經閣亦三間環柱十有八磚基高十五尺層樓高二十三尺規模宏敞輪奐鮮明業者陟焉目炫心奪恍然不識其為舊遊息處也猗歟休哉噫視之而弗葺者幾歲幾人乃今一旦俱起而新之文事武備咸正罔缺詩人有作必將以文武歸我公矣公廉靜簡重寬裕優容平生不輕喜怒平易近民而于刑名尤不事深刻苟有冤者必與平反民賴以存活者衆多嘗修霸州志建都察院作文明書院而給教官以護城之田凡公所為皆不求人知不求同俗之事也不能殫述特舉一二以例其餘云公諱復俊字子籲別號木涇蘇州崑山人維公善教遐不作人感發而興起焉者其在吾人歟　嘉靖二十七年　立石

二三、明處士康衢郭公（逵）暨配石氏墓誌銘

題解：

《明處士康衢郭公（逵）暨配石氏墓誌銘》收録于民國二十三年（1934）《霸縣新志·金石志》，監察御史江北撰文，刊刻于明·嘉靖三十二年（1553）。

誌文：

處士康衢郭公，余窗友獲嘉縣尹芹溪子乃翁也。以嘉靖癸丑季夏十二日卒于家，距其生成化己亥季冬十又九日，享年七十五。卜中秋十六日，啓厥配石氏而合葬。適余有洛陽之命，歸省吾霸。芹溪乃持其親家、鄉進士古郊沈子所爲狀，匍匐詣余以銘請。余以處士于我姊丈顧公希旦有姻戚兄弟雅，且每覯余，輒以老弟見呼而觴詠，兹不及見矣。余忍銘公哉？余忍不銘公哉？按狀：公諱逵，字安道，别號康衢，霸之忠孝屯人。曾祖龍，洪武中任監察御史，配黄氏。祖堅，配陶氏。考富，字大有，鄉縉紳以大有公稱之。生于正統甲子，殂于嘉靖辛卯。銘之者旌爲八十八翁云。妣王氏，生公兄弟四：長通，郡庠生；次達，南京工部皮作局大使；次即公；次進。公賦性孝友，坦平樂易，凡親疏遠邇相接與者，無不敬而慕之。少歲質鈍，從厥姑丈司訓顧公受句讀，即三行亦不能强記。稍長，頗開悟。大有公謀之外舅石公玉曰：「若郎若兹，可輸粟補一掾。」公聞之，奮而言：「我二兄既事進取，吾寧業農若賈，罔事兹役。」大有公莞爾而俞之，一切家務遂舉而付之公焉。公即肆力田畝，歲時收入積貯貿易，用是家益饒裕。歲晚務閑，時與外兄弟岩菴顧公、余師莘菴公，洎内弟東津石公輩相晤，叙席次論文，公每間出奇見，岩菴諸公稱平，慴服如官府然。郡剌澧陽高公鍾愛甚篤，以小老人呼之而恒爲之擊節。壯歲，膺老人役，凡上有所委，剖決明允，訟之者不名，謝役歲甫知命，乃約鄉耆同志者爲八節會，公復自爲序引，摘集古人行樂者，實于其中。會之日命芹溪立于其側，且酌且試，

對景擬題，必欲芹溪應之速。稍緩，公則撫頂提耳促之。微醺，則哦咏「偷得浮生半日閒」之句以自娱。故芹溪雖學負厥資，命歉于遇，其拔薦王廷，而官之大都，康翁之庭訓，余師莘翁之至教，中外夾持力也。芹溪官獲時，以辛亥八月就道，乃命其從弟聚民、衆民攜從兄實之子九圍迎養康翁洎太孺人抵獲。獲官師人士登堂謁公爲壽。公策笻答之，一一如儀，邑進士滄溪王公撰述甚悉。居無何，太孺人以歲之除夕病痰而卒。詰朝爲壬子元日，獲衆相嚮而哭臨者如失所生，而忘其歲之新焉。元夕芹溪復舉一子，太孺人未恙時，豫名之曰獲嘉。越彌月，芹溪乃扶公洎太孺人靈輀北旋，獲衆哭而郊送者如初。雖芹溪一時撫衆之仁，實太孺人慈訓之徽也。太孺人即石賦質樸，誠寡言笑，慈訓甚嚴。芹溪恪遵乃訓，若臨父師。余暨平野顧子，同芹溪幼學時每聞慈訓，畏而則之。孺人生于成化辛丑六月二十一日，距卒之年辛亥，壽亦七十有一。以壬子五月四日，葬郡城北艮域之一里許，祔先隴也。子男二：長完即芹溪，娶勇氏潮之女，側室宮家莊楊氏女；次成，將娶而卒，計年二十有二，娉趙氏塘之女。女二：長適沈子如麟；次適郡庠生杜子道南。孫男二：長九仞，娉孟氏，前黄門今湖廣大參相女；次九峰，即獲嘉，娉大城蔡氏上舍闊之女。孫女二：長許娉永福江子子西之子秀；次許娉郡學生劉子瀾之子紹祚。從孫三：長九州；次即九圍；次九有。甥孫二：郡庠生沈子正甫、杜子柯，以義起亦合書也。嗚呼！後先承繼，偕老並榮，匹配之際，若郭公夫婦之協德令終，其無遺憾也夫。是烏可以不銘？銘曰：

壽餘七衷，禄養花封。后昆克裕，世德益隆。厥配賢淑，福禄攸同。始終寧順，昭哉康翁。

明處士康衢郭公暨配石氏墓誌銘　監察御史江北

處士康衢郭公余鄕友獲嘉縣尹芹溪子迺翁也以嘉靖癸丑季夏十二日卒於家距其生成化已亥季冬十又九日享年七十五卜中秋十六日啟厥配石氏而合葬適余有洛陽之命歸省吾鄕芹溪迺持其親家鄕進士古郊沈子所爲狀匍匐詣余以銘請余以處士於我姊丈顧公希旦有姻戚兄弟雅且每覯余輒以老弟見呼而觴詠茲不及見矣余忍銘公哉余忍不銘公哉按狀公諱達字安道別號康衢翁之忠孝屯人曾祖龍洪武中任監察御史配黃氏祖堅配陶氏考富字大有鄕縉紳以大有公稱之生於正統甲子殁於嘉靖辛卯銘之者旌爲八十八翁云妣王氏生公兄弟四長道郡庠生次達南京工部皮作局大使次即公次進公賦性孝友坦平樂易凡親疎遠邇相接與者無不敬而慕之少歲質鈍從厥姑丈司訓顧公受句讀即三行亦不能强記稍長頗開悟大有公謀之外舅石公玉曰若郎若茲可輸粟補一掾公聞之愀而言我二兄既事進取吾寧業農若貴罔事茲役大有公莞爾而俞之一切家務遂舉而付之公爲公即肆力田畝歲時收入積貯貿易用是家益饒裕歲晚務閒時與外兄弟岩菴顧公余師辛菴公洎內弟東津石公輩相唔敘席次論文

公每間出奇見岩菴諸公恒爲之擊節壯歲膺老人役凡上有所委剖決明允訟之
者稱平備服如官府然郡剌澧陽高公鍾愛甚篤以小老人呼之而不名謝役歲甫
知命迺約鄉耆同志者爲八節會公復自爲序引摘集古人行樂者實於其中會之
日命芹溪立於其側且酌且試對景擬題必欲芹溪應之速稍緩公則撫頂提耳促
之微醺則哦咏偷得浮生半日閒之句以自娛故芹溪雖學負厥賫命歆於遇其拔
薦王廷而官之大都康翁之庭訓余師莘翁之至教中外夾持力也芹溪官獲時以
辛亥八月就道乃命其從弟聚民衆民攜從兄賓之子九圍迎養康翁洎太孺人抵
獲獲官師人士登堂謁公爲壽公策筇答之一一如儀邑進士滄溪王公撰述志悉

居無何太孺人以歲之除夕病痰而卒詰朝爲壬子元日獲衆相向而哭臨者如失
所生而忘其歲之新焉元夕芹溪復舉一子太孺人未恙時豫名之曰獲嘉越彌月
芹溪乃扶公洎太孺人靈輀北旋獲衆哭而郊送者如初雖芹溪一時撫衆之仁實
太孺人慈訓之徵也太孺人卽石賦質樸誠寡言笑慈訓甚嚴芹溪恪遵乃訓若臨
父師余暨平野顧子同芹溪幼學時每聞慈訓畏而則之孺人生於成化辛丑六月
二十一日距卒之年辛亥壽亦七十有一以壬子五月四日葬郡城北艮域之一里
許祔先隴也子男二長完卽芹溪娶勇氏瀾之女側室宮家莊楊氏女次成將娶而
卒計年二十有二娉趙氏塘之女女二長適沈子如麟次適郡庠生杜子道南孫男
二長九仞娉孟氏前黃門今湖廣大參相女次九峯卽獲嘉娉大城蔡氏上舍鬮之
女孫女二長許娉永福江子子西之子秀次許娉郡學生劉子瀾之子紹祚從孫三
長九州次卽九圍次九有甥孫二郡庠生沈子正甫杜子柯以義起亦合書也嗚呼
後先承繼偕老並榮匹配之際若郭公夫婦之協德令終其無遺憾也夫是烏可以
不銘銘曰壽餘七衷祿養花封后昆克裕世德益隆厥配賢淑福祿攸同始終寧順
昭哉康翁

二四、霸州知州湛川陳侯（良知）去思碑記

題解：

《霸州知州湛川陳侯（良知）去思碑記》收録于民國二十三年（1934）《霸縣新志・金石志》，王遴撰文，刊刻于明・萬曆十七年（1589）。

碑文：

萬曆己丑，莒陳侯以外艱去位，郡之人憮然其如有失也。既期，郡之人栖栖其如有求也。日東引領，而計侯之禫。既及期，郡之人總總乎，其如有追也。相率伺侯之北上，而走闕下，陳情請復。會銓部以吴郡錢侯來，事遂已。然心則依依乎其如有慕，而不能旦夕釋也。遂相率卜地竪碑而謁予紀其事。予惟自昔良吏，往往去後見思。彼其悃愊無奇，安和不擾，與民休息，而民安且忘焉。澤者忘雨，生者忘春，皞皞之俗，當時固無所取赫赫稱也。史氏所列，若公儀子、若黄次公與李石張趙並耀汗青，而揚搉其問，不無軒輊。及考其治狀，不過奉職循理，節用慎財，不憚米鹽，靡密務在安之而已。後之善宦者一切緣飾，以愚下而罔上，不知有民，一時或獵虛聲已，僞不勝久，民指之且弃去，不復憶矣。侯之甫莅郡也，一敝篚與兩蒼頭，俱循循然。言動不逾中人，象魏亦無所表著，惟一念豈弟，與民披衷相侯駕。寒溫之訊，閣筆不題，而樹畜勸課若不及。陽鱎之至，車驅不遑，而奬進淳懿惟恐後，胥吏過失無小不詰，而草野觸忤恐有驚。當侯之時，侯既不事藻績以聳人耳目，而上亦不以奇穎見標。既不設鈎距以駭見聞，而下亦不以神異見誦。大都據法守職若李石，而約身循理則公儀比肩，應務勤民類趙張，而内明外寛則次公並軌，以馬令、班掾所欣慕樂頌者，而郡人之一旦躬逢之，顧不得久有之，則其去而思，思而借，借之不得，而識之竪珉也。情烏乎已哉。抑聞之公儀之相也，不受魚饋。而次公自其入官，屢以廉察。侯在郡中，擁褐含菽，蕭然寒素，俸薪之外，一無所問。父老又言：作官不愛錢，

不好名，實心實政，爲國爲民。郡中百十年來，惟侯一人而已。宋人有言，無欲可與言王道。茲侯之政，所以能造群生繫永思者乎。不然，物欲熏其心，結納攖其慮，欲精心爲理，不與民争尺寸之利，能乎哉？予耄矣，不能文，姑述父老所不能忘，而可繹者。與時故監司與郡司户去，行部使者狎來，度支不足以飾厨傳，侯行行者，居居者，豐儉悉裁諸禮，精腆不繼不難，以身謝之。癸巳秋，潦潴田，民與魚鶩争半菽以活，洶洶思去閭井，侯躬問水濱，撫存周至，民賴以安。既徂春，論于監司哀贖鍰堤之所，使數年來堂堂乎藝禾黍而塲之者，皆侯之力也。郡無它奇貸，日中以布粟魚豕貿易，舊賦之苛，至責負販以綾縠，往往折閲跳去，侯一切罷之，民用安不腆。斂賦歲益月增，吏夤緣爲肆。侯自手删定以田額徵賦目，以賦額當田數，臚列其詳，而釐爲六限，人給一票，吏魁無所上下其手。潞邸之藩，當路按景邸之籍徵役，郡民又惶駭徙避，侯白于諸部使曰：「霸非故霸矣。」爲減輿馬之役十五，供張之資十三，而一切供具，俱身自區畫，手自指授，並官任之間，民不知有大調，發去家羸，故額千金私省，不啻倍蓰矣。至于關説之牘堆積不省，而兩造大小必以情，造請之介閉閣不前，而嘆溢撫循不以詒後人，並以風世之爲守若令者。侯名良知，别號湛川，今補薊郡守。

霸州知州湛川陳侯去思碑記　王遴

萬歷己丑莒陳侯以外艱去位郡之人憮然其如有失也既期郡之人栖栖其如有求也日東引領而計侯之禫既及期郡之人總總乎其如有追也相率伺侯之北上而走闕下陳情請復會銓部以吳郡錢侯來事遂已然心則依依乎其如有慕而不能旦夕釋也遂相率卜地豎碑而謁予紀其事予惟自昔良吏往往去後見思彼其惼偪無奇安和不擾與民休息而民安且忘爲澤者忘兩生者忘春皡皥之俗當時固無所取赫赫稱也史氏所列若公儀子若黄次公與李石張趙並耀汗青而揚摧其間不無軒輊及考其治狀不過奉職循理節用慎財不憚米鹽靡密務在安之而已後之善宦者一切緣飾以愚下而罔上不知有民一時或獵虛聲已僞不勝久民指之且棄去不復憶矣侯之甫蒞郡也一斂籠與兩蒼頭俱循循然言動不踰中人

象魏亦無所表著惟一念豈弟與民披衷相侯銘寒溫之訊閣筆不題而樹畜勸課若不及陽驕之至車騸不違而獎進涪懿惟恐後胥吏過失無小不詰而草野觸忤恐有驚當侯之時侯既不事藻繢以聳人耳目而上亦不以奇顯見標既不設鈎距以駭見聞而下亦不以神異見誦大都據法守職若李石而約身循理則公儀比肩應務勤民類趙張而內明外寬則次公並軌以馬令班掾所欣慕樂頌者而郡人之一旦躬逢之顧不得久有之則其去而思思而惜惜之不得而識之㞢也情烏乎已哉抑聞之公儀之相也不受魚饋而次公自其入官屢以廉察侯在郡中摧褐含菽肅然寒素係薪之外一無所問父老又言作官不愛錢不好名實心實政爲國爲民郡中百十年來惟侯一人而已宋人有言無欲可與言王道茲侯之政所以能造羣生繫永思者乎不然物欲熏其心結納攖其慮欲精心爲理不與民爭尺寸之利能乎哉予耄矣不能文姑述父老所不能忘而可繹者與時故監司與郡司戶去行部使者狎來度支不足以飾廚傳侯行行者居居者豐儉悉裁諸禮精腆不繼不難以身謝之癸巳秋潦潴田民與魚鶩爭半菽以活洶洶思去閭井侯躬問水濱撫存周至民賴以安既徂春論於監司哀贖鍰堤之所使數年來堂堂乎藝禾黍而塲之者皆侯之力也郡無它奇貸日中以布粟魚豕貿易舊賦之苛至責負販以綾縠往往折閲跳去侯一切罷之民用安不腆斂賦歲益月增吏夤緣爲肆侯自手删定以田額徵賦目以賦額當田數臚列其詳而釐爲六限人給一票吏魁無所上下其手潞邸之藩當路按景邸之籍徵役郡民又惶駭徙避侯白於諸部使曰霸非故霸矣爲減輿馬之役十五供張之資十三而一切供具俱身自區畫手自指授并官任之間民不知有大調發去家羸故額千金私省不啻倍蓰矣至於關說之牘堆積不省而兩造大小必以情造請之介閉閣不前而嘆溢撫循不以詒後人並以風世之爲守若令者侯名良知別號湛川今補薊郡守

二五、重修尊經閣記

題解：

《重修尊經閣記》收録于民國二十三年（1934）《霸縣新志・金石志》，劉爲楫撰文，王遠宜書丹，劉試舉篆額，刊刻于明・萬曆三十四年（1606）。

碑文：

賜進士出身文林郎吏科都給事中侍經筵官前刑科都給事中翰林院庶吉士郡人後學劉爲楫撰文

賜進士第文林郎山東鄆城縣知縣郡人王遠宜書丹

賜進士第文林郎山東鉅野縣知縣劉試舉篆額

我國家興學育才，黜百家而定一尊，惟是經術之爲競競，士由甲乙科進者于經多捷得之。若歲一貢于廷，兀兀窮年，味經之腴，而或絀于藻繪，祖宗朝觭重之諸列在甲乙科。顧逡巡後乘，豈非以老于明經。作用不謬于聖人，而才情俊發得之捷者，必須困踣磨折，使有味乎六經之旨，後乃大受，不叛乎祖宗之意淵矣。夫經學，心學也，儒行也。聖人垂憲萬世之法言，非百家諸子淫僻謬悠，而無當于用者也。吾夫子刪述六經，天降赤虹，即游、夏長于文學，無能贊一詞，斯天下之至文矣。乃不以文自多，獨歉然于躬行君子，何哉？文空言也，行實際也，文糟粕也，行神理也。文而已乎？則桓、文可借以行詭；莽、操可假以文奸。紫奪朱，鄭亂雅，利口覆邦，夫子有憂焉。非憂夫明叛吾經者也，憂夫似經非經者也。無論宇文之周禮，以王介甫博雅談經，而行之刺謬，不啻什百千萬于聖人，宋社幾覆，此夫沾沾于文已耳，故經不明不行，不行不尊。即文言有斐，是謂説鈴；即函以什襲，藏之阿閣，是謂書肆。于經奚當焉？郡庠故有尊經閣，余從諸生中登閣徘徊四顧，宗廟百官僾然若將見之，則竊歎聖道如日中天，祖述憲章，上律下襲，其章章較著者，在六經。故建閣所以明尊，尊經所以示的，猶之射侯張鵠，雖有跅弛，不能越尺寸，蓋閣所從來意若此。邇來傾圮，風雨不蔽，有司往往謝未遑，不有廢也，其何以興？

屬東海殷侯來治郡，慨然以崇興理術，興起斯文爲己任。于是進諸博士，謀新學宮，並新斯閣，各捐俸若干緡，復諭諸縉紳及諸章甫逢掖之倫，各捐資若干緡，擇督工勤省試。若奧阼廡門，枝撐平城，以次修葺，而治閣壯麗，尤爲久遠計，不但僅取塗塈而已。自六月經始，至十一月告成，博士先生嘉樂斯舉，帥諸生造余，俾記其事。余不佞，昔曾以經術發身，所爲應制文藝，取充羔雉，而又鹵莽惰窳，于經寔無所窺，比翺翔秘館，以爲文章之大觀在是。卒所以膾炙人口者，以藻繪不以本實，務華絶根，大雅無當。經術之謂何？夫經者，所以筆吾心之理也。帝王之政治，聖賢之立教，士君子之家修廷獻，皆由一心一理措之行事之實，理明諸心，暢于四肢，發于事業，豈復能加毫末哉？以此言經，經斯尊矣。國初，元氣未漓，人文渾樸，時猶觭重宿儒，致用一何真實也。宣廟以後，迄于嘉、隆，文漸勝，質漸漓。至今日乃陵遲甚矣。趨文之極，吊詭炫世，不敢明叛吾經，而竊二氏之餘唾以附離吾經，若曰：吾以工文也。不過一宿之蘧廬，曾不思文何從生？生于心，心何從主？主于理。此理一蔽，本心遂失。濂洛關閩翼經之儒，一切目爲迂闊；孝弟忠信作聖之梯，一切忽爲平等。蓋心與經如冰炭之不相入，行與經如燕趙之各爲適。窮，安得有真儒？達，安得有善治？褻經滋甚，奈何言尊乎？夫子歉然于躬行，蓋憂及此已。侯起家齊魯，近聖人之居。下車甫期月，諸所修舉，事神治民，罔不立見績效。此一役也，鼓舞振作，挽末學之狂瀾，俾多師、多士知經之所以尊，如射之赴鵠，不沈溺于淫詞詖行，以至生心害政。仰副我祖宗尊經至意，厥功懋哉。孟子曰：「豪傑之士，雖無文王猶興。」矧躬逢鼓舞振作如侯？乃忍叛經褻經，口儒行僻，不齒于孔孟之徒，登斯閣也，捫心自憐，有不赧然汗出，食不下咽乎？不佞請與多師、多士共勉之矣。侯，山東臨朐人，諱承葉，萬曆戊子貢士。博士朱正寅，貴州人，甲午貢士。胡鋭，宣府人。賈師顏，慶雲人。崔文奎，無極人。俱歲貢。諸生王有亨等四百餘人，咸觀厥成，例得並書。萬曆丙午歲十二月吉旦。

重修尊經閣記

賜進士出身文林郎吏科都給事中侍經筵官前刑科都給事中翰林院庶吉
士郡人後學劉爲楫撰文
賜進士第文林郎山東鄆城縣知縣郡人王遠宜書丹
賜進士第文林郎山東鉅野縣知縣劉試舉篆額

我國家興學育才黜百家而定一尊惟是經術之爲兢兢士由甲乙科進者於經多
捷得之若歲一貢於廷兀兀窮年昧經之腴而或紬於藻繪祖宗朝綺重之諸列在
甲乙科顧逡巡後乘豈非以老於明經作用不謬於聖人而才情儁發得之捷者必
須困踣磨折使有味乎六經之旨後乃大受不叛乎祖宗之意淵矣夫經學心學也
儒行也聖人垂憲萬世之法言非百家諸子淫僻謬悠而無當於用者也吾夫子刪
述六經天降赤虹卽游夏長於文學無能贊一詞斯天下之至文矣乃不以文自多
獨欿然于躬行君子何哉文空言也行實際也文精粕也行神理也文而已乎則桓
文可借以行詭莽操可假以文奸紫奪朱鄭亂雅利口覆邦夫子有憂焉非憂夫明
叛吾經者也憂夫似經非經者也無論宇文之周禮以王介甫博雅談經而行之刺
謬不啻什百千萬于聖人宋社幾覆此夫沾沾於文已耳故經不明不行不行不尊
卽文言有斐是謂說鈴卽函以什襲藏之阿閣是謂書肆于經奚當焉郡庠故有尊
經閣余從諸生中登閣徘徊四顧宗廟百官僾然若將見之則竊歎聖道如日中天
祖述憲章上律下襲其章章較著者在六經故建閣所以明尊尊經所以示的猶之
射侯張鵠雖有斷跪不能越尺寸蓋閣所從來意若此邇來傾圮風雨不蔽有司往
往謝未遑不有廢也其何以興屬東海殷侯來治郡慨然以崇興理術興起斯文爲
已任于是進諸博士謀新學宮並新斯閣各捐俸若干緡復諭諸縉紳及諸章甫逢
掖之倫各捐貲若干緡擇督工勤省試若奥阼廡門枝撑平堿以次修葺而治閣壯
麗尤爲久遠計不但僅取塗墍而已自六月經始至十一月告成博士先生嘉樂斯
舉偕諸生造余俾記其事余不佞昔嘗以經術發身所爲應制文藝取充羔雉而又
鹵莽惰窳于經寔無所窺比翺翔秘館以爲文章之大觀在是卒所以膾炙人口者
以藻繪不以本實務華絕根大雅無當經術之謂何夫經者所以筆吾心之理也帝

王之政治聖賢之立教士君子之家修廷獻皆由一心一理措之行事之實理明諸
心暢于四肢發于事業豈復能加毫末哉以此言經經斯尊矣國初元氣未漓人文
渾樸時猶綺重宿儒致用一何眞寔也宣廟以後迄于嘉隆文漸勝質漸漓至今日
乃陵遲甚矣趨文之極吊詭炫世不敢明叛吾經而竊二氏之餘唾以附離吾經若
曰吾以工文也不過一宿之蘧廬曾不思文何從生生於心心何從主主于理此理
一蔽本心遂失濂洛關閩翼經之儒一切目爲迂闊孝弟忠信作聖之梯一切忽爲
平等叢心與經如冰炭之不相入行與經如燕趙之各爲適窮安得有眞儒達安得
有善治褻經滋甚奈何言尊乎夫子歉然于躬行蓋憂及此巳侯起家齊魯近聖人
之居下車甫朞月諸所修舉事神治民罔不立見績效此一役也鼓舞振作挽末學
之狂瀾俾多師多士知經之所以尊如射之赴鵠不沈溺于淫詞詖行以至生心害
政仰副我祖宗尊經至意厥功懋哉孟子曰豪傑之士雖無文王猶興矧躬逢鼓舞
振作如侯乃忍叛經褻經口儒行僻不儕於孔孟之徒登斯閣也捫心自憐有不赧
然汗出食不下咽乎不佞請與多師多士共勉之矣侯山東臨朐人諱承業萬歷戊
子貢士博士朱正寅貴州人甲午貢士胡鋭宣府人貢師顏慶雲人稚文奎無極人
俱歲貢諸生王有亨等四百餘人咸觀厥成例得並書
萬歷丙午歲十二月吉旦
右碑見存鄉村師範學校附屬小學校內閣上舊祀朱衣今爲小學教室碑立其
下

二六、明户部郎中念燕張公（世雅）墓誌銘

題解：

《明户部郎中念燕張公（世雅）墓誌銘》收録于民國二十三年（1934）《霸縣新志·金石志》，刊刻于明·萬曆四十七年（1619）。

誌文：

萬曆癸卯，予與霸州張公念燕同舉，共出澤州張先生之門，予始得晤。時年少，修眉娟好，其後南北異地，不復親。庚戌，公成進士。予等濩落，然猶幸師門有人，爲之慶喜。公取上第，起家户曹，爲司餉臣。予以丙辰成進士，公督北平餉。己未，予以新安授遷太學博士，公以戊午役竣還朝。冀可追隨公後，晤言爲歡。乃公又以九月乞差還，至臘月，訃音至矣。以同門之友，竟不一再晤，可歎也！計得年僅四十六耳，傷哉！庚申，將歸公住宅，令子主敬以狀來。公佐計部，爲社稷臣，擘畫極有方略。即微同門友，安敢辭？按：公原出清河，始祖始離村而城，至祖守魯，爲郡諸生，以文著世。其尊人燕城公符，廩于庠，及貢而卒。生子三，長即公。公名世雅，字德純，念燕其别號也。生之夕，母顧太安人夢緋衣人攜一孺子，曰：「此汝子，名引孫。」覺而與燕城公言之，喜曰：「此必蕃吾後。」遂名。七八歲時，穎異甚。十六與其弟士奇同補博士弟子。是年，燕城即世，哀毁甚至。癸卯，捷于鄉。庚戌，成進士。壬子，除户部主事，管京廩。故事，家具倚辦隸卒，因上下其手，公立革之。一切鼠瘵皆塞，所上便宜，書于版，列署中爲式。乙卯，視北平餉。北平餉七萬，民運僅四萬，餘皆京運，甚坻滯，歲仰給不得，多鼓譟。公枝梧以濟國恤，三年節省七萬，不私入而公出之，以抵正餉。當事者才之。至戊午，役竣還部，而公病作矣，已而愈。明年，以顧太安人八十，乞歸里。是時，病雖痊而根株尚在。諸故人見公歸，歡甚。日過從宴會，酒肉相屬。公勉應之，貌怡然而心甚傷，病日以甚。至臘月初四日，病不起矣。公白皙清虚，望之如鶴在鷄群，事八十母，不啻孩提。

待族屬以恩，閭里泛愛之，雖三尺童，無敢媟。他如劉都諫，師也；平北司理劉晋朋，友也。聞訃音，皆于甫得第時，以百金助歸，其高誼若此。生平喜飲酒，月明之夜，與故人豪飲爲歡笑，留連光景。中年彌篤，又喜讀書，公隙，手不釋卷。已入仕籍，烟霞之夢常在。自歸來欲息影怡性，而已不待矣。公生于萬曆二年正月二十日，卒于萬曆四十七年十二月初四日，享年四十有六。弟二：士奇，廪生；士瞻，已故。配田氏，封安人。子一，即主敬。女二：一適郡庠生劉雲舉子諸生劉揚宗；一適郡諸生苗本立子。孫四：長振昌，次振裘，又次鼎昌，又次祚昌，俱主敬出。以庚申年葬，予念同門友，即不親暱，而知之素，是不可不銘。銘曰：

以公爲無意世耶，胡以爲文人之藻澤，兼吏事之精研？以公爲有意世耶，胡爲謝康莊而不騁，望下壽以中捐？嗚呼，豈其天！世算則詘，令德自延，文士修士，胡爲不然？京兆者阡，億萬斯年。

缺名

明戶部郎中念燕張公墓誌銘

萬曆癸卯予與霸州張公念燕同舉共出澤州張先生之門予始得晤時年少修眉始好其後南北異地不復親庚戌公成進士予等濩落然猶幸師門有人爲之慶喜公取上第起家戶曹爲司餉臣予以丙辰成進士公督北平餉已未予以新安授遷太學博士公以戊午役竣還朝冀可追隨公後晤言爲歡乃公又以九月乞差還至臘月訃音至矣以同門之友竟不一再晤可歎也計得年僅四十六耳傷哉庚申將歸公住宅令子生敬以狀來公佐計部爲社稷臣擘畫極有方略即微同門友安敢辭按公原出清河始祖始離村而城至祖守魯爲郡諸生以文著世其尊人燕城公符廪於庠及貢而卒生子三長即公公名世雅字德純念燕其別號也生之夕母顧太安人夢緋衣人擕一孺子曰此汝子名引孫覺而與燕城公言之喜曰此必蓄吾後遂名七八歲時穎異甚十六與其弟士奇同補博士弟子是年燕城即世哀毀甚至癸卯捷於鄉庚戌成進士壬子除戶部主事管京廒故事家具倚辦隸卒因上下其手公立革之一切鼠竊皆塞所上便宜書於版列署中爲式乙卯視北平餉北平餉七萬民運僅四萬餘皆京運甚坻滯歲仰給不得多鼓譟公枝梧以濟國恤三年節省七萬不私入而公出之以抵正餉當事者才之至戊午役竣還部而公病作矣已而愈明年以顧太安人八十乞歸里是時病雖痊而根株尚在諸故人見公歸歡甚日過從宴會酒肉相屬公勉應之貌怡然而心甚傷病日以甚至臘月初四日病不起矣公白皙清臞望之如鶴在輦轂事八十母不啻孩提待族屬以恩閭里汎愛之雖三尺童無敢媟他如劉都諫師也平北司理劉晋朋友也聞訃音皆於甫得第時以百金助歸其高誼若此生平喜飲酒月明之夜與故人豪飲爲歡笑留連光景中年彌篤又喜讀書公隙手不釋卷已入仕籍烟霞之夢常在自歸來欲息影怡性而已不待矣公生於萬曆二年正月二十日卒於萬曆四十七年十二月初四日享年四十有六弟二士奇廪生士瞻已故配田氏封安人子一即主敬女二一適郡庠生劉雲舉子諸生劉揚宗一適郡諸生苗本立子孫四長振昌次振裘又次鼎昌又次祚昌俱主敬出以庚申年葬予念同門友即不親暱而知之素是不可不銘銘曰以公爲無意世耶胡以爲文人之藻澤兼吏事之精研以公爲有意世耶胡爲謝康莊而不騁望下壽以中捐嗚呼豈其天世算則詘令德自延文士修士胡爲不然京兆者阡億萬斯年

二七、重建東嶽廟碑記

題解：

《重建東嶽廟碑記》收録于民國二十三年（1934）《霸縣新志·金石志》，王正志撰文，楊濂篆額，張玄錫書丹，刊刻于明·崇禎十七年（1644）。

碑文：

賜進士出身嘉議大夫户部右侍郎兼都察院右僉都御史王正志撰文

太子太師陽武侯楊濂篆額

賜進士出身翰林院庶吉士張玄錫書丹

霸之東域，堂二里澤鄉也。古建東嶽廟，其來已久，莫可遠稽。神廟甲戌歲，里人修之。乙巳歲，又修之。雖經屢葺，未拓舊基。逸叟胡姓名世豹者，閭黨高其行，有令嗣名明佐，雅重禁闥。前于熹廟初，橋梓發願重修，增其式廓，經始于甲子春，落成于乙丑夏。雕甍綉宇，金碧輝煌，展也畿南，一偉觀哉。然廟額名東嶽，中主以天齊大帝，左配以關聖帝，右配以河間劉真君，並奉維何？蓋東嶽大帝化育之德與天媲齊，人情好生而崇祀之。關聖帝，義節凛凛，乾坤正氣，無問曩今，無問齒稚，逖方異區，皆知欽之。至于劉真君，術傳岐黄，足以壽世之。三神者，崇卑雖不同階，功德在人一也，故並祀焉。重修後，廟二十陽秋矣，胡叟已謝世。是廟也，莊嚴慘淡，地勢傾欹，大非其故。胡君明佐目擊心維，謀所以更新之以妥神靈，以追來孝，甚盛舉也。又欲廣其善于人，集鄉之士庶共成之，鄉之人樂輸走攻。未幾，而廟貌焕然復新。跂翼矢棘，鳥革翬飛，猶夫昔也。鄉之父老咸歡祝曰：「非胡君之力不致此。其俾爾熾而昌乎！其俾爾耆而艾乎！」胡君又不自居，仍歸之衆善。噫嘻！此胡君精忱感孚群心，故能致衆善響應如斯耳。工既告竣，懇予屬文。予不能爲風雲月露之詞，謹録其巔末，俾勒諸石，聊以誌盛美于不朽云爾。時大明崇禎十七年歲次甲申孟春穀旦。

重建東嶽廟碑記

賜進士出身嘉議大夫戶部右侍郎兼都察院右僉都御史王正志撰文
太子太師陽武侯楊濂篆額
賜進士出身翰林院庶吉士張玄錫書丹

霸之東域堂二里澤鄉也古建東嶽廟其來已久莫可遠稽神廟甲戌歲里人脩之
乙巳歲又修之雖經屢葺未拓舊基逸叟胡姓名世豹者閭黨高其行有令嗣名明
佐雅重禁闥前於廟初橋梓發願重修增其式廓經始於甲子春落成於乙丑夏
雕甍繡宇金碧輝煌展也畿南一偉觀哉然廟額名東嶽中主以天齊大帝左配以
關聖帝右配以河間劉眞君並奉維何盖東嶽大帝化育之德與天媲齊人情好生
而崇祀之關聖帝義節凜凜乾坤正氣無問蠻令無問幽釋遐方異區皆知欽之至
於劉眞君術傳岐黃足以壽世之三神者崇卑雖不同階功德在人一也故並祀焉
重修後廟二十陽秋矣胡叟已謝世是廟也莊嚴慘淡地勢傾欹大非其故胡君明
佐目擊心維謀所以更新之以妥神靈以追來孝甚盛舉也又欲廣其善於人稟鄉
之士庶共成之鄉之人樂輸走攻未幾而廟貌煥然復新跂翼矢棘鳥革翬飛猶夫
昔也鄉之父老咸歡祝曰非胡君之力不致此其俾爾熾而昌乎其俾爾耆而艾乎
胡君又不自居仍歸之衆善噫嘻此胡君精忱感孚羣心故能致衆善響應如斯耳
工既告竣懇予屬文予不能爲風雲月露之詞謹錄其巔末俾勒諸石聊以誌盛美

於不朽云爾時大明崇禎十七年歲次甲申孟春穀旦

二八、户部右侍郎郝公（傑）墓誌銘

題解：

《户部右侍郎郝公（傑）墓誌銘》收録于民國二十三年（1934）《霸縣新志・金石志》，馮溥撰文，刊刻于清・順治十六年（1659）。

誌文：

皇上御極之十有六年，歲己亥，少司徒棫清郝公以疾終于原籍之正寢。長公今少宰敏公以訃聞于朝，皇上惻焉。念厥前勞，詔祭葬皆如例，禮也。長公以余嘗侍公杖履，悉公行事，因以狀來請銘，余不敢以不文辭。按狀：公諱傑，字君萬，別號棫清。先□始祖郝文忠公經，元初僑寓于燕，因家焉，遂世爲霸州人。文忠節義文章，無論識與不識，咸卜其後之必昌。乃歷元明之世，子孫繁滋，無大貴顯者。傳至智庵公諱九思，喜行其善于鄉，隱德浸浸彰矣。生丈夫子二，次諱鴻猷，世稱銘燕先生，公父也。公生而瑰異，幼不好弄。稍長，慷慨有大節。十餘歲，出就學。使者試爲文，立數千言，學使者奇之，由是聲名藉甚，畿輔士子無敢望項背。少丁母王夫人艱，水漿不入口，哀毀幾至滅性，至今鄉黨之言孝者歸焉。甲子，舉孝廉。時銘燕先生筮仕，爲秦之延長令，當流寇衝斥之時，公周旋艱險，守禦孤城，流寇不敢窺。及銘燕先生以病去，延之士民皆哭。未逾年，城果陷。至今延人思銘燕先生，即思公。丁卯，舉進士，授太常寺博士。戊寅，銘燕先生卒，公哀號毀瘁，祭葬一依古禮，不用二氏，里中化之。甲申，皇清定鼎，召收遺逸，公既夙負重望，且近在畿輔地，因首膺詔命，入拜户科給事中。念國家初創，必先爲根本計。且民志不定，則僭逾易生，惟禮可以已之。因上言宜開經筵、祀闕里以示天下所先。中云：「有一國者，有一國之規模；有天下者，有天下之規模。皇上爲天下主，必紀綱定，而朝廷尊。滿州貴人宜辨章服，別儀從，使漢人望而知敬；漢官亦宜辨章服，別儀從，使滿人見而加禮。」疏上，内外是之。公雖居言路，未嘗掇拾人短長，以沽直名。凡有所言，皆存忠厚開國之意。時庶務未定，廷臣有過無大小輒下刑部。公復上言曰：「法者，天下之平也。

法量過以爲受，則法行而人知恩。若罪無大小，悉歸司寇，則考功之法廢矣。使天下之士，朝囚首而對簿，暮冠帶而服官，非所以尊體統，而養廉耻也。」自是，乃分別降罰，先議而後請旨，群下始無輕詣西曹者。未幾，江南平，降臣蔡奕琛、阮大鋮等咸冀復用。公上疏，謂奕琛以賄得内閣，與大鋮等朋黨爲奸，以亡江南。《易》曰：「開國承家，小人勿用。」正謂此也，奕琛等宜黜歸。公于天下之事，知之明而守之固，雖不務苛細，而嚬笑亦未假人。故其奏對，皆關治道之大，而不爲目前之計，類如此。乙酉，轉兵科右給事中。未幾，轉兵科左給事中。丙戌，升兵科都給事中。戊子，晋通政司右參議。丁繼母邊夫人艱，服闋，補光禄少卿。尋以少廷尉晋大廷尉。時重囚不時報決，公以天道生殺，各有其時，王政則天，則陰陽之氣不致乖戾。因上言熱審及秋決例，得旨報可，自是始定秋後律。其仁心及物，隨在盡其所得。自筮仕以來，未嘗一念忘也。今狀中所載，皆其大節班班可紀者，至于他所建白尤多，率皆削稿矣。癸巳，晋户部右侍郎。時長君敏公亦自閩之藩參，内徵爲通政司右參議。公曰：「盈虛消息，天道也。豈有父子同列爲九卿，而不知止者哉？」遽移疾歸，歸而優遊里閈，與諸父老故舊爲歡，恂恂如也。待下嚴而有恩，處横逆犯而不校，事有干有司者，則一切遜謝，曰：「吾故吾也。今日之貴，于我何有哉？吾豈以此改其初服耶？」丁酉，敏公亦以少司徒遇覃恩晋級，封公如其官。人或謂公且復起，例不當受。公笑而不應，遂拜封。戊戌，敏公晋少宰。公聞之亦不爲色喜，曰：「官非難，報稱難耳。」公家距京近，間或至京邸，輒去。蓋不欲以塵事擾也。敏公以公不樂居京師，思上疏爲温清計。草已就，而訃聞。病革，語不及私，惟諄諄以兩世爲大臣勖敏公，以盡所未盡。忠孝之性，不忘于彌留之際。嗚呼難哉！死之日，親族哭于寢，百姓哭于路，朋友設位哀泣，至有相見于夢寐者。鄉人會弔，宅不能容，非盛德入人之深，而能如是耶？公平生事繼母倍孝，内外無間言。繼祖母張氏，雙目失明，年九十，病危，公扶掖出入，侍湯藥不稍懈。兄弟之間，備極友愛。嫂李氏少寡，公以子子之，以女女之，且爲之纖悉籌畫，俾無憾以終其節，族黨歸義焉。尤喜教育人才，凡族姓、里巷諸幼子弟，以貧失學者，無不委曲成就。其婚葬無資，時緩急者，蓋不可以更僕數。比歲大祲，公傾廪賑給，人人飽德，以故仕宦累年而四壁肅然，晏如也。嗟乎！言以教宣，行以道傳。公在朝剛毅正直，磊落可觀。然皆以坦易之意出之，與人不爲城府，人亦不可犯以非禮。其進退容與，無少繫吝，尤人所難，樂善忘勢，雖待田夫野老，尤必盡誠。跡其行事，可謂篤實光輝君子者矣。其以啓敏公少宰之緒不誣云。公生于萬曆三十年壬寅十一月初六日亥時，終于順治十六年己亥正月二十二日酉時，享年五十有八。娶李氏，封夫人。子四：長惟訥，丁亥進士，吏部左侍郎，娶廪生翼月李公女，封夫人；次惟謙，丙戌舉人，出嗣，娶廪生若谷王公女；次惟讓，官監生，娶具瞻劉公女；次惟諤，廪廕生，娶原任工部營繕司督理三山主事卜周黃公女。女四：長適光禄大夫太子太保都察院右都御史、管吏部左侍郎事北海孫公長男泰州同知道樸；次適庠生抱一張公季男庠生鼎昌；次適原任泰安州學正接三侯公長男開封府推官于庭；次適山東提學道副使亢菴房公長男庠生爾楨。孫十六人：士鈺，庠生，未聘；士銓，聘翰林院侍講學士長文李公女；士鏐，未聘，係訥出；士銑，娶戊子舉人繼樸高公女；士鏞、士鉽，未聘；士鈞，娶廪生潤質崔公女，係謙出；士鑾、士鑒，未聘，係讓出；士鐔、士鐸、士釪、士鏡、士銘、士鈖、士鎧，未聘，係諤出。銘曰：

陵川大業，有卓其英。殖其□德，中正粹精。啬以數世，乃莫與京。公起而承，興言在昔。嚴重有儀，訏謨秩秩。矯矯揚采，道在可述。開國承家，百世以奠。不激不阿，直見于面。聖學淵源，實維躬踐。盈虛是酌，其道不窮。再命而僂，罔矜予庸。箕裘式穀，勳位益崇。社稷之勤，天下思之。窀穸之營，司空度之。公靈不殁，永焉妥斯。

戶部右侍郎郝公墓誌銘　　馮溥

皇上御極之十有六年歲己亥少司徒棫清郝公以疾終于原籍之正寢長公今少宰敏公以訃聞於朝皇上憫焉念厥前勞詔祭葬皆如例禮也長公以余嘗侍公杖履悉公行事因以狀來請銘余不敢以不文辭按狀公諱傑字君萬別號棫清先□始祖郝文忠公經元初僑寓於燕因家焉遂世爲霸州人文忠節義文章無論識與不識咸卜其後之必昌迺歷元明之世子孫繁滋無大貴顯者傳至智庵公諱九思喜行其善於鄉隱德寖寖彰矣生丈夫子二次諱鴻猷世稱銘燕先生公父也公生而瑰異幼不好弄稍長慷慨有大節十餘歲出就學使者試爲文立數千言學使者奇之由是聲名藉甚畿輔士子無敢望項背少丁母王夫人艱水漿不入口哀毁幾

至滅性至今鄉黨之言孝者歸焉甲子舉孝廉時銘燕先生筮仕爲秦之延長令當流寇衝斥之時公周旋艱險守禦孤城流寇不敢窺及銘燕先生以病去延之士民皆哭未踰年城果陷至今延人思銘燕先生即思公丁卯舉進士授大常寺博士戊寅銘燕先生卒公哀號毁瘠祭葬一依古禮不用二氏里中化之甲申皇清定鼎召收遺逸公既夙負重望且近在畿輔地因首膺詔命入拜戶科給事中念國家初創必先爲根本計且民志不定則僭踰易生惟禮可以已之因上言宜開經筵祀闕里以示天下所先中云有一國者有一國之規模有天下者有天下之規模皇上爲天下主必紀綱定而朝廷尊滿州貴人宜辨章服別儀從使漢人望而知敬漢官亦宜辨章服別儀從使滿人見而加禮疏上內外是之公雖居言路未嘗掇拾人短長以沽直名凡有所言皆存忠厚開國之意時庶務未定廷臣有過無大小輒下刑部公復上言曰法者天下之平也法量過以爲受則法行而人知恩若罪無大小悉歸司寇則考功之法廢矣使天下之士朝因首而對簿暮冠帶而服官非所以尊體統而

養廉恥也自是乃分別降罰先議而後請旨辜下始無輕詆西曹者未幾江南平降臣蔡奕琛阮大鋮等咸冀復用公上疏謂奕琛以賄得內閣與大鋮等朋黨爲奸以亡江南易曰開國承家小人勿用正謂此也奕琛等宜黜歸公於天下之事知之明而守之固雖不務苛細而嚬笑亦未假人故其奏對皆關治道之大而不爲目前之計類如此乙酉轉兵科右給事中未幾轉兵科左給事中丙戌陞兵科都給事中戊子晉通政司右參議丁繼母邊夫人艱服闋補光祿少卿尋以少廷尉晉大廷尉時重囚不時報決公以天道生殺各有其時王政則天則陰陽之氣不致乖戾因上言熱審及秋決例得旨報可自是始定秋後律其仁心及物隨在謚其所得自筮仕以來未嘗一念忘也今狀中所載皆其大節班班可紀者至於他所建白尤多率皆削稿矣癸巳晉戶部右侍郎時長君敏公亦自閩之藩參內徵爲通政司右參議公曰盈盧消息天道也豈有父子同列爲九卿而不知止者哉遂移疾歸歸而優遊里閈與諸父老故舊爲懽恂恂如也待下嚴而有恩處橫逆犯而不校事有干有司者則

一切遜謝曰吾故吾也今日之貴於我何有哉吾豈以此改其初服耶丁酉敏公亦以少司徒遇覃恩晉級封公如其官人或謂公且復起例不當受公笑而不應遂拜封戊戌敏公晉少宰公聞之亦不爲色喜曰官非難報稱難耳公家距京近問或至京邸輒去蓋不欲以塵事擾也敏公以公不樂居京師思上疏爲濕痔計草已就而計聞病革語不及私惟諄諄以兩世爲大臣勗敏公以盡所未盡忠孝之性不忘於彌留之際嗚呼難哉死之日親族哭於寢百姓哭於路朋友設位哀泣至有相見於夢寐者鄉人會弔宅不能容非盛德入人之深而能如是耶公平生事繼母倍孝內外無間言繼祖母張氏雙目失明年九十病危公扶掖出入侍湯藥不稍懈兄弟之間備極友愛嫂李氏少寡公以子子之以女女之且爲之纖悉籌畫俾無憾以終其

節族黨歸義爲尤喜教育人才凡族姓里巷諸幼子弟以貧失學者無不委曲成就其婚葬無貲時緩急者蓋不可以更僕數比歲大祲公傾廩賑給人人飽德以故仕宦累年而四壁蕭然安如也嗟乎言以教宣行以道傳公在朝剛毅正直磊落可觀然皆以坦易之意出之與人不爲城府人亦不可犯以非禮其進退容與無少縶吝尤人所難樂善忘勢雖待田夫野老尤必盡誠跡其行事可謂篤實光輝君子者矣其以啟敏公少宰之緒不誣云公生於萬歷三十年壬寅十一月初六日亥時終於順治十六年巳亥正月二十二日酉時享年五十有八娶李氏封夫人子四長惟訥丁亥進士吏部左侍郎娶廪生翼月李公女封夫人次惟謙丙戌舉人出嗣娶廪生若谷王公女次惟讓官監生娶貝贍劉公女次惟詡廕生娶原任工部營繕司督理三山主事卜周黃公女女四長適光祿大夫太子太保都察院右都御史管吏部左侍郎事北海孫公長男泰州同知道樸次適庠生抱一張公季男庠生鼎昌次適原任泰安州學正接三侯公長男開封府推官于庭次適山東提學道副使亢菴房公長男庠生爾楨孫十六人士鉦庠生未聘士銓聘翰林院侍講學士長文李公女士鏐未聘係訥出士銑娶戊子舉人繼樸高公女士鏞士鉽未聘士鈞娶廪生潤質崔公女係謙出士鑾士鑒未聘係讓出士錞士鐸士釪士鏡士銘士鈖士鐏未聘係

詡出銘曰

陵川大業有卓其英殖其門德中正粹精尚以數世乃莫與京公起而承輿言在昔嚴重有儀訏謨秩秩矯矯揚采道在可述開國承家百世以寘不激不阿直見於面聖學淵源實維躬踐盈虛是酌其道不窮再命而僂岡矜予庸箕裘式穀勳位益崇社稷之勳天下思之甯爲之營司空度之公靈不歿永爲安斯

二九、福建福寧州知州鳴陽崔公（應鳳）暨顧夫人合葬墓誌

題解：

《福建福寧州知州鳴陽崔公（應鳳）暨顧夫人合葬墓誌》收録于民國二十三年（1934）《霸縣新志·金石志》，朱之弼撰文，刊刻于清·康熙十年（1671）。

誌文：

崔公諱應鳳，字鳴陽，一字茂遠。先世小興州人，明永樂間遷居霸州。至高祖璘，由孝廉歷任臨洮郡丞，有惠政，載郡志中。傳四世至公瞻，即公父也，食餼于庠，操行醇謹，歿之後，崇祀鄉賢祠。以孫貴，贈通奉大夫。配任太夫人，守貞教子，敕與旌表，封太夫人。公生有夙慧，讀書數行並下。自童子時，出口多驚人語。太夫人仿丸熊畫荻之規，以相勖勉，由是益自淬礪奮志。下帷，試輒冠軍，聲稱藉甚。明天啓甲子，鄉試闈中，擬元不獲，中副車，嗣後潛心理學，著述日富，以月川、白沙諸大儒自勵，識者許之。至國朝順治初，以明經高第，授鎮原縣令，遷西安倅。秩滿，升福寧州知州。因公解任，復補朔州知州。時太夫人春秋高，未能板輿迎養，遂解組歸。公孝友出于天性，慷慨多智略，與人交不設城府，意念之誠，可格鬼神。諸生時以避兵，與太夫人相失，夜行尋覓，仰天哀號，欻見所識宗姓者，告以渡河，奔詣果得太夫人所在。及詣宗謝，宗茫然莫識所謂，是亦奇矣。宰鎮原時，土寇未殄，始則單騎往諭，繼則設奇攻剿，擒其渠魁，散其黨羽，寇卒以平。倅西安兼攝州同篆，同州有織造絲價，及協濟潼關郵傳，額設無幾，而每歲所費甚巨，且科賦有金銀銅三則，爲例不一，故里胥得上下其手。公一一釐正，俾有定數，著爲令，官民兩便焉。福寧當兵火後士子硯田荒廢，公爲建書院，課生徒，未幾，人文蔚興。故所莅之處，其民皆至今尸祝之。夫人顧氏，以孝敬佐公，稱賢内助，桓汲孟案，歷五十載如一日。公弟卒，遺一子一女。公及顧夫人撫養鞠育，過于所生，田産與諸子酌分之，無異視。

嗚呼！此尤今人之所難也。解組後，優游林下者三十年，惟以翻閱經史、講明理學爲務。逝之先一日，猶伏枕與諸孫談文，至詰旦而卒。子之瑛由翰林官雲南布政使，以覃恩封公如其官，顧夫人累封夫人。公卒于康熙辛亥十月初十日，年八十有四。顧夫人卒于康熙癸卯正月十六日，年六十有四。子七人，女三人，孫男二十八人，孫女十九人，曾孫八人，曾孫女十六人，以康熙癸亥十二月望後二日，合葬于城東八里關王堂之祖塋。

福建福寧州知州鳴陽崔公暨顧夫人合葬墓誌　朱之弼

崔公諱應鳳字鳴陽一字茂遠先世小興州人明永樂間遷居霸州至高祖璘由孝廉歷任臨洮郡丞有惠政載郡志中傳四世至公曠即公父也食餼於庠操行醇謹歿之後崇祀鄉賢祠以孫貴贈通奉大夫配任太夫人守貞教子敕與旌表封太夫人公生有夙慧讀書數行並下自童子時出口多驚人語太夫人倣丸熊晝荻之規以相勗勉由是益自淬礪奮志下帷試輒冠軍聲稱藉甚明天啟甲子鄉試闈中擬元不獲中副車嗣後潛心理學著述日富以月川白沙諸大儒自勵識者許之至國朝順治初以明經高第授鎮原縣令遷西安倅秩滿升福寧州知州因公解任復補朔州知州時太夫人春秋高未能板輿迎養遂解組歸公孝友出於天性慷慨多智略與人交不設城府意念之誠可格鬼神諸生時以避兵與太夫人相失夜行尋覓仰天哀號欻見所識宗姓者告以渡河奔詣果得太夫人所在及詣宗謝宗茫然莫識所謂是亦奇矣宰鎮原時土寇未殄始則單騎往諭繼則設奇攻剿擒其渠魁散其黨羽寇卒以平倅西安兼攝州同篆同州有織造絲價及協濟灞關郵傳額設無幾而每歲所費萬鉅且科賦有金銀銅三則爲例不一故里胥得上下其手公一一釐正俾有定數著爲令官民兩便爲福寧當兵火後士子硯田荒廢公爲建書院課生徒未幾人文蔚興故所蒞之處其民皆至今尸祝之夫人顧氏以孝敬佐公稱賢內助桓汲孟案歷五十載如一日公弟卒遺一子一女公及顧夫人撫養鞠育過於所生田產與諸子酌分之無異視嗚呼此尤今人之所難也解組後優游林下者三十年惟以翻閱經史講明理學爲務逝之先一日猶伏枕與諸孫談文至詰旦而卒

子之瑛由翰林官雲南布政使以覃恩封公如其官顧夫人累封夫人公卒於康熙辛亥十月初十日年八十有四顧夫人卒於康熙癸卯正月十六日年六十有四子七人女三人孫男二十八人孫女十九人曾孫八人曾孫女十六人以康熙癸亥十二月望後二日合葬於城東八里關王堂之祖塋

三〇、吏部尚書謚恭定郝公（惟訥）墓誌銘

題解：

《吏部尚書謚恭定郝公（惟訥）墓誌銘》收録于民國二十三年（1934）《霸縣新志·金石志》，大學士王熙撰文，刊刻于清·康熙二十二年（1683）。

誌文：

康熙二十二年七月九日，吏部尚書霸州郝公以疾薨于京師邸第。臨終上疏謝恩，天子憫其忠，加慰勞焉。喪聞震悼，賜茶酒，命大臣臨奠，而敕所司給祭葬加祭一壇，謚曰恭定。于是其孤士鈺等卜葬有日，以少宗伯爾茂楊公狀來請銘。予惟公國之宗臣，一代之巨人。長德功在朝廷，名在史紀，事業卓卓不勝書。最其生平大節，惟忠與孝，其守官敬勤，而持身廉潔，事上一以誠，不爲面欺苟容。家世清白，益刻苦自飭勵，未嘗表飾，求赫赫名。侍太夫人疾，得病至哭而死。故予條次公家世、歷官、名績以爲與古大臣合者，由于忠且孝。既自信知公之深，亦所以取信于後也。公諱惟訥，字敏公，一字端甫，世爲順天霸州人，係出元文忠公經之後。曾大父九思，隱德稱鄉里。大父鴻猷，舉鄉試，爲延長令。父傑，明崇禎進士，入國朝爲户科給事中，累遷至户部右侍郎。三世累贈封，俱至光禄大夫、吏部尚書。曾祖妣李氏，繼曾祖妣張氏，祖妣王氏，繼祖妣邊氏，俱贈一品夫人。母李氏，始封宜人，繼封夫人，繼封一品太夫人。初，李太夫人孕而被盜，墜樓投于土塹，不死。明日遇仙嫗，授藥而愈，是實生公。公爲兒童，戲嬉智出成人，及讀書，五行俱下。丙戌，舉鄉試。丁亥，成進士，釋褐授刑部廣西司主事，升員外郎、山西司郎中，遷福建督糧僉事，道署兵備驛鹽道，復署按察司，又署延建邵道，軍功紀録，大計舉卓異。又用薦者，召爲通政司右參議，歷太僕寺少卿、左通政，陟大理寺卿、户部右侍郎，管理錢法加一級，晉吏部右

侍郎，轉左侍郎，充殿試讀卷官。丁外艱，服除，補户部左侍郎，轉吏部左侍郎，充會試總裁官、殿試讀卷官，擢都察院左都御史，拜工部尚書，尋轉刑部尚書加一級，轉禮部尚書，尋轉户部尚書，充殿試讀卷官，拜吏部尚書。丁内艱，服闋而薨。公精于吏事，笑談立辨，若無意者，其所區畫處置，人不能及。其任刑部，天下初定，訟獄繁。大司寇設官理章奏科，録讞詞以輕重比而爲例，獨以公任，訟獄遂清。福建故無漕，駐防兵食仰給常豐倉。倉儈因緣窟穴，稱攬納户，公取巨蠹置法，令民自輸官，自是民便甚，兵不苦飢。大兵下漳南，糧運多阻，公督米二萬石，率舟師浮海達泉州。一軍飽騰，海疆平。巨寇張自盛犯延、邵，上官以爲非公不能辦。公設方略，勵戰士，挫其凶鋒，復用間散離其黨羽。自盛就擒，公不言功，僅得紀録。公之始至也，兩粤方用兵，海寇時發，民間反側不自安，税課徵調不以時應，吏其地者又以去京師遠，多縱恣魚肉之。公謝苞苴，絶羨耗，一切寬以法外，于是八郡一州之人，咸安處無動摇。其功爲大，于是天下監司之稱廉能者，推公爲第一。撫按交薦，遂以卓異舉，例内用。吏部侍郎孫公承澤、成公克鞏復薦之。世祖以公爲賢，獨先被召。公去，閩士民涕泣攀戀。既去，復追送數十里外，勒石紀功德。公入，少司農請休。公自通政至錢法侍郎，一年間遍歷父所居職，若相代然，當世榮之。公任錢法，上言請清鑄本，收匠作，朝廷從其議。漕艘抵通州，大雨水漲，重運皆漂泊。世祖命公往經理，跋履水次，轉粟貯京通倉，于是運船得空回，無凍阻患。其在吏部考滿，蔭一子，請移蔭幼弟惟謂，報可，大臣移蔭始此。其起復爲户部侍郎也。是時，州縣歲徵税銀，分解各部寺院，充一切經費，額數少而款目繁，各以十分未完論，有司詿誤，去者相望。公倡議天下錢糧總歸户部，合以十分爲考成，公私便焉。會試總裁，所得多知名士。憲臣職風紀，公抑抑自下，中外聞其清節，凛然不敢犯過差。是時，廷議罷天下巡按御史，而令督撫巡歷州縣。又罷大計考察，定以内外官六年一考核。藩鎮宿重兵，協濟騷然。旱災蠲田糧而徵丁銀，貪吏犯贓罪遇赦復其官，爲民害。又欲破資格，以進士、舉人、貢生爲一途，而督學之任多非其選。公言督撫任地方，民隱慮無不知，何必僕僕道途，考察大典不可停，宜復舊例，併免。吏非因公受過者遇赦不得還職，學臣非兼文學不可程士。舊例，試而後授，宜于序俸中寓選擇法。自是督撫始不出巡，民免供億費，投誠官兵悉墾荒，歲省度支無算，貪吏遇赦不能復害民，學臣悉用進士制科得人。公忠勤憂國，多所密奏不得聞，其顯然在人耳目者，或從或不從，久而行之，無不關于國計民生者如此。

吏部尚書謚恭定郝公墓誌銘

大學士王熙宛平

康熙二十二年七月九日吏部尚書霸州郝公以疾薨於京師邸第臨終上疏謝恩
天子憫其忠加慰勞焉喪聞震悼賜茶酒命大臣臨奠而勑所司給祭葬加祭一壇
謚曰恭定於是其孤士鈺等卜葬有日以少宗伯爾茂楊公狀來請銘予惟公國之
宗臣一代之鉅人長德功在朝廷名在史紀事業卓卓不勝書最其生平大節惟忠
與孝其守官敬勤而持身廉潔事上一以誠不爲面欺苟容家世清白益刻苦自飭
勵未嘗表飾求赫赫名侍太夫人疾得病至哭而死故予條次公家世歷官名績以
爲與古大臣合者由於忠且孝既自信知公之深亦所以取信於後也公諱惟訥字
敏公一字端甫世爲順天霸州人系出元文忠公經之後曾大父九思隱德稱鄉里
大父鴻猷舉鄉試爲延長令父傑明崇禎進士入國朝爲戶科給事中累遷至戶部
右侍郎三世累贈封俱至光祿大夫吏部尚書曾祖妣李氏繼曾祖妣張氏祖妣王
氏繼祖妣邊氏俱贈一品夫人母李氏始封宜人繼封夫人繼封一品太夫人初李
太夫人孕而被盜墜樓投於土塹不死明日遇仙嫗授藥而愈是實生公公爲兒童
戲嬉智出成人及讀書五行俱下丙戌舉鄉試丁亥成進士釋褐授刑部廣西司主
事陞員外郎山西司郎中遷福建督糧僉事道署兵備驛鹽道復署按察司又署延
建邵道軍功紀錄大計舉卓異又用薦者召爲通政司右參議歷太僕寺少卿左通
政陟大理寺卿戶部右侍郎管理錢法加一級晋吏部右侍郎轉左侍郎充殿試讀
卷官丁外艱服除補戶部左侍郎轉吏部左侍郎充會試總裁官殿試讀卷官擢都
察院左都御史拜工部尚書尋轉刑部尚書加一級轉禮部尚書尋轉戶部尚書充
殿試讀卷官拜吏部尚書丁內艱服闋而薨公精於吏事笑談立辨若無意者其所

區畫處置人不能及其任刑部天下初定訟獄繁大司寇設官理章奏科錄讞詞以
輕重比而爲例獨以公任訟獄遂清福建故無漕駐防兵食仰給常豐倉倉儈因緣
窟穴稱攬納戶公取巨蠹置法令民自輸官自是民便甚兵不苦飢大兵下漳南糧
運多阻公督米二萬石率舟師浮海達泉州一軍飽騰海寇平巨寇張自盛犯延邵
上官以爲非公不能辦公設方略勵戰士挫其兇鋒復用間散離其黨羽自盛就擒
公不言功僅得紀錄公之始至也兩粵方用兵海寇時發民間反側不自安稅課徵
調不以時應吏其地者又以去京師遠多縱恣魚肉之公謝苞苴絕羨耗一切寬以
法外於是八郡一州之人咸安處無動搖其功爲大於是天下監司之稱廉能者推
公爲第一撫按交薦遂以卓異舉例內用吏部侍郎孫公承澤成公克鞏復薦之世
祖以公爲賢獨先被召公去閩士民涕泣攀戀既去復追送數十里外勒石紀功德
公入少司農請休公自通政至錢法侍郎一年間徧歷父所居職若相代然當世榮
之公任錢法上言請清鑄本收匠作朝廷從其議漕艘抵通州大雨水漲重運皆凍
洎世祖命公往經理跋履水次轉粟貯京通倉於是運船得空回無凍阻患其在吏
部考滿廕一子請移廕幼弟惟諤報可大臣移廕始此其起復爲戶部侍郎也是時
州縣歲徵稅銀分解各部寺院充一切經費額數少而款目繁各以十分未完論有
司詿誤去者相望公倡議天下錢糧總歸戶部令以十分爲考成公私便焉會試總
裁所得多知名士憲臣職風紀公抑抑門下中外聞其清節凜然不敢犯過差是時
廷議罷天下巡按御史而令督撫巡歷州縣又罷大計考察定以內外官六年一考
核藩鎮宿重兵協濟騷然旱災蠲田糧而徵丁銀貪吏犯贓罪遇赦復其官爲民害
又[illegible]破資格以進士舉人貢生爲一途而督學之任多非其選公言督撫任地方民
瘼[illegible]無不知何必僕僕道途考察大典不可停宜復舊例綠旗官兵及投誠將士應
令所在屯田旱荒地無田之丁亦宜蠲免吏非因公受過者遇赦不得還職學臣
非藉文學不可程士舊例試而後授官於序俸中寓選擇法自是督撫始不出巡民
免供億貲投誠官兵悉墾荒歲省度支無算貪吏遇赦不能復害民學臣悉用進士

户部尚書蘇納海、總督朱昌祚、巡撫王登聯以圈易八旗莊田事被逮。時將坐以結黨，下刑部具獄。公偕同官按律執奏，謂當從輕比。議雖格不行，然士論皆以公爲正。在禮部，請上幸太學，大典以成。公兩爲户部侍郎，深知財用嬴縮，有所規畫，未竟而遷去。及爲尚書，請復還州縣存留，又請緩徵錢糧，又請停畿内圈地。公不以會計科歛爲能事，日夜思厚民生，培國脉，劑量緩急，寬其程課，自是吏民始得蘇息。公視銓政，獨持大體，言官論事失實，例不免，公獨議免之，先後獲全者數人。既而疏請寬言路處分例，謂從來治亂，關于言路通塞，優容而嘉與，猶恐讜言不至，豈可因而加罪？公之扶持正氣者，皆此類也。州縣清查隱地，及格者皆增秩，或驟遷以去，然相度多不實者，公力陳其弊，稍裁抑之，其風乃息。兵興，開捐納事例，正途日壅，公爲斟酌資格，按缺分選，銓法稱平焉。冢宰長六卿，進退百官，及會議、會推、朝審諸大政，皆領其事。公推誠布公，委曲參酌，期于至當，遇持議膠固不可力争者，輒引譬談笑。久之，其人意移，事多有濟。公于上前敷奏條暢論説至到，即所見于衆偶有同異，亦必開陳端緒，不留隱情。上知公深，往往從公言，公出不以告人也。公在朝廷持綱紀，顧公議，事關國家之大，必歸于正，其色甚和，其言甚婉，而其心甚苦。于是人情有所恃，而國是有所定，公之繫于天下者，蓋如此其重也。公受知兩朝，其陟户吏侍郎及户禮尚書，皆以陪推特用，仕宦幾四十載，九列歷其八，六卿歷其五，在農部四載，爲冢宰九年。于國計銓政，尤慎而詳，故兩部法經公裁定者，至今守之不變。公爲人外和内剛，性簡澹，喜自晦歛，官日尊，謙退益甚。與人交，樂易可親，其中不能奪。家居門庭蕭然，竿牘不至，服食起居，有人所不堪者，故雖抗議而衆不忘，執法而人不怨，直行己意，而天子以爲賢。嗚呼！人能履公之一端，固可以爲名臣矣。公父少司農，素以清節著。公在閩時，閩人有以計偕入謁者，居第不容旋馬，室無髹漆交床坐器。少司農被澣濯衣出見，曰：「吾兒在閩，其無得罪百姓乎？人生親老家貧，多不得爲廉吏。今吾藉先世資，瘠薄田足饘粥，吾勞于此，分禄以養其妻子，所以勸爲廉吏也。」見者言公治行，則大喜。公既入，動遵少司農所爲，有勸以變通，爲後人計者，則曰：「吾家法在也。」公孝友出天性，教子弟以淳樸，出門無車馬僕從，嫁娶儉約，殆不如庶民家。禄俸所餘，悉以資其鄉里及賓興應試者，家無餘財。公既以公忠慎練爲舉朝所重，遇大事非公不能決。常以疾在告，大臣罷議以待，人吏候門數輩，公不得已，强出視事，故經年間休暇之日少。而公奉母李太夫人，老而益篤，公退，未嘗不在側也。康熙十九年，太夫人得病，公將疏請養，太夫人怒，弗許。公日奏對，治事歸，

制科得人公忠勤憂國多所密奏不得聞其顯然在人耳目者或從或不從久而行之無不關於國計民生者如此戶部尚書蘇納海總督朱昌祚巡撫王登聯以圈易八旗莊田事被逮時將坐以結黨下刑部具獄公偕同官按律執奏謂當從輕比議雖格不行然上論皆以公爲正在禮部請上幸太學大典以成公兩爲戶部侍郎深知財用匱絀有所規畫未竟而遷去及爲尚書請復還州縣存留又請緩徵錢糧又請停畿內圈地公不以會計科斂爲能事日夜思厚民生培國脈酌量緩急寬其程課自是吏民始得蘇息公視銓政獨持大體言官論事失實例不免公獨議免之先後獲全者數人既而疏請寬言路處分例謂從來治亂關於言路通塞優容而嘉與猶恐言不至豈可因而加罪公之扶持正氣者皆此類也州縣請查隱地及格者皆增秩或驟遷以去然相度多不實者公力陳其弊稍裁抑之其風乃息兵興開捐納事例正途日壅公爲斟酌資格按缺分選銓法稱平爲冢宰長六卿進退百官及會議會推朝審諸大政皆領其事公推誠布公委曲參酌期於至當遇持議膠固不可力爭者輒引譬談笑久之其人意移事多有濟公於上前敷奏條暢論說至到即所見於衆偶有同異亦必開陳端緒不留隱情上知公深往往從公言公出不以告人也公在朝廷持綱紀顧公議事關國家之大必歸於正其色甚和其言甚婉而其心甚苦於是人情有所恃而國是有所定公之繫於天下者蓋如此其重也公受知兩朝其陟戶吏侍郎及戶禮尚書皆以陪推特用仕宦幾四十載九列歷其八六卿歷其五在農部四載爲冢宰九年於國計銓政尤慎而詳故兩部法經公裁定者至今守之不變公爲人外和內剛性簡澹喜自晦歛官日尊謙退益甚與人交樂易可親其中不能奪家居門庭蕭然竿牘不至服食起居有人所不堪者故雖抗議而衆不忘執法而人不怨直行己意而天子以爲賢嗚呼人能履公之一端固可以爲名臣矣公父少司農素以清節著公在閣時閣人有以計偕入謁者居第不容旋馬室無髹漆交牀坐器少司農被澣濯衣出見曰吾兒在閣其無得罪百姓乎人生親老家貧多不得爲廉吏今吾藉先世貲瘠薄田足饘粥吾勞於此分祿以養其妻子所

以勸爲廉吏也見者言公治行則大喜公既入勤遵少司農所爲有勸以變通爲後人計者則曰吾家法在也公孝友出天性教子弟以淳樸出門無車馬僕從嫁娶儉約殆不如庶民家祿俸所餘悉以資其鄉里及賓興應試者家無餘財公既以公忠愼練爲舉朝所重遇大事非公不能決常以疾在告大臣能議以待人吏候門數輩公不得已強出視事故經年間休暇之日少而公奉母李太夫人老而益篤公退未嘗不在側也康熙十九年太夫人得病公將疏請養太夫人怒弗許公日奏對治事歸坐臥牀下竟日夜不休一年而疾作既太夫人考終公痛泣悲哀經營草土罷勉襄葬疾少間駕幸霸州公拜於道左天子見其羸瘠咨嗟動容賜食與藥而命御醫調治於京邸未幾服除再感寒疾醫者以爲積勞久神明內瘁殆不起矣竟不起公生於天命癸亥九月二十七日得年六十有一配李氏封一品夫人子三人長士鈺二品廕生候選六品京職娶劉氏次士鈜官監生候選國子監典簿娶李氏次士鑅廪生娶汪氏再娶顏氏女一適廪貢生楊塤公不蓄媵侍子女皆李夫人出孫二人霈震士鈺出孫女三人卜以康熙二十二年十二月初九日葬於青口村北嗚呼即公之事推公之心蓋無不出於至誠故始終一節而內外無間可謂忠且孝矣予與公同舉於鄉復同年舉進士知公深故不辭而爲銘銘曰

翼翼郝公國之元老克壯其猷其心則小和不爲同淸不爲矯受恩兩朝敬愼初終勞謙君子久而彌恭庶務總總必親於躬孰謂公儉其業則豐孰謂公貧其德則充公在海嶠經綸翕張民曰德在謳吟不忘公歸朝廷百度以正師師濟濟各勉其行于思于思昔也光澤謀國數年而見皓白公有老母家法是箴慮見瑕玷以僞其心出則匪躬入則侍疾遂膺纏綿銜哀窀穸慕土既封神依親側天不慭遺不念兆人天子曰咨喪我藎臣易名賜䘏以寵全德[illegible]公之賢膺此備物我銘其藏爲世之光

坐臥床下，竟日夜不休，一年而疾作。既太夫人考終，公痛泣悲哀，經營草土，黽勉襄葬。疾少間，駕幸霸州。公拜于道左，天子見其羸瘠，咨嗟動容，賜食與藥，而令御醫調治于京邸。未幾，服除，再感寒疾，醫者以爲積勞久，神明内瘁，殆不起矣，竟不起。公生于天命癸亥九月二十七日，得年六十有一。配李氏，封一品夫人。子三人：長士鈺，二品蔭生，候選六品京職，娶劉氏；次士鉉，官監生，候選國子監典簿，娶李氏；次士鏐，廩生，娶汪氏，再娶顔氏。女一，適廩貢生楊塤。公不蓄媵侍，子女皆李夫人出。孫二人：霱、震，士鈺出。孫女三人。卜以康熙二十二年十二月初九日，葬于青口村北。嗚呼！即公之事，推公之心，蓋無不出于至誠，故始終一節而内外無間，可謂忠且孝矣。予與公同舉于鄉，復同年舉進士。知公深，故不辭而爲銘。銘曰：

翼翼郝公，國之元老。克壯其猷，其心則小。和不爲同，清不爲矯。受恩兩朝，敬慎初終。勞謙君子，久而彌恭。庶務總總，必親于躬。孰謂公儉，其業則豐。孰謂公貧，其德則充。公在海疆，經綸翕張。民曰德在，謳吟不忘。公歸朝廷，百度以正。師師濟濟，各勉其行。于思于思，昔也光澤。謀國數年，而見班白。公有老母，家法是箴。慮見瑕玷，以僞其心。出則匪躬，入則侍疾。遂膺纏綿，銜哀窀穸。墓土既封，神依親側。天不慭遺，不念兆人。天子曰咨，喪我藎臣。易名賜恤，以寵全德。緊公之賢，膺此備物。我銘其藏，萬世之光。

三一、誥授光禄大夫吏部尚書郝恭定公（惟訥）神道碑銘

題解：

《誥授光禄大夫吏部尚書郝恭定公（惟訥）神道碑銘》收録于民國二十三年（1934）《霸縣新志·金石志》，大學士李霨撰文，刊刻于清·康熙二十二年（1683）。

碑文：

康熙二十二年三月，駕幸霸州。前吏部尚書郝公持服里居，出伏謁。上召見，慰勞良久。憫其羸，詢知久病狀，遣醫即視其家。尋服除，詣闕，又一再遣御醫往視，賜參藥，數被存問。未幾，以公訃聞。上悼惜，有司請予祭一壇，詔特予祭二，賜謚恭定，褒恤有加。嗚呼！是爲聖天子眷念老臣，哀榮備禮。視史書所載，主聖臣賢、叶德一心者，曷以過焉！比葬，公之子士鈺來請墓隧之碑。予與公交久，且累世年誼，何敢辭？公諱惟訥，字敏公，姓郝氏，世家順天霸州，元文忠公經之後也。曾祖諱九思，不仕。祖諱鴻猷，明萬曆己酉舉人，官延長令。考諱傑，崇禎丁丑進士，皇清累官户部右侍郎。自曾祖以下，皆以公貴累贈光禄大夫、吏部尚書。妣李氏，累封一品太夫人。公幼警敏，十餘歲即好學問，能文章。順治三年丙戌，舉順天鄉試。丁亥成進士，授刑部主事，歷員外郎中，出爲福建督糧道。舉治行卓異，内詔補通政使司右參議，遷太僕寺少卿、通政使司左通政、大理寺卿。尋擢户部右侍郎。十六年，以父喪歸。今天子即位，起補户部右侍郎，遷都察院左都御史，歷工、刑、户、禮四部尚書，後遷吏部尚書，爲吏部九年，遭母喪歸，哀毁致疾。服除，未補。以康熙癸亥七月九日卒于京師之邸第，即以是年十二月初九日葬于青口之北原，壽六十有一。先是公官比部郎，會天下初定，多大獄，司寇選其屬文無害者，令參閱讞詞，比附輕重，號管理章奏科，首以屬公，蓋知公賢也。爲僉事福建，按治倉儈之蠹糧者，置之法。杜包攬弊，令民得自輸，官人皆便之。大兵下漳南，糧運梗絶，公由海道督

運抵泉州，軍供得無乏。江南巨寇張自盛闌入閩，跳梁延邵間，公設方略，且撫且剿。自盛卒就擒，餘賊解散。及去，閩老幼號泣，遮行數百里不絶。公吏事練達，負經濟才，故任皆有聲。性和易，遇人坦如也。然于是非可否，嶄然不可以利害怵。立朝論事諤諤，顧持大體，所言多軍國經久計。不自用，然不肯苟同。或衆議紛拏，公堅持列兩議。上往往是公議，遂著爲令。或言未立從，其後申令有所更定，又若與公言吻合。爲户部侍郎，患民税多目，吏得旁緣爲奸，而郡縣苦繁瑣，困于奉行，輒詿誤負罪累去。公議以各部司錢糧，總歸户部，爲十分考成，至今稱便。及爲尚書，疏請止圈地，復存留緩徵輸，皆裨益國計民生甚巨。爲左都御史，前後章屢上，其尤著者請停督撫出巡，以省供億。又言：「貪吏按劾得實，雖遇赦，不當復用。」上悉爲施行。又言：「學臣職教化，當慎選有文學者爲之。」時各省學臣多不由甲科，其後更學道必用進士，實公疏啓之云。爲刑部尚書，會户部尚書蘇納海、總督朱昌祚、巡撫王登聯以阻格圈地得罪，逮繫刑部，趣具獄。時公方在告，聞之，蹶然起曰：「三人皆大臣，爲民請命，無死法。」乃引奉詔不即行，律罪當杖，雖觸忤權要，不恤也。及爲吏部尚書，公以天下之治否，係于言路之通塞，臺諫言事即有失實，當寬其處分，以作敢言之氣。又以清查隱地，議叙太優，不肖有

誥授光祿大夫吏部尚書郝恭定公神道碑銘　大學士李霨　高陽

康熙二十二年三月駕幸霸州前吏部尚書郝公持服里居出伏謁上召見慰勞良久憫其羸詢知久病狀遣醫即視其家尋服除詣闕又一再遣御醫往視賜參藥數被存問未幾以公訃聞上悼惜有司請予祭一壇詔特予祭二賜謚恭定褒邺有加嗚呼是爲聖天子眷念老臣哀榮備禮視史書所載主聖臣賢叶德一心者曷以過焉比葬公之子士鉞來請墓隧之碑予與公交久且累世年誼何敢辭公諱惟訥字敏公姓郝氏世家順天霸州元文忠公經之後也曾祖諱九思不仕祖諱鴻猷明萬歷己酉舉人官延長令考諱傑崇禎丁丑進士皇清累官戶部右侍郎自曾祖以下皆以公貴累贈光祿大夫吏部尚書妣李氏累封一品太夫人公幼警敏十餘歲即好學問能文章順治三年丙戌舉順天鄉試丁亥成進士授刑部主事歷員外郎中出爲福建督糧道以治行卓異內詔補通政使司右參議遷太僕寺少卿通政使司左通政大理寺卿尋擢戶部右侍郎十六年以父喪歸今天子即位起補戶部右侍郎遷都察院左都御史歷工刑戶禮四部尚書後遷吏部尚書爲吏部九年遭母喪歸哀毀致疾服除未補以康熙癸亥七月九日卒于京師之邸第即以是年十二月

初九日葬於青口之北原壽六十有一先是公官比部郎會天下初定多大獄司寇選其屬文無害者令參閱讞詞比增輕重號管理章奏科首以屬公蓋知公賢也爲僉事福建按治倉儈之竊糧者置之法杜包攬弊令民得自輸官人皆便之大兵下漳南糧運梗絶公由海道督運抵泉州軍供得無乏江南巨寇張自盛闌入閩跳梁延邵間公設方略且撫且剿自盛卒就擒餘賊解散及去閩老幼號泣遮行數百里不絶公吏事練達負經濟才故任皆有聲性和易遇人坦如也然於是非可否嶄然不可以利害怵立朝論事諤諤顧持大體所言多軍國經久計不自用然不肯苟同或衆議紛拏公堅持列兩議上往往是公議遂著爲令或言未立從其後申令有所更定又若與公言脗合爲戶部侍郎患民稅多目吏得旁緣爲姦而郡縣苦繁瑣困於奉行輒詿誤負罪累去公議以各部寺錢糧總歸戶部爲十分考成至今稱便及爲尚書疏請止圈地復存留緩徵輸皆裨益國計民生甚鉅爲左都御史前後章屢上其尤著者請停督撫出巡以省供億又言貪吏按劾得實雖遇赦不當復用上悉

司多便于自營，僞增虚額。將來徵輸不前，勢必取盈見户重困民。疏言之甚切，詔報可。甲寅、乙卯間，值軍興，開捐納例，令得入資補官。正途日益壅，臺臣以爲言，衆議格之。公毅然獨持一議，令捐納與應選分缺除授，疏入，得旨依議。自是銓法稱平。每有建白，務得大體多類此。公逮事兩朝，于九列居其八，于六卿歷其五，以忠恪受主知，歷三十餘年如一日。遇京察者三，自陳者五，並被温旨慰留。而康熙十八年三月，特奉有端勤誠慎之褒，尤異數也。公事親孝，于昆季友愛，侍太夫人疾，藥餌必手和，夜寢床笫間，聞呼聲必四五起。比曉束帶入朝，常不及交睫。又遭喪，哀毁循禮，貌悴神傷，竟以是遘疾卒。悲夫！始公爲吏部侍郎時，考滿例得蔭子，疏請移蔭其弟惟謂，情詞愷切。令甲無子者方得改蔭，上察其誠，特許之。後得引例，移蔭自公始。公考以少司農歸，衣不重帛，居宅無旋馬處。公循之，一無所增。教子弟屏華飾，不侈輿馬僕從，房闥間，絮衾布袍而外，無他長物。其卒也，殮具幾不周。嗚呼！此足覘公生平矣。配李氏，封一品夫人。男三人：長士鉦，蔭生，候選六品京職；次士鉉，官監生，候選國子監典簿；次士鏐，廪生。女一人，適禮部左侍郎楊公正中長男塤。孫男三人，女二人。其世系生卒姻屬互見誌狀中，及其他行事不繫公大節者，皆略不書。初，太夫人方娠公，猝遇盗，自投

爲施行又言學臣職教化當愼選有文學者爲之時各省學臣多不由甲科其後更學道必用進士實公疏啟之云爲刑部尚書會戶部尚書蘇納海總督朱昌祚巡撫王登聯以阻格圈地得罪逮繫刑部趣具獄時公方在告聞之蹶然起曰三人皆大臣爲民請命無死法乃引奉詔不即行律罪當杖雖觸忤權要不恤也及爲吏部尚書公以天下之治否係於言路之通塞臺諫言事即有失實當寬其處分以作敢言之氣又以清査隱地議叙太優不肯有司多便於自營僞增虛額將來徵輸不前勢必取盈見戶重困民疏言之甚切詔報可甲寅乙卯間値軍興開捐納例令得入貲補官正途日益壅臺臣以爲言衆議格之公毅然獨持一議令捐納與應選分缺除授疏入得旨依議自是銓法稱平每有建白務得大體多類此公逮事兩朝於九列居其八於六卿歷其五以忠恪受主知歷三十餘年如一日遇京察者三自陳者五並被溫旨慰留而康熙十八年三月特奉有端勤誠愼之褒尤異數也公事親孝於昆季友愛侍太夫人疾藥餌必手和夜寢牀第間聞呼聲必四五起比曉束帶入朝

常不及交睫又遭喪哀毀循禮貌悴神傷竟以是遘疾卒悲夫始公爲吏部侍郎時考滿例得蔭子疏請移蔭其弟惟謂情詞愷切令甲無子者方得改蔭上察其誠特許之後得引例移蔭自公始公考以少司農歸衣不重帛居宅無旋馬處公循之一無所增教子弟屏華飾不侈輿馬僕從房闥間絮衾布袍而外無他長物其卒也殮具幾不周嗚呼此足覘公生平矣配李氏封一品夫人男三人長士鉦蔭生候選六品京職次士鉉官監生候選國子監典簿次士鏐廪生女一人適禮部左侍郎楊公正中長男塤孫男三人女二人其世系生卒姻屬互見誌狀中及其他行事不繫公大節者皆略不書初太夫人方娠公猝遇盜自投樓下傷股幾殞有老嫗攜筐至請治之家人曰得生足矣娠不望全也嫗曰是腹中兒有福當兩生之引手摩股骨相屬有聲投以藥立愈頃之嫗忽不見鄉人相傳以爲仙附著之亦以見公之生不偶云銘曰

郝後帝乙得姓自周世有發聞文忠益裒由晉徙燕垂四百年或顯或晦集祉厥昆考亞司農公濟冢卿乃豐乃陟如權斯衡封章造膝斷斷斷斷白首廬居苦塊啜泣攄慕孔誠積哀滋疾公死於孝帝念其忠易名復壙顯譽令終有嘉巍巍豐碑奕葉用永厥垂茲銘罔泐

樓下，傷股幾殞。有老媪攜筐至，請治之。家人曰：「得生足矣，娠不望全也。」媪曰：「是腹中兒有福，當兩生之。」引手摩股骨，相屬有聲。投以藥，立愈。頃之，媪忽不見，鄉人相傳以爲仙附著之，亦以見公之生不偶云。銘曰：

郝後帝乙，得姓自周。世有發聞，文忠益裒。由晉徙燕，垂四百年。或顯或晦，集祉厥昆。考亞司農，公濟冢卿。乃黜乃陟，如權斯衡。封章造膝，斷斷斷斷。白首廬居，苫塊啜泣。孺慕孔誠，積哀滋疾。公死于孝，帝念其忠。易名復壙，顯譽令終。有墓巍巍，豐碑嶫嶫。用永厥垂，茲銘罔泐。

三二、誥封一品夫人郝恭定公（惟訥）德配李夫人墓誌銘

題解：

《誥封一品夫人郝恭定公（惟訥）德配李夫人墓誌銘》收録于民國二十三年（1934）《霸縣新志·金石志》，刊刻于清·康熙三十二年（1693）。

誌文：

予侍郝恭定先生絳席者，幾三十年。先生一日詔予曰：「《周易》一書，閑家著戒，天地大義，利在女貞。蓋男正位乎外，女正位乎内，正家而天下定，則婦子尤重焉，不可不知。」予奉教唯唯，因聞吾師母李夫人，孝謹備至，佐内清嚴，賦性儉樸，平居一無所嗜好，惟教令嗣士鈺諸昆仲刻苦自勵，戒遊嬉以無墜家聲。此吾夫子刑于之效也，乃癸亥秋先夫子逝矣。後十年癸酉夏，夫人繼逝。悲哉！諸昆仲以誌銘屬予，予既爲先夫子傳矣，茲何敢以不文辭？謹按行述略曰：夫人姓李氏，世籍霸州，湖廣布政使分守常鎮道諱時芃公孫女，翼月公諱星耀女也。家固豐且顯，及嬪，輒屏一切華飾，淡泊自甘，躬親操作，事少司農，今封光禄大夫吏部尚書。棫清公諱傑，封一品太夫人李甚孝，先意承志，諸姑娣姒十餘人，悉和好無間言。時公季妹將于歸，妝奩無所備。夫人盡出璫珥、衣飾及器物、僕婢以佐之。及公成進士，歷任比部郎中。值閩疆初闢，需才甚殷，授公督糧道。夫人隨至境，賊壘星羅數百里。每夜張幕野處，公率健丁巡禦，夫人則執鐙緝戎裝治乾餱，迨公攝篆延平，夫人留省。時省城被圍久，臨歧謂公曰：「君但努力王事，無爲内顧憂，脱有緩急，我知自處，不相累也。」殆凛凛然有烈丈夫風哉。歲乙未，公擢銀臺。少司農公請假在里，歲一至京師。夫人竟日立户外候視，凡饘酏滫瀡，必手自調進，雖大寒暑不輟。及公任少宰，考滿例得蔭子，而少司農弃世。公體少司農公意，將以移蔭幼弟，商之夫人。夫人欣然曰：「是吾志也。」蔭後需次，未即用。會有例可援，夫人復脱簪珥爲之助。侍養李

太夫人三十年，服勤無懈。太夫人色喜則喜，偶不懌，則瞿然曰：「吾母得無有未慊者乎？」會公季妹嫠居，夫人輿歸，與太夫人共朝夕，室廬服用無不周至。太夫人高年寢疾，衣不解帶者年餘。早夜焚香籲天，願以身代。嗚呼！人孰不知侍其舅姑，而所難者在曲察其隱微。人孰不知舅姑之所愛亦愛，而所難者在善成其始終。此夫人之不可及，而居恒自以爲内反無愧者也。巽月公家中落，凡婚姻宅田，悉爲措置。至尋常請求，則正色曰：「汝輩壯年，當自食其力，勿使人議我專顧私親也。」其餘親戚窘乏，極力賙給，不少吝惜。公自監司卿貳周旋九列，正位統均，雖歷任華膴而清白自矢，家無餘財。夫人衣服、飲食不異寒素。公嘗試語曰：「吾受國厚恩，貧窮固其所甘，但恐妻子有不願耳。」夫人笑曰：「使妻子爲清白吏妻子，不猶愈于膏粱文綉乎。」公改容謝之。署中每有大事未即決，公嘗獨居深念，躊躇者久之。夫人進曰：「吾婦人主中饋，國事非其所知。然天下事苟心安而理順，斯可矣，何鰓鰓過慮爲？」公仕宦四十餘年，清勤恪慎。上蒙聖天子之知，下繫天下之望，夫人左右之力多焉。吾夫子身體《周易》，光輔治平，而夫人嫻内則樹壼儀，克贊元臣之績，蓋兩得而交全之矣。夫人體素健，無他疾。先偶患怔忡，每間夜不寐。頻歲服湯劑，時作時止。及今年仲春徂夏，少食嗜臥，致神氣漸耗，藥石罔功，

誥封一品夫人郝恭定公德配李夫人墓誌銘
予侍郝恭定先生絳帳者幾三十年先生一日詔予曰周易一書閨家著戒天地大
義利在女貞蓋男正位乎外女正位乎內正家而天下定則婦子尤重焉不可不知

予奉教唯唯因聞吾師母李夫人孝謹備至佐內清嚴賦性儉樸平居一無所嗜好
惟教令嗣士鈺諸昆仲刻苦自勵戒遊嬉以無墜家聲此吾夫子刑于之效也乃癸
亥秋先夫子逝矣後十年癸酉夏夫人繼逝悲哉諸昆仲以誌銘屬予予既爲先夫
子傳矣茲何敢以不文辭謹按行述略曰夫人姓李氏世籍霸州湖廣布政使分守
常鎮道諱時羌公孫女巽月公諱星耀女也家固豐且顯及嬪輒屏一切華飾淡泊
自甘躬親操作事少司農今封光祿大夫吏部尚書械淸公諱傑封一品太夫人李
甚孝先意承志諸姑娣姒十餘人悉和好無閒言時公季妹將于歸雖奩無所備夫
人盡出璫珥衣飾及器物僕婢以佐之及公成進士歷任比部郎中値閩嶠初闢需
才甚殷授公督糧道夫人隨至境賊壘星羅數百里每夜張幕野處公率健丁總禦
夫人則執鐙紉戎裝治乾餱迨公攝篆延平夫人留省時省城被圍久臨歧謂公曰
君但努力王事無爲內顧憂脫有緩急我知自處不相累也殆凜凜然有烈丈夫風
哉歲乙未公擢銀臺少司農公請假在里歲一至京師夫人竟日立戶外候視凡饋
酏滫瀡必手自調進雖大寒暑不輟及公任少宰考滿例得廕子而少司農棄世公
體少司農公意將以移廕幼弟商之夫人夫人欣然曰是吾志也廕後需次未即用
會有例可援夫人復脫簪珥爲之助侍養李太夫人三十年服勤無懈太夫人色喜
則喜偶不懌則瞿然曰吾母得無有未慊者乎會公季妹嫠居夫人輿歸與太夫人
共朝夕室廬服用無不周至太夫人高年寢疾衣不解帶者年餘早夜焚香籲天願
以身代嗚呼人孰不知侍其舅姑而所難者在曲察其隱微人孰不知舅姑之所愛

遂罹大故。夫人生于天啓三年六月初九日子時，終于康熙三十二年五月初六日辰時，享年七十有二。順治十四年，公仕户部右侍郎加一級，遇覃恩封夫人。今上之六年，公仕刑部尚書加二級，覃恩封一品夫人。十四年，公調吏部，覃恩易新銜，封如前。子三人：長士鈺，蔭生，刑部河南清吏司員外郎，娶陝西固原關西道僉事安東劉公女；次士銓，官監生，考□國子監典簿，娶翰林院侍讀學士長文李公女；次士鏐，歲貢生，河間府肅寧縣教諭、候補知縣，娶兵科給事中北溟汪公女，繼娶四川叙州府知府敷顔公女。女一人，適經筵講官、禮部左侍郎兼翰林院學士爾茂楊公男、歲貢生塤。孫五人：霱、震，士鈺出；需，士銓出；霦，士鏐出；又銓嗣子霱，俱幼。孫女一人，士鏐出，適雲南督糧道聖裔綸錫孔公男候選知縣毓忠。卜吉于康熙三十二年十一月二十五日，合葬于霸州青口村恭定公之賜塋。銘曰：

嗟吾夫子，大業炳兮。霖雨未究，蒼生恫兮。夫人葬附，歸孔昭兮。淑其爲德，蔚芳標兮。温恭且仁，孝且慈兮。奕奕令嗣，纘前基兮。詵詵諸孫，葶跗華兮。碩大蕃衍，皇報奢兮。善禄有終，名馨宜兮。封牲以告，祭祀祇兮。悲慕無窮，銘此詩兮。

亦愛而所難者在善成其始終此夫人之不可及而居恒自以爲內反無愧者也龔月公家中落凡婚姻宅田悉爲措置至尋常請求則正色曰汝輩壯年當自食其力勿使人議我專顧私親也其餘親戚窘乏極力賙給不少吝惜公自監司卿貳周旋九列正位統均雖歷任華膴而清白自矢家無餘財夫人衣服飲食不異寒素公嘗試語曰吾受國厚恩貧窮固其所甘但恐妻子有不願耳夫人笑曰使妻子爲清白吏妻子不猶愈於膏粱文繡乎公改容謝之署中每有大事未即決公嘗獨居深念踟躕者久之夫人進曰吾婦人主中饋國事非其所知然天下事苟心安而理順斯

可矣何艴艴過慮爲公仕宦四十餘年清勤恪慎上蒙聖天子之知下繫天下之望夫人左右之力多焉吾夫子身體周易光輔治平而夫人嫻內則樹壼儀克贊元臣之績叢兩得而交全之矣夫人體素健無他疾先偶患怔忡每間夜不寐頻歲服湯劑時作時止及今年仲春徂夏少食嗜臥致神氣漸耗藥石罔功遂罹大故夫人生於天啟三年六月初九日子時終於康熙三十二年五月初六日辰時享年七十有二順治十四年公仕戶部右侍郎加一級遇覃恩封夫人今上之六年公仕刑部尚書加二級覃恩封一品夫人十四年公調吏部覃恩易新銜封如前子三人長士鈺廕生刑部河南清吏司員外郎娶陝西固原關西道僉事安東劉公女次士銓官監生考口國子監典簿娶翰林院侍讀學士長文李公女次士鏐歲貢生河間府肅寧縣教諭候補知縣娶兵科給事中北溟汪公女繼娶四川叙州府知府敷顔公女女一人適經筵講官禮部左侍郎兼翰林院學士爾茂楊公男歲貢生塤孫五人霱震士鈺出需士銓出霦士鏐出又銓嗣子霱俱幼孫女一人士鏐出適雲南督糧道聖裔綸錫孔公男候選知縣毓忠卜吉於康熙三十二年十一月二十五日合葬於霸州青口村恭定公之賜塋銘曰

嗟吾夫子大業炳兮霖雨未究蒼生恫兮夫人葬附歸孔昭兮淑其爲德蔚芳標兮溫恭且仁孝且慈兮奕奕令嗣纘前基兮詵詵諸孫葶跗華兮碩大蕃衍皇報奢兮善祿有終名馨宜兮封牲以告祭祀祇兮悲慕無窮銘此詩兮

三三、都察院左副都御史郝惟謂暨配黃夫人墓誌銘

題解：

《都察院左副都御史郝惟謂暨配黃夫人墓誌銘》收録于民國二十三年（1934）《霸縣新志・金石志》，刑部右侍郎王企靖撰文，刊刻于清・康熙四十四年（1705）。

誌文：

余以辛酉舉于鄉，座師沈昭子先生，爲益津郝太宰門下士。有淵源之雅，時則與廣文聲五、太史子權稱同年，相得甚歡，聲五、子權皆爲太宰之猶子也。蓋年譜世誼，余之交于郝氏者，由來舊矣。太宰勳業炳赫，卓然爲當代名臣。其家訓嚴明，一門群從，不啻五陸八荀，而介弟中丞公尤稱公輔器。余曩入西清，公由部曹出爲監司。及余逐隊卿班，公以才望擢納言，歷副憲，晨夕過從，殆無虚日。中丞吏事勞瘁，一病而殂。余亦齟齬不合，解任旋里。追維昔夢，恍惚如隔世事矣。今年中丞公與夫人卜葬有期，其孤士鐔以行狀來請銘。余衰廢之軀，久疏筆硯，其何能爲石上言。第回憶生平，蘭交夙篤，故不敢以不文辭。公諱惟謂，字稷人，號默菴，元文忠公之後。數傳至曾祖諱九思，文章品行，學者宗之。祖鴻猷，以孝廉起家，任陝西延安府延長縣知縣。父諱傑，官至户部右侍郎，公其季子也。幼而聰穎，讀書數行俱下，屢試棘闈，志不稍挫。以太宰蔭補户部主政，精詳敏慎，柏鄉相國魏公、真定相國梁公，相繼爲大司農，咸倚重之。命監督寶泉局，有廉介之稱，升員外，晋正郎。清節無渝，出爲分巡川東道，川省經逆藩之變，瘡痍未起，滿目蒿萊。公詳請督撫，設法招徠，孑遺始安衽席。遷江西督糧道，南昌諸郡爲錢賦奥區，兵米漕糧甲于他省，積陳壓欠，視以爲常。公加意澄清，夙弊頓革。會以詿誤鐫級，改補陝西督糧道，又以丰采過竣被參，解任，再起浙江驛傳道。浙省水多陸少，站舡水手從前空名支糧，及公事届期，又派取里民以應。公按簿問名，遂多覈實，郡邑奉行唯謹。時浙西偶

歉，奉委賑饑，簡從星馳，遍歷諸村落，老稚唱名面散，實惠均沾。在浙士民，咸賴以活。聖心洞鑒，公愈勤奔走于屬車豹尾間，恪慎彌著。蒙温旨獎慰，賜古書一函、御詩一軸。蓋簡用才能，外員卓異，得以内升通政司右參議。未幾，晋翰林院提督四譯館、太常寺少卿。四譯館舊設繼業生，學習譯字，從前冒濫爲甚。公留心查汰，陋弊一清。壬辰春，升通政使司右通政，尋轉左。癸巳春，通政使缺。公以四品不得預開列，上特以授公超兩級，越數人。非常之恩，前此罕覯。是年三月，皇上六旬大慶。各直省紳士、耆民齊集暢春苑，結彩建亭以伸嵩祝。公于直隸年爲最長，群推獻觴，天顔喜甚，召預老人宴。大臣分席，帝子授餐，特賜龍緞、袍褂各一襲，御用貂帽、御用緑松石硯四種，公感激殊遇，益圖報效。夏正月，升都察院左都御史。時總憲趙公奉使粵東，公與長垣崔公、中州吕公，同心協理，臺務整肅，人皆以大用期之。六月，偶患失血，因用凉劑過多，傷脾氣，遂致大故。嗚呼悲哉！公天性至孝，事少司農公及嫡母李太夫人、生母孟夫人，俱能得其歡心。愛敬諸兄，怡怡藹藹，數十年如一日。三黨諸親恩禮具備。性嗜静養，公私酬應外，手自一編，寒暑不輟。博極經史，旁及漢、晋、唐、宋諸大家，詩摹李杜，書仿鍾王，攤棋鼓琴，皆得名人指授。冲懷雅量，不屑屑與人較長短。人有犯者，俟其自悔，待之如初。凡屬吏晋謁，莫不接以温言，即胥役僕隸，從無疾言厲色。遇有會議，恂恂若不能言，而胸有主裁屹如山立。每當衆論紛紜之際，徐出片語以相折衷，莫之能易也。公外和而内介，體方而用圓，其德性固有大過人者，而嚴父之提撕、哲兄之指授，耳濡目染，所得豈淺鮮哉。公生于前辛巳年十一月十七日卯時，卒于康熙癸巳年八月二十四日辰時，享年七十有三。元配黄氏，前甲子舉人工部員外郎卜周黄公諱鼎女，少嫻内則，温惠可風，敬以相夫，嚴以教子。爲公廣置妾媵，恩禮有加，婦道母儀，殆交修而無憾者也。康熙四十四年乙酉九月二十九日卒于浙江官署。子七人：士鐔、士鐸、士釪，黄夫人出；士鏡、士銘、士鏜，側室秦出；士鈖，側室常出。余永憶芝宇，實愴心神，既爲國家惜耆舊之亡，又爲桑梓悼典型之殞。銘曰：

九派東來接海濱，滄波瀠洄繞益津。中有名賢同甫申，含香清望孰比倫。循宣奏績化澤均，揚歷中外歲月頻。熒熒卿月侍丹宸，銀臺柏府尊老臣。玉棺忽掩松下塵，佳城靈秀啓後人。桂叢蘭茁奕葉振，後千百年永不堙。

都察院左副都御史郝惟諤暨配黃夫人墓誌銘

刑部右侍郎 王企埥

余以辛酉舉於鄉座師沈昭子先生爲益津郝太宰門下士有淵源之雅時則輿廣文聲五太史子權稱同年相得甚權聲五子權皆爲太宰之猶子也蓋年譜世誼余之交於郝氏者由來舊矣太宰勳業炳赫卓然爲當代名臣其家訓嚴明一門羣從不啻五陸八荀而介弟中丞公尤稱公輔器余曩入西清公由部曹出爲監司及余逐隊鵷班公以才望擢納言歷副憲晨夕過從殆無虛日中丞吏事勞瘁一病而殁

余亦亂離不合解任旋里追維昔夢恍惚如隔世事矣今年中丞公與夫人卜葬有期其孤士鐔以行狀來請銘余衰廢之軀久疏筆硯其何能爲石上言第回憶生平蘭交夙篤故不敢以不文辭公諱惟諤字稷人號默菴元文忠公之後數傳至曾祖諱九思文章品行學者宗之祖鴻猷以孝廉起家任陝西延安府延長縣知縣父諱傑官至戶部右侍郎公其季子也幼而聰穎讀書數行俱下屢試輒闔志不稍挫以太宰廕補戶部主政精詳敏慎柏鄉相國魏公真定相國梁公相繼爲大司農咸倚重之命監督寶泉局有廉介之稱陞員外晉正郎清節無渝出爲分巡川東道川省經逆藩之變瘡痍未起滿目蒿萊公詳請督撫設法招徠孑遺始安衽席遷江西督糧道南昌諸郡爲錢賦奧區兵米漕糧甲於他省積陳壓欠視以爲常公加意澄清夙弊頓革會以詿誤鐫級改補陝西督糧道又以丰采過峻被參解任再起浙江驛傳道浙省水多陸少站舡水手從前空名支糧及公事届期又派取里民以應公按簿問名遂多減省郡邑奉行唯謹時浙西偶歉奉委賑饑簡從星馳徧歷諸村落老稚唱名面散實惠均沾在浙士民咸賴以活聖心洞鑒公愈勤奔走於屬車豹尾間恪慎彌著蒙溫旨獎慰賜古書一函御詩一軸蓋簡用才能外員卓異得以內陞通政司右參議未幾晉翰林院提督四譯館太常寺少卿四譯館舊設織業生學習譯字從前冒濫爲甚公留心查汰陋弊一清壬辰春陞通政使司右通政尋轉左癸巳春通政使缺公以四品不得預開列上特以授公超兩級越數人非常之恩前此罕覯是年三月皇上六旬大慶各直省紳士耆民齊集暢春苑結綵建亭以伸嵩祝公於直隸年爲最長羣推獻觴天顏喜甚召預老人宴大臣分席帝子授餐特賜龍緞袍褂各一襲御用貂帽御用綠松石硯四種公感激殊遇益圖報効夏正月陞都察院左都御史時總憲趙公奉使粵東公與長垣崔公中州呂公同心協理臺務整肅人皆以大用期之六月偶患失血因用涼劑過多傷脾氣遂致大故嗚呼悲哉公天性至孝事少司農公及嫡母李太夫人生母孟夫人俱能得其歡心愛敬諸兄怡怡藹藹數十年如一日三黨諸親恩禮具備性嗜靜養公私酬應外手自一編寒暑不

輟博極經史旁及漢晉唐宋諸大家詩摹李杜書倣鍾王攤棋鼓琴皆得名人指授沖懷雅量不屑屑與人較長短人有犯者俟其自悔待之如初凡屬吏胥謁莫不接以溫言即胥役僕隸從無疾言厲色遇有會議恂恂若不能言而胸有主裁砣如山立每當衆論紛紜之際徐出片語以相折衷莫之能易也公外和而內介體方而用圓其德性固有大過人者而嚴父之提撕哲兄之指授耳濡目染所得豈淺鮮哉公生於前辛巳年十一月十七日卯時卒於康熙癸巳年八月二十四日辰時享年七十有三元配黃氏前甲子舉人工部員外郎卜周黃公諱鼎女少嫻內則溫惠可風敬以相夫嚴以教子爲公廣置妾媵恩禮有加婦道母儀殆交修而無憾者也康熙四十四年乙酉九月二十九日卒於浙江官署子七人士鐔士鐸士釪黃夫人出士鏡士銘士鏜側室秦出士鈖側室常出余永懷芝宇實愴心神既爲國家惜耆舊之亡又爲桑梓悼典型之殞銘曰

九派東來接海瀛滄波瀠洄繞益津中有名賢同甫申含香清望孰比倫循宣奏績化澤均敭歷中外歲月頻煢煢卿月侍丹宸銀臺柏府尊老臣玉棺忽掩松下塵佳城靈秀啟後人桂叢蘭茁奕葉振後千百年永不堙

三四、誥授中憲大夫提督雲南通省學政按察使司副使加二級子希郝公（士錞）暨元配劉恭人合葬墓誌銘

題解：

《誥授中憲大夫提督雲南通省學政按察使司副使加二級子希郝公（士錞）暨元配劉恭人合葬墓誌銘》收録于民國二十三年（1934）《霸縣新志·金石志》，禮部侍郎胡作梅撰文，刊刻于清·康熙五十四年（1715）。

誌文：

中憲大夫雲南提學道憲副郝公于乙未嘉平，卒于漢陽旅次。越四月，靈輀旋里。又明年，葬有日矣。其孤霈撰次公行實，請銘于予。予與公同舉于鄉，公守漢陽，予密邇棠蔭，知之審，其曷敢以不文辭？謹按狀誌而銘之。公諱士錞，字子希，係出元文忠公裔。孝弟力田，爲畿南巨族，傳至九思公，家益顯。九思生鴻猷，萬曆己酉孝廉，任陝西延長縣知縣，兩世俱贈光禄大夫、吏部尚書加二級，是爲公之高、曾。延長公生三子，季諱位，茂才異等，以長子惟謨贈文林郎、内閣撰文中書舍人，是爲公之王父。其次子惟訓，順治辛卯舉人，壬辰進士，任江南徽州府推官，則公之考也。公生而岐嶷聰穎，讀書目數行俱下。弱冠遊庠，試輒冠其同輩。戊午舉于鄉，己未成進士。初授直隸順德府教授，即以振興文教爲己任，集郡中宿彦及孝秀初升之士，角藝談經，日有程度，文風丕變。在任數年，邀卓異之薦，恩賜袍服，升山西太原府盂縣知縣，革陋規、清耗羨、緩催科、興教化，他人行之以名者，公獨實心出之，用是績楙三晋。甲戌，奉旨行取。丁丑，補兵部督捕，主政缺裁。改户部陝西司主政，遷山西司員外，晋禮部儀制司郎中。歷三部四任，聲望蔚然。嘗奉命監督京倉，又解送山西飢民，鞠躬襄事，凜凜乎弗敢自逸也。歲乙酉，升湖廣漢陽府知府。漢陽所轄祗兩邑，然漢口一鎮，當數省之衝，舟車

往來，百物輻輳。官斯土者向納商税之贏以自潤，公至盡請裁革。大吏笑謂曰：「曷留少許以養使君之廉乎？」公侃然正對曰：「釐弊務盡，寧敢自爲計而容遷就之私？」卒勒石永禁，商民德之。十年典郡，兩袖清風，爲近今之所罕儷。制府廉公制行，密疏上聞。值甲午秋，上預簡學臣，在廷又交薦。遂升公按察使司副使、提督雲南學政。公素加意人才，庚午晉闈分校。壬午，典試黔中，俱矢公慎，稱得人，迨叨茲異數，益勵精白。初試雲武兩府，孤寒盡拔，請託遠屏，列郡正迎請恐後，而公以校閱積勞疾作，請告將去。滇紳士作爲詩文以志去思者甚衆。撫軍入告疏曰：「學優守潔，考試公明，惜其不能終事。」蓋公論也。北上抵晴川，舊屬父老，競治酒漿、具鷄黍逆之舟次，見公清癯，不忍遽舍，請暫留。公重違群情，擬稍愈春暖解維，不意延至歲杪竟不起，年僅六十有五。嗚呼！公早年世其家學，經術湛深，其于天人義利、公私是非之辨較然也。通籍後凛「學古入官」之言，益肆力于學問，每公餘退食，閉户一編。凡河漕鹽榷、屯餉律令之源委，禮樂制度、銓選科貢之沿革，山川封域、人心風俗之異宜，靡不考古證今，得其要領。雖謙退自處，未敢以賢智先人，而宦轍所至，率游刃有餘。朝野群望其柄用，惜位不滿才，年不酬德，所可紀者止此。然而涉太行、涉漢水，當年之遺澤如新。碧鷄金馬之鄉，迴憶作人雅化，多有太息泣下者。公雖亡，固足以不朽矣。公天性孝友，早失怙恃，風木銜哀，事伯叔父母，致敬盡禮。伯兄無嗣，以己子嗣之，誼均一視。同堂弟姪資公砥礪，多掇巍科，睦族敦倫，事繁不能悉載，要觀其一二，亦可以信其平生矣。公生于順治辛卯三月十二日卯時，卒于康熙乙未十二月二十五日辰時。覃恩誥授中憲大夫，元配誥封恭人。劉氏幼嫻内則，孝謹温恭，自公伏首諸生迄乎通顯，翊贊之力爲多。其生也與公同庚，先公七日而逝。淑德偕老，亦不多覯者。生子三：長霈，歲貢生，娶張氏；次霮，歲貢生，出繼，降服，娶蔣氏；次霶，監生，娶邵氏。女三：長適庠生孟澤元；次適候選州同王繹；次適庠生趙方震。孫六：本正，庠生，娶高氏；本厚，庠生，娶趙氏；本茂、本盛，霈出；本榮、本裕，霶出。孫女二：霈出者一；霶出者一，未字。曾孫二：燾、煦。曾孫女二，俱本正出。降服，孫二：本立，娶劉氏；本深，聘張氏。孫女三：長適常廷樞；餘幼，霮出。曾孫照，曾孫女一，俱本立出。銘曰：

維伊人兮行允臧，紹休美兮披天香。歷中外兮學聿彰，懷保殷兮漢水疆。敷文教兮向遐方，清節昭兮公輔望。遽騎箕兮繞近傷，仰高風兮百世長。幽扃啓兮卜歸藏，妥神魄兮偕姬姜。泉清秀兮繞崇岡，宜爾子孫兮衍厥祥。

誥授中憲大夫提督雲南通省學政按察使司副使加二級子希郝公暨元配劉恭人合葬墓誌銘

禮部侍郎 胡作梅

中憲大夫雲南提學道憲副郝公於乙未嘉平卒於漢陽旅次越四月靈輛旋里又明年葬有日矣其孤霈撰次公行實請銘於予予與公同舉於鄉公守漢陽予寓邇棠蔭知之審其曷敢以不文辭謹按狀誌而銘之公諱士錞字子希系出元文忠公裔孝弟力田爲畿南巨族傳至九思公家益顯九思生鴻猷萬曆巳酉孝廉任陝西延長縣知縣兩世俱贈光祿大夫吏部尚書加二級是爲公之高曾延長公生三子季諱位茂才異等以長子惟謨贈文林郎內閣撰文中書舍人是爲公之王父其次子惟訓順治辛卯舉人壬辰進士任江南徽州府推官則公之考也公生而岐嶷聰穎讀書目數行俱下弱冠游庠試輙冠其同輩戊午舉於鄉己未成進士初授直隸

順德府教授卽以振興文教爲己任集郡中宿彥及孝秀初升之士角藝談經日有程度文風丕變在任數年遴卓異之薦恩賜袍服升山西太原府盂縣知縣革陋規清耗羨綏催科興教化他人行之以名者公獨實心出之用是績楙三晉甲戌奉旨行取丁丑補兵部督捕主政缺裁改戶部陝西司主政遷山西司員外晉禮部儀制司郎中歷三部四任聲望蔚然嘗奉命監督京倉又解送山西飢民鞠躬蒞事凜凜乎弗敢自逸也歲乙酉陞湖廣漢陽府知府漢陽所轄祇兩邑然漢口一鎭當數省之衝舟車往來百物輻輳官斯土者向納商稅之贏以自潤公至盡請裁革大吏笑謂曰曷留少許以養使君之廉乎公侃然正對曰釐弊務盡寧敢自爲計而容遷就之私卒勒石永禁商民德之十年典郡兩袖淸風爲近今之所罕儷制府廉公制行密疏上聞値甲午秋上預簡學臣在廷又交薦遂陞公按察使司副使提督雲南學政公素加意人才庚午晉闈分校壬午典試黔中俱矢公愼稱得人迨叨茲異數益勵精白初試雲武兩府孤寒盡拔請託遠屛列郡正迎請恐後而公以校閱積勞疾作請告將去滇紳士作爲詩文以志去思者甚衆撫軍入告疏曰學優守潔考試公明惜其不能終事蓋公論也北上抵晴川舊屬父老競治酒漿具雞黍逆之舟次見公清癯不忍遽舍請暫留公重違羣情擬稍愈春暖解維不意延至歲杪竟不起年僅六十有五嗚呼公早年世其家學經術湛深其於天人義利公私是非之辨較然也通籍後潭學古入官之言益肆力於學問每公餘退食閉戶一編凡河漕鹽榷屯餉律令之源委禮樂制度銓選科貢之沿革山川封域人心風俗之異宜靡不考古證今得其要領雖謙退自處未敢以賢智先人而宦轍所至率游刃有餘朝野羣望其柄用惜位不滿才年不酬德所可紀者止此然而涉太行涉漢水當年之遺澤如新碧雞金馬之鄉迴憶作人雅化多有太息泣下者公雖亡固足以不朽矣公天性孝友早失怙恃風木銜哀事伯叔父母致敬盡禮伯兄無嗣以已子嗣之誼均一視同堂弟姪貧公砥礪多掖獎科睦族敦倫事繁不能悉載要觀其一二亦可以信其平生矣公生於順治辛卯三月十二日卯時卒於康熙乙未十二月二十五日辰時

覃恩誥授中憲大夫元配誥封恭人劉氏幼嫻內則孝謹溫恭自公伏首諸生迄乎通顯翊贊之力爲多其生也與公同庚先公七日而逝淑德偕老亦不多覯者生子三長霈歲貢生娶張氏次霨歲貢生出繼降服娶蔣氏次霽監生娶邵氏女三長適庠生孟澤元次適候選州同王繹次適庠生趙方震孫六本正庠生娶高氏本厚庠生娶趙氏本茂本盛霈出本榮本裕霽出孫女二霈出者一霽出者一未字曾孫二熹煦曾孫女二俱本正出降服孫一本立娶劉氏本深聘張氏孫女三長適常廷樞餘幼霽出曾孫照曾孫女一俱本立出銘曰

維伊人兮行允臧紹休美兮披天香歷中外兮學聿彰懷保殷兮漢水疆敷文教兮向遐方清節昭兮公輔望遽騎箕兮遠近傷仰高風兮百世長幽扃啟兮卜歸藏安神魄兮偕姬姜泉淸秀兮繞崇岡宜爾子孫兮衍厥祥

三五、淀神廟碑記

題解：

《淀神廟碑記》收録于民國二十三年（1934）《霸縣新志・金石志》，清高宗弘曆撰文，刊刻于清・乾隆三十四年（1769）。

碑文：

畿南之地，廣衍多濕，衆水所鍾，翕之渟之。□□□□，而以時輸壑者，則惟淀。淀之名，始見于左思《魏都賦》，所謂掘鯉之淀是也。字亦爲澱，《水經注》《新唐書・志》皆云九十九澱。酈道元又稱爲清河，後世約其數爲七十有二，其名皆不可臚舉，其散見宋遼金史者，今或淤廢、或傳聞訛舛，所可指者，不過四十餘。其它或曰泊、曰窪、曰窩、曰港，隨方俗所稱，而統言之則東西兩淀。西淀之大，周三百餘里，概州一縣四。東淀尤大，周四百里而贏，概州縣七。其爲藪澤也廣，故畿內之水，大則沽、渝、濡、滱、泒、滋、易、淶，小則山泉澗流，無所不容。而旁境之溝澮污洿，亦無所不赴。其受水多，故兩淀各有經河以條貫釃導之。依城、温義亢其首，四角引其吭，玉帶、會同緣其督，扼以茅灣，掖以中亭十望，絡以南北中三股，喝于臺頭，滌于大清河，趨西沽爲尾閭之泄焉。其上則千里長堤，控界爲鞏，下則格淀堤以拒子牙，六郎諸堤以障永定。而閘而涵洞羅布節宣者，無弗具。于是兩淀無渾流之患，而專清水之利。黍疇稻畦，既膏既溉，厥惟上腴。舟航是通，懋遷列隧，而菰蘆菱藕鳧魚之屬，仰資生者億計。非有宰其化者，孰使我民利賴若是？記有之：山林川谷，爲民取材用，皆曰神。蓋淀之有神昭昭矣，人第習焉不察，廟闕未舉。歲丁亥，朕敬循皇祖成憲，巡覽淀海，爰自趙北口御安福臚，沿蘇橋而東，歷楊芬港至于天津，嘉文安窪之既涸，懲渾河故道之不可復，則有詠。而三灘里淀堤之弗屬者，出帑繕之，亦惟紹我祖烈，以求民寧。維時春水方渙，和飆習帆，蒸徒弗勩，緊川祇實昭厥佑。爰進大吏，詔之曰：「惟淀營薄左輔，袤延且千里。理大物博，用阜乂我畿內民，曷可弗重以神事？其相地飭祠用饗。」

乃發外府金二萬五千，卜度兩淀中，庀材經始之，閱再期工蕆。堂廡既崇，煇庖咸列，以妥以恪，式副彝典。大史復籲以明年春莅而落之。且以碑辭請，則又繹告之曰：惟淀實嘉利我甸人匪今，斯今食神之福，而淀左右耆庶婦孺，歲時祈報走廟下，則自今始。神其憑而歆之。惟是毋霪毋洿，毋有菑沴，豐殖錫康，俾我民其永利利用，光我秩祀。有司亦毋殆祠事，毋弛民功，益迓神惠而溥淀之利，識其詳謹肇祀也。乾隆三十四年立石。

淀神廟碑記　清高宗

畿南之地廣衍多濕衆水所鍾𥥛之渟之□□□□而以時輸瀉者則惟淀淀之名
始見於左思魏都賦所謂掘鯉之淀是也字亦爲澱水經注新唐書志皆云九十九
澱酈道元又稱爲清河後世約其數爲七十有二其名皆不可臚舉其散見宋遼金
史者今或淤廢或傳聞譌舛所可指者不過四十餘其它或曰泊曰窪曰窩曰港隨
方俗所稱而統言之則東西兩淀西淀之大周三百餘里槪州一縣四東淀尤大周
四百里而贏槪州縣七其爲藪澤也廣故畿內之水大則沽瀹濡滱泒滋易淶小則
山泉澗流無所不容而旁境之溝澮汙洿亦無所不赴其受水多故兩淀各有經河
以條貫釃導之依城溫義亢其首四角引其吭玉帶會同緣其督拖以茅灣掖以中
亭十望絡以南北中三股欱於臺頭滌於大淸河趨西沽爲尾閭之洩焉其上則千
里長隄控界爲䔲下則格淀隄以拒子牙六郎諸隄以障永定而隘而涵洞羅布節
宣者無弗具於是兩淀無渾流之患而專淸水之利黍𪣻稻畦既膏既溉厥惟上腴
舟航是通懋遷列隧而菰蘆茭藕𪓟魚之屬仰資生者億計非有宰其化者孰使我
民利賴若是記有之山林川谷爲民取材用皆曰神蓋淀之有神昭昭矣人第習焉

不察廟闕未舉歲丁亥朕敬循皇祖成憲巡覽淀海爰自趙北口御安福艫沿蘇橋
而東歷楊芬港至於天津嘉文安窪之既涸懲渾河故道之不可復則有詠而三灘
里淀隄之弗屬者出帑繕之亦惟紹我祖烈以求民寧維時春水方渙和飈習颿烝
徒弗勩檕川祇實昭厥佑爰進大吏詔之曰惟淀營溥左輔亥延且千里理大物博
用卑又我畿內民曷可弗重以神事其相地飭祠用𨱊迺發外府金二萬五千卜度
兩淀中庀材經始之閱再朞工蕆堂廡既崇煇庖咸列以妥以恪式副彝典大史復
籲以明年春莅而落之且以碑辭請則又繹告之曰惟淀實嘉利我甸人匪今斯今
食神之福而淀左右耆庶婦孺歲時祈報走廟下則自今始神其憖而歆之惟是毋
霪毋洿毋有菑沴豐殖錫康俾我民其永利利用光我秩祀有司亦毋殆祠事毋弛
民功益迓神惠而溥淀之利識其詳謹肇祀也　乾隆三十四年立石

三六、淀神祠瞻禮詩

題解：

《淀神祠瞻禮詩》拓片收録于國家圖書館碑帖菁華，刊刻于清・乾隆三十五年（1770）三月中浣，碑高144厘米，寬47厘米，左刻滿文，滿文未拓全，出土于河北省霸州市。

碑文：

江湖河海各神司，豈淀而無神莅之。向命東西中擇陸，（是祠建于東西兩淀適中之地。）今看爽塏處成祠。贊天宣佑靈哉沛，行地安瀾福以綏。虔奉瓣香申慶落，康田功籲錫民釐。淀神祠瞻禮紀事成什。乾隆庚寅暮春之月中澣御筆。

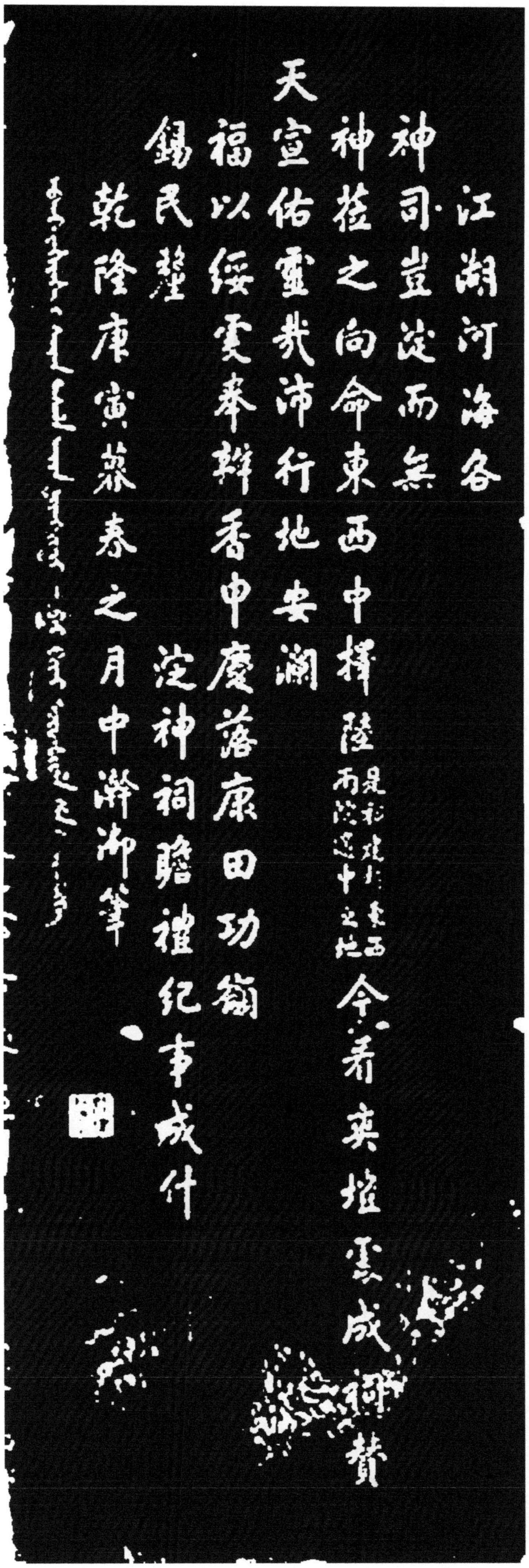
江湖河海各
神司豈淀而無
神莅之向命東西中擇陸是形北於東西而淀適中之地今看奕埴雲成稱贊
天宣佑靈哉沛行地安瀾
福以綏虔奉瓣香申慶落康田功爾
錫民釐　淀神祠瞻禮紀事成什
乾隆庚寅蘂春之月中澣御筆

三七、淀神祠詩

題解：

《淀神祠詩》拓片收録于國家圖書館碑帖菁華，刊刻于清·乾隆三十五年（1770）三月，碑高123厘米，寬63厘米，漢文。出土于河北省霸州市。

碑文：

春冰既泮，春水方新。澮澮澄渌，依依可人。七十有二，名難盡識。淀祠卜兹，會極歸極。踠絲緑柳，罨畫紅欄。日麗風和，亦不波瀾。有魚于淵，或躍以起。觸景成吟，如是而已。庚寅暮春月御題。

春冰既泮春水方新澄澄澂渌依依可人七十有二名難畫識浣祠卜茲會極歸極蹤綠蹤柳署晝紅欄日麗風和亦不波瀾有魚於淵或躍以起觸景成吟如是而已

庚寅暮春月御題

三八、霸州營田七村修堤免役記

题解：

《霸州營田七村修堤免役記》收録于民國二十三年（1934）《霸縣新志·金石志》，管理霸州營田王子音撰文，刊刻于清·嘉慶九年（1804）。

碑文：

霸州治東南臺山、十間房七村，營田五十七頃九十畝有奇，偪近中亭河。河高田卑，資水之利在蓄泄，弭水之害在堤防。自世宗憲皇帝命怡親賢王，以大學士朱文端公輔行，因民之利，盡力溝洫。雍正十一年，臺山、十間房營治成田，所謂京西局也。有閘有堤，堤環十二里，高九尺、底寬三丈、面寬一丈三尺，西南兩閘，實自營田觀察副使、光禄寺卿王均始。歲役里夫隨時修補，不獨七村也。當是時，上方以和衷協助期地方文武之吏，而特諭賢王舉勤糾惰。官倡民趨，德風草偃，事易集而功易成。此七村水利營田載在《畿輔通志》者如此。乾隆十二年，奏奉上諭，改設專員，給佃徵租，上供易州陵賦，其監收協催查報等事，又責成于州牧，蓋綦重大周詳矣。歲修堤閘，不役里夫。所承修者，獨附近營田之東臺山、中臺山、西臺山、劉南莊、小寧口、平口、十間房七村耳。無分是佃非佃也，營田力役七村子來此。自乾隆二十三年，有州案勒石可稽者，而無由呈請上聞也。雖辦營田仍徵州役，七村實疲于奔命矣。嘉慶六年，大水堤決。三歲不興，賦額缺矣。前管營田涿州牧宋鋆六年始得報滿者以此，志曰：非地利之異于昔，實人事之未修也。蓋事不和衷，故寡助；州不免役，故民疲；情不上聞，故中梗。九年六月十二日子音來履畝巡堤，坍塌猶多。當伏秋兩汛，集事貴速而成功倍難，不可不熟籌久長善策。今惟捐資僱役，勸諭七村，刻期興工，以固目前當務之急。于是七村農民負具，如期赴工者至數百人，不數日而堤成，寬高如舊式矣。諸士民又呈請通詳，永遠承修，後黏獨辦營田。邀免州差，墨搨舊案，還繳僱值，不受，固强之，固辭之。嗟夫！

七村不皆佃户，而子來趨事一也。予能不鼓之舞之，達輿情而請命，諸上官皆曰可。少保總督檄布政司，下州議覆，如營田詳請，據呈舊案之文，永免州差事。遂定。七村士民感賢上官除州役兼併之徵，專營田堤防之利，是宜刊存州志。竊比《南山》《淇澳》之詩也。請予記之，故記。嘉慶甲子九月辛亥日，奏管霸州營田前知雲南平彝縣事武寧王子音心言記。

霸州營田七村修隄免役記

管理霸州營田 王子音 武寧

霸州治東南台山十間房七村營田五十七頃九十畝有奇僃近中亭河河高田卑資水之利在蓄洩弭水之害在隄防自世宗憲皇帝命怡親賢王以大學士朱文端公軾行因民之利盡力溝洫雍正十一年台山十間房營治成田所謂京西局也有閘有隄隄環十二里高九尺底寬三丈面寬一丈三尺西南兩閘實自營田觀察副使光祿寺卿王均始歲役里夫隨時修補不獨七村也當是時上方以和衷協助期地方文武之吏而特諭賢王舉勤糾惰官倡民趨德風草偃事易集而功易成此七村水利營田載在畿輔通志者如此乾隆十二年奏奉上諭改設專員給佃徵租上供易州陵賦其監收協催査報等事又責成於州牧蓋綦重大周詳矣歲修隄閘不役里夫所承修者獨附近營田之東台山中台山西台山劉南莊小寧口平口十間房七村耳無分是佃非佃也營田力役七村子來此自乾隆二十三年有州案勒石可稽者而無由呈請上聞也雖辦營田仍徵州役七村實疲於奔命矣嘉慶六年大水隄決三歲不興賦額缺矣前管營田涿州牧宋壄六年始得報滿者以此志曰非地利之異於昔實人事之未修也蓋事不和衷故寡助州不免役故民疲情不上聞

故中梗九年六月十二日子音來履畝巡隄坍塌猶多當伏秋雨汛集事貴速而成功倍難不可不熟籌久長善策今惟捐資僱役勤諭七村刻期興工以固目前當務之急於是七村農民負具如期赴工者至數百人不數日而隄成寬高如舊式矣諸士民又呈請通詳永遠承修後黏獨辦營田邀免州差墨搨舊案還繳僱値不受固强之固辭之嗟夫七村不皆佃戶而子來趨事一也予能不鼓之舞之達輿情而請命諸上官皆曰可少保總督檄布政司下州議覆如營田詳請據呈舊案之文永免州差事遂定七村士民感賢上官除州役兼併之征專營田隄防之利是宜刊存州志竊比南山淇澳之詩也請予記之故記嘉慶甲子九月辛亥日奏管霸州營田前知雲南平彝縣事武寧王子音心言記

三九、韓翠陽碑文

題解：

《韓翠陽碑文》收録于民國二十三年（1934）《霸縣新志·金石志》，武寧王子音撰文，刊刻于清·嘉慶十一年（1806）。

碑文：

環東臺山皆水，緑樹濃陰。村道北有亭，巃嵸然勒石其中。額曰「追思韓公碑」。甘棠之遺歟？抑鄉先生之典型歟？子姓之不忘其彝訓歟？予自乙丑司營田主韓氏，始見是亭，異之，而未讀其碑也。久而聞諸其子姓與鄉人所以稱公者，曰：「公早孤，動心忍性，用晦而明。然當大事而不奪諸生，下處以有用用財。篤孝弟，姻睦任恤，飢者飽食，寒者煖衣，而失所者棺之壟之。橋二道河，堤河東地，此其大略也。」今去公之存百十有餘歲矣。人口相傳，手澤猶有存者。蓋公卒于我朝康熙二十八年己巳九月十九日，距生明萬曆四十八年庚申二月二十九日，春秋鼎七十。初，公年二十有五，適當國初，薙舊滋新，善政首畿輔，法尤嚴于所親。有催長等偶乘麥秋牧馬，州人側目忍泣，誰敢聲者？公奮然曰：「聖明在上，忍不聞乎？」獨赴院擊登聞鼓。奉旨飭禁，至今利之。此尤重大，如之何不繫没世思也？今歲久碑殘，敢請大文，並垂不朽。予曰：「鄉社之祀，尚有典型。彼言孝思，聿昭彝訓。其没也如此，其生也可知。」惜夫碑之所存尚略也。然得是碑以追思公之生平，此予所以補爲之文，而益嘆風俗人心之厚，與甘棠遺愛一也。公諱柳，字翠陽，霸州諸生。嘉慶十一年立石。

韓翠陽碑文　王子晉 武寧

環東羣山皆水綠樹濃陰村道北有亭巋然勒石其中額曰追思韓公碑甘棠之遺歟抑鄉先生之典型歟子姓之不忘其彝訓歟予自乙丑司鐸田主韓氏始見是亭異之而未讀其碑也久而聞諸其子姓與鄉人所以稱公者曰公早孤動心忍性用晦而明然當大事而不奪諸生下處以有用用財篤孝弟姻睦任卹飢者飽食寒者煖衣而失所者棺之韓之橋二道河陂河東地此其大略也今去公之存百十有餘歲矣人口相傳手澤猶有存者蓋公卒於我朝康熙二十八年己巳九月十九日距生明萬曆四十八年庚申二月二十九日春秋鼎七十初公年二十有五適當國初薙舊滋新善政首畿輔法尤嚴於所親有催長等偶乘麥秋牧馬州人側目忍泣誰敢聲者公奮然曰聖明在上忍不聞乎獨赴院擊登聞鼓奉旨飭禁至今利之此尤重大如之何不繫沒世思也今歲久碑殘敢請大文並垂不朽予曰鄉社之祀尚有典型彼言孝思聿昭彝訓其沒也如此其生也可知惜夫碑之所存尚略也然得是碑以追思公之生平此予所以補爲之文而益嘆風俗人心之厚與甘棠遺愛一也公諱柳字翠陽霸州諸生　嘉慶十一年立石

四〇、敕封文林郎蔚巖崔君（承宗）暨德配郝孺人合葬墓誌銘

題解：

《敕封文林郎蔚巖崔君（承宗）暨德配郝孺人合葬墓誌銘》收録于民國二十三年（1934）《霸縣新志·金石志》，史致儼撰文，刊刻于清·道光四年（1824）。

誌文：

君諱承宗，字念詒，號蔚巖。始祖諱敬先，于前明永樂間自小興州遷居霸州，封奉政大夫。二世祖諱璘，明景泰癸酉科舉人，陝西臨洮府同知，授奉政大夫。至七世祖諱士瞻，廩膳生，皇清誥贈通議大夫、雲南按察使司按察使，累贈通奉大夫、雲南布政使司布政使。崇祀鄉賢祠，傳載郡乘。家傳忠厚，代衍簪纓。祖玉虬公，雍正□卯科副榜，山西平定州直隸州州判，敕授徵仕郎。父壽峰公，郡庠生，貤贈文林郎。生三子，蔚巖先生其長也。生而天資明敏，丰度端凝。年十八，入泮，試殲冠軍。旋食餼，蜚聲藝苑。受知于金聽濤、吴白華、吴稷堂、王春圃諸先達。乃文章憎命，屢困場屋，薦卷七次而不售。嘉慶戊午科鄉試，兩弟棣萼聯芳。戊辰，三弟及次子偲同捷南宫，君所訓迪者也。事母以孝聞，宗族取法，教子以義方，日舉睦姻、任恤行誼申警之。自奉儉約，布衣疏食，戚黨有貧乏，隨時賙給，好濟人之急。既家無餘資，不惜稱貸以應宏開絳帳，及門掇巍科者踵相繼。具卓識，人有疑難，皆就質焉。嘉慶辛未，貢成均，候選訓導。以子偲官，敕封文林郎，就養官署。獨把卷吟哦，終日不倦，著有《德聲堂文集》《南行漫草詩稿》，士林傳誦。生于乾隆丙子正月二十日子時，終于道光甲申四月初一日申時，壽六十有九。配郝孺人，畿南望族郡庠生諱本健公女。性柔婉，嫻于閨範，孝慈淑慎，勤儉持家，終于道光甲申四月二十一日申時，距生于乾隆癸酉十一月十五日寅時，壽七十有二，例封孺人。子四：倫，廩膳生；偲，嘉慶戊辰科進士，歷任山西趙城、潞城、永和、蒲縣、臨晉等縣

知縣，辦理河工，告竣，奏明，記功一次，錢糧議敘，歸卓異班，不論俸滿即升；億，廩膳生，早逝；佑，增廣生。孫六：宜檢早逝；宜栻、宜楓、宜樾、宜枚、宜枋。今卜吉于道光五年二月十八日，奉君暨郝孺人柩，合葬于闞王堂祖塋之次。銘曰：

惟君持己，既和且平。惟君處事，措正施行。蘭署怡養，敕命峥嶸。高年偕老，鶴馭雲程。典型猶在，如此老成。善人有後，維國之楨。銘辭鎸石，祔于佳城。以示來耳，永紹家聲。

敕封文林郎蔚巖崔君暨德配郝孺人合葬墓誌銘　史致儼

君諱承宗字念詒號蔚巖始祖諱敬先於前明永樂間自小興州遷居霸州封奉政大夫二世祖諱璘明景泰癸酉科舉人陝西臨洮府同知授奉政大夫至七世祖諱士斝廩膳生皇清誥贈通議大夫雲南按察使司按察使累贈通奉大夫雲南布政使司布政使崇祀鄉賢祠傳載郡乘家傳忠厚代衍簪纓祖玉虬公雍正乙卯科副榜山西平定州直隸州州判敕授徵仕郎父壽峯公郡庠生貤贈文林郎生三子蔚巖先生其長也生而天資明敏丰度端凝年十八入泮試輒冠軍旋食餼蜚聲藝苑受知於金聽濤吳白華吳稷堂王春圃諸先達迺文章憎命屢困場屋薦卷七次而不售嘉慶戊午科鄉試兩弟棣等聯芳戊辰三弟及次子偲同捷南宮君所訓迪者也事母以孝聞宗族取法教子以義方日與睦婣任卹行誼申譽之自奉儉約布衣疏食戚黨有貧乏隨時賙給好濟人之急既家無餘貲不惜稱貸以應宏開絳帳及門掇巍科者踵相繼具卓識人有疑難皆就質焉嘉慶辛未貢成均候選訓導以子偲官敕封文林郎就養官署獨把卷吟哦終日不倦著有德聲堂文集南行漫草詩稿士林傳誦生於乾隆丙子正月二十日子時終於道光甲申四月初一日申時壽六十有九配郝孺人畿南望族郡庠生諱本健公女性柔婉嫻於閨範孝慈淑慎勤儉持家終於道光甲申四月二十一日申時距生於乾隆癸酉十一月十五日寅時壽七十有二例封孺人子四倫廩膳生偲嘉慶戊辰科進士歷任山西趙城潞城永和蒲縣臨晉等縣知縣辦理河工告竣奏明記功一次錢糧議叙歸卓異班不論俸滿即陞億廩膳生早逝佑增廣生孫六宜檢早逝宜栻宜楓宜樾宜枚宜枋今卜吉於道光五年二月十八日奉君暨郝孺人柩合葬於闞王堂祖塋之次銘曰

惟君持己既和且平惟君處事措正施行蘭署怡養敕命崢嶸高年偕老鶴馭雲程典型猶在如此老成善人有後維國之楨銘辭鐫石祔於佳城以示來耳永紹家聲

四一、誥授振威將軍資政大夫河東河道總督翰林院編修霸州吴公（邦慶）墓誌銘

題解：

《誥授振威將軍資政大夫河東河道總督翰林院編修霸州吴公（邦慶）墓誌銘》收録于民國二十三年（1934）《霸縣新志·金石志》，姚元之撰文，刊刻于清·道光二十八年（1848）。

誌文：

公諱邦慶，號霽峰，順天霸州人。高曾以來，代有碩德，以公貴，贈三世如其官，妣皆一品夫人。公幼明敏，勤于治事，讀書必求致用。成童而孤，母孟太夫人督之嚴。初由乾隆己酉拔貢，官昌黎訓導，修學宫，勤課試，士咸服焉。乙卯，舉于鄉。嘉慶元年丙辰，恩科成進士，授館職，尋擢御史。言軍機章京，宜令大員子弟迴避，以嚴樞密，遂著爲令。十四年，巡漕濟寧，奏請重浚運河，並請復山東春兑春開舊制，以杜州縣折收虚兑之弊，而蘇丁船守凍沿江民夫派巡之累。十六年，東河水淺滯運，議先閉分水口迤北之柳林閘，使水南下，候挽船過分水口，即閉迤南之寺前等閘，托水北趨，而開柳林閘放船，順流以出。如其言，漕得速達。十九年，擢鴻臚寺少卿，轉光禄寺少卿，偕内閣學士今大學士穆公，督通永道張五緯浚北運河。事竣，授内閣侍讀學士。二十年，授山西布政使。九月，蒲、解地震，袤延數百里，覆壓人民、廬舍無算。公急籌撫恤，民獲以安。旋調河南布政使。河南常平倉穀久缺，飭屬補之。全完者胥役輒蝕其半，以爲民欠，或先期墊交而倍取償于民，民欠日多而力益困。公諭民自納，有胥役包納多索者許其首告，于是輸將踴躍。積三年，賦無逋者。二十三年，擢湖南巡撫。次年，調福建巡撫。未至閩，授刑部侍郎。途次，命往河南查馬營壩大工。二十五年，授安徽巡撫，時河南蘭儀漫口未合，黄水由亳挾渦以注于淮，洪湖泛濫，浸連鳳、潁，乃與南河總督襄勤黎公商，放湖水以泄盛漲，而親往災區賑撫。未幾，以審案被議落職，奉旨賞給編修。道光三年，請假修墓。是年，雨潦盛積，經流支川皆成水患。直隸則滏陽自磁州北至大

陸，貫二泊會滹沱以入南運河，而正定、宣化、古北口關内外諸水，或入清河，或入永定河，或入北運河，皆與南運河匯于天津，以趨一綫之海河，下流壅而上流益潰。聖天子軫念郊圻，特詔大員疏通河道，並將修復雍正初年畿輔水利。公乃著《畿輔水利叢書》，本《史記·河渠書》分河道、水利爲二，以廣川洪流之分通塞爲河道，以淀泊、圩圍、閘壩、撈淺、留泥諸法爲水利，而總以經行之處爲咽喉，渟滀之處爲胸膈，歸墟之處爲尾閭。謂三者既明，則致力之端自審。當通觀全局，而斟酌其先後緩急之宜以爲利。凡麻麥黍菽皆可物土，宜以養民，其言通達事理，鑿然有裨于實用。蓋公家玉帶、會同河之間，少時嘗究心于畿輔水利，洎通籍，往來淮、徐、楚、豫之地，觀于江、淮、河、湖，清濁交匯，而得其蓄泄鉗制、疏引灌溉之法。復稽往籍求今昔之異，與易地而可以相師，同事而不能相襲。或功本可成，以持論未善而爲浮議所撓；或效已漸收，而始事方興，未旋踵而又廢。一切錯綜不齊之故，參互融貫，務使師古而不執，因地以爲宜，取資博故擇之精，發慮審故語之詳。其所謀畫又皆桑梓素習之處，故文成百數十萬，而無一言之不可施于用。逾年，書成，思致之當事而未果。九年，授洗馬。十年，授少詹事，旋授貴州按察使。越日，命署漕運總督。公習聞軍船私載津鹽爲淮綱病，謂當因所利而利之，不可遽禁以法。于是指示開導，令載他物之可以獲利者，而弊遂絕。十一年，南省復大水，江西九江等府災黎數萬，以就賑羈滯沙井，迫天寒病餓死者甚衆。公于是冬授江西巡撫，比履任，先捐廉倡設湯藥，次籍其人數與鄉里，各給路資，遣役持牒送歸業。無業可歸者，借鹽義倉銀米賑之，又出倉穀以平省城之糶。十二年，授河東河道總督，東河防險，碎石皆指工請帑。然河性無常，或運石到工，而水勢已平，亦盡用以符奏案。公請于歲防添料款内，以六成購辦碎石豫貯，通工遇險，查驗動用。公在任三年，並未專案請帑。又以山東運河惟恃四百八十四泉爲灌注，請復設泉河通判以專責成修防。餘閒，則率道廳捐資造水車、戽馬，營壩北及蔡家樓大窪積水地，七千餘畝爲良田。十五年，以改撥人員被劾，仍賞編修，時公年已七十，遂致仕。公官河南布政時，嘗延永清朱孝廉雲錦于幕，考豫省志乘所載有水田處，臚列其泉水旺弱、溉田多寡之數，爲田渠説，將檄郡邑墾治。以往楚南未及行，乃以其説附之畿輔水利集中。至是始于河堧數千畝廢地，一試其端，若著書之志，固未之能滿也。公美鬚髯，修體幹、瞻視甚偉，見者憚之。而和易樂善，使人得盡所懷，故于事無不給。致仕後，以所蓄廉俸建立宗祠，歲時率族人修祀事、講家法，尤喜教育人才。凡親族諸幼子弟，以貧失學者，無不委曲成就。其資婚葬、時緩急者，益不可更僕。數年，既耄，猶日讀書學問以證得失。訓子弟，常述幼時所禀母訓，及師友老成矩範，欲其無失服疇食德之風焉。家居凡十有四年，以道光二十八年戊申四月庚申卒于京邸，享年八十有三。配高夫人，保定邑庠生鎧公長女，與公有同德，事孟太夫人唯謹，宗族稱孝焉。辛丑年，先卒。子三：伯祝齡，嘉慶癸酉拔貢，官户部員外郎；仲岳齡，俱先公卒，皆高夫人出。側室樊宜人，生季子翊清而卒。高夫人鞠養之，今以謄録候選知州。女二：長適通政司參議天津齊承彦；次適汾陽韓元鍵。孫三：長曾愉，道光元年蔭生，由户部郎中授福建興化府知府。次曾蔭，道光丁酉拔貢，己亥恩科舉人，内閣中書。俱祝齡出。以曾蔭承岳齡祀。次曾榮，翊清出。曾孫六人：敬修、敬熙、敬承、敬翼，曾愉出；敬咸、敬中，曾蔭出。卜以明年己酉十一月二十七日庚申，奉公合葬于霸州東關祖塋之西原雙柳樹高夫人殯所，即公修墓著書時朝夕游履處也。松柏始植，梁木增歎。乃爲銘曰：

瞻彼東淀，節宣衆川。蘊毓靈淑，是生名賢。名賢之生，與人同憂。偟偟傍傍，維志之求。于釣于游，善相原隰。宣力四方，每懷靡及。每懷靡及，著書見志。我言非創，視己成事。成事之師，未及厥施。哲人云往，誰其嗣之。滹沱北衍，瀛海南漳。靈其如晤，永緬遺徽。

誥授振威將軍資政大夫河東河道總督翰林院編修霸州吳公墓誌銘

姚元之

公諱邦慶號霽峯順天霸州人高曾以來代有碩德以公貴贈三世如其官妣皆一品夫人公幼明敏勤於治事讀書必求致用成童而孤母孟太夫人督之嚴初由乾隆己酉拔貢官昌黎訓導修學宮勤課試士咸服焉乙卯舉於鄉嘉慶元年丙辰恩科成進士授館職尋擢御史言軍機章京宜令大員子弟迴避以嚴樞密遂著爲令十四年巡漕濟寧奏請重浚運河並請復山東春兌春開舊制以杜州縣折收虛兌之弊而蘇丁船守凍沿江民夫派巡之累十六年東河水淺滯運議先閉分水口逼北之柳林閘使水南下候挽船過分水口即閉逼南之寺前等閘托水北趨而開柳林閘放船順流以出如其言漕得速達十九年擢鴻臚寺少卿轉光祿寺少卿偕內閣學士今大學士穆公督通永道張五緯浚北運河事竣授內閣侍讀學士二十年授山西布政使九月蒲解地震袤延數百里覆壓人民廬舍無算公急籌撫恤民獲以安旋調河南布政使河南常平倉穀久缺飭屬補之全完者胥役輒蝕其半以爲民欠或先期墊交而倍取償於民民欠日多而力益困公諭民自納有胥役包納多索者許其首告於是輸將踴躍積三年賦無逋者二十三年擢湖南巡撫次年調福

霸縣新志 卷七 四十三 天津文竹齋印

建巡撫未至閩授刑部侍郎途次命往河南查馬營壩大工二十五年授安徽巡撫時河南蘭儀漫口未合黃水由亳挾渦以注於淮洪湖汎濫浸逼鳳穎乃與南河總督襄勤黎公商放湖水以洩盛漲而親往災區賑撫未幾以寀案被議落職奉旨賞給編修道光三年請假修墓是年南潦盛積經流支川皆成水患直隸則滏陽自磁州北至大陸貫二泊會滹沱以入南運河而正定宣化古北口關內外諸水或入清河或入永定河或入北運河皆與南運河匯於天津以趨一線之海河下流壅而上流益潰聖天子軫念郊圻特詔大員疏通河道並將修復雍正初年畿輔水利公乃

著畿輔水利叢書本史記河渠書分河道水利爲二以廣川洪流之分道疏爲河道以淀泊圩圍閘壩撈淺留泥諸法爲水利而總以經行之處爲咽喉渟瀦之處爲胸膈歸墟之處爲尾閭謂三者既明則致力之端自審當通觀全局而斟酌其先後緩急之宜以爲利凡麻麥黍菽皆可物土宜以養民其言通達事理鑿然有裨於實用蓋公家玉帶會同河之間少時嘗究心於畿輔水利洎通籍往來淮徐楚豫之地觀於江淮河湖清濁交匯而得其蓄洩節制疏引灌溉之法復稽往籍求今昔之異與易地而可以相師同事而不能相襲或功本可成以持論未善而爲浮議所撓或效已漸收而始事方興未旋踵而又廢一切錯綜不齊之故參互融貫務使師古而不執因地以爲宜取資博故擇之精發慮審故語之詳其所謀畫又皆桑梓素習之處故文成百數十萬而無一言之不可施於用逾年書成思致之當事而未果九年授洗馬十年授少詹事旋授貴州按察使越日命署漕運總督公習聞軍船私載津鹽爲淮綱病謂當因所利而利之不可遽禁以法於是指示開導令載他物之可以獲利者而弊遂絕十一年南省復大水江西九江等府災黎數萬以就賑羈滯沙井迫天寒病餓死者甚衆公於是冬授江西巡撫比履任先捐廉倡設湯藥次籍其人數與鄉里各給路費遣役持牒送歸業無業可歸者借鹽義倉銀米賑之又出倉穀以平省城之糶十二年授河東河道總督東河防險碎石皆指工請帑然河性無常或運石到工而水勢已平亦盡用以符奏案公請於歲防添料款內以六成購辦碎石

豫貯通工遇險查驗動用公在任三年並未專案請帑又以山東運河惟恃四百八十四泉爲灌注請復設泉河通判以專責成修防餘閒則率道廳捐資造水車戽馬營壩北及蔡家樓大窪積水地七千餘畝爲良田十五年以改撥人員被劾仍賞編修時公年已七十遂致仕公官河南布政時嘗延永清朱孝廉雲錦於幕考豫省志乘所載有水田處臚列其泉水旺弱溉田多寡之數爲田渠說將檄郡邑舉治以往

楚南未及行乃以其說附之畿輔水利集中至是始於河堧數千畝廢地一試其端若著書之志固未之能滿也公美鬚髯修體幹睟視甚偉見者憚之而和易樂善使人得盡所懷故於事無不給致仕後以所蓄廉俸建立宗祠歲時率族人修祀事講家法尤喜教育人才凡親族諸幼子弟以貧失學者無不委曲成就其貧婚葬時緩急者益不可更僕數年既耄猶日讀書學問以證得失訓子弟常述幼時所禀母訓及師友老成矩範欲其無失服疇食德之風焉家居凡十有四年以道光二十八年戊申四月庚申卒於京邸享年八十有三配高夫人保定邑庠生鐙公長女與公有同德事孟太夫人唯謹宗族稱孝焉辛丑年先卒子三伯祝齡嘉慶癸酉拔貢官戶部員外郎仲岳齡俱先公卒皆高夫人出側室樊宜人生季子翊清而卒高夫人鞠養之今以謄錄候選知州女二長適通政司參議天津齊承彥次適汾陽韓元鍵孫三長曾愉道光元年廩生由戶部郎中[illegible]福建興化府知府次曾蔭道光丁酉拔貢己亥恩科舉人內閣中書俱祝齡出以[illegible]承岳齡祀次曾榮翊清出曾孫六人敬修敬熙敬承敬襄曾愉出敬咸敬中[illegible]出卜以明年己酉十一月二十七日庚申奉公合葬於霸州東關祖塋之西原[illegible]高夫人殯所即公修墓著書時朝夕遊履處也松柏始植梁木增歎乃爲銘曰

瞻彼東淀節宣衆川瀦瀜靈淑是生[illegible]名賢之生與人同[illegible]偟偟徬徬維志之求于鈞于遊善相原隰宣力四方每懷[illegible]每懷靡及著書見志我言非創視已成事成事之師未及厥施俟人云往誰其嗣之溥沱北衍瀛海南漳靈其如晤永緬遺徽

四二、誥授通奉大夫廣東布政使司布政使崔公（侗）墓誌銘

題解：

《誥授通奉大夫廣東布政使司布政使崔公（侗）墓誌銘》收録于民國二十三年（1934）《霸縣新志·金石志》，朱鳳標撰文，刊刻于清·咸豐五年（1855）。

誌文：

咸豐五年三月，廣東布政使崔公歿于任。其年冬，公子汝棨奉公之喪，歸葬于故鄉。當是時，粵西逆匪滋擾，毗連粵東，蔓延數省，道路梗塞。由京師之官兩粵者，安置其妻孥，寄頓其輜重，輕車減從，猶或與寇值，弃其所携，僅以身免，甚者銷聲匿跡，由間道趦趄以進。以故公之戚友，旦夕望公之喪至，而又惴惴焉，不敢必其即至。今公子扶兩親之櫬，偕家人騶從間關數千里，安然無恙，曾無幾微風鶴之驚，非公之靈爽式憑默爲庇蔭，而能如是耶？抑公之惠澤及人，積善餘慶，天故先報以窀穸之安也耶！公諱侗，字同人，號葛民。先世由山西洪洞縣，遷居順天府霸州。曾祖雲毅，祖光緒，父廷輅，三世俱以公貴，贈如公官。公生而聰穎，幼喜讀書，自其先家本寒素，無力延師，而攻苦自課，迨補諸生後設館授徒，資其修脯以奉甘旨。道光辛卯舉于鄉，壬辰成進士，授吏部主事，洊升本部員外郎、郎中。前後掌考功、文選兩司事，考功握黜陟之柄，而銓曹所司尤叢雜難稽，缺分之菀枯，班次之進退，日月之後先，棼如治絲，奸胥猾吏往往得上下其手。公一治以嚴，絕苞苴，杜請託，于科條之勒爲成書者，剖析其異同，比較其新舊，昕夕纂記蠅頭細書，行間幾無隙地。故雖老奸巨蠹，但瑟縮奉行文書，無敢營私舞文，以身試法者。意所不可，謇謇諤諤，執簡與同僚上官争，必得乃已，久之所與争者轉相倚賴，如左右手之不可離。故尚書宗室小山先生恩桂、孔修先生文慶、相國陳偉堂先生官俊遞相引重。前相國鶴舫先生穆彰阿，其受知尤深者也。由京察一等出爲廣東南韶連道，未履任，擢授本

省臬司。于時清遠、英德，賊匪煽動，制府檄公督剿。公身在行間，運籌帷幄，一切調度悉合機宜，以屬吏爲難信，内幕爲無才，凡糧餉出入，必親爲句稽，文移往來，必手自指畫。于萬難兼顧之中，焚膏繼晷，連夕不寐。事平，蒙恩嘉奬，賞戴花翎，而公亦積勞成疾矣。兩攝藩篆，旋奉特旨即真。適值賊氛復熾，近逼省垣，連年用兵，加以協撥鄰境，庫款空虛，費無所出，藩司爲錢糧總匯，支發皆取給于公。公握算持籌，設法接濟，捐銀一萬五千兩以應急需，故得無絲毫支絀。而焦勞太甚，氣體日以羸弱，又以時勢多艱，力疾從公，不能息心静攝。逮賊踪遠遁，公亦沈疴不起矣。上方嚮用公，不次遷擢，使天假以年，節鉞一方，得以大究其設施，則其察吏安民，功勳隆隆，必有出尋常意計外者，而竟若或限之也。惜哉！公天性孝友，事兩親竭誠盡敬，必悉其力之所能。辛卯，值仲弟之喪，痛切鴒原，絶意進取。太夫人督勸再四，始勉强入闈，遂獲聯捷。與人交，落落寡合而中懷坦白，意有所許，必多方以底于成。性嚴重，廉潔自持，一介不妄取。在吏部時，有外吏以朱提餉公者，視公人直，置公寓。公歸，其人已出都，必追及還之而後已。其介節類如是也。享年六十有六。原配李夫人、繼榮夫人，俱以賢著。榮夫人隨公廣東任所，教子女、御臧獲，一切家政，井井有條，故公得盡心王事無内顧憂。先公二年歿。子一，汝桀。以公在粤捐輸議叙，以主事用。女一，未字，皆榮夫人出。李夫人前已葬矣。今將卜吉合葬公及榮夫人于先塋之次。公子汝桀持家狀來請銘，余與公同舉進士，知公最深，誼不敢辭。乃爲銘曰：

烟視媚行，柔筋脆骨。相習成風，忽焉以殁。赫赫崔公，是創是懲。躬介于石，吏行于冰。角也觩觩，詞也侃侃。人如其文，俊傑廉悍。揚歷中外，二十餘年。鞠躬盡瘁，持危扶顛。閭左饑寒，士卒甘苦。訟獄紛繁，軍書旁午。如鑑之明，如衡之平。智燭信符，立貢其情。中道而闕，所懷未罄。福自天申，如響斯應。積厚流光，後嗣必昌。綿延勿替，券此銘章。

誥授通奉大夫廣東布政使司布政使崔公墓誌銘　朱鳳標

咸豐五年三月廣東布政使崔公歿於任其年冬公子汝渠奉公之喪歸葬於故鄉當是時粵西逆匪滋擾毗連粵東蔓延數省道路梗塞由京師之官兩粵者安置其妻孥寄頓其輜重輕車減從猶或與寇値棄其所携僅以身免往者銷聲匿跡由間道踰越以進以故公之戚友旦夕望公之喪至而又惴惴焉不敢必其即至今公子扶兩親之櫬偕家人纍從間關數千里安然無恙曾無幾微風鶴之驚非公之靈爽式憑默爲庇廕而能如是耶抑公之惠澤及人積善餘慶天故先報以從容之安也耶公諱侗字同人號[illegible]氏先世由山西洪洞縣遷居順天府霸州曾祖雲毅祖光緒父廷幹三世俱以公官贈如公官公生而聰穎幼喜讀書自其先家本寒素無力延師而攻苦自課迨補諸生後設館授徒資其脩脯以奉甘旨道光辛卯舉於鄉壬辰成進士授吏部主事洊升本部員外郎郎中前後掌考功文選兩司事考功掌黜陟之柄而銓曹所司尤叢襍雜稽缺分之菀枯班次之進退日月之後先棼如治絲奸胥猾吏往往得上下其手公一治以嚴絕苞苴杜請託於科條之物爲成書者剖析其異同比較其新舊昕夕纂記蠅頭細書行間幾無隙地故雖老姦巨蠹但瑟縮奉行文書無敢營私舞文以身試法者意所不可謇謇諤諤執簡與同僚上官爭必得乃已久之所與爭者轉相倚賴如左右手之不可離故尚書宗室小山先生恩桂孔修先生文慶相國陳偉堂先生官俊遞相引重前相國鶴舫先生穆彰阿其受知尤深者也由京察一等出爲廣東南韶連道未履任擢授本省臬司於時清遠英德賊匪煽動制府檄公督剿公身在行間運籌帷幄一切調度悉合機宜以屬吏爲難信內幕爲無才凡糧餉出入必親爲句稽文移往來必手自指畫於萬難兼顧之中焚膏繼晷連夕不寐事平蒙恩嘉獎賞戴花翎而公亦積勞成疾矣兩攝藩篆旋奉特旨即眞適値賊氛復熾近逼省垣連年用兵加以協撥鄰境庫款空虛費無所出藩司爲錢糧總匯支發皆取給於公公握算持籌設法接濟捐銀一萬五千兩以應急需故得無絲毫支絀而焦勞太甚氣體日以羸弱又以時勢多艱力疾從公不能息心靜攝逮賊蹤遠遁公亦沈痾不起矣上方嚮用公不次遷擢使天假以年節鉞一

方得以大究其設施則其察吏安民功勳隆隆必有出尋常意計外者而竟若或限之也惜哉公天性孝友事兩親竭誠盡敬必悉其力之所能辛卯値仲弟之喪痛切鴒原絕意進取太夫人督勸再四始勉強入闈遂獲聯捷與人交落落寡合而中懷坦白意有所許必多方以底於成性嚴重廉潔自持一介不妄取在吏部時有外吏以朱提餉公者視公入直置公寓公歸其人已出都必追及還之而後已其介節類如是也享年六十有六原配李夫人繼榮夫人俱以賢著榮夫人隨公廣東任所教子女御臧獲一切家政井井有條故公得盡心王事無內顧憂先公二年歿子一汝渠以公在粵捐輸議敘以主事用女一未字皆榮夫人出李夫人前已葬矣今將卜吉合葬公及榮夫人於先塋之次公子汝渠持家狀來請銘余與公同舉進士知公最深誼不敢辭乃爲銘曰

煙視媚行柔筋脆骨相習成風忽焉以歿赫赫崔公是創是懲躬介於石吏行於氷角也觥觥訶也侃侃人如其文儁傑廉悍敭歷中外二十餘年鞠躬盡瘁持危扶顚閩左饑寒士卒甘苦訟獄紛繁軍書旁午如鑑之明如衡之平智燭信符立貢其情中道而殞所懷未罄福自天申如響斯應積厚流光後嗣必昌緜延勿替券此銘章

四三、益津書院記

題解：

《益津書院記》收録于民國二十三年（1934）《霸縣新志・金石志》，毛慶麟撰文，刊刻于清・同治二年（1863）。

碑文：

霸州爲古益津郡，距京師百里而遥。人文之盛，甲于畿輔。歲在癸亥，余由漁陽奉檄來此。既視事，問先務之急于舊牧曾君。曾君舉城垣、書院二事以告。余念教民必先衛民。州城爲水所嚙，傾頹之處若大路然。去冬省南寇氛漸近，風鶴時聞，有文事者不忘武備，乃倡議修之。邦之人咸踴躍趨事，不數旬而城工已成。舊有書院在城東，因經費無所出，停課已久。曾君今春曾籌款爲膏火之資，余恐後將難以爲繼，乃爲之定其成規，量入爲出。朔有課，望有試，有廪餼以贍，有奬賞以勸。開課以來于今三月，處其中者，濟濟多士，敬業樂群。憤易啓，悱易發，故學問文章臻臻日上，已可見書院之獲益良多，而曾君經始之功爲不可没矣。夫書院之興廢，士氣之屈伸係之，即民俗之良莠、地運之盛衰，亦因之。近來教匪猖狂，趙魏深冀間烽烟四起，無論通都大邑，書院之毁于兵火者，比比皆是。即規模猶在，亦僅爲屯軍糧、貯器械之地，而取其養士之費以養兵。彼都人士莫不父子兄弟逼處鋒鏑之中，執干戈以衛鄉里。當此時也，巔無安巢，淵無恬鱗，此惟救死而恐不贍，奚暇計書院哉？而益津之學者，獨得從容燕處，誦詩讀書，又有書院以會友論文，相讓相親，絃歌先王之道以自樂，何其幸也！况閭閻之風氣，恒視學校爲轉移。書院肄業之士，果能經明行修，先器識而後文藝，使鄰里鄉黨薰其德而善良，以勃興于禮義，而不爲邪説詖行所惑。又安有害群之馬，俾張佻險于其間也？孟子曰：「經正則庶民興，庶民興，斯無邪慝矣。」即此意也。或者謂人情方其作始，多畏難惜力，及安受其成，又謂美名已屬他人，吾直寄焉，不復爲之統大局以計長久，天下事所以難成而易敗也。余繼曾君後，權篆益津，凡當官守道，自視不及遠甚。即書院之所以不廢，亦藉曾君之功，而非余之力，然而不敢視官如傳舍，而存諉卸之心，是則可以自信者也。同治二年立石。

益津書院記　毛慶麟

霸州爲古益津郡距京師百里而遙人文之盛甲於畿輔歲在癸亥余由漁陽奉檄來此既視事問先務之急於舊牧曾君曾君舉城垣書院二事以告余念教民必先衛民州城爲水所嚙傾頹之處若大路然去冬省南寇氛漸近風鶴時聞有文事者不忘武備乃倡議修之邦之人咸踴躍趨事不數旬而城工已成舊有書院在城東因經費無所出停課已久曾君今春曾籌款爲膏火之資余恐後將難以爲繼乃爲之定其成規量入爲出朔有課望有試有廪餼以贍有獎賞以勸開課以來於今三月處其中者濟濟多士敬業樂群憤易啟悱易發故學問文章臻臻日上已可見書院之獲益良多而曾君經始之功爲不可沒矣夫書院之興廢士氣之屈伸係之即民俗之良莠地運之盛衰亦因之近來教匪猖狂趙魏深冀間烽烟四起無論通都大邑書院之毀於兵火者比比皆是即規模猶在亦僅爲屯軍糧貯器械之地而取其養士之費以養兵彼都人士莫不父子兄弟逼處鋒鏑之中執干戈以衛鄉里當此時也顛無安巢淵無恬鱗此惟救死而恐不贍奚暇計書院哉而益津之學者獨得從容燕處誦詩讀書又有書院以會友論文相讓相親絃歌先王之道以自樂何其幸也況閭閻之風氣恒視學校爲轉移書院肄業之士果能經明行修先器識而後文藝使鄉里鄉黨薰其德而善良以勃興於禮義而不爲邪說詖行所感又安有害羣之馬倚張佻險於其間也孟子曰經正則庶民興庶民興斯無邪慝矣即此意

也或者謂人情方其作始多畏難惜力及安受其成又謂美名已屬他人吾直寄焉不復爲之統大局以計長久天下事所以難成而易敗也余繼曾君後權篆益津凡當官守道自視不及遠甚即書院之所以不廢亦藉曾君之功而非余之力然而不敢視官如傳舍而存諉卸之心是則可以自信者也　同治二年立石

四四、重修霸州城記

題解：

《重修霸州城記》收録于民國二十三年（1934）《霸縣新志·金石志》，知州毛慶麟撰文，刊刻于清·同治二年（1863）。

碑文：

霸去都城二百里，爲股肱首郡。南抱青曹，東襟滄海，西連涿州，北拱神京，固畿南一保障也。自後周顯德中置守令爲州，其時規土爲墉，城垣牣具。至明弘治以後，迭經增築。城身高一丈七尺，繼增高三丈，復增五尺，址廣二丈，頂廣一丈，女墻高三丈，垛口一千五百一十二，周垣計一千四百七十五丈，城樓、敵臺咸備焉。明末兵燹之後，樓臺多不復存。我朝自雍正末重修，乾隆初工竣，迄于今又百餘年矣。樓臺漸以傾圮，墻垛漸以殘缺。咸豐癸丑，復被水災，浸城身數月，坍塌者共三十九段，頽敝愈甚，補葺愈難。何者？財與力民出也，非有以協于民，則怨生而謗起。上之人且弗能自信，而况欲事之無阻乎？故比年來，屢議重修，而當事者恒竊竊難之，詘于勢也。癸亥春，余來攝州篆，公餘登陴閲視，太息曰：「方今東南逆匪滋擾，現奉憲札飭修各屬城垣。霸密邇京畿，而城垣頽敝若此，其何以資保障？」爰諭城鄉紳士商民等各量力捐資以襄厥役。令甫下，無不踴躍輸將。未浹旬，集捐資若干，付紳民俾董其事。于是鳩工庀材，築砌並舉，不數月而外垣一律完固，墻垛整齊，樓臺聳峙，屹然成峻堞焉。夫霸地素非饒沃，自粤匪滋事以來，團練巡防兵差絡繹，民之財與力，其亦疲且匱矣。兹以土木重役，而仍于民責之。令下風行，争先趨事，余不敢謂有協于民，以致若是，且幸霸之民可與樂成也。謹爲記其始末，並以望後之莅斯土者，有以倡率之，以副聖天子保衛群黎之盛意焉爾。

重修霸州城記

知州 毛慶麟 遂安

霸去都城二百里爲股肱首郡南抱青晉東襟滄海西連涿鹿北拱神京固畿南一
保障也自後周顯德中置守令爲州其時規土爲墉城垣物具至明宏治以後迭經
增築城身高一丈七尺繼增高三丈復增五尺址廣二丈頂廣一丈女墻高三丈垛
口一千五百一十二周垣計一千四百七十五丈城樓敵臺咸備焉明末兵燹之後
樓臺多不復存我朝自雍正末重修乾隆初工竣迄於今又百餘年矣樓臺漸以傾
圮墻垛漸以殘缺咸豐癸丑復被水災浸城身數月坍塌者共三十九段頹敝愈甚
補葺愈難何者財與力民出也非有以協於民則怨生而謗起上之人且弗能自信
而況欲事之無阻乎故比年來屢議重修而當事者恆竊竊難之詘於勢也癸亥春
余來攝州篆公餘登陴閱視太息曰方今東南逆匪滋擾現奉憲札飭修各屬城垣

霸密邇京畿而城垣頹敝若此其何以資保障爰諭城鄉紳士商民等各量力捐資
以襄厥役令甫下無不踴躍輸將未浹旬集捐資若干付紳民俾董其事于是鳩工
庀材築砌並舉不數月而外垣一律完固墻垛整齊樓臺聳峙屹然成峻堞焉夫霸
地素非饒沃自粵匪滋事以來團練巡防兵差絡繹民之財與力其亦疲且憊矣茲
以土木重役而仍於民責之令下風行爭先趨事余不敢謂有協於民以致者是且
幸霸之民可與樂成也謹爲記其始末並以望後之蒞斯土者有以倡率之以副聖
天子保衛羣黎之盛意焉爾

四五、重修霸州學宮記

題解：

《重修霸州學宮記》收録于民國二十三年（1934）《霸縣新志·金石志》，刊刻于清·同治十三年（1874）。

碑文：

知霸州知事加十級紀録十次陳如瑶撰文

丙午科舉人霸州學正王勳

霸州訓導朱世錕

署霸州吏目王坤、朱安

蓋聞崇儒所以重道，育才必先立學。學無遠近之殊，道無古今之異。學者何？學聖人也。學聖人者何？學爲格致、誠正、修齊、治平之道也。聖人既没，斯道未墜。魯哀公于夢奠之二年，即立廟以祀之。春秋以降，各處皆創立學宮。至我朝而饗祀尤隆，自天子至于庶人，無不欽崇聖教，涵泳聖德。凡精一危微之傳、性道文章之旨，皆燦然明備于斯世。是聖人之教不域于魯，而聖人之廟亦非魯所得而專也。然而天下事有興必有廢、有創必有因，人第見創而興者之難，而不知因而不廢者之尤難也。世運升降，人世變遷，今日臺榭，明日丘墟，滄海桑田，比比皆是。而惟聖人之廟，能以歷久常新者，則何以故？蓋創之者有人，興之者有人，因而不廢之者又有人，于以歎聖人之德之大，而其教澤入人至深且遠也。霸郡學宮創自有元初年，卜基于州治之東，得地里許，周圍約數百弓，翬飛焕彩，粉堊凝霞，一切規模，考之與各直省無異。洎國初定鼎後，順治、康熙年間，或歲修，或數歲再修，繼繼繩繩，相沿勿替。癸亥冬，予捧檄來知州事，既謁廟，見殿角之坍塌、墻垣之傾圮，以及啓聖祠、欞星門皆摧折過半，詢之郡人士，僉稱：「自道光七年重修後，迄今又卅有餘年矣。」是人以時而代遷，物以遠而日敝，榱崩棟折，不禁惻然者久之。適王竹書、朱琛吾兩學博加意黌序，慨然以提衡教化是任，共商修葺建造之舉，而竹書尤能獨任其勞。因議倡修，邦之人皆欣然樂從，竭力輸將，聚白金三千一百有奇。乃庀材鳩工，擇吉興作，由廟宇而廊廡、而門祠坊閾，工善吏勤，晨夜展力，巍焕一新，越七閱月而蕆事。此日宏模再峙，益占吉瑞重開。美奂美輪，復嶒竑之舊制，肯塗肯雘，壯藻繪之新猷。昭誠敬于拜瞻，興禮樂于庠序。將見經濟根于經術，文治出以文人，以仰副聖天子重道崇德之至意，則崇建學宫之有裨于斯郡者，豈淺鮮哉！

賜進士出身翰林院編修同郡鑲紅旗漢軍邊寶泉篆額

前任阜城縣訓導崔世芳書丹

同治四年六月上澣穀旦

爵閣督部堂李批准前州牧周兩次禀請益津書院章程

節□□□□□

原□□禮房存案

據禀該州書院經費僅有布税京錢五百餘吊，不敷支發。文理優長之山長不肯前來，生童未能鼓舞。擬將捐賑餘銀生息，每年一百七十餘兩，閏年一百八十餘兩，歸入書院，係爲振興文教起見。查此項成本，既係捐賑所餘，其息銀雖解司庫，仍待該州要需，則非報部有案及應歸司庫彌補别款者可比。且教養士子爲地方要務，自應如禀辦理，仍由該牧釐定條規，出示勒石，永行弗替。嗣後不准地方官再有挪用，抵算交代。

據禀書院經費皆用錢文，恐銀價時有損益，現將生息銀一千四百四十餘兩兑折京錢五千二百八十餘串，按月一分生息，遇閏加增。每年得京錢六百三十餘串。仲春開院，仲冬散館。除院長十個月修繕四百串，節禮二十四串，犒价六串，監院繕資二十串，又留十串以備零用，□餘一百七十串零分作文鄉會試舉貢生監路費。其撥布税等項仍充生童膏火獎賞，即以此内省出院長修繕一百二十串，分匀加益，均爲妥協。仰即照擬刻石，並隨詳立案，永遠遵守。

署霸州事永福王爾琨、知霸州事昌圖宋文勒石

同治十三年十二月穀旦

重修霸州學宮記

知霸州知事加十級紀錄十次陳如瑤撰文

丙午科舉人霸州學正王勳

霸州訓導朱世鋥

著霸州吏目王塈朱安

蓋聞崇儒所以重道育才必先立學學無遠近之殊道無古今之異學者何學聖人也學聖人者何學爲格致誠正修齊治平之道也聖人既沒斯道未墜魯哀公於夢奠之二年即立廟以祀之春秋以降各處皆創立學宮至我朝而饗祀尤隆自天子至於庶人無不欽崇聖教涵泳聖德凡精一危微之傳性道文章之旨皆燦然明備於斯世是聖人之教不域於魯而聖人之廟亦非魯所得而專也然而天下事有興必有廢有創必有因人第見創而興者之難而不知因而不廢者之尤難也世運升降人世變遷今日臺榭明日邱墟滄海桑田比比皆是而惟聖人之廟能以歷久常新者則何以故蓋創之者有人與之者有人因而不廢之者又有人於以歎聖人之德之大而其教澤入人至深且遠也霸郡學宮創自有元初年卜基於州治之東得地里許周圍約數百弓翬飛煥彩粉堊凝霞一切規模考之與各直省無異洎國初定鼎後順治康熙年間或歲修或數歲再修繼繼繩繩相沿勿替癸亥冬予捧檄來知州事既謁廟見殿角之坍塌墻垣之傾圮以及啟聖祠櫺星門皆摧折過半詢之郡人士僉稱自道光七年重修後迄今又卅有餘年矣是人以時而代遷物以遠而日敝榱崩棟折不禁惻然者久之適王竹書朱琛吾兩學博加意黌序慨然以提衡教化是任共商修葺建造之舉而竹書尤能獨任其勞因議倡修邦之人皆欣然樂從竭力輸將聚白金三千一百有奇乃庀材鳩工擇吉興作由廟宇而廊廡而門祠坊闥工善吏勤晨夜展力巍煥一新越七閱月而蕆事此日宏模再峙益占吉瑞重開美奐美輪復嶒峵之舊制肯塗肯雘壯藻繪之新猷昭誠敬於拜跽興禮樂於庠序將見經濟根於經術文治出以文人以仰副聖天子重道崇德之至意則崇建學宮之有裨於斯郡者豈淺鮮哉

賜進士出身翰林院編修同郡鑲紅旗漢軍邊寶泉篆額

前任阜城縣訓導崔世芳書丹

同治四年六月上澣穀旦

爵閣督部堂李　批准前州牧周　兩次禀請益津書院章程

節□□□□□□

原□□禮房存案

據禀該州書院經費僅有布稅京錢五百餘吊不敷支發文理優長之山長不肯前來生童未能鼓舞擬將捐賑餘銀生息每年一百七十餘兩閏年一百八十餘兩歸入書院係爲振興文教起見查此項成本既係捐賑所餘其息銀雖解司庫仍待該州要需則非報部有案及應歸司庫彌補別款者可比且教養士子爲地方要務自應如禀辦理仍由該牧釐定條規出示勒石永行弗替嗣後不准地方官再有挪用抵算交代

據禀書院經費皆用錢文恐銀價時有損益現將生息銀一千四百四十餘兩兌折京錢五千二百八十餘串按月一分生息遇閏加增每年得京錢六百三十餘串仲春開院仲冬散館除院長十個月修繕四百串節禮二十四串犒价六串院院繕資二十串又留十串以備零用□餘一百七十串零分作文鄉會試舉貢生監路費其撥布稅等項仍充生童膏火獎賞即以此內省出院長修繕一百二十串分勻加益均爲妥協仰即照擬刻石並隨詳立案永遠遵守

著霸州事永福王爾琨　勒石

知霸州事昌圖宋文

同治十三年十二月穀旦

四六、通奉大夫湖北布政使司布政使張公（建基）墓誌銘

題解：

《通奉大夫湖北布政使司布政使張公（建基）墓誌銘》收録于民國二十三年（1934）《霸縣新志·金石志》，都察院左都御史胡家玉撰文，刊刻于清·光緒九年（1883）。

誌文：

通奉大夫、湖北布政使張公卒之明年，其孤景説走京師來謁，匍伏請曰：「奉先人遺命，乞銘以葬。」予聞之，欷歔而不可禁。初，公與予同捷禮闈，榜發公已歸。越三年，補廷試，予方視學黔中。洎同治三年典蜀試畢，奉命勘事湘南，始見公于荆州觀察使署。殷殷道款曲，歡飲終日，挹公之言論丰采，證以輶軒所采訪，蓋恂恂然一儒素君子也。嗣擢藩臬兩入覲，與六七齊年會于京邸，篤實廉儉，無異作令時，益敬慕焉。公長予九月，而先赴道山，心滋戚矣，能默然已乎？公諱建基，字洊山，順天永清縣人。孝友聰穎。八歲祖母卒，哀慕如成人。家貧，日懷糠餅，就學數里外，乏膏火，然香照讀，至夜分不輟。年十七，補弟子員，與同邑進士劉詩橋、孝廉季化北相切劘，講求身心性命、天文地理之學。父殁，水漿不入口者累日，盡哀盡禮，爲鄉里所矜式。道光二十年庚子，舉于鄉。辛丑，聯捷。甲辰，成進士，用知縣籤湖北，初署蒲圻令。愛士恤民，務德化而又不事姑息，邑大治，謳訟弗衰。己酉，分校秋闈，補東湖令兼攝歸州牧，裕如也。東湖當川楚衝要，水滸多盜，公乘舟沿江稽察，萑苻斂跡。東作時則巡行田野，詢父老疾苦，政令有不便者，更張之。或憩樹下，耕夫、牧豎依依如家人父子。無何，以驛遞遲緩罷免。去之日，士民攀戀如去蒲圻時。咸豐三年，粵匪陷金陵，分竄河北，畿輔戒嚴。與邑宰預籌守禦，凡保甲團練諸要務，靡不具舉。匪擾獨流鎮，人心洶洶，而永清獨安堵無恐。四年，循例復官選永豐，病未赴。是時軍事孔棘，封疆大吏皆得辟致賢能以自助。九年，節相官文恭公、中

丞胡文忠公合詞奏調，赴楚署江陵令。值江水暴漲，環城堤岌岌。公不輿不蓋，躬率夫役運土石，晝夜防禦，化危爲安。荆襄教匪蠢動，荆州某太守尚嚴酷，每擒獲，不分首從輒駢戮，公惻然。一日獲七人，命公行刑。就市曹詳鞫，乃鄉愚被脅者，悉宥釋之。白守，守不懌，公曰：「潢池弄兵，皆吾赤子。况脅從者無辜受戮，上干天和，竊爲太尊不取也。」守益怒，密謫于嚴方伯，嚴復書曰：「張令廉明仁厚，有古循吏風，足爲守令法，慎毋以百里輕之也。」公之名益大譟于江漢間。胡文忠公禮賢下士，有知人之明，疏薦公，朝廷知文忠忠藎能得人。同治元年，不次擢守荆州兼護道篆，長樂縣猺獞雜處，土司田士群狡獪，值黨羽陰結苗目將爲亂。公偵得其實，聞于撫軍，撫軍檄唐觀察來，唐夙聞公名，奉命惟謹。公曰：「彼衆我寡，若聲罪致討，是速之亂耳，計擒可乎？」乃授方略于唐，駐兵長樂山外，擇能言者招士群，士群率衆至，飲之酒，半酣，即座上斬之，苗目皆伏誅，其黨羽千餘人降者降，散者散，不經旬而巨患消，洞猺戢。軍官習氣，侈陳戰績，往往以小醜爲大憝，以小勝爲大捷，邀愈格獎叙，有勸公效之者。公曰：「此守土者自盡其職，何敢言功？」其雅量類如此。八年，授湖北按察使，就遷布政使。鄂屢遭兵燹，民窮餉絀，公釐剔款項，杜冒濫，嚴禁苛派。于徵斂轉輸中惜物力而紓民困，遷調屬吏，

通奉大夫湖北布政使司布政使張公墓誌銘　都察院左都御史胡家玉

通奉大夫湖北布政使張公卒之明年其孤景說走京師來謁御伏請曰奉先人遺命乞銘以葬予聞之欷歔而不可禁初公與予同捷禮闈榜發公已歸越三年補廷試予方視學黔中洎同治三年典蜀試畢奉命勘事湘南始見公於荆州觀察使署殷殷道款曲歡飲終日挹公之言論丰采證以輶軒所採訪盖恂恂然一儒素君子也嗣擢藩臬兩入覲與六七齊年會於京邸篤實廉儉無異作令時益歎慕焉公長予九月而先赴道山心滋戚矣能默然已乎公諱建基字溶山順天永清縣人孝友聰穎八歲祖母卒哀慕如成人家貧日恆糠餅就學數里外乏膏火然香照讀至夜分不輟年十七補弟子員與同邑進士劉詩橋孝廉李化北相切劘講求身心性命天文地理之學父歿水漿不入口者累日盡哀盡禮爲鄉里所矜式道光二十年庚子舉於鄉辛丑聯捷甲辰成進士用知縣籤湖北初署蒲圻令愛士恤民務德化而又不事姑息邑大治謳訟弗衰已酉分校秋闈補東湖令兼攝歸州牧裕如也東湖當川楚衝要水涛多盜公乘舟沿江稽察萑苻斂跡東作時則巡行田野詢父老疾苦政令有不便者更張之或憩樹下耕夫牧豎依依如家人父子無何以擇遷通緩罷免去之日士民攀戀如去蒲圻時咸豐三年粵匪陷金陵分竄河北畿輔戒嚴輿邑宰預籌守禦凡保甲團練諸要務靡不具舉匪擾獨流鎮人心洶洶而永清獨安堵無恐四年循例復官選永豐病未赴是時軍事孔棘封疆大吏皆得辟致賢能以自助九年節相官文恭公中丞胡文忠公合詞奏調赴楚署江陵令值江水暴漲環

城堤岌岌公不輿不蓋躬率夫役運土石晝夜防禦化危爲安荆襄教匪蠢動荆州某太守尚嚴酷每擒獲不分首從輒駢戮公惻然一日獲七人命公行刑就市曹詳鞫乃鄉愚被脅者悉宥釋之白守守不懌公曰潢池弄兵皆吾赤子况脅從者無辜受戮上干天和竊爲太尊不取也守益怒密讁於嚴方伯嚴復書曰張令廉明仁厚有古循吏風足爲守令法慎毋以百里輕之也公之名益大譟於江漢間胡文忠公禮賢下士有知人之明疏薦公朝廷知文忠忠藎能得人同治元年不次擢守荆州兼護道篆長樂縣猺獞雜處土司田士羣狡獪值黨羽陰結苗目將爲亂公偵得其

一秉至公，爲地擇人，無敢干以私者。庚午鄉試監臨，諗知闈牆外茅舍藏奸滋弊，悉撤毁，面高其垣，傳遞遂絶。闈中水取給于城外，脚夫每乘夜以濁水混入，飲者多病。乃開渠，用法引水到城上，盛巨桶内，旁開孔以竹承接入闈中，支分各號舍。水潔清無穢，是科士子無病者。然公之謹出納，慎重名器，杜一切請託，介介不苟，每爲時俗所不悦。值報政而公病矣，自揣精力漸衰，骨肉又多故，遂决志不出山矣。公讀書識大體，待人恕，待己嚴，愛民如子，治國事如家事，故所至有聲。倘秉節鉞，操黜陟大權，所設施又當何如耶！至篤友愛，建祠立義學，捐書院經費，厚恤故舊子弟，在他人爲盛德，自公視之，皆分所當爲而無足介意者也。曾祖諱汾，祖諱德富，父諱懷瑾，皆以公貴，贈通奉大夫。曾祖妣李氏，祖妣孟氏，妣陳氏，皆贈太夫人。娶章氏，繼娶趙氏，皆贈夫人。弟振基，儒林郎，先公卒。子四：長景房，庠生，詹事府主簿，早卒；次景南，從九品；景賢，國學生；景説，候選府知事。女一，適庠生姚縉賢。孫四：星福、星壽、星煒、星漢。公生于嘉慶十三年戊辰三月初一日，卒于光緒九年癸未七月十六日。十年甲申十一月二十五日，葬于房山縣西南之百代村。銘曰：

顯允張公，孝友性成。學有心得，既和且平。牛刀小試，召父杜母。恩銘于心，碑鐫于口。槐槍亘天，荼毒徧氓。撫之摩之，

實聞於撫軍撫軍檄唐觀察來唐夙聞公名奉命惟謹公曰彼衆我寡若聲罪致討
是速之亂耳計擒可乎乃授方略於唐駐兵長樂山外擇能言者招士羣十羣率衆
至飲之酒半酣即座上斬之苗目皆伏誅其黨羽千餘人降者降散者散不經旬而
巨患消洞猺戢軍官習氣侈陳戰績往往以小醜爲大憝以小勝爲大捷邀僉格奬
叙有勸公効之者公曰此守土者自盡其職何敢言功其雅量類如此八年授湖北
按察使就遷布政使鄂屢遭兵燹民窮餉絀公釐剔欵項杜冒濫嚴禁苛派於征歛
轉輸中惜物力而紓民困遷調屬吏一秉至公爲地擇人無敢干以私者庚午鄉試
監臨諗知闈牆外茅舍藏奸滋弊悉撤毁而高其垣傳遞遂絶闈中水取給於城外
脚夫每乘夜以濁水混入飲者多病乃開渠用法引水到城上盛巨桶内旁開孔以
竹承接入闈中支分各號舍水潔清無穢是科士子無病者然公之謹出納愼重名
器杜一切請託介介不苟每爲時俗所不悦値報政而公病矣自揣精力漸衰骨肉
又多故遂决志不出山矣公讀書識大體待人恕待己嚴愛民如子治國事如家事
故所至有聲倘秉節鉞操黜陟大權所設施又當何如耶至篤友愛建祠立義學捐
書院經費厚邺故舊子弟在他人爲盛德自公視之皆分所當爲而無足介意者也
曾祖諱汾祖諱德富父諱懷瑾皆以公貴贈通奉大夫曾祖妣李氏祖妣孟氏妣陳
氏皆贈太夫人娶章氏繼娶趙氏皆贈夫人弟振基儒林郎先公卒子四長景房庠
生詹事府主簿早卒次景南從九品景賢國學生景説候選府知事女一適庠生姚
縉賢孫四星福星壽星煒星漢公生於嘉慶十三年戊辰三月初一日卒於光緒九
年癸未七月十六日十年甲申十一月二十五日葬於房山縣西南之百代村銘曰

顯允張公孝友性成學有心得既和且平牛刀小試召父杜母恩銘於心碑鐫於口
欃槍亙天荼毒徧氓撫之摩之鋒鏑餘生苗莠粟粃異端搆煽哀此蠢愚網開三面
槎櫱不翦將尋斧柯計殲渠魁詎煩干戈睿謩文忠以人報國薦牘朝陳除命夕錫
帝眷南服來旬來宣綜覈名實上安下全采薪憂小心腹疾大仰眡蜚鴻優游何害
天高聽卑積善必昌滔滔江漢源遠流長

鋒鏑餘生。苗莠粟粃，異端構煽。哀此蠢愚，網開三面。槎蘖不翦，將尋斧柯。計殲渠魁，詎煩干戈。謇謇文忠，以人報國。薦牘朝陳，除命夕錫。帝眷南服，來旬來宣。綜覈名實，上安下全。采薪憂小，心腹疾大。仰眂蜚鴻，優游何害。天高聽卑，積善必昌。滔滔江漢，源遠流長。

四七、重修霸州城隍廟碑記

題解：

《重修霸州城隍廟碑記》收録于民國二十三年（1934）《霸縣新志·金石志》，清廩生郝金甡撰文，刊刻于清·光緒十七年（1891）。

碑文：

蓋聞古盛時，王道以化民，濟之神道以設教，故陰陽調劑，時和歲豐，可知幽冥之賞罰與官府政刑，蓋同調而有互義也。爰考城隍神，正祭之始，本于伊耆氏，廟則創于六朝以前，歷有由矣。國朝崇正祀典，凡都府、都邑各立廟焉，職掌一方，爵頒五等，殆與社稷靈常而並重，視山川嶽瀆以同尊，固不等民間香社、僧衆道場可時舉而時廢者也。我郡靈應侯廟自康熙十五年重修，道光二十三年嗣葺之，今又十餘稔矣。雖依然棟宇之莊嚴，究不免風霜之剥蝕，計其前後三殿、左右兩廊，以及官舍、隸房、劇場、道室不下百餘。事勢雖仍舊，力乏重恢，是有待于慷慨任事者。郡主沈鄭孫莅政吾土，參觀廟貌，慨然有興廢之思，俯念工程浩大，民力維艱，未肯遽舉，而郡紳某君、某君等亦頷而未發也。乃誠恪之念，格于神明，感應之端，徵諸民聽。爰有郡人何君永寬者，以壯年負義氣，廣交遊，頓因一念之感通，願獻十方之叩化，于是州主捐廉以倡始，紳民輸款以董成。何君遂托鉢鄰封，普結良緣，共襄盛舉。不數日，募金以千計，乃于庚寅夏五月，擇吉興工。是月也，陰雨連綿，河水漲决，畿南諸郡盡成澤國，而吾郡宛在中央，蓋急流壅塞所致也。一時鄉民鮮有定所，州主爰命輟工，親往濟溺。何君又買舟以佐之，救護衆生，載諸郡內，城中若市焉。第念斯民有手莫作，有口莫食，方戚戚以爲憂。而土木方興，何庸輒止？因以修築之工，權爲賑濟之用。俾得朝興百堵以給饔飧，夕庇廣厦以蔽風雨。變通之方，若有神助，是殆誠感而默佑歟？無何，廟既告成，而水亦漸殺。民得還定安集，晚稼乃亦有秋，奈以艱食方奏，慶賀不倫，清酌奠神，暫爲報竣。明年辛卯，麥秋大獲，禾稼已成，甘雨和風，豐穰景象。乃于六月上浣，燕集四方之善士，焚香頂禮，觀劇飛觴，允稱嘉會。至若香車寶馬，士女如雲，懽褻不舉。然其歡洽之聲，熙穰之象，殆所謂陰陽調劑，而時和歲豐者歟。從茲刑政益修，賞罰益著，生民觀感以興。是則近造一方之福，遠揚百代之休，誠爲吾鄉之幸矣。用勒貞珉，永垂不朽。光緒十七年七月立石。

重修霸州城隍廟碑記　　清廩生郝金姓

蓋聞古盛時王道以化民濟之神道以設教故陰陽調劑時和歲豐可知幽冥之賞
罰與官府政刑蓋同調而有互義也爰攷城隍神正祭之始本於伊耆氏廟則剏於
六朝以前歷有由來國朝崇正祀典凡都府郡邑各立廟焉職掌一方爵頒五等殆
與社稷靈常而並重視山川岳瀆以同尊固不等民間香社僧衆道場可時舉而時
廢者也我郡靈應侯廟自康熙十五年重修道光二十三年嗣葺之今又十餘稔矣
雖依然棟宇之莊嚴究不免風霜之剝蝕計其前後三殿左右兩廊以及官舍隸房
劇場道室不下百餘事勢雖仍舊力乏重恢是有待於慷慨任事者郡主沈鄭孫蕭
政吾士參觀廟貌慨然有興廢之思俯念工程浩大民力維艱未肯遽舉而郡紳某
君某君等亦頷而未發也乃誠格之念格於神明感應之端徵諸民聽爰有郡人何
君永寬者以壯年負義氣廣交遊頓因一念之感通願獻十方之叩化於是州主捐
廉以倡始紳民輸欵以董成何君遂托鉢鄰封普結良緣共襄盛舉不數日募金以
千計迺於庚寅夏五月擇吉興工是月也陰雨連綿河水漲決畿南諸郡盡成澤國
而吾郡宛在中央蓋急流壅塞所致也一時鄉民鮮有定所州主爰命輟工親往濟

溺何君又買舟以佐之救護衆生載諸郡內城中若市焉第念斯民有手莫作有口
莫食方戚戚以爲憂而土木方興何庸輟止因以修築之工權爲賑濟之用俾得朝
興百堵以給饔飱夕庇廣廈以蔽風雨變通之方若有神助是殆誠感而默佑歟無
何廟既告成而水亦漸殺民得還定安集晚稼乃亦有秋奈以艱食方奏慶賀不倫
清酌奠神暫爲報竣明年辛卯麥秋大獲禾稼已成甘雨和風豐穰景象乃於六月
上浣燕集四方之善士焚香頂禮觀劇飛觴允稱嘉會至若香車寶馬士女如雲懽
褻不舉然其歡洽之聲熙穰之象殆所謂陰陽調劑而時和歲豐者歟從茲刑政益
修賞罰益著生民觀感以興是則近造一方之福遠揚百代之休誠爲吾鄉之幸矣
用勒貞珉永垂不朽　光緒十七年七月立石

四八、誥授光禄大夫建威將軍閩浙總督贈太子少保銜霸州邊公（寶泉）墓誌銘

題解：

《誥授光禄大夫建威將軍閩浙總督贈太子少保銜霸州邊公（寶泉）墓誌銘》，于陰霖撰，收録于民國二十三年（1934）《霸縣新志·金石志》，刊刻于清·光緒二十四年（1898）。

誌文：

光緒戊戌秋九月，閩浙總督邊公薨于位。己亥春，公子怡棠稽首請余誌其墓。余謂：「公傳在國史，功在生民，宜求班、馬之筆，方足以顯公。」怡棠以余知公最久且最深，非余莫能悉其涯略，遂不敢以淺陋辭。乃大書曰：公諱寶泉，字廉溪，號潤民，順天霸州人。其先奉天遼陽人。國初，從龍入關，隸鑲紅旗漢軍籍。曾祖諱廷璧，國學生。祖諱文龍，增廣生。父諱鍾秀，嘉慶辛酉科拔貢生，癸酉科舉人，候選知縣。以公貴，三代皆誥封光禄大夫、建威將軍。曾祖母氏許，祖母氏逯，母氏孟，生母氏郭，皆誥封一品夫人。公生于道光辛卯二月三日，幼孤力學，嘗慕范文正公之爲人，以天下爲己任，曰：「士不如此，非丈夫也。」咸豐丙辰，始入學。戊午，舉于鄉。同治癸亥，恩科成進士，由翰編歷任浙江道監察御史、户科給事中。丁卯、辛未、癸酉三科，爲順天鄉試同考官。光緒丙子科江南副主考，特授陝西督糧道，升授按察使，署陝西布政使，授江西布政使，功臣館提調國史館纂修，奏辦院事。丙子丁丑科，會試内監試陝西福建鄉試監臨，又爲福建武鄉試正考官，歷署鎮閩將軍兼管閩海關事務，河南、陝西巡撫欽命閱兵大臣、頭品頂戴、兵部尚書、都察院右都御史、閩浙總督兼管福建巡撫事、船政大臣兼理鹽政。卒，贈太子少保銜，誥授光禄大夫、建威將軍。配杜氏，誥封一品夫人。子錫蕃、錫紳，早卒；錫福出嗣從兄寶田。簉室于氏、程氏、左氏，左生二子，怡棠、怡桐。桐不禄，怡棠恩蔭兵部郎中。女二，長杜出，適豐潤張氏；次左出，

待字。嗚呼！古今有高爵而無偉業者何限？公則不然。其在翰苑也，大學士朱文端公器重其學行，奏辦院事，事無不治。其居諫院也，遇事敢言，直聲振朝野。同治中，制府李公獻瑞麥，公劾之曰：「畿輔頻年洚水，賑濟不遑，區區歧麥，何瑞之有？宜飭督臣弭災殃，勿爲粉飾。」上嘉納焉。又劾江西巡撫劉坤一，與平反楊乃武事，皆有關于國體。其爲監試也，總裁寶文靖公見公事事務持大體，歎曰：「爲官能如内監試，足矣。」其官糧道也，茶陵譚公一見心折，謂：「異日必爲名臣。」光緒初，山陝大旱，奇荒，人相食。公籌賑濟，民慶更生。委查三原一案，犯民無漏網然。其官藩臬也，激濁揚清，吏治丕變。其官江右布政也，巡撫潘公議免米穀、厘金，公曰：「免厘金則米穀之出境必多，本省無宿備，一遇凶荒，何所取食？小民見近利忘後患，奈何以此倡之？」潘不聽，卒受其弊。其巡撫陝西也，陝西糧例以本色收放，户部尚書閻文介公議改收折色。公上疏曰：「穀數有定，而穀價無定。今改折色，收必議減，而放必加多，入不敷出，久將不繼。况丁丑大荒，終賴道倉多所全活，是其已事。今並此而無之，恐饑饉荐臻，益無可恃。」奉旨依議，又力減差徭，親閱各州縣册籍，一切浮冒，剔除幾盡，歲省錢數十萬，秦民大歡。其官河南巡撫也，盜風甚熾，公用重典，全省帖然。自黄河北徙，患在山東，而河南歲報搶護如故，費以數千萬計，大小河員吞食之饋，巡撫萬金名曰霜酬，公概却之。罷減徭役，一如在秦時。三年豫大治。時子女七人相繼殂謝，公盡然心傷，決計歸，歸途祈嗣于王屋山。戊子怡棠生，時公年五十八矣。甲午冬，詣闕祝皇太后萬壽，特授閩浙總督，屬東事方棘，忽遽首途。乙未春三月抵閩，適奉旨割弃臺灣，公每日拊膺痛哭，蓋自以疆臣爲國禦侮，而廟堂弃地與人，未能與決可否故也。既而遣散潰勇凡數萬人，無敢譁者。又清理鹽法，請停釐補課，陳年積弊，一旦豁然。是年八月，兼署福州將軍。古田有菜匪聚黨數百，焚教堂，殺洋人。公立飭首府捕獲凶渠，彼領事者要挾萬端，英美兵輪駛入馬江相恫喝，中外汹汹，公屹不爲動，與領事親決囚，崇朝定獄，不枉殺一人，亦無所賠償。論者謂：「沈文肅公以來，所未有也。」又疏請特簡大臣專司船政，條上造船、購料、延教習、籌經費四事。丁酉冬，大閱校軍，漳水航海而歸，遇大風浪，由是得嗽疾。戊戌春，辦昭信股票，事集而民不擾，公晝夜焦勞，老病交侵，兩疏乞休，優詔不許，乃謂僚屬曰：「吾惟有鞠躬盡瘁而已。」九月九日薨，壽六十八。歲九月晦日，奉上諭加恩贈太子少保銜，照例賜恤，護送歸旗，並有賜諭祭碑之命。我聖朝軫念藎臣可謂至矣。己亥三月，葬于康仙莊之東原。公服食儉素，如寒士然。由翰林至制軍，無日不以報國爲念。擬

誥授光祿大夫建威將軍閩浙總督贈太子少保銜霸州邊公墓志銘

于蔭霖

光緒戊戌秋九月閩浙總督邊公薨於位己亥春公子怡棠稽首請余誌其墓余謂公傳在國史功在生民宜求班馬之筆方足以顯公怡棠以余知公最久且最深非余莫能悉其涯略遂不敢以淺陋辭乃大書曰公諱寶泉字廉溪號潤民順天霸州人其先奉天遼陽人國初從龍入關隸鑲紅旗漢軍籍曾祖諱廷璧國學生祖諱文龍增廣生父諱鍾秀嘉慶辛酉科拔貢生癸酉科舉人候選知縣以公貴三代皆誥封光祿大夫建威將軍曾祖母氏許祖母氏遂母氏孟生母氏郭皆誥封一品夫人公生於道光辛卯二月三日幼孤力學嘗慕范文正公之爲人以天下爲己任曰士不如此非丈夫也咸豐丙辰始入學戊午舉於鄉同治癸亥恩科成進士由翰編歷任浙江道監察御史戶科給事中丁卯辛未癸酉三科爲順天鄉試同考官光緒丙子科江南副主考特授陝西督糧道升授按察使署陝西布政使授江西布政使功臣館提調國史館纂修奏辦院事丙子丁丑科會試內監試陝西福建鄉試監臨又爲福建武鄉試正考官歷署鎮閩將軍兼管閩海關事務河南陝西巡撫欽命閱兵大臣頭品頂戴兵部尚書都察院右都御史閩浙總督兼管福建巡撫事船政大臣兼理鹽政卒贈太子少保銜誥授光祿大夫建威將軍配杜氏誥封一品夫人子錫蕃錫紳早卒錫福出嗣從兄寶田繼室于氏程氏左氏左生二子怡棠怡桐桐不祿怡棠恩廕兵部郎中女二長杜出適豐潤張氏次左出待字嗚呼古今有高爵而無偉業者何限公則不然其在翰苑也大學士朱文端公器重其學行奏辦院事事無不治其居諫院也遇事敢言直聲振朝野同治中制府李公獻瑞麥公劾之曰畿輔頻年洊水賑濟不遑區區歧麥何瑞之有宜飭督臣弭災殃勿爲粉飾上嘉納焉又劾江西巡撫劉坤一與平反楊乃武事皆有關於國體其爲監試也總裁寶文靖公見公事事務持大體歎曰爲官能如內監試足矣其官糧道也茶陵譚公一見心折謂異日必爲名臣光緒初山陝大旱奇荒人相食公籌賑濟民慶更生委查三原一案犯民無漏網然其官藩臬也激濁揚清吏治不變其官江右布政也巡撫潘公議免米穀釐金公曰免釐金則米穀之出境必多本省無宿備一遇凶荒何所取食小民見近利忘後患奈何以此倡之潘不聽卒受其弊其巡撫陝西也陝西糧例以本

色收放戶部尚書閻文介公議改收折色公上疏曰穀數有定而穀價無定今改折色收必議減而放必加多入不敷出久將不繼況丁丑大荒終賴道倉多所全活是其已事今並此而無之恐饑饉荐臻益無可恃奉旨依議又力減差徭覈閱各州縣冊籍一切浮冒剔除幾盡歲省錢數十萬秦民大懽其官河南巡撫也盜風甚熾公用重典全省帖然自黃河北徙患在山東而河南歲報搶護如故費以數千萬計大小河員存食之餽巡撫萬金名曰霜酬公概卻之能減徭役一如在秦時三年豫大治時子女七人相繼殂謝公靄然心傷決計歸歸途祈嗣於王屋山戊子怡棠生時公年五十八矣甲午冬詣闕祝皇太后萬壽特授閩浙總督屬東事方棘忽遘首途乙未春三月抵閩適奉旨割棄臺灣公每日拊膺痛哭蓋自以疆臣爲國禦侮而廟堂棄地與人未能與決可否故也既而遣散潰勇凡數萬人無敢譁者又清理鹽法請停釐補課陳年積弊一旦豁然是年八月兼署福州將軍古田有菜匪聚黨數百焚教堂殺洋人公立飭首府捕獲兇渠彼領事者要挾萬端英美兵輪駛入馬江相恫喝中外洶洶公屹不爲動與領事親決囚崇朝定獄不枉殺一人亦無所賠償論者謂沈文肅公以來所未有也又疏請特簡大臣專司船政條上造船購料延教習籌經費四事丁酉冬大閱校軍淳水航海而歸遇大風浪由是得嗽疾戊戌春辦昭信股票事集而民不擾公晝夜焦勞老病交侵兩疏乞休優詔不許乃謂僚屬曰吾惟有鞠躬盡瘁而已九月九日薨壽六十八歲九月晦日奉上諭加恩贈太子少保銜照例賜卹護送歸旗并有賜諭祭碑之命我聖朝軫念藎臣可謂至矣己亥三月葬於康仙莊之東原公服食儉素如寒士然由翰林至制軍無日不以報國爲念擬太平歸里置義莊以贍族未得遂志又不克如范文正公經略西夏坐視棄地千里而莫之能救忠憤鬱結所以騎箕而去也然一生宣力如八柱承天可以千秋不朽矣銘曰

從龍之佐起遼東後嗣震耀惟邊公以范文正勵厥躬正色立朝亮天工翰林文藻蔚鸞龍鳳鳴朝陽御史驄藩臬百吏生清風巡撫秦豫甦哀鴻簡在帝心俾膺功節鉞閩越萑苻空撫夷定亂反掌中兵輪溢返不敢攻臺灣棄地公抱恫化爲星辰歸元穹賜碑廕子恩隆隆表揚藎臣以教忠勒石銘功齊華嵩鬼神呵護垂無窮

太平歸里置義莊以贍族，未得遂志。又不克如范文正公經略西夏，坐視弃地千里，而莫之能救，忠憤鬱結，所以騎箕而去也。然一生宣力，如八柱承天，可以千秋不朽矣。銘曰：

從龍之佐起遼東，後嗣震耀惟邊公。以范文正勵厥躬，正色立朝亮天工。翰林文藻蔚鸞龍，鳳鳴朝陽御史驄。藩臬百吏生清風，巡撫秦豫蘇哀鴻。簡在帝心俾孱功，節鉞閩越萑苻空。撫夷定亂反掌中，兵輪遄返不敢攻。臺灣弃地公抱恫，化爲星辰歸元穹。賜碑蔭子恩隆隆，表揚藎臣以教忠。勒石銘功齊華嵩，鬼神呵護垂無窮。

碑載道，既騰下里之歡，而實惠在民，自宜勒石以紀。則公之碩畫苦心，或表彰其萬一，亦藉以示甘棠之遺愛也，爰屬辭誌之。公字熙民，福建侯官人。世有令德，爲閩省望族。公戊子舉于鄉，乙未考取咸安宮教習，以勞績擢保直隸州知州。初任寧河，頌聲揚溢；繼任武清，去後見思。我州自公到任後，百姓翕然望治，而公之盛德善政亦如衢尊之化，雖鄉曲婦孺，莫不交頌其廉明。乃知往籍所載，豚魚可格，猛虎可感，非史家之過飾也。按我州蠹民之弊，厥惟差役指官詐財，相沿已久，莫敢誰何。公到，即設法除此弊。印刷之聯單，臨時填寫，案情不假胥吏之手。創行掣簽法，差役既不以出資得票，公禁其勒索訟費，該役莫不帖服。夫上下不通，內外隔閡，最爲臨民之大病。曩時衙署有喊控者，一爲胥役攔阻，彳亍門外日不得訴。公于州署二堂東間改爲簽押房，有喊控者刻即傳問。且二堂爲衆人屬目之地，紳衿來署會議，自不得干以私，聽斷于斯，會談亦于斯，視宋世良之神門殆有過之。此公之息訟安民而治稱廉能者也。去歲設警務傳習所，俾各村警兵通習警章，厥後成效昭著，我州警務，遂焕然一新。因以稽查户口，分別良莠，而村民均獲實益焉。我公之于學務也，不持猛進主義，而運化獨神，間常下鄉至各區勸學所，召集鄉民，演說學堂之利益，亦以私塾課程宜逐漸改良。復到私塾與教師演說新

四九、周公（熙民）去思碑

題解：

《周公（熙民）去思碑》收録于民國二十三年（1934）《霸縣新志·金石志》，陳瀛撰文，刊刻于清·光緒三十四年（1908）。

碑文：

光緒三十二年十二月，周刺史登皞署州篆。甫下車，即親往田間，問民疾苦，清理訟獄，案無留牘，邑人善之。越明年丁未，公任事已數月，知我州利弊之所在，乃毅然革已往之弊，而謀百世之利焉。其施措萬端，而統出之以仁，輔之以義，決之以智。故謀無不臧，而事以有濟，此輿人之誦父母之歌所由來也。惟口

章之善，人樂聽之，而私塾改良者衆，復恐教育之不能普及也。于州署大堂東偏設立宣講所，每三八集會之日，公到所，苦心勸導，故四民向風，有感輒化。復開實業學堂，暫以機織開通風氣，計開初等半日、半夜各學堂十餘處。霸州學務日有起色，皆我公熱誠之所致也。學界警界，俱臻上理。而公之恤民之意，隨時發露，未有已也。查我州監獄，黑闇穢污，莫可名狀。公乃鳩工庀材，酌量修補，牢獄清潔，而時疫不作。夏間河水盛漲，牤牛河水滿欲決，公督率巡兵及村民數百人堵禦三晝夜，水勢抽落，公始回署。此河方慶安瀾，而中亭河堤又危乎欲決。公復往該處，督率村人竭力防禦，沾塗之苦，與民公之，徵諸史册，惟王子之立水堪與輝映，然亦僅矣。復禀請上憲，疏濬牤牛河下游，以防水患，州民籍籍稱善焉。百事具舉，群情已慰。而公復爲州事將來計，期于弊絶風清而後已，爰定户科徵收法，以革浮收之弊。禀蒙各憲批准在案，遂曉諭民間。一律完納，糧銀照加二四，租銀照加一六，不准額外浮收，違則嚴究。立官銀號，刷銀三聯單，兑出兑入，雖五尺童子投税，亦莫之或欺。以上羅陳，特我公政績中之犖犖最著者，如逐細羅列，又豈千萬言所能殫述者哉！宜乎人心愛戴，天語褒嘉，載之志乘，而流芳百代也。前任寧河，曾以卓異傳旨嘉獎。客歲治縣，復以勞績，奉旨嘉獎，非我公手續之善，何以致此？溯自歷任以來，民心所欲，公與聚之；民心所厭，公與去之；萬世之利，由公而興；百年之弊，由公而革；文明之點，惟公起之；自治之基，惟公肇之；我公之政，號稱治根；我公之德，允推長者；文翁之教，差堪以數；吴公之治，相與齊名；一邑之學比齊魯，期月之恩如雨露。美哉！我公之持大體，非以煦煦爲仁也，非以孑孑爲義也，非以察察爲智也，殆至德感人、實事求是也。使公久于其任，淪浹之恩，當有霑被無涯者。乃公去冬考取記名御史，至戊申三月，旋蒙尹憲調署順天督粮廳、兼派辦處坐辦，竟于三月二十三日去任。眷戀依依，攀轅莫及，自今以往，不知還珠當在何日也。公去後，州人思之不置，爰立貞珉，狀高牟明，願與此石共垂不朽。是則合郡人等之所頌禱也，是爲記。

光緒三十四年四月立石。

周公去思碑　陳瀛

光緒三十二年十二月周刺史登皞蒞州篆甫下車即親往田間問民疾苦清理訟獄案無留牘邑人善之越明年丁未公任事已數月知我州利弊之所在乃毅然革已往之弊而謀百世之利焉其施措萬端而統出之以仁輔之以義決之以智故謀無不臧而事以有濟此輿人之誦父母之歌所由來也惟口碑載道既騰下里之歡而實惠在民自宜勒石以紀則公之殫盡苦心或表彰其萬一亦藉以示甘棠之遺愛也爰屬辭誌之公字熙民福建侯官人世有令德爲閩省望族公戊子舉於鄉乙未考取咸安宮教習以勞績擢保直隸州知州初任寧河頌聲揚溢繼任武清去後見思我州自公到任後百姓翕然望治而公之盛德善政亦如爾錚之化雖鄉曲婦孺莫不交頌其廉明乃知往籍所載豚魚可格猛虎可感非史家之過飾也按我州蠹民之弊厥惟差役指官詐財相沿已久莫敢誰何公到即設法除此弊印刷之聯單臨時塡寫案情不假胥吏之手創行掣簽法差役既不以出資得票公禁其勒索訟費該役莫不帖服夫上下不通內外隔閡最爲臨民之大病曩時衙署有喊控者一爲胥役攔阻彳亍門外日不得訴公於州署二堂東間改爲簽押房有喊控者刻卽傳問且二堂爲衆人屬目之地紳衿來署會議自不得干以私聽斷於斯會談亦於斯視宋世良之神門殆有過之此公之息訟安民而治稱廉能者也去歲設警務傳習所俾各村警兵通習警章厥後成效昭著我州警務遂煥然一新因以稽查戶口分別良莠而村民均獲實益焉我公之於學務也不持猛進主義而運化獨神問常下鄉至各區勸學所召集鄉民演說學堂之利益亦以私塾課程宜逐漸改良復到私塾與教師演說新章之善人樂聽之而私塾改良者衆復恐教育之不能普及也於州署大堂東偏設立宣講所每三八集會之日公到所苦心勸導故四民向風

有感輒化復開實業學堂暫以機織開通風氣計開初等半日半夜各學堂十餘處霸州學務日有起色皆我公熱誠之所致也學界警界供臻上理而公之恤民之意隨時發露未有已也查我州監獄黑闇穢汙莫可名狀公乃鳩工庀材酌量修補牢獄淸潔而時疫不作夏間河水盛漲牤牛河水滿欲決公督率巡兵及村民數百人堵禦三晝夜水勢抽落公始回署此河方慶安瀾而中亭河堤又危乎欲決公復往該處督率村人竭力防禦霑塗之苦與民公之徵諸史冊惟王子之立水堪與輝映然亦僅矣復稟請上憲疏濬牤牛河下游以防水患州民籍籍稱善焉百事具舉羣情已慰而公復爲州事將來計期於弊絕風淸而後已爰定戶科徵收法以革浮收之弊稟蒙各憲批准在案遂曉諭民間一律完納糧銀照加二四租銀照加一六不准額外浮收違則嚴究立官銀號刷銀三聯單兌出兌入雖五尺童子投稅亦莫之或欺以上羅陳特我公政績中之犖犖最著者如逐細羅列又豈千萬言所能殫述者哉宜乎人心愛戴天語褒嘉載之志乘而流芳百代也前任寧河曾以卓異傳旨嘉獎客歲治縣復以勞績奉旨嘉獎非我公手續之善何以致此溯自歷任以來民心所欲公與聚之民心所厭公與去之萬世之利由公而興百年之弊由公而革文明之點惟公起之自治之基惟公發之我公之政號稱治根我公之德允推長者文翁之教差堪以數吳公之治相與齊名一邑之學比齊魯期月之恩如雨露美哉我公之持大體非以煦煦爲仁也非以孑孑爲義也非以察察爲智也殆至德感人實事求是也使公久於其任淪浹之恩當有霑被無涯者乃公去冬攷取記名御史至戊申三月旋蒙尹憲調署順天督糧廳兼派辦處坐辦竟於三月二十三日去任吾戀依依攀轅莫及自今以往不知還珠當在何日也公去後州人思之不置爰立貞珉狀高年明願與此石共垂不朽是則合郡人等之所頌禱也是爲記　光緒三十四年四月立石

五〇、郝氏宗祠碑文

题解：

《郝氏宗祠碑文》收録于民國二十三年（1934）《霸縣新志·金石志》，翰林院侍讀孟慶榮撰文，刊刻于清·宣統元年（1909）。

碑文：

《元史》載郝文忠公以詞臣充國信使，拘留不屈，挺持元節者十六年，殆蘇子卿後僅見焉。惜生不同時，又未獲瞻禮其廟堂，每以爲憾。丙午春，余督八旗高等學，適師範生霸州郝君孟鄰、接芳投刺謁，詳詢世繫，即文忠公苗裔也。出家乘示余，余受而閲之。蓋自文忠後代有作人，及入國朝，尤爲顯爍，掇巍科列名宦者，已不勝僂指數。其入祀鄉賢及兼孝弟者，凡九人，亦云盛矣。惟滄桑變易，祠宇闕如，斯爲介介。乾隆間，其族人祁公念無田不祭，曾捐置沃壤四十畝，儲埽祭會資，多歷年所積累將及二百畝，後又以他故盡行失去。至咸豐時爲安溪先生，接芳本生祖也，約偕其從子象坤及族人烽培、堂培、武等盡力圖維，尋得故地，約八十餘畝。此後祭掃有資，擬修建祠宇未遑也。又閲三四十年，田畝亦漸增。光緒戊戌間，接芳之尊甫輯五，以祭田所餘，聯合同族金科、金車、金堂等，在青口故里，購祠宇地址，鳩工庀材，始建正廳三楹、大門三楹，並左右耳房各二楹，以爲文忠公神明所憑依。及祭時，暫爲族人蔽風雨，遵先志也。今上紀元春，其哲嗣潤之，接芳之胞兄也，又偕族人培、松、金、波、澳等續修東西配房各三楹，作爲飲福餕餘之所。仍酌留田百畝，以備祭埽及修葺費。竣工後，將勒石以紀其實，接芳又丐余爲文記之。余幸備悉文忠公繫次，又喜流澤遠，克迪前人光也。因掇述其顛末如右。宣統元年六月立石。

郝氏宗祠碑文 碑在青口本祠

翰林院侍讀孟慶榮 廣平

元史載郝文忠公以詞臣充國信使拘留不屈挺持元節者十六年殆蘇子卿後僅見焉惜生不同時又未獲躋禮其廟堂每以爲憾丙午春余督八旗高等學適師範生霸州郝君孟鄰接芳投刺謁詳詢世系即文忠公苗裔也出家乘示余余受而閱之蓋自文忠後代有作人及入國朝尤爲顯爍掇巍科列名宦者已不勝僂指數其入祀鄉賢及兼孝弟者凡九人亦云盛矣惟滄桑變易祠宇闕如斯爲介介乾隆間其族人郝公念無田不祭曾捐置沃壤四十畝儲埽祭會貲多歷年所積累將及二百畝後又以他故盡行失去至咸豐時爲安溪先生接芳本生祖也偕其從子象坤及族人烽培堂培武等盡力圖維尋得故地約八十餘畝此後祭掃有資擬修建祠宇未遑也又閱三四十年田畝亦漸增光緒戊戌間接芳之尊甫輯五以祭田所餘聯合同族金科金東金堂等在青口故里購祠宇地址鳩工庀材始建正廳三楹大門三楹并左右耳房各二楹以爲文忠公神明所憑依及祭時暫爲族人蔽風雨遵先志也今上紀元春其哲嗣潤之接芳之胞兄也又偕族人培松金波渙等續修東西配房各三楹作爲飲福餕餘之所仍酌留田百畝以備祭埽及修葺費竣工後將勒石以紀其實接芳又丐余爲文記之余幸備悉文忠公系次又喜流澤遠克迪前人光也因掇述其顛末如右 宣統元年六月立石

五一、重修霸州文廟碑記

題解：

《重修霸州文廟碑記》收録于民國二十三年（1934）《霸縣新志·金石志》，劉傳祁撰文，刊刻于清·宣統元年（1909）。

碑文：

太史公《孔子世家贊》謂觀其廟堂、車服、禮器，低徊不能去。誠以孔子爲萬世師表，雖生其後者數百年、數千年，而聞風興起之思，前後若一轍。然則廟貌之繫乎風俗人心者，顧不重哉！夫尊孔子之制，累代加崇，逮至我朝，益隆典禮，近復欽奉懿旨，升爲大祀，論其體制，自宜重建廟廷，鴻規大起。然或限于基址，或絀于資材，一時尚難改作，猶可原也。而乃聽其丹青剥落，宗桷傾頽，並此外觀而不之顧，匪爲邦人士之羞，抑亦守土者之責也。余于上年冬承乏益津，下車謁聖。見夫規模雖具，殘缺已多，修葺之功，勢難少緩。爰集城鄉紳董而籌議之，並倡捐以爲之先，而闔邑士庶亦皆樂與觀成，輸將恐後。未幾而款已集，遂于本年春初啓工。傾者起之，缺者補之，庀材集事，併日而營，閲兩月而工竣。雖不敢遽稱美備，而焕然一新，固已大爲改觀矣。嘗謂聖道在天地間，與日星而併著，與河海而並流，無時不有道，即無在不有聖，原不在一都一邑，自詡尊崇。顧當此學術易歧，人情好異，全賴有以範圍而作育之。睹斯廟也，咸肅然致其誠敬，歧者歸于正，異者底于同，庶使魁奇英俊之才，仍不越規矩準繩之内。區區土木之功于風俗人心所益，實非淺鮮。將所謂景行行止，心嚮往之者，不且與史遷具有同情哉！是役也，賴諸紳之力居多，而總司經理者爲張君瑞年、張君文田，監督工作者爲韓君應懌，例得備書。知霸州事吴縣劉傳祁謹撰，郡人文庠生韓應珏書丹。

大清宣統紀元嘉平穀旦。

重修霸州文廟碑記

太史公孔子世家贊謂觀其廟堂車服禮器低徊不能去誠以孔子爲萬世師表雖生其後者數百年數千年而聞風興起之思前後若一轍然則廟貌之繫乎風俗人心者顧不重哉夫尊孔子之制累代加崇逮至我朝益隆典禮近復欽奉懿旨升爲大祀論其體制自宜重建廟廷鴻規大起然或限於基址或細於貲材一時尚難改作猶可原也而乃聽其丹靑剝落榱桷傾頹并此外觀而不之顧匪爲邦人士之羞抑亦守土者之責也余於上年冬承乏益津下車謁聖見夫規模雖具殘缺已多修

葺之功勢難少緩爰集城鄉紳董而籌議之幷倡捐以爲之先而闔邑士庶亦皆樂與觀成輸將恐後未幾而款已集遂於本年春初啟工傾者起之缺者補之庀材集事併日而營閱兩月而工竣雖不敢遽稱美備而煥然一新固已大爲改觀矣嘗謂聖道在天地間與日星而併著與河海而幷流無時不有道卽無在不有聖原不在一都一邑自詡尊崇顧當此學術易歧人情好異全賴有以範圍而作育之覩斯廟也咸肅然致其誠敬歧者歸於正異者底於同庶使魁奇英俊之才仍不越規矩準繩之內區區土木之功於風俗人心所益實非淺鮮將所謂景行行止心嚮往之者不且與史遷具有同情哉是役也賴諸紳之力居多而總司經理者爲張君瑞年張君文田監督工作者爲韓君應㦗例得備書

知霸州事吳縣劉傳祁謹撰

郡人文庠生韓應玨書丹

大淸宣統紀元嘉平穀旦

五二、清贈奉政大夫貢生崔公（儒）暨配張太宜人墓誌銘

題解：

《清贈奉政大夫貢生崔公（儒）暨配張太宜人墓誌銘》收録于民國二十三年（1934）《霸縣新志·金石志》，范芸臺撰文，刊刻于清·宣統元年（1909）。

誌文：

余與崔君汝襄同年友也。夙聞其家世有賢德，而其先君贈公尤能孝親睦族，爲世典型。丁未歲，余主講于其自立高等學校，始至升堂拜母。觀其言語舉止，藹然有古賢母風。及暇日與彼都人士遊，莫不交口稱道崔氏家教。年高者尚能記憶贈公及張宜人行誼云。贈公寡言笑，厚天性，少時以家境顛連，功名未能成立。及中年，遵捐例得貢于成均，而于經史書畫靡不究心。嘗謂讀聖賢書，當躬行實踐。手集有《性功圖説》五卷，治家以勤儉二字與張宜人相勵。故屨必自作，髮必自理，以及塗墍修葺等事，無俟傭工也。然自奉薄而待人厚，遇餓殍者必具饘粥，不可救則予以斂具。稱家有無，無定見也。族人有無資就學者，教之不取其修，轉賜予之，使養其老。其性直，愛面斥人過，而不留怨于心，故人皆畏而愛之。自幼好談陰騭，如掩骨放生等事皆樂爲。于字紙尤愛敬特甚，嘗施字紙木斗百餘枚，歲時親斂之，建化字鑪于火神祠，爲銷化具。其行誼類如此，是其累世家教然也。至于骨肉親戚間，尤足徵天性焉。父博士公食不求飽，日輒數餐，公必爲之，具新鮮。張宜人又能烹飪合宜，先意承志。初，公有次姊，孝而中殤，博士公嘗思念之，至是歎曰：「汝夫婦如是，吾不復憶汝姊矣。」父病遽，泣卜于神，不吉，叩頭血出，聲徹殿宇。父殁，一慟至絶者再四。母病痢惡人，公終夜局促寢門外聽侍，凡三旬有餘，而母病竟不起。公長姊適永邑孫室。畿輔水家有飢色，歲將終，公取自備麥豆、棗脯、絮布各半，親輦之，行沙磧五十餘里，以饋姊，于舅氏家亦如之。胞伯年老苦貧，迎養之。念族譜不修，

清贈奉政大夫貢生崔公暨配張太宜人墓誌銘　范芸臺

余與崔君汝襄同年友也夙聞其家世有賢德而其先君贈公尤能孝親睦族爲世典型丁未歲余主講於其自立高等學校始至升堂拜母觀其言語舉止藹然有古賢母風及暇日與彼都人士遊莫不交口稱道崔氏家教年高者尚能記憶贈公及張宜人行誼云贈公寡言笑厚天性少時以家境顛連功名未能成立及中年遵捐例得貢於成均而於經史書籍靡不究心嘗謂讀聖賢書當躬行實踐手集有性功圖說五卷治家以勤儉二字與張宜人相勖故履必自作髮必自理以及塗墍修葺等事無俟傭工也然自奉薄而待人厚遇餓殍者必具饘粥不可救則予以斂具稱家有無無定見也族人有無資就學者教之不取其修轉賜予之使養其老其性直愛面斥人過而不留怨於心故人皆畏而愛之自幼好談陰騭如掩骨放生等事皆樂爲於字紙尤愛敬特甚嘗施字紙木斗百餘枚歲時親斂之建化字鑪於火神祠爲銷化具其行誼類如此是其累世家教然也至於骨肉親戚間尤足徵天性篤父博士公食不求飽日輒數餐公必爲之具新鮮張宜人又能烹飪合宜先意承志初公有次姊孝而中殤博士公嘗思念之至是歎曰汝夫婦如是吾不復憶汝姊矣父病遽泣卜於神不吉叩頭血出聲徹殿宇父歿一慟至絕者再四母病痢惡人公終夜局促寢門外聽侍凡三旬有餘而母病竟不起公長姊適永邑孫宅畿輔水家有飢色歲將終公取自備麥豆棗脯絮布各半親輦之行沙磧五十餘里以餽姊於舅氏家亦如之胞伯年老苦貧迎養之念族譜不修則一本之親將絕因徒步遠近考求歸則鈔錄一日夜恆作楷萬餘字蓋家貧不足鏤板也族中有祭田不豐每至清明享胙須人各出錢家貧者無以應遂多不就享公曰吾族人只此一日聚首同堂而又嘁是故多不至良可悲也吾有地若干畝願納諸公取租值以抵此款次年族人畢至祖塋之前人數倍焉公以祖塋舊冢絕嗣失攷者多始修墳圖攷正之繼復於清明前僱工增修各冢星月往來攜饘糧以自給曰吾修補三年當使各冢高下祖宗有知庶幾色喜乎孰意經營兩年竟齎志以終公歿時長子十五歲女甫四十日臨歿時謂張宜人曰幸教吾兒爲名教中人吾目瞑矣張宜人溫恭淑慎通經史書算治家應事悉秉先型公歿後幼子幼女相繼殤宜人涕泣常目出血而於箕篋

縫紉等事不少輟入夜二子由學歸則聚首燈前攷問一日功課或教以爲人之道恆至雞鳴時蓋是時贈公未葬藉此以警不虞也越四年而葬贈公戊子歲長子入庠己丑歲次子亦入庠提學周擢取第一面加獎許丁酉次子補食廩膳秋闈堂備擬元戊戌長子被舉鴻臚生壬寅夏長子促弟赴汴應鄉試自以母老不行適母染時疾於數十里外求醫藥醫藥至母病愈而已身殞矣事詳家傳及公牘斂時斂衣薄棺人有謂其太儉者宜人曰此兒不能事吾終身是亦足矣無重兒罪是年次子領鄉薦又明年郡人以其長子行誼達諸天廷蒙德宗景皇帝特旨以孝友旌其門並命入祠崇祀命至之日宜人曰吾兒忝爲名教完人吾庶可以告無罪於泉壤矣宜人教導諸孫甚於教子長孫年十三入府學皆宜人之教也其慷慨好義一如贈公有舅氏子因家寒長而未娶宜人助之貲以娶婦曰舅氏庶有後乎次婦之母死貧無以斂宜人贈之棺余所聞於彼都人士者蓋如是丁未次子獨力興學大吏奏請獎以同知銜賞戴花翎並請贈其先君奉政大夫母封太宜人祖父母亦得貤贈如其品次年二孫畢業俱列高等此又余所親見者也是後余隸保省軍籍不獲親瞻懿範然此心嘗景慕之忽於二月中旬接汝襄手書並其先大人行狀言於是月丁巳母病歿將與先父同銘而合葬焉非子無能道其詳者余亦自以爲知之綦詳且景慕之至深也故樂爲論次之按狀公諱儒字熙績貢生世爲霸州人居城內曾祖諱倫祖諱光炳恩賜九品銜父諱紹曾庠生欽天監肄業即補博士貤贈奉政大夫曾祖母氏曹氏李祖母氏王例贈孺人母氏劉敕封孺人貤贈宜人公爲博士公次子生於道光乙未年五月初三日卒於光緒辛巳年一月初四日享壽四十有七配張氏武清縣處士諱啟芳公女諱書農公妹生於道光丁酉年十一月十三日卒於宣統己酉年二月初七日享壽七十有三子三長汝彭次汝襄次麟閣汝彭即旌表孝友者汝襄與余同舉於鄉者也麟閣早殤女一亦早殤孫男二星壁星翼星翼長出在學畢業例獎增生以父歿承重星壁次出府學生畢業例獎廩生孫女二星珠星珍星珠長出適永清縣楊宅星珍次出幼贈公已於光緒乙酉年十月十九日葬於郡城東關王堂東原祖塋之次今又卜於己酉年之某月某日祔葬張太宜人

銘曰

無位何名無祿何榮庸言庸行至性至情所生無忝有志竟成詒謀不墜千載賢聲

則一本之親將絶。因徒步遠近考求，歸則鈔録。一日夜恒作楷萬餘字，蓋家資不足鏤板也。族中有祭田不豐，每至清明享胙須人各出錢，家貧者無以應，遂多不就享。公曰：「吾族人只此一日聚首同堂，而又職是故多不至。良可悲也！吾有地若干畝，願納諸公，取租值以抵此款。」次年，族人畢至，祖塋之前，人數倍焉。公以祖塋舊冢絶嗣失考者多，始修墳圖考正之。繼復于清明前僱工增修各冢，星月往來携糇粮以自給，曰：「吾修補三年，當使各冢高下，祖宗有知，庶幾色喜乎？」孰意經營兩年，竟賫志以終。公殁時，長子十五歲，女甫四十日。臨殁時謂張宜人曰：「幸教吾兒爲名教中人，吾目瞑矣。」張宜人温恭淑慎，通經史書算，治家應事，悉秉先型。公殁後，幼子、幼女相繼殤。宜人涕泣，常目出血，而于箕箴縫級等事不少輟。入夜，二子由學歸則聚首燈前，考問一日功課，或教以爲人之道，恒至鷄鳴時。蓋是時贈公未葬，藉此以警不虞也。越四年而葬贈公。戊子歲，長子入庠。己丑歲，次子亦入庠。提學周擢取第一，面加奬許。丁酉，次子補食廩膳，秋闈堂備擬元。戊戌，長子被舉鴻臚生。壬寅夏，長子促弟赴汴應鄉試，自以母老不行。適母染時疾，于數十里外求醫藥。醫藥至，母病愈，而己身殞矣，事詳家傳。及公櫝斂時，敝衣薄棺，人有謂其太儉者。宜人曰：「此兒不能事吾終身，是亦足矣。無重兒罪。」是年，次子領鄉薦。又明年，郡人以其長子行詣達諸天廷，蒙德宗景皇帝特旨以孝友旌其門，並命入祠崇祀。命至之日，宜人曰：「吾兒忝爲名教完人，吾庶可以告無罪于泉壤矣。」宜人教導諸孫甚于教子。長孫年十三入府學，皆宜人之教也，其慷慨好義一如贈公。有舅氏子因家寒，長而未娶。宜人助之資以娶婦，曰：「舅氏庶有後乎？」次婦之母死，貧無以斂，宜人贈之棺。余所聞于彼都人士者，蓋如是。丁未，次子獨力興學。大吏奏請奬以同知銜，賞戴花翎，並誥贈其先君奉政大夫，母封太宜人，祖父母亦得貤贈如其品。次年二孫畢業，俱列高等，此又余所親見者也。是後余隸保省軍籍，不獲親瞻懿範，然此心嘗景慕之。忽于二月中旬，接汝襄手書並其先大人行狀。言于是月丁巳，母病殁，將與先父同銘而合葬焉，非子無能道其詳者。余亦自以爲知之綦詳，且景慕之至深也，故樂爲論次之。

按狀：公諱儒，字熙績，貢生，世爲霸州人，居城内。曾祖諱棆；祖諱光炳，恩賜九品銜；父諱紹曾，庠生，欽天監肄業即補博士，貤贈奉政大夫。曾祖母氏曹、氏李，祖母氏王，例贈孺人。母氏劉，敕封孺人，貤贈宜人。公爲博士公次子，生于道光乙未年五月初三日，卒于光緒辛巳年一月初四日，享壽四十有七。配張氏，武清縣處士諱啓芳公女，諱書農公妹，生于道光丁酉年十一月十三日，卒于宣統己酉年二月初七日，享壽七十有三。子三：長汝彭，次汝襄，次麟閣。汝彭即旌表孝友者，汝襄與余同舉于鄉者也。麟閣早殤，女一亦早殤。孫男二：星壁、星翼。星翼長出，在學畢業，例獎增生，以父殁承重；星壁次出，府學生畢業，例獎廪生。孫女二：星珠、星珍。星珠長出，適永清縣楊室；星珍次出，幼。贈公已于光緒乙酉年十月十九日葬于郡城東關王堂東原祖塋之次，今又卜于己酉年之某月某日，祔葬張太宜人。銘曰：

無位何名，無禄何榮。庸言庸行，至性至情。所生無忝，有志竟成。詒謀不墜，千載賢聲。

五三、清贈徵仕郎趙君（全璧）完璞德配牛孺人墓表

題解：

《清贈徵仕郎趙君（全璧）完璞德配牛孺人墓表》收録于民國二十三年（1934）《霸縣新志·金石志》，知州錢錫寀撰文，刊刻于清·宣統三年（1911）。

誌文：

嗚呼！世風偷薄久矣。士大夫日騖于圓熟疲軟之行，間有一二亢直勵節、不諧流俗者，則群且目笑之，以爲不能趨時合變。天下滔滔，日即于敝，而伏處草野間，姓名闃寂，終身不挂仕籍，獨有質直好義如趙君其人者，于此知三代之公，直道之存，不在于上，必在于下。其懿行直節，有不隨風氣爲轉移者。其理然也。君諱全璧，字完璞，世居霸州之顧家莊，以耕讀世其家。少讀書，未竟其業，改習騎射，爲州武學生。性剛直，好面折人，然人無怨者。其外嚴冷，而内平恕，故與接者多畏而愛之。自以幼失學，尤雅重學者，與梁孝廉枚以道義相切劘，同鄉王澤民以貧故缺資，君傾囊助之。光緒十六年、十九年，疊遭水患，村民鮮食，君出錢粟，逐户貸給。焚積逋券，幾四千緡。生平賙濟匱乏，數十年不倦，其天性然也。自奉甚儉約，無豪富習氣，以光緒二十年十月十七日卒，年五十九。配牛孺人，仁慈淑敏，志行與君相協。君殁後，族隣姻戚愈以敦睦，一如君在時。捐祭田數畝，輕財篤義，尤巾幗中之難得者也。君無子，以姪建中嗣。女一人，讀書識理義，適同郡崔氏。余以光緒三十一年知州事，素諗君之行誼，又與君之婿崔君蔚村相善也。念世風之不古，挾資者各私其財以自雄鄉里，求一樂善好施者，已邈不可得。如君之剛方直介，以視末俗脂韋之習，不尤可愧耶！亟樂道之，且使表諸墓道，以爲來者矜式焉。

大清宣統三年二月立石。

清贈徵仕郎趙君完璞德配牛孺人墓表

知州　錢錫寀　浙江仁和

嗚呼世風偷薄久矣士大夫日騖於圓熟疲軟之行間有一二亢直勵節不諧流俗者則羣且目笑之以爲不能趨時合變天下滔滔日即於敝而伏處草野間姓名闃寂終身不掛仕籍獨有質直好義如趙君其人者於此知三代之公直道之存不在於上必在於下其遂行直節有不隨風氣爲轉移者其理然也君諱全璧字完璞世居霸州之顧家莊以耕讀世其家少讀書未竟其業改習騎射爲州武學生性剛直好面折人然人無怨者其外嚴冷而內平恕故與接者多畏而愛之自以幼失學尤雅重學者與梁孝廉枚以道義相切劘同鄉王澤民以貧故缺貲君傾囊助之光緒十六年十九年疊遭水患村民鮮食君出錢粟逐戶貸給焚積逋券幾四千緡生平賙濟既乏數十年不倦其天性然也自奉甚儉約無豪富習氣以光緒二十年十月十七日卒年五十九配牛孺人仁慈淑敏志行與君相協君歿後族隣姻戚愈以敦睦一如君在時捐祭田數畝輕財篤義尤巾幗中之難得者也君無子以姪建中嗣女一人讀書識理義適同郡崔氏余以光緒三十一年知州事素諗君之行誼又與君之壻崔君蔚村相善也念世風之不古挾貲者各私其財以自雄鄉里求一樂善好施者已邈不可得如君之剛方直介以視末俗脂韋之習不尤可愧耶亟樂道之且使表諸墓道以爲來者矜式焉大清宣統三年二月立石

五四、劉公（傳祁）德政碑

題解：

《劉公（傳祁）德政碑》收録于民國二十三年（1934）《霸縣新志·金石志》，廣東候補知縣舉人陳作霖撰文，刊刻于清·宣統三年（1911）。

碑文：

劉公傳祁，字詠詩，江蘇名孝廉也。歷任行唐、獲鹿、永年、磁州、正定、唐縣等處，所在均有政聲。光緒三十四年十月，知霸州事。未逾月，而已口碑載道矣。方劉公接篆時訟風正熾，而民氣已疲，案積如山，事多待治。惟公甫下車，即清理案牘，至十數晝夜不息。公年近七旬，而勤尚若此，固由精力過人使然，亦愛民如子之深心，而發爲聽訟知本之善政也。頌聲早遍于城鄉，德惠旁及于鄰境，民等居光天化日下，時將三年，于我公之去而謂能已于言耶。查霸州同光年間，句旗害民之案疊出，良民不獲伸而棍徒得逞，亦踵相望，州人患之。前任周公登皡，曾以除害爲念，宵小稍稍斂跡，未久而去，而句旗害民之事起矣。託名帝胄，州里橫行，爲虎作倀，民不堪命。方呼籲無門，而公適來霸，維時歡聲載途，小民咸拍手相慶，曰：「父母來矣，當爲民除害也。」未幾，而冒充宗室者敗。未幾，而蒙混王府者敗，凡句旗害民者，無不敗。善哉！巨患已除，民心其安矣乎。而未可以盡劉公也。東南伏莽，誰其靖之？積年訟棍，誰其懲之？承法弊民玩之後，非得我公治之，何由獲此安堵歟？至清河北岸之不廢，策城堤工之成就，凡所以爲民謀久遠者，無弗至也。今而知經術、治術弗可分也。得先聖之精意，即得黎庶之歡心。公爲純儒，故長于治教，彼以《春秋》折獄，以《禹貢》行水，徒襲已成之跡者，其去公豈可以道里計耶？昔賢謂好惡當與民共，于公見之矣。公去霸之日，百姓遮道留之，致車馬不得行。噫！借寇無方而還珠有望，公之仁亦與斯石共垂不朽矣。爰書此以誌之。宣統三年立石。

劉公德政碑

廣東候補知縣舉人 陳作霖 高陽

劉公傳祁字詠詩江蘇名孝廉也歷任行唐獲鹿永年磁州正定唐縣等處所在均有政聲光緒三十四年十月知霸州事未逾月而已口碑載道矣方劉公接篆時訟風正熾而民氣已疲案積如山事多待治惟公甫下車即清理案牘至十數晝夜不息公年近七旬而勤尙若此固由精力過人使然亦愛民如子之深心而發爲聽訟知本之善政也頌聲早徧於城鄉德惠旁及於鄰境民等居光天化日下時將三年於我公之去而謂能已於言耶查霸州同光年間何旗害民之案疊出良民不獲伸而棍徒得逞亦踵相望州人患之前任周公登墀曾以除害爲念宵小稍稍斂迹未久而去而句旗害民之事起矣託名帝胄州里橫行爲虎作倀民不堪命方呼籲無門而公適來霸維時歡聲載途小民咸拍手相慶曰父母來矣當爲民除害也未幾而冒充宗室者敗未幾而蒙混王府者敗凡句旗害民者無不敗善哉巨患已除民心其安矣乎而未可以盡劉公也東南伏莽誰其靖之積年訟棍誰其懲之承法弊民玩之後非得我公治之何由獲此安堵歟至淸河北岸之不廢築城堤工之成就凡所以爲民謀久遠者無弗至也今而知經術治術弗可分也得先聖之精意即得黎庶之懽心公爲純儒故長於治教彼以春秋折獄以禹貢行水徒襲已成之迹者其去公豈可以道里計耶昔賢謂好惡當與民共於公見之矣公去霸之日百姓遮道留之致車馬不得行噫借寇無方而還珠有望公之仁亦與斯石共垂不朽矣爰書此以誌之 宣統三年立石

五五、重修霸臺記

題解：

《重修霸臺記》收録于民國二十三年（1934）《霸縣新志・金石志》，知事唐肯撰文，刊刻于民國四年（1915）。

碑文：

四年七月，重修霸臺。既卒功，邑人士來言曰：「臺之敝蓋百年矣。吾儕有知，習睹斯象以迄于今，增邑人陋。幸侯之來，庶政修明，百廢具舉，斯臺亦焕然一新。光舊跡而垂後觀，伊侯之造，願有記。」余考霸臺，相傳爲周、宋時將臺，在署後。臺久圮，今所修者，實譙樓，非其舊也。而千百年來，人人得而指視之，登臨憑吊所不與舊址俱湮者，賴此留遺耳。重修之舉，寧爲壯觀瞻，亦昔人移臺名樓，因樓存臺之意也。諸君子睠懷古跡，力贊其成，鳩工庀材。撓者正之，腐者易之，缺者彌之，而向之傾仄欲頹者，用能以固以新。興廢成毁，互相爲因，理固然與。民國初元，競事破壞，數千年之國粹，且弃之不恤，遑論此區區者爲。吾鄉三吴第一樓，爲制尤古而閎，南中人至，謂燬于火已兩載。昔日遊觀之所，今餘敗瓦頹垣。余登此臺，望遠低徊，益感諸君子贊成之誼爲足多也。方今邦基初奠，外侮痛心。君子審世變，造時勢，惟在善推其用所，願弘此群力，共濟時艱，充愛此臺者以愛吾國。國既固，而臺乃永新。余與諸君子，亦得于從公之暇，登高極目，慨然于往代之雄風，而興發其尚武之思想，不獨流連風景已也。雖然，是臺也，西憑涿州，南指青曹，東眺堂淀，烟雨北挹，西山嵐翠，即以風景論，亦足擅一邑之勝云。

中華民國四年七月。

重修霸臺記

知事 唐 肯 武進

四年七月重修霸臺既卒功邑人士來言曰臺之敝蓋百年矣吾儕有知習覩斯象以迄於今增邑人陋幸候之來庶政修明百廢具舉斯臺亦煥然一新光舊跡而垂後觀伊侯之造願有記余考霸臺相傳爲周宋時將臺在署後臺久圮今所修者實譙樓非其舊也而千百年來人人得而指眎之登臨憑弔所不與舊址俱湮者賴此留遺耳重修之舉寧爲壯觀瞻亦昔人移臺名樓因樓存臺之意也諸君子睠懷古蹟力贊其成鳩工庀材撓者正之腐者易之缺者彌之而向之傾仄欲頹者用能以固以新興廢成毀互相爲因理固然與民國初元兢事破壞數千年之國粹且棄之不恤遑論此區區者爲吾鄉三吳第一樓爲制尤古而閭南中人至謂燬於火已兩載昔日遊觀之所今餘敗瓦頹垣余登此臺望遠低徊益感諸君子贊成之誼爲足多也方今邦基初奠外侮孔痛心君子審世變造時勢惟在善推其用所願弘此羣力共濟時艱充愛此臺者以愛吾國國既固而臺乃永新余與諸君子亦得於從公之暇登高極目慨然於往代之雄風而興發其尚武之思想不獨流連風景已也雖然是臺也西遡涿鹿南指靑曹東眺棠淀煙雨北挹西山嵐翠卽以風景論亦足擅一邑之勝云 中華民國四年七月

五六、民國四年十月霸縣習藝所記

題解：

《民國四年十月霸縣習藝所記》收録于民國二十三年（1934）《霸縣新志・金石志》，知事唐肯撰文，刊刻于民國六年（1917）。

碑文：

京兆地方自治，籌備表設所習藝一項，列于民國六年。予曩所志焉，未逮。回任後，審知此事，益亟亟不容或緩。顧言匪艱，行維艱，經費一端，數鉅非易。目擊霸邑之瘠困，游惰之不乏，又他務之環集，以待措施程功，亦切迫而不可終日。有司惄焉憂之，固宜其然，即非司其事，而地方之同休戚關痛癢者，亦何獨不然。使憂其所憂，而不思爲釋之計，則群焉瞀瞀處于憂患中，莫由得以振拔，祛惡染而就新機，如之何其可也。用是召集各區、自治區董及城鄉曉事正紳多方籌度，商定于青苗款項内加收銅元一枚，年可三千元，作爲專款，並分等歲捐各村小米以爲補助，經常費有得矣。其開辦費，即以地方原有藝徒學堂本息金，没收私運制泉及營田、柳樹變價，又由縣募助之款十六宗，共得銀六千餘元。又由自治項下，借撥千五百元，用爲建築及購置一是之需。其所地則擇縣署以東隙地，蓋建房舍七十間。藝民職員有定額，習學藝術有定科，並委任自治區董張瑞年，地方會計、經理員張蓬萊董其事。成立有日，苟美苟完，僉謂不有紀述，後祀何徵。予忝長縣，其能辭乎？夫習藝所何爲而設哉？考諸《禮・王制篇》，無曠土、無游民，食節事時，民安其居，然後興學，而治之以八政，飲食衣服事爲異，別度量數制。又《論語》孔子適衛告諸冉有，富庶之後，始能教民。夫興學，何以必先之以無曠土、無游民，八政何以必列飲食衣服爲首，富庶何必以重在施教之前？消息先後，理有定衡。古之制治者，爲斯民圖謀生計之道，固如是其斷斷哉。人民彫敝，逮今尤甚。其所以重煩地方官吏以養以教、化民成俗諸務何可勝言。然則此習藝所之設立，僅其嚆矢云爾。

民國六年六月。

民國四年十月

霸縣習藝所記

知事 唐肯 武進

京兆地方自治籌備表設所習藝一項列於民國六年予曩所志爲未逮回任後審知此事益亟亟不容或緩顧言匪艱行維艱經費一端數鉅非易目擊霸邑之痞困游惰之不乏又他務之環集以待措施程功亦切迫而不可終日有司惄焉憂之固宜其然即非司其事而地方之同休戚關痌瘝者亦何獨不然使憂其所憂而不思爲釋之計則皋焉督督處於憂患中莫由得以振拔祛惡染而就新機如之何其可也用是召集各區自治區董及城鄉曉事正紳多方籌度商定於青苗欵項內加收銅元一枚年可三千元作爲專款並分等歲捐各村小米以爲補助經常費有得矣其開辦費即以地方原有藝徒學堂本息金沒收私運制泉及營田柳樹變價又由縣募助之款十六宗共得銀六千餘元又由自治項下借撥千五百元用爲建築及購置一是之需其所地則擇縣署以東隙地蓋建房舍七十間藝民職員有定額習學藝術有定科並委任自治區董張瑞年地方會計經理員張蓬萊董其事成立有日苟美苟完僉謂不有紀述後禩何徵予忝長縣其能辭乎夫習藝所何爲而設哉考諸禮王制篇無曠土無游民食節事時民安其居然後興學而治之以八政飲食衣服事爲異別度量數制又論語孔子適衛告諸冉有富庶之後始能教民夫興學何以必先之以無曠土無游民八政何以必列飲食衣服爲首富庶何必以重在施教之前消息先後理有定衡古之制治者爲斯民圖謀生計之道固如是其斷斷哉人民彫敝逮今尤甚其所以重煩地方官吏以養以教化民成俗諸務何可勝言然則此習藝所之設立僅其嚆矢云爾 民國六年六月

五七、清誥封武德騎尉袁公（紹文）暨配張太宜人墓誌銘

題解：

《清誥封武德騎尉袁公（紹文）暨配張太宜人墓誌銘》收録于民國二十三年（1934）《霸縣新志・金石志》，孔令貽撰文，刊刻于民國八年（1919）。

誌文：

世勳言家庭教育，不過使其子弟博取人間富與貴，以爲宗族交遊之光寵而已。若其修孝弟，習勤儉，講實業，重道德，時艱勢阻，滂薄鬱積，直至數十年之後，卒酬其志，獲其養。而睦婣任恤，且周洽于鄉邑之間，里人推原其始，咸艷稱之，以爲此真教育也。則于袁贈公與張太宜人之夫婦見之。公袁姓，諱紹文，其先世居固邑馬莊鎮，後移居霸縣大柏林莊。公幼慷慨有大志，重然諾，樂施與，而于家庭教育尤爲注重。嘗謂：「勤儉孝弟，立身之本。至裕家、裕國應世界之趨勢，則非實業不爲功。」于是兼營商務。時天津張公精風鑑，一見器之，遂定婚焉。于是娶張太宜人，宜人性賢淑，事翁姑以孝稱，尤習于勤儉，嗣生二子：長子榮，字耀堂；次子珍，字福堂。公教子素嚴，時有督責，雖太宜人不敢爲之緩頰。長子耀堂就學未成，使學賈，精覈勤能，爲同曹冠。方冀大有成就，而公竟于光緒乙酉病故。病革時謂太宜人，曰：「吾不幸早没，必教二子成吾志，吾目瞑矣。」太宜人泣受命。時家事需人，長子輟商理家務。然運益乖舛，凡所營謀皆拂意，耀堂情急痛恨不已，入京而值内差焉。始猶困頓者數年。庚子亂後，兩宮西巡回，傳宣乏人，耀堂得入奏事處。耀堂明達勤勞，諸事咸理，而應事接人尤勤懇，無驕矜氣。故上自王公，下至百官，無不敬慕之。家既稍裕，而親族鄉隣咸得周濟。馴至固、霸、新永屬之來京求助者，絡繹不絶，爰拓新居以寓親友。其實家僅中資，不過體父之志，以周貧乏耳。先是用度稍充，即迎養太宜人于京師。光緒三十二年，恭逢覃恩，以公次子珍貴，誥贈公爲武德騎尉，

妻張氏爲宜人，鄉人沐德，敬頌匾額以致賀。秋七月爲太宜人壽辰，鄉人赴京祝賀者動數十百人，而達官顯宦致得一瞻望顏色以爲榮幸。耀堂痛切幼時習商未成，在馬莊連設三號，俾子若甥咸就學焉。無何，國體改，清帝遜位，內廷之人多走散，而耀堂獨留不去，曰：「吾非不知退休爲福，第素沐恩誼，未忍言耳。」時隆裕太后崩，分立四主位，前朝掌政，多所諮詢。帝年幼，與近侍多戲言，獨見耀堂改容禮之。即古大臣正色立朝，以格君心之非者，何以過此。戊午年歲十月朔太宜人病故于鄉，而耀堂先假歸親視含斂，及回京設祭，吊唁者巷爲之塞。而上將馬龍標、劉金標以及段王諸人爭相結納，通譜訂盟，益可見前者之門庭如市，非勢力爲之也。公次子福堂素謹慎，勤于農務，雖家資已裕，勞苦過于傭工，其性尤孝順。丙辰歲，太宜人病，福堂禱天求藥于百里外，往返僅一晝夜，回時兩足重繭，仆不能行，遇一人出藥末敷之，足力陡健，遂至家以藥進。太宜人病霍然愈，而精神轉健，至能不杖而行，人皆以爲孝感所致云。先是，公卒時適值庚子之亂，權厝于莊之南原，後人皆謂此地屬吉壤，遂不更遷。戊午太宜人病故，遂合葬焉。所尤奇者，太宜人之未葬也，塋內石器皆午嚮，據形家言必移未嚮，方合如合窆。時移嚮不惟驚動親骸，孝子不忍，且從前致富，理又何居？方惴惴憂之。及壙開棺，實未嚮，不謂草草權厝，即協機宜。可見有德者必食其報，理定者數不能移也。己未春，同人欲爲贈公修墓誌，節其行述，徵文于貽，貽與耀堂爲金蘭交，知之最悉，且義不容辭。謹叙其事于左，爰爲之銘曰：

玄黄未造，道德夷陵。爰有達人，樹厥芳型。克勤克儉，教孝教忠。經營商賈，周濟困窮。時勢艱阻，賫志以終。閫範繼美，令子顯名。梓鄉頌德，花誥增榮。繼志述事，用昌厥宗。百年合窆，歎羡同聲。瀧阡佳氣，鬱鬱葱葱。不知者以爲地理所致，其知者以爲庭訓之功。嗚呼！此所謂人傑而地靈。

清誥封武德騎尉袁公暨配張太宜人墓誌銘　孔令貽

世勳言家庭教育不過使其子弟博取人間富與貴以爲宗族交遊之光寵而已若其修孝弟習勤儉講實業重道德時艱勢阻滂薄鬱積直至數十年之後卒酬其志獲其養而睦婣任卹且周洽於鄉邑之間里人推原其始咸豔稱之以爲此眞教育也則於袁贈公與張太宜人之夫婦見之公袁姓諱紹文其先世居固邑馬莊鎭後移居霸縣大柏林莊公幼慷慨有大志重然諾樂施與而於家庭教育尤爲注重嘗謂勤儉孝弟立身之本至裕家裕國應世界之趨勢則非實業不爲功於是兼營商務時天津張公精風鑑一見器之遂定婚焉於是娶張太宜人宜人性賢淑事翁姑以孝稱尤習於勤儉嗣生二子長子榮字耀堂次子珍字福堂公教子素嚴時有督責雖太宜人不敢爲之緩頰長子耀堂就學未成使學賈精敏勤能爲同曹冠方冀大有成就而公竟於光緒乙酉病故病革時謂太宜人曰吾不幸早沒必教二子成吾志吾目瞑矣太宜人泣受命時家事需人長子輟商理家務然運益乖舛凡所營謀皆拂意耀堂情急痛恨不已入京而値內差爲始猶困頓者數年庚子亂後兩宮西巡回傳宣乏人耀堂得入奏事處耀堂明達勤勞諸事咸理而應事接人尤勤懇無驕矜氣故上自王公下至百官無不敬慕之家既稍裕而親族鄉隣咸得周濟馴至固霸新永屬之來京求助者絡繹不絕爰拓新居以寓親友其實家僅中貲不過

體父之志以周貧乏耳先是用度稍充即迎養太宜人於京師光緒三十二年恭逢覃恩以公次子珍貲請贈公爲武德騎尉妻張氏爲宜人鄉人沐德敬頌匾額以致賀秋七月爲太宜人壽辰鄉人赴京祝賀者動數十百人而達官顯宦致得一瞬望顏色以爲榮幸耀堂痛切幼時習商未成在馬莊連設三號俾子若甥咸就學焉無何國體改淸帝遜位內廷之人多走散而耀堂獨留不去曰吾非不知退休爲福第素沐恩誼未忍言耳時隆裕太后崩分立四主位前朝掌政多所諮詢帝年幼與近侍多戲言獨見耀堂斂容禮之卽古大臣正色立朝以格君心之非者何以過此戊午年歲十月朔太宜人病故於鄉而耀堂先假歸親視含斂及回京設祭弔唁者巷爲之塞而上將馬龍標劉金標以及段王諸人爭相結納通譜訂盟益可見前者之門庭如市非勢力爲之也公次子福堂素謹愼勤於農務雖家貲已裕勞苦過於傭工其性尤孝順丙辰歲太宜人病福堂禱天求藥於百里外往返僅一晝夜回時兩足重繭仆不能行遇一人出藥末敷之足力陡健遂至家以藥進太宜人病霍然愈而精神轉健至能不杖而行人皆以爲孝感所致云先是公卒時適値庚子之亂權厝於莊之南原後人皆謂此地屬吉壤遂不更遷戊午太宜人病故遂合葬焉所尤奇者太宜人之未葬也塋內石器皆午向據形家言必移未向方合如合窆時移向不惟驚動親骸孝子不忍且從前致富理又何居方惴惴憂之及壙開棺實未向不謂草草權厝卽協機宜可見有德者必食其報理定者數不能移也已未春同人欲爲贈公修墓誌節其行述徵文於貽貽與耀堂爲金蘭交知之最悉且義不容辭謹敘其事於左爰爲之銘曰

玄黃未造道德夷陵爰有達人樹厥芳型克勤克儉教孝敎忠經營商賈周濟困窮時勢艱阻賫志以終閫範繼美令子顯名梓鄉頌德花誥增榮繼志述事用昌厥宗百年合窆歎羨同聲瀧阡佳氣鬱鬱葱葱不知者以爲地理所致其知者以爲庭訓之功嗚呼此所謂人傑而地靈

五八、韓净源先生墓表

题解：

《韓净源先生墓表》收録于民國二十三年（1934）《霸縣新志·金石志》，霸縣高步瀛撰文，恩施樊增祥書丹，刊刻于民國十四年（1925）。

誌文：

霸縣高步瀛撰文

恩施樊增祥書丹

先生諱世澤，字净源，姓韓氏。先世居武昌蒲圻，明永樂間，徙順天霸州，即今霸縣。世以儒術著。曾祖允訥，祖曾玉，考應徵，妣氏楊，兄弟二人，先生其長也。先生之子復渠，娶予從兄之子，故予與先生爲婚姻。而予幼居外方，戚友多不相知。民國五年終，復渠從軍，南苑先生送孥至燕京。款廬來訪，于是始相識。其容岸然而和，言藹然而肫，至衣冠樸素，而無隕穫之態。予心奇之，竊意爲有道君子也。别去數年未相見，時從鄉人詢先生行誼。事親孝，撫弟友愛。家貧，長始讀書，年廿六乃得爲博士弟子。教授于鄉，誨人諄諄無倦。清光緒庚子，拳匪亂作，母楊太夫人及弟潔亭公皆被害，先生痛甚，幾以身殉。亂已，家益困，鄉人公舉先生爲小學校教員。從先生學者，皆能敦品節，知大義。鄉人以是重先生，述者無異同。予竊幸向之意先生者，爲不謬。越六年，復渠以勞擢團長，先生復來，較益親，然亦不數數見也。又二年，復渠爲國民第一軍旅長，家亦稍裕矣。復見先生，意態、被服如昔，而氣益和。乃愈嘆，果爲有道君子。明年東北戰事起，都城一日數驚，而先生意氣静穆如平時，益信非有道君子不能也。未幾，以微疾卒。遺訓子孫，世世勿忘爲讀書人。時民國十四年十月廿一日，享年六十有五。即以其年十二月十六日，葬于台山先塋之次。元配胡夫人，無子。繼娶李夫人，同邑處士希賢公女。拳匪之難，以死衛其姑，被數創，幾殞。佐先生治家有賢聲，生子五：復森、復楙、復模、復渠、復彬。復楙出爲叔父後；復模早卒；

復榘，今河南主席。女一，適同邑崔作霖，先卒。孫四人，皆幼。先生葬後五年，其從弟世型以狀來請文，表先生墓。述其行誼，與聞于鄉人者皆同。獨謂先生幼從世父教諭公遊，篤信程朱之學，爲鄉人所未及。嗚呼！可謂知本矣。予嘗以爲世運之隆替，風俗人心之良窳，一視學術爲變遷。有清巨儒高樹漢學之幟，屏宋儒義理爲空疏不足道。于是踐形盡性之學，置不復講。一旦利害迫其前，貧富異其境，有不免改其常度者矣。得毋以日蹩躠于名物訓詁、勘校同異，而無義理之藴養其中耶？若先生宅心澹泊，閱萬變而終始不渝，洵無愧有道君子，而爲今世所罕覯。微韓氏請，予猶將揭櫫其行誼，以爲當世則效，而况先生之淑其身，善其鄉，遺教其子孫者，尤望韓氏世守之勿替，則予文雖蕪類，其諸附以不朽也夫。太歲在上章敦牂民國十九年二月。

韓淨源先生墓表

霸縣高步瀛撰文

恩施樊增祥書丹

先生諱世澤字淨源姓韓氏先世居武昌蒲圻明永樂間從順天霸州即今霸縣世以儒術著曾祖允訥祖曾玉考應徵妣氏楊兄弟二人先生其長也先生之子復榘娶予從兄之子故予與先生爲婚姻而予幼居外方戚友多不相知民國五年終復榘從軍南苑先生送挈至燕京歘廬來訪於是始相識其容岸然而和言藹然而腆至衣冠樸素而無隕穫之態予心奇之竊意爲有道君子也別去數年未相見時從鄉人詢先生行誼事親孝撫弟友愛家貧長始讀書年廾六乃得爲博士弟子教授於鄉誨人諄諄無倦清光緒庚子拳匪亂作母楊太夫人及弟潔亭公皆被害先生痛甚幾以身殉亂已家益困鄉人公舉先生爲小學校教員從先生學者皆能敦品節知大義鄉人以是重先生述者無異同予竊幸向之意先生者爲不謬越六年復榘以勞擢團長先生復來較益親然亦不數數見也又二年復榘爲國民第一軍旅長家亦稍裕矣復見先生意態被服如昔而氣益和乃愈嘆果爲有道君子明年東北戰事起都城一日數驚而先生意氣靜穆如平時益信非有道君子不能也未幾

以微疾卒遺訓子孫世世勿忘爲讀書人時民國十四年十月廿一日享年六十有五即以其年十二月十六日葬於台山先塋之次元配胡夫人無子繼娶李夫人同邑處士希賢公女拳匪之難以死衛其姑被數創幾殞佐先生治家有賢聲生子五復森復楙復模復榘復彬復楙出爲叔父後復模早卒復榘今河南主席女一適同邑崔作霖先卒孫四人皆幼先生葬後五年其從弟世型以狀來請文表先生墓述其行誼與聞於鄉人者皆同獨謂先生幼從世父教諭公遊篤信程朱之學爲鄉人所未及嗚呼可謂知本矣予嘗以爲世運之隆替風俗人心之良窳一視學術爲變遷有清鉅儒高樹漢學之幟屏宋儒義理爲空疏不足道於是踐形盡性之學置不復講一旦利害迫其前貧富異其境有不免改其常度者矣得毋以日蹩躠於名物訓詁勘校同異而無義理之藴養其中耶若先生宅心澹泊閱萬變而終始不渝洵無愧有道君子而爲今世所罕覯微韓氏請予猶將揭櫫其行誼以爲當世則傚而况先生之淑其身善其鄉遺教其子孫者尤望韓氏世守之勿替則予文雖蕪類其諸附以不朽也夫

太歲在上章敦牂民國十九年二月

五九、韓太夫人李氏墓誌銘

題解：

《韓太夫人李氏墓誌銘》收録于民國二十三年（1934）《霸縣新志·金石志》，桐城吴闓生撰文，肅寧劉春霖書丹，安陽馬吉樟篆蓋，刊刻于民國十八年（1929）。

誌文：

桐城吴闓生撰文、肅寧劉春霖書丹、安陽馬吉樟篆蓋

河南省政府主席韓公復榘，既喪顯妣太夫人，爰以一月三日奉安于霸縣臺山之南原。維懿德淑徽，大懼不克彰聞于後，乃撰述行義，刻石于玄堂幽隧，以詔遼遠。太夫人姓李氏，世爲霸縣人。曾祖諱義堂，祖諱仁山，考諱希賢。年二十二，來歸太翁静原公。尊章在堂，穉弱在抱，奉老慈幼，曲有恩紀。門内雍然，里中咸稱誦韓氏有賢婦矣。生子女凡六人，噢咻不怠，而教誨必嚴。晨起操作，夜分檢校，盤匜、盤簠、篋筥，孅屑悉備悉虔，暇則課督子女。書筴在前，鍼紩在右，載譙載級，口手交乘。嘗曰：「貧困不足慮，要當使兒輩奮發有所建樹，爲邦國光，斯不負耳。」既而遭庚子之變，盡室逃散，威姑弱弟咸遭毒害。太夫人挈孤幼出走，凡中槍擊者三，以救獲免。及諸子寖成立，長子復森，行賈黑龍江，餘亦各有所事，太夫人乃稍慰。而復榘遂以軍功，累被顯擢，洊膺河南省政府主席，奉迎板輿至開封就養。節鉞崇隆，門户昌大，識者皆曰韓氏今日之光燿，皆太夫人積累之所致也。太夫人慈祥愷悌，老而不衰，常以盡忠國事、愛惜民生爲復榘誡。嗚乎！鼎革以來，國家搶攘，兵戈屠僇之釁，無日無之。所賴英琦將帥，維匡鎮攝方州，遺黎庶獲安枕，嚮者流離之禍，太夫人實所躬丁，其于治亂安危之際，感之深矣。今風雲未定，復榘坐鎮中原，天下倚爲輕重。太夫人之惠澤流衍當世者，蓋未始有極也。豈獨矜閥閲之尊榮而已哉？太夫人于民國十八年七月十九日病卒，享年七十有二。子復森、復懋、復模、復榘、復彬；女一，適崔作霖；孫嗣燮、嗣烺、嗣煇、嗣烈。銘曰：

幽薊之郊，古多粤俠。土俗淳深，川原複疊。是建是營，崇邱揭孽。庶奠幽靈，永光億葉。

韓太夫人李氏墓誌銘

桐城吳闓生撰文

肅寧劉春霖書丹

安陽馬吉樟篆蓋

河南省政府主席韓公復榘既喪顯妣太夫人爰以一月三日奉安於霸縣台山之南原維懿德淑徽大懼不克彰聞於後乃譔述行義刻石於玄堂幽隧以詔遼遠太夫人姓李氏世爲霸縣人曾祖諱義堂祖諱仁山考諱希賢年二十二來歸太翁靜原公尊章在堂稺弱在抱奉老慈幼曲有恩紀門内雍然里中咸稱誦韓氏有賢婦矣生子女凡六人噢咻不怠而教誨必嚴晨起操作夜分檢校盤匜盤鐙籩筥纖屑悉備悉虔暇則課督子女書策在前鍼紩在右載誦載紉口手交乘嘗曰貧困不足慮要當使兒輩奮發有所建樹爲邦國光斯不負耳既而遭庚子之變盡室逃散咸姑弱弟咸遭毒害太夫人挈孤幼出走凡中槍擊者三以救獲免及諸子寖成立長

子復森行貲累龍江餘亦各有所事太夫人乃稍慰而復榘遂以軍功累被顯擢洊膺河南省政府主席奉迎板輿至開封就養節鉞崇隆門戶昌大識者皆曰韓氏今日之光燁皆太夫人積累之所致也太夫人慈祥愷悌老而不衰常以盡忠國事愛惜民生爲復榘誡嗚乎鼎革以來國家搶攘兵戈屠僇之禍無日無之所賴英琦將帥維匡鎮撫方州遺黎庶獲安枕曩者流離之禍太夫人實所躬丁其於治亂安危之際感之深矣今風雲未定復榘坐鎮中原天下倚爲輕重太夫人之惠澤流衍當世者蓋未始有極也豈獨矜閥閱之尊榮而已哉太夫人於民國十八年七月十九日病卒享年七十有二子復森復懋復模復榘復彬女一適崔作霖孫嗣燮嗣烺嗣煒嗣烈銘曰幽薊之郊古多粤俠土俗淳深川原複疊是建是營崇邱揭嶭庶奠幽靈永光億葉

六〇、清處士牛君（鳳詔）墓表

題解：

《清處士牛君（鳳詔）墓表》收録于民國二十三年（1934）《霸縣新志·金石志》，劉崇本表，刊刻于民國二十年（1931）。

誌文：

牛君鳳詔，字恩宣，國學生，霸縣牛各莊人。先世當明永樂間，由小興州遷此，世業耕讀。曾祖好謙，祖世俊，均九品職銜。父雲書，以家道中落，廢讀業農，遂致富。妣氏李，年過四十始生君，生十四歲而母没，繼妣氏邢。君性英敏，七歲讀《毛詩》，不半載而畢。塾師堂兄輝閣奇之，嘗摩其頂曰：「吾弟聰穎魁梧，成就未可量，克家令器也。」年十八，將應童子試，適父雲書公以雨滑傷足，君大戚，日夜奉侍，不去左右。親族勸就試，弗應也。已而承父命，理家計，以長于經濟，家日益富。然課農之餘，仍手不釋卷。尤喜書法，時與新城張步崖先生講習，書益進。嘗自題一聯云：「功名有分憑天定，學問無窮任我求。」可以見其素志矣。因感范文正公「不爲良相，即爲良醫」之言，致力醫學，尤精痘科，所治多全活。家故多蓄藥品，遇猝病不可待者，並藥施之。鄉鄰多感激，議榜門旌之，力却不受。嘗手輯《痘疹要訣》四卷、《痘疹藥性》一卷、備方一卷，藏于家。君喜公益，主村政者數十年，遇水患督築堤防，不辭勞怨。鄰里有紛難則排解之。又性剛直，好扶善抑惡，以故鄉人之善者，皆好之。清同治六年，大旱。光緒十六年，大水。迭出倉穀濟鄉人，不責償。村有古廟，每捐資修理，其樂善好施多類此。晚年喜讀《曾文正公家書》，嘗以教子孫，曰：「此書于耕讀人家最宜，足爲師法。吾非望爾等得大官，學得禮讓之道，爲一讀書人足矣。」舊有家祠圮于水，欲擇高地重修。未果，卒，年六十有五，時光緒三十年六月一日也。遺囑以田地六十餘畝，捐入霸縣孔廟，以備歲祭。民國四年，邑紳呈請題褒，蒙大總統以「急公好義」旌其門，士林榮之。配吴孺人、繼高孺人，皆早卒。繼配王孺人，新城縣庠生、議叙鹽知事德明公孫女，武庠生允忠公女。民國十年八月五日卒，年七十有四。君家富而好施與，固其天性使然，亦王孺人有以贊助之也。孺人性温厚勤慎，繼姑邢患足疾，不良于行，孺人奉事唯謹，十餘年如一日。孺人無兄弟，父老而鰥，迎養終其身。自奉儉約，好周人之急，族黨窮獨借貸者，無不立應。民國八年，命子將房基一所、田十餘畝捐入縣立女學，蒙教育部奬給褒狀。自君没後，子孫承孺人懿訓，以仰紹先志。門以内熙熙秩秩，久且未怠也。子四人：長東漢，貢生，詩醫書畫，擅名于時；次濟漢，按察司知事，善承家學，精醫；次源漢，法政學校畢業；次鍾漢，法政學校畢業，皆王孺人出。女子五人：長適任青雲，吴孺人出；次適吴宗輝；次適内務部土木司長張銘勳；次適國學生張鶴皋；次適庠生宋佑祺，皆王孺人出。孫男十五人：長大壽；次鴻壽，歷充軍需長，税務局長；次彭壽，中學畢業；次仁壽；次廷壽，大學畢業，供職財政廳；次松壽，大學畢業，財務局長。餘幼讀。孫女四人：長坤壽；次榮壽，師範畢業，工畫法；次延壽；次幼。曾孫八人、曾孫女三人，均幼。孺人與君合葬之後，其姻誼新城張君鶴涓狀其生平行事，乞余文表君墓。余固樂道人之善者，故叙次其事跡，俾持歸揭之墓道云。

民國二十年月日雄縣劉崇本表

清處士牛君墓表

牛君鳳韶字恩宣國學生霸縣牛各莊人先世當明永樂間由小興州遷此世業耕讀曾祖好謙祖世俊均九品職銜父雲書以家道中落廢讀業農遂致富妣氏李年過四十始生君生十四歲而母沒繼妣氏邢君性英敏七歲讀毛詩不半載而畢熟師堂兄輝閣奇之嘗摩其頂曰吾弟聰穎魁梧成就未可量克家令器也年十八將應童子試適父雲書公以雨滑傷足君大戚日夜奉侍不去左右親族勸就試弗應也已而承父命理家計以長於經濟家日益富然課農之餘仍手不釋卷尤喜書法時與新城張步瀛先生講習書益進嘗自題一聯云功名有分憑天定學問無窮任我求可以見其素志矣因感范文正公不爲良相即爲良醫之言致力醫學尤精痘科所治多全活家故多蓄藥品遇猝病不可待者並藥施之鄉鄰多感激議榜門旌之力卻不受嘗手輯痘疹要訣四卷痘疹藥性一卷備方一卷藏於家君喜公益主村政者數十年遇水患脩築隄防不辭勞怨鄉里有紛難則排解之又性剛直好扶善抑惡以故鄉人之善者皆好之清同治六年大旱光緒十六年大水迭出倉穀濟鄉人不責償村有古廟每捐資修理其樂善好施多類此晚年喜讀曾文正公家書嘗以教子孫曰此書於耕讀人家最宜足爲師法吾非望爾等得大官學得禮讓之道爲一讀書人足矣舊有家祠圮於水欲擇高地重修未果卒年六十有五時光緒三十年六月一日也遺囑以田地六十餘畝捐入霸縣孔廟以備歲祭民國四年邑紳呈請題褒蒙大總統以急公好義旌其門士林榮之配吳孺人繼高孺人皆早卒繼配王孺人新城縣庠生議敘鹽知事德明公孫女武庠生允忠公女民國十年八月五日卒年七十有四君家富而好施與固其天性使然亦王孺人有以贊助之也

孺人性溫厚勤慎繼姑邢患足疾不良於行孺人奉事唯謹十餘年如一日孺人無兄弟父老而迎養終其身自奉儉約好周人之急族黨窮獨借貸者無不立應民國八年命子將房基一所田十餘畝捐入縣立女學蒙教育部獎給褒狀自君沒後子孫承孺人懿訓以仰紹先志門以內熙熙秩秩久且未怠也子四人長東漢貢生詩醫書畫擅名於時次濟漢按察司知事善承家學精醫次源漢法政學校畢業次鍾漢法政學校畢業皆王孺人出女子五人長適任青雲吳孺人出次適吳宗輝次適內務部土木司長張銘勳次適國學生張鶴臯次適庠生宋佑祺皆王孺人出孫男十五人長大壽次鴻壽歷充軍需長稅務局長次彭壽中學畢業次仁壽次廷壽大學畢業供職財政廳次松壽大學畢業財務局長餘幼讀孫女四人長坤壽次榮壽師範畢業工畫法次延壽次幼曾孫八人曾孫女三人均幼孺人與君合葬之後其姻誼新城張君鶴淵狀其生平行事乞余文表君墓余固樂道人之善者故敘次其事蹟俾持歸揭之墓道云

民國二十年月日雄縣劉崇本表

六一、重修臺山廣濟橋碑記

題解：

《重修臺山廣濟橋碑記》收録于民國二十三年（1934）《霸縣新志·金石志》，清庠生、里人韓世型撰文，安次善元書丹，刊刻于民國二十一年（1932）。

碑文：

臺山環村皆水，西、南、北三方有橋通焉，而其東獨缺。蓋河東勢下，又與東淀毗連，積水難消，車行阻礙，故橋非所須也。自連年淤闕，向日污澤變爲桑田。有清光緒癸卯，始建橋于東，遠近便之。謚曰「廣濟」，名以實也。三十年來，車馬往來既繁，梁木漸朽，將即傾圮。鄉人士議重修之，商于從子復槼。復槼助金二千二百元，于是鳩工庀材，肇興土木，惟期堅固，無侈前人。期月訖工，鄉人屬余記之。余謂關梁之設，爲古來要政。《周語》單襄公引夏令曰：「九月除道，十月成梁。」孟子言十一月徒杠成，十二月輿梁成，以爲君子平政之要。顧古者政操于上，民惟奉令趨役而已。今也政由民建，凡地方興利除害之事，皆吾民所當自謀。而兹橋之建，助財有人，程工有人，購材木、操畚築有人，經之、營之，成之不日。乃知吾鄉人汲汲于義，將利無不盡，害無不蠲，民和而政舉。此橋特其嚆矢也，故喜而爲之記。

清庠生里人韓世型撰文

甲午科舉人前吉林長嶺縣知縣安次善元書丹

民國二十一年四月穀旦

重修台山廣濟橋碑記

臺山環村皆水西南北三方有橋通焉而其東獨缺蓋河東勢下又與東淀毗連積水難消車行阻礙故橋非所須也自連年淤閼向日汙澤變爲桑田有清光緒癸卯始建橋於東遠近便之謚曰廣濟名以實也三十年來車馬往來既繁梁木漸朽將即傾圯鄉人士議重修之商於從子復渠復渠助金二千二百元於是鳩工庀材肇興土木惟期堅固無侈前人期月訖工鄉人屬余記之余謂關梁之設爲古來要政周語單襄公引夏令曰九月除道十月成梁孟子言十一月徒杠成十二月輿梁成以爲君子平政之要顧古者政操於上民惟奉令趨役而已今也政由民建凡地方興利除害之事皆吾民所當自謀而茲橋之建助財有人程工有人購材木操畚築

有人經之營之成之不日乃知吾鄉人汲汲於義將利無不盡害無不鋤民和而政舉此橋特其嚆矢也故喜而爲之記

清庠生里人韓世型撰文　甲午科舉人前吉林長嶺縣知縣安次善元書丹

民國二十一年四月穀旦

六二、重修苑口村永濟橋記

題解：

《重修苑口村永濟橋記》收録于民國二十三年（1934）《霸縣新志・金石志》，邑人高步瀛撰文，潘齡皋書丹，刊刻于民國二十三年（1934）。

碑文：

國立師範大學教授前教育部社會司司長邑人高步瀛撰文

甘肅省長前甘肅布政使翰林院庶吉士古葛城潘齡皋書丹

昔者祇宫耄后，威駕黿鼉。河伯外孫，靈驅魚鼈。梁津冶鐵，樹力士于祠旁；渭岸摹圖，褟付留于脚底。事存典籍，情屬荒唐。若夫周垂彝憲，成梁紀十月之工；蜀戢洪流，跨水應七星之象，惠資利涉，業媲湮鴻。洵紹古之隆規，達人之要政已。吾邑苑口村，西接清河，東通析木。故清康熙三十三年建永濟橋于此，爲津保之襟喉，扼幽青之樞鑰。匪獨風雲來往，張説留銘，車馬騰軒，杜顔作賦已也。乃者輪帆日邁，風雨年侵，一修于道光戊子之年，再葺于光緒庚寅之歲，迄今時更四紀。塗甚三危，楹摧或頽，夫商津柱折，幾同于東洛黑龍，未筮，竟回墨翟之車。黄石不來，孰進留侯之履。此則詢名清渭，空憶崔公，訪古彭城，咸悲薛惠者也。縣長撫順劉公延昌，乘輿待濟，有懷鄭相之風；障水無梁，頻發單公之歎。邑人張錫元先生邢寶鴻、劉文襄等同登法岸，更鼓願船，欲效愚公擔石之勞，惜無王吉點金之術，乃謀于山東主席韓公復榘。公乃捐東坡之犀帶，役助羅浮；出忠惠之金錢，工興洛水。既溥廉泉之潤，復爲登高之呼。賢昆復懋公，介弟復彬公，則又概發珠囊，躬操鼛鼓。于是鄉鄰慕義，商旅當仁，或布祇園之金，或助太倉之粟。鳩良工，撰吉日，羌洪規而大啓，易攢木以貞珉。將使天津鐵鎖，遂此堅牢；河水金牛，虚其鎮笮。量基累石，寧須秦政之鞭；測影垂虹，不待葉師之杖。襄陽太守，徒雅謔于猪蘭；灞水詩人，同聯吟于驢背。從此熙來攘往，永無厲帶之憂；北馬南船，共卜涉川之吉。步瀛智慚慮始，典預觀成，學趙客之擔簦，詠漢臣之題柱，敢謂建春門外，同鐫馬憲之銘；竊幸萬安渡頭，更續蔡襄之記。中華民國二十三年六月穀旦。

重修苑口村永濟橋記
國立師範大學教授前教育部社會司長邑人高步瀛撰文
甘肅省長前甘肅布政使翰林院庶吉士古葛城潘齡臯書丹
昔者祗宮耄后威駕黿鼉河伯外孫靈毆魚鼈學津治鐵樹力士於祠旁渭岸摹圖
蘗忖留於脚底事存典籍情屬荒唐若夫周垂彝憲成梁紀十月之工蜀戢洪流跨
水應七星之象惠資利涉業媲湮鴻洵紹古之隆規達人之要政已吾邑苑口村西
接清河東通析木故清康熙三十三年建永濟橋於此爲津保之襟喉扼幽靑之樞
綸匪獨風雲來往張說留銘車馬騰軒杜顏作賦已也迺者輪驪日邁風雨年侵一
修於道光戊子之年再葺於光緒庚寅之歲迄今時更四紀塗甚三危欂摧或類夫
酉津柱折幾同於東洛黑龍未敍竟回墨翟之車黃石不來孰進留侯之履此則詢
名淸渭空憶崔公訪古彭城咸悲薛惠者也縣長撫順劉公延昌乘輿待濟有懷鄭

相之風障水無梁頻發單公之歎邑人張錫元先生邢寶鴻劉文藝等同登法岸更鼓願船
欲效愚公擔石之勞惜無王吉點金之術乃謀於山東主席韓公復榘公乃捐東坡
之犀帶役助羅浮出忠惠之金錢工興洛水旣溥廉泉之潤復爲登高之呼賢昆復
懋公介弟復彬公則又慨發珠囊躬操鞞鼓於是鄉鄰慕義商旅當仁或布祇園之
金或助太倉之粟鳩良工擇吉日光洪規而大啟易攢木以貞珉將使天津鐵鎖涇
此堅牢河水金牛虛其鎭詧量基累石寧須秦政之鞭測影垂虹不待葉師之杖褒
陽太守徒雅譔於豬蘭灞水詩人同聯吟於驢背從此熙來攘往永無厲帶之憂北
馬南船共卜涉川之吉步瀛智慚慮始典預觀成學趙客之擔簦詠漢臣之題柱敢
謂建春門外同鐫馬憲之銘竊幸萬安渡頭更續蔡襄之記
中華民國二十三年六月　穀旦

六三、文天祥石碑

題解：

《文天祥石碑》刊刻于民國二十六年（1937），該碑墨色烏亮，字口清晰，出土于河北省霸州市。原碑已斷，初置于信安文廟，後被移至龍泉寺内，2002年6月運至霸州市文管所保管。

碑文：

宋丞相少保樞密使文信國公題壁詞

雨過水明霞，潮痕岸帶沙。葉聲寒，飛透窗紗。懊恨西風吹世換，又吹我，落天涯。寂寞古豪華，烏衣日又斜。說興亡，燕入誰家？只有南來無數燕，和明月，宿蘆花。

調寄南樓令

文信國公天祥，字文山，吉州人，以進士累官至丞相。元師入寇，于五坡岭之役，被執北行，夜次信安镇，達旦不寐，題詞館壁。宋祥興二年十月始至燕都，縶三年，終不屈。元至元十九年壬午十二月初九日，就義柴市，距今壬午歲適甲子十周。余以丁丑春來宰霸邑，按部經此，見文廟壁嵌磚刻宋文丞相題詞處七字，大徑尺，而原詞無存，歸檢縣志得通全文，蒼涼悲感，與岳武穆《滿江紅》詞並为千古絕唱，因賦詩云：「舍生赴義矢貞艱，一夕檻車去不還。孤憤長留題壁句，千秋正氣照人寰。」爰其詞，勒石傳其詞，以軍興未就，今春邑紳集資重修文廟，乞余書此詞，六年夙愿乃得以償，斯亦可慰也已。

杭州許以粟敬書並記，时黄帝紀元第七十八壬午春日。

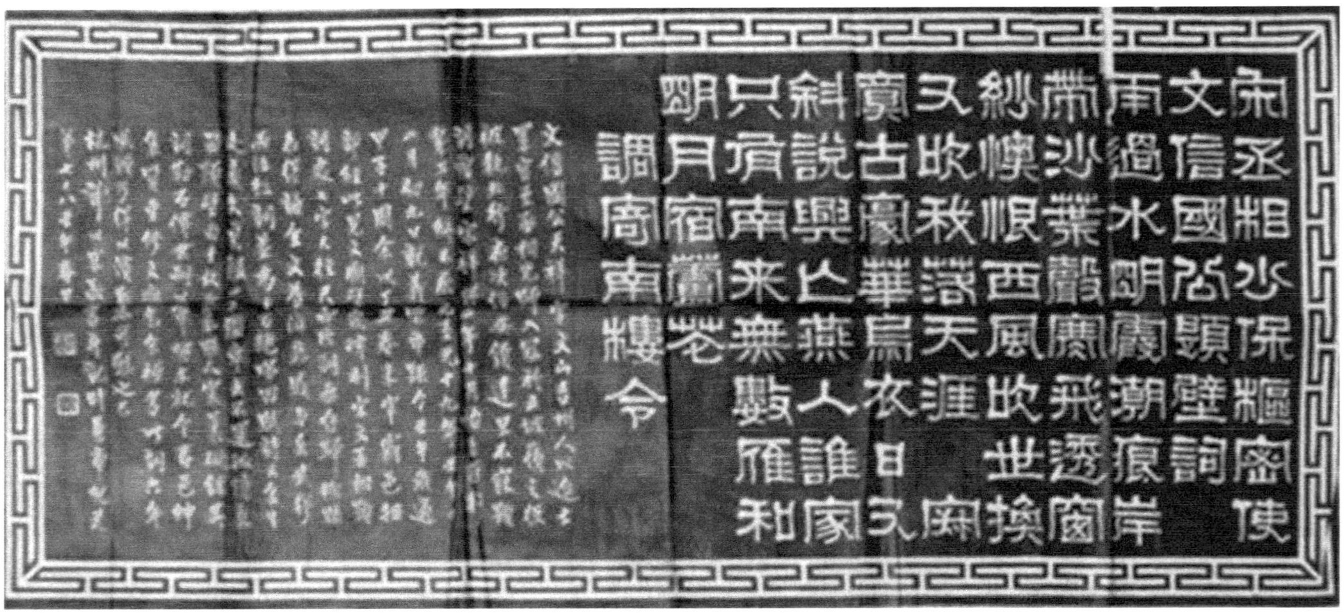
宋丞相少保樞密使
文信國公題壁詞

六四、清敕賜吏部尚書謚恭定郝惟訥碑文

題解：

《清敕賜吏部尚書謚恭定郝惟訥碑文》收録于民國二十三年（1934）《霸縣新志·金石志》，清聖祖康熙撰文。

碑文：

朕惟國家慎簡賢才，布列在位，六官之長，銓叙攸關。惟茲醇謹老成足資毗贊者，實嘉賴之。爾郝惟訥器量寬和，操履端潔，揚歷中外，綽有成勞。遂乃晉陟蘭臺，肅持風紀，當官一節，終始莫渝。峻秩崇班，諸曹幾遍。冢卿載擢，用觀其能。果爾夙夜靖共，克勝付託。方期柄用以翊大猷，何圖銜恤倚閭，遄歸鄉邑。朕往者巡行畿甸，爾迎拜馬首，容色憔悴，見之惻然。老病侵尋，遽至不起。言念疇昔，震悼厥心，是用遵循故典，加祭酬庸。按謚法，敬順事上曰恭，純行不爽曰定。考茲實行，錫以嘉名，用全存殁之思，備極哀榮之典。爰伐石樹之墓道，申朕惓惓不忘之意，且俾後世有徵焉。

敕賜吏部尚書謚恭定郝惟訥碑文　清聖祖
朕惟國家慎簡賢才布列在位六官之長銓敘攸關惟茲醇謹老成足資毗贊者實
嘉賴之爾郝惟訥器量寬和操履端潔敭歷中外綽有成勞遂乃晉陟蘭臺肅持風
紀當官一節終始莫渝峻秩崇班諸曹幾徧冢卿載擢用觀其能果爾夙夜靖共克
勝付託方期柄用以翊大猷何圖銜恤倚閭遄歸鄉邑朕往者巡行畿甸爾迎拜馬
首容色憔悴見之惻然老病侵尋遽至不起言念疇昔震悼厥心是用遵循故典加
祭酬庸按謚法敬順事上曰恭純行不爽曰定考茲實行錫以嘉名用全存歿之思
備極哀榮之典爰伐石樹之墓道申朕惓惓不忘之意且俾後世有徵焉

六五、霸州築堤建廟暨報功祠記

題解：

《霸州築堤建廟暨報功祠記》收録于民國二十三年（1934）《霸縣新志・金石志》，明兵部尚書王遴撰文。

碑文：

余郡暨文安、永清二邑，咸在京師之南，天津之西。凡雲、朔、恒、代諸山之水，由天津入海者，必經流余郡與二邑，而二邑多大陸巨阜，惟余郡最下，獨當其衝。在郡之南爲苑家口，有前兵憲陸公新開栲栳圈河以泄之矣。在郡之北，有渾河受諸山之水，夏秋間洶湧浩蕩。三河實不能容，不南溢文安，則北溢余郡；不南溢余郡，則北溢永清。或甚焉，即郡與邑，咸爲污池，此皆載之往牘，非臆説也。萬曆三年春，兵憲錢公飭兵明刑之暇，乃喟然歎曰：「盗起訟滋，令畿輔之重，無所資藉，以民貧故也。欲民不貧，莫如除水患，莫如開河築堤。開河去其壅塞，築堤防其泛濫。陸公新開栲栳圈河，民甚賴之，固事事者前茅，吾終不忍坐視，俾陸公而後無聞也。」乃慨然上築堤之議于兩臺，兩臺韙之。于是布令諸屬。郡守郝公汝松則曰：「此守土者責也，奉令惟謹。」南自郡之山川壇起，由栲栳圈、臺山、平曲至胡哥莊而止；北自南孟，由鋪疙疸、張家莊頭、五間房、彩木營至青口而止；中自康莊，由煎茶鋪、沙窩、寧家口、趙哥莊、田家口、蔡園至信安城而止；西自菊花臺，由迪家莊、魏家營、牛哥莊、老堤、王家樓至栲栳圈而止。役夫計二千名，築堤計一百二十里。卑者增高，薄者加厚，仍舊制以適水土之宜，不創作以起紛更之擾。撫臺王公念民力匱詘，恐不能卒業，復下令擇力薄而工大者，量給以食，計穀二千石。民益感奮，趨事恐後。不三月工成。及秋，水果不爲災。于是有黄髮者數十人詣余，僉曰：「堤工既成，水即就下，人定勝天，有如是哉！然人事之當修者，不止此也。我國家爲民禦災捍患，既勤心力矣，又必于城隍、山川、社稷、八蜡，爲廟、爲壇，夫豈漫然者哉！地方小民，僭援斯義，因于栲栳圈建龍王廟，意使水有所司。又念朝廷設官，亦以爲民，而民不能忘者，在樂樂利利。今水不爲災，錢公所以樂利我民者至也。意亦欲于斯地並建錢公報功祠，庶幽明無憾。倘于祀典有合，願公記之。」余不佞，生于斯，長于斯，困于斯久矣。今釋事在田，尤以有秋爲望。錢公加意于民，暨民急于水患如此，固所喜談樂道者，敢以不文辭。竊聞聖王制祀典，惟能禦大災，能捍大患，則祀之，凡以爲民也。故《大田》《多稼》諸詩，《周禮》荒政十二，《甘棠》之追慕召伯，鄭人之歌頌子産，匪今斯今，振古如兹，若等建廟祀神，並立祠以志不忘錢公之功，禮以義起，固祀典所不廢也。余又聞堤成之後，公尚時時訪求沿革，酌量利害，思欲復神禹之績，俾余郡暨二邑萬世永賴乃已，其言曰：「神禹之治水，法在決排疏瀹，譬之行血脉于人之身，通則安，滯則病。」陸公誠得其遺意。今匪其時耳，堤工之成，末也。嗟乎！仁矣，遠矣！錢公無已之心哉，宜乎民之不能忘已。雖然良醫之治病，急則治其標，緩則治其本，無堤則無民矣。堤工之成，曷可以爲末也？請于祀錢公祠内並祀陸公，黄髮者咸欣欣舉手加額曰：「可。」蓋開河治其本也，築堤治其標也。標本緩急之圖，二公有焉。民不能忘一耳，請紀錢公之言于石，以俟于後。陸公名坤，陝西蘭州人，嘉靖乙未進士。錢公名藻，南直如皋人，嘉靖己未進士。

霸州築隄建廟暨報功祠記

明兵部尚書王遴 郡人

余郡暨文安永清二邑咸在京師之南天津之西凡雲朔恒代諸山之水由天津入海者必經流余郡與二邑而二邑多大陸鉅阜惟余郡最下獨當其衝在郡之南爲苑家口有前兵憲陸公新開栲栳圈河以洩之矣在郡之北有渾河受諸山之水夏秋間洶湧浩蕩三河實不能容不南溢文安則北溢余郡不南溢余郡則北溢永清或泛焉即郡與邑咸爲汙池此皆載之往牘非臆說也萬曆三年春兵憲錢公飭兵明刑之暇乃喟然歎曰盜起訟滋令繳輸之重無所資藉以民貧故也欲民不貧莫如除水患莫如開河築堤開河去其壅塞築堤防其泛濫陸公新開栲栳圈河民甚賴之固事事者前茅吾終不忍坐視俾陸公而後無聞也乃慨然上築堤之議於兩臺兩臺韙之於是布令諸屬郡守郝公汝松則曰此守土者責也奉令惟謹南自郡之山川壇起由栲栳圈臺山平曲至胡哥莊而止北自南孟由舖疙疸張家莊頭五

間房彩木營至青口而止中自康莊由煎茶舖沙窩寧家口趙哥莊田家口蔡園至信安城而止西自菊花臺由迪家莊魏家營牛哥莊老堤王家樓至栲栳圈而止役夫計二千名築堤計一百二十里卑者增高薄者加厚仍舊制以適水土之宜不創作以起紛更之擾撫臺王公念民力臣詘恐不能卒業復下令擇力薄而工大者量給以食計穀二千石民益感奮趨事恐後不三月工成及秋水果不爲災於是有黄髮者數十人詣余僉曰隄工既成水即就下人定勝天有如是哉然人事之當修者不止此也我國家爲民禦災捍患既勤心力矣又必於城隍山川社稷八蜡爲廟爲壇夫豈漫然者哉地方小民僭援斯義因於栲栳圈建龍王廟意使水有所司又念朝廷設官亦以爲民而民不能忘者在樂樂利利今水不爲災錢公所以樂利我民者至也意亦欲於斯地並建錢公報功祠庶幽明無憾倘於祀典有合願公記之余不佞生於斯長於斯困於斯久矣今釋事在田尤以有秋爲望錢公加意於民暨民急於水患如此固所喜談樂道者敢以不文辭竊聞聖王制祀典惟能禦大災能捍大患則祀之凡以爲民也故大田多稼諸詩周禮荒政十二甘棠之追慕召伯鄭人之歌頌子產匪今斯今振古如茲若等建廟祀神並立祠以志不忘錢公之功禮以義起固祀典所不廢也余又聞堤成之後公尚時時訪求沿革酌量利害思欲復神禹之績俾余郡暨二邑萬世永賴乃已其言曰神禹之治水法在決排疏瀹譬之行血脉於人之身通則安滯則病陸公誠得其遺意今匪其時耳堤工之成末也嗟乎仁矣遠矣錢公無已之心哉宜乎民之不能忘已雖然良醫之治病急則治其標緩則治其本無隄則無民矣隄工之成曷可以爲末也請於祀錢公祠內並祀陸公黄髮者咸欣欣舉手加額曰可蓋開河治其本也築隄治其標也標本緩急之圖二公有焉民不能忘一耳請紀錢公之言於石以俟於後陸公名坤陝西蘭州人嘉靖乙未進士錢公名藻南直如皋人嘉靖己未進士

六六、益津書院記

題解：

《益津書院記》收録于民國二十三年（1934）《霸縣新志·金石志》，劉爲楫撰文。

碑文：

上御極之初，申飭功令，首以興賢育材爲務，一時海隅不變，雲蒸濤湧，以應化育。維時維揚淑湖錢公，實備兵吾土。仰承德意，謂國家造士，既録之黌序，文以衿佩，麗澤彬彬，非不足以成德而達材。第士匪擇則良楛淆，教匪專則勤媮溷。昔管子以區區之齊，猶令四民群萃州處，毋爲異物遷業。矧奉敕大吏，坐鎮畿南。匪以俎豆興治，而以軍旅，如上右文之理何？于是度地庀材，即郡之東北隅有公館一區，傾圮湫隘，不足即安賓旅，而徒爲榛莽蒙翳。是命郡守鶴鉉郝公，因址宇加黝堊焉。遂巋然爲士林敬業樂群所矣。扁曰「益津書院」。合道屬十三學弟子員，拔其尤者，聚肄于中。擇廣文學富行優者董其事，日省月試，餼饌豐旨。而郝公故上郡博雅士也，修政之暇，時與廣文遞相校讎，諄切提命，于以佐淑湖公作人美意，意甚篤至。士故虚者實，怠者勤。若水部杜君允繼、大行王君樂善、河曲胡君永定、靈口于君尚絅、孝廉勇君慎咸出選列，駸駸乎與武夷、白鹿方駕焉。不佞爲楫，濫側鼓篋，蒙受誨迪，亦成進士。讀中秘書，且叨簪筆侍瑣垣矣。由是觀之，文教興廢，存乎人耳。淑湖公、鶴鉉公相繼遷去，事漸墜落，垂二十年，書院雖存，其榛莽蒙翳，無異疇昔。濟翔之範，不臨于堂；絃誦之聲，不聞于舍。惟夕陽蟬噪，夜雨蛙鳴而已。茲姑蘇襟宇顧公以備兵至，培垣錢公以守郡至，起敝維新，敦師選士，意者亦如錢、郝二公故事。且謂淑湖公理創義起，楷模後進，弗可泯也，而屬記于不佞。余惟昔者子游宰武城，禮樂化洽，僅得澹臺子羽，其言曰：「行不由徑，非公事不至偃室。」所謂篤行君子，非耶？夫羔雉特逢世之具，非涉世之資，惟砥節礪行者稱焉。故折衷于聖門，而今之士可知已。顯晦殊致，大小殊用。總之，節行爲兢兢，則士不負所遭。而此一役也，即與武夷、白鹿並垂不朽可矣。不然，後之視今，猶今之視昔。顧、錢二公，方嘉與士類，嗣美前軌，英遊之侶，象指顧化，必有如澹臺子羽也者，出乎其間，謂吾黨何如也？不佞故樂爲之記，與同志共勖之。淑湖公名藻，如皋人。鶴鉉公名汝松，綏德人。襟宇公名雲程，培垣公名達道，俱常熟人。創始、更新，功等也，得並書。

益津書院記　劉爲楫

上御極之初申飭功令首以興賢育材爲務一時海隅不變雲蒸濤湧以應化育維時維揚淑湖錢公實備兵吾土仰承德意謂國家造士既錄之發序文以衿佩麗澤彬彬非不足以成德而達材第士匪擇則良楛淆教匪專則勤媮瀾昔管子以區區之齊猶令四民羣萃州處毋爲異物遷業矧奉勑大吏坐鎭畿南匪以俎豆與治而以軍旅如上右文之理何於是度地庀材即郡之東北隅有公館一區傾圮湫隘不足即安賓旅而徙爲榛莽蒙翳是命郡守鶴鉉郝公因址宇加勦葺爲遂蔚然爲士林敬業樂羣所矣扁曰益津書院合道屬十三學弟子員拔其尤者聚肄於中擇廣文學富行優者董其事日省月試餼饌豐旨而郝公故上郡博雅士也修攻之暇時與廣文遞相校讐辭切提命於以佐淑湖公作人美意意甚篤至士故處者貿忘者

勤若水部杜君允繼大行王君樂善河曲胡君永定靈門于君尚絅孝廉勇君愼感出選列駸駸乎與武夷白鹿方駕焉不佞爲楫濫廁鼓篋蒙受誨迪亦成進士讀中秘書且明簪筆侍瑣垣矣由是觀之文教興廢存乎人耳淑湖公鶴鉉公相繼遷去事漸墜落垂二十年書院雖存其榛莽蒙翳無異疇昔濟翔之範不臨於堂絃誦之聲不聞於舍惟夕陽蟬噪夜雨蛙鳴而已茲姑蘇襟宇顧公以備兵至培垣錢公以守郡至起敝維新敦師選士意者亦如錢郝二公故事且謂淑湖公理䢖義起楷模後進弗可泯也而屬記於不佞余惟昔者子游宰武城禮樂化洽僅得澹臺子羽其言曰行不由徑非公事不至偃室所謂篤行君子非耶夫羔雉特逢世之具非涉世之資惟砥節礪行者稱焉故折衷於聖門而今之士可知已顯晦殊致大小殊用總之節行爲兢兢則士不負所遭而此一役也即與武夷白鹿並垂不朽可矣不然後之視今猶今之視昔顧錢二公方嘉與士類嗣美前軌英遊之侶象指顧化必有如澹臺子羽也者出乎其間謂吾黨何如也不佞故樂爲之記與同志共勖之淑湖公名藻如皋人鶴鉉公名汝松綏德人襟宇公名雲程培垣公名達道俱常熟人創始更新功等也得并書

六七、明銘燕郝公（鴻猷）墓誌銘

題解：

《明銘燕郝公（鴻猷）墓誌銘》收録于民國二十三年（1934）《霸縣新志·金石志》，錢謙益撰文。

誌文：

時維丁丑，新城張果中訪余請室，爲我稱郝君萬曰：君萬之父，爲延長令。處流賊巢穴中，賊營蔓延數百里，上覆飛鳥。延長公之官，君萬帕首跨褶，負弓矢前驅，以鞭梢扣壘門，大呼曰：「我霸州舉子郝傑也。從父之官，過而假道于若。若許我，幸甚。不然，則我無以見我父，請先死于此，以頸血濺虎落矣。」賊首壯其言，許之。君萬顧旁賊曰：「我馬痛矣，趣秣我馬。」又曰：「飢甚，趣飯飯我。」賊爲進酒食，飲如流食。已鼾睡，鼻息撼壁壘。已而公至，群賊猙獰髮植。公端坐篼輿中，平視指揮，騶從五伯如也。賊益異之，相與傳呼送公之他壘。過數壘，賊首有介馬而馳者，君萬躍馬及之。賊笑曰：「能騎是乎？」即以與公。君萬躍上賊馬，挾己馬而馳，所過賊壘，見所乘馬皆辟易辟道，莫敢誰何矣。君萬出入賊中，熟賊長部落，具知其營壘行陣堅瑕虚實。賊環攻延長不勝。諜知設守者，假道舉子也，遂逡巡引去。果中，奇士也。余心識其言。明年戊寅，余出獄。君萬過邸舍，余爲道果中云云。君萬曰：「臣主有之，非傑之能也。吾父之之官也，賣千金之産以行，單車叱馭，剋日就道。父既以身許國矣，傑敢愛死乎？一孤城如斗大，墟落無人烟，賊設長圍困我。微吾父忠誠感激，父老子弟效死弗去，傑能伸兩臂捍賊乎？圍既解，冒雨循城，墮而折脇，移病歸。數月，城遂陷。延人至今尸祝吾父也。傑何庸之有？」余歎曰：「有是父，斯有是子，果中之言徵矣。」公家居六年，脇病浸劇。今年七月二十三日，年五十九，卒于家。君萬將奔喪卜葬，撰次事狀，屬其友楊主事希孔拜而謁銘于余。按狀：公諱鴻猷，字勳甫。先世自晋徙霸州。父諱九思，輕財好施。公能成其志，事繼母如母，撫兄之遺孤女如女。鄉之稱孝友者歸焉。娶于王，生四子：俊、傑、位、佺。俊、佺皆早世。傑則君萬，丁丑進士，今官太常寺博士者也。公器資杰出，少讀左、國、班、馬、南華、鴻烈之書，作爲制義，飆發泉流。北方之學者，未能或之先也。年三十登賢書，晚而與君萬偕入鎖院。君萬既登第，課其孫惟訥，日移漏仆，方吮毫覃思，公已落筆數紙，撫而嘆曰：「豎子遂先我著鞭，阿婆雖老大，猶堪壓倒三五少年也。」其葛儻堅强，老而自負如此。銘曰：

幽都北極，野惟峌峒。角立精悍，是生俊雄。賊避單車，民保窮髮。風施鄜延，氣厲勃碣。勤官屯膏，死事質冥。哲人乘箕，孝子見星。海抱嶽迆，戴斗之下。我銘幽竁，與此終古。

明銘燕郝公墓誌銘　錢謙益

時維丁丑新城張杲中訪余請室爲我稱郝君萬曰君萬之父爲延長令處流賊巢穴中賊營壘延數百里上覆飛烏延長公之官君萬帕首跨褶負弓矢前驅以鞭梢扣壘門大呼曰我霸州舉子郝傑也從父之官過而假道于若若許我幸甚不然則我無以見我父請先死於此以頸血濺虎落矣賊首壯其言許之君萬顧旁賊曰我馬痡矣趣秣我馬又曰飢甚趣飯飯我賊爲進酒食飲如流食已鼾睡鼻息撼壁壘已而公至翠賊猙獰髮植公端坐復輿中平視指揮騶從五伯如也賊益異之相與傳呼送公之他壘過數壘賊首有介馬而馳者君萬躍馬及之賊笑曰能騎是乎即以與公君萬躍上賊馬挾己馬而馳所過賊壘見所乘馬皆辟易辟道莫敢誰何矣君萬出入賊中熟賊長部落具知其營壘行陣堅瑕虛實賊環攻延長不勝諜知設守者假道舉子也遂逡巡引去杲中奇士也余心識其言明年戊寅余出獄君萬過邸舍余爲道杲中云云君萬曰臣主有之非傑之能也吾父之之官也賫千金之產以行單車叱馭尅日就道父既以身許國矣傑敢愛死乎一孤城如斗大墟落無人煙賊設長圍困我微吾父忠誠感激父老子弟效死弗去傑能伸兩臂捍賊乎圍既解冒兩循城墮而折脇移病歸數月城遂陷延人至今尸祝吾父也傑何庸之有余歎曰有是父斯有是子杲中之言徵矣公家居六年脇病寖劇今年七月二十三日年五十九卒於家君萬將奔喪卜葬撰次事狀屬其友楊主事希孔拜而謁銘於余按狀公諱鴻猷字勳甫先世自晉徙霸州父諱九思輕財好施公能成其志事繼母如母撫兄之遺孤女如女鄉之稱孝友者歸焉娶於王生四子俊傑位佺俊佺皆早世傑則君萬丁丑進士今官太常寺博士者也公器資杰出少讀左國班馬南華鴻烈之書作爲制義飈發泉流北方之學者未能或之先也年三十登賢書晚而與君萬偕入鎖院君萬既登第課其孫惟訥日移漏仆方吮毫覃思公已落筆數紙撫而嘆曰豎子遂先我著鞭阿婆雖老大猶堪壓倒三五少年也其葛儻堅强老而自負

如此銘曰幽都北極野惟峌峒角立精悍是生俊雄賊避單車民保窮髮風施鄜延氣厲勃碣勤官屯膏死事質冥哲人乘箕孝子見星海抱岳迆戴斗之下我銘幽竁與此終古

董文敏公題顏魯公經疏帖石刻此石長三尺寬一尺一寸首行十字唐顏魯公經疏帖其昌題小字行書以下俱寸楷共二十二行每行八字字體頗似多寶塔文字亦有剝落前爲州署堂階同治十三年五月十八日經縣人崔喜亭朱十洲見之即起出安置益津書院現存石城公立高等小學校

六八、閱永定河記

題解：

《閱永定河記》收録于民國二十三年（1934）《霸縣新志・金石志》，清高宗弘曆撰文。

碑文：

永定河之本無定也，此氣數之可以授其權于人事者也。無定河之求永定也，此人事之不可以諉其柄于氣數者也。自前歲夏秋，瀕河田廬被潦。特命高晋、裘日修、周元理等，會勘利病所由，發帑五十餘萬金，大加疏築。浹歲訖功，農臻倍稔，遂俞所請，以今春省成事而詔之曰：河之工茲式集矣，雖然，朕能遽信爲一勞永逸計乎？昔之河故無工也，惟我皇祖聖祖仁皇帝蒿目民艱，爲畿甸東南勤求保惠之政，莫若興建堤工。溯自康熙三十七年始事，迄今億兆蒙庥，淪浹肌髓。中間偶值水旱不齊，此濫彼淤，遷流遞易。自安瀾城而柳岔口，而王慶坨，而冰窖草壩，而賀老營，而今之調河頭，或北或復南，凡六徙。皆審時度勢，善爲相導，惟務順小變以歸大常，而于成謨罔敢稍斁。斯誠皇考世宗憲皇帝以暨朕躬數十年，來繼志繩武之苦心，不容自已者。何者？在河固無一勞永逸之方，在治河實有後樂先憂之責也。或者耳食漢田蚡天事非人力及晋，杜預請決諸陂之膚見，謂弃地與水可聽無定者之所之。嘻！何其戾耶！夫以水故弃地猶可，並地故弃人可乎？子輿氏稱神禹行所無事。無事而曰行，則必有無事之事，所謂疏瀹決排者非耶？以黄河證之，積石、龍門，故跡可按，而商患五遷，周移千乘，即已世近而事殊。厥後赴海南趨，殆更燕、齊與吴之境。雖神禹復生，亦難力挽以從其朔。第更一境即治一境，仍與當年導源之績等耳，豈竟以不治治耶？桑乾流經近圻，勢若建瓴，非挾沙將一泄而無餘。惟挾沙又四出而莫遏，運道民生，無堤曷賴？前此督臣孫嘉淦建議試開金門閘，上游中亭河，遂不能容，所至村莊漫溢。幸急飭堵閉，民獲安居，尤近事之足爲炯戒者。且朕匪直爲愛護已成之工起見也，假令是河在今日尚無堤工，而籌運道，策民生，朕亦必自爲始事之舉。易地以觀，益知我皇祖、皇考默鑒今日之發帑疏築有深計，爲後先克紹者矣。不然者，惡勞惜費，朕寧必大矯乎人情，而甘爲是汲汲也哉？是行也，往復周諮，既嘉大吏能體朕意，猶慮其不克堅持定識，勉繼前功。爰特揭大指，鍥之河上。其他條具規制，存乎神而明之者，皆不書。

閱永定河記　清高宗

永定河之本無定也此氣數之可以授其權於人事者也無定河之求永定也此人事之不可以諉其柄於氣數者也自前歲夏秋瀕河田廬被潦特命高晉裘日脩周元理等會勘利病所由發帑五十餘萬金大加疏築浹歲訖功農臻倍稔遂俞所請以今春省成事而詔之曰河之工茲式集矣雖然朕能遽信爲一勞永逸計乎昔之河故無工也惟我皇祖聖祖仁皇帝蒿目民艱爲畿甸東南勤求保惠之政莫若興建堤工迴自康熙三十七年始事迄今億兆蒙庥淪浹肌髓中間偶值水旱不齊此濫彼淤遷流遞易自安瀾城而柳岔口而王慶坨而冰窖草壩而賀老營而今之調河頭或北或復南凡六徙皆審時度勢善爲相導惟務順小變以歸大常而於成謨罔敢稍斁斯誠皇考世宗憲皇帝以暨朕躬數十年來繼志繩武之苦心不容自已者何者在河罔無一勞永逸之方在治河實有後樂先憂之責也或者耳食泥田蚡天事非人力及晉杜預請決諸陂之膚見謂棄地與水可聽無定者之所之嘻何其戾耶夫以水故棄地猶可并地故棄人可乎子輿氏稱神禹行所無事無事而曰行則必有無事之事所謂疏瀹決排者非耶以黃河證之積石龍門故蹟可按而商患

五遷周移千乘即已世近而事殊厥後赴海南趨殆更燕齊與吳之境雖神禹復生亦難力挽以從其朔第更一境即治一境仍與當年導源之績等耳豈竟以不治治耶桑乾流經近圻勢若建瓴非挾沙將一洩而無餘惟挾沙又四出而莫定運道民生無堤曷賴前此督臣孫嘉淦建議試開金門閘上游中亭河遂不能容所至村莊漫溢幸急飭堵閉民獲安居尤近事之足爲烱戒者且朕匪直爲愛護已成之工起見也假令是河在今日尚無堤工而籌運道策民生朕亦必自爲始事之舉易地以觀益知我皇祖皇考默鑒今日之發帑疏築有深計爲後先克紹者矣不然者惡勞惜費朕寧必大矯乎人情而甘爲是汲汲也哉是行也往復周諮既嘉大吏能體朕意猶慮其不克堅持定識勉繼前功爰特揭大指鍥之河上其他條具規制存乎神而明之者皆不書

六九、霸縣崔氏第一自立高等小學堂紀念碑

題解：

《霸縣崔氏第一自立高等小學堂紀念碑》收録于民國二十三年（1934）《霸縣新志·金石志》。

碑文：

夫以一人之力而能携荷衆人所不易勝之任，天下之至難也。于錮習之中而能獨見異時不能不變之端，舉世所罕覯也。且以韋布效忠，爲國家分育才之責，斯又人所心竊冀之，而衹恐才力不及者也。吾師贊亭夫子，行敦孝友，學貫中西。慨時勢之多艱，憫斯人之寡學，因自創立高等小學堂一所。首開風氣，獨任艱難，教養兼施，始終如一。以高尚立品，以樸實淑身，以洙泗爲經，以亞歐爲緯。吾徒廿七，咸受栽成，獲益之深，誠難言喻。于今四載，小學告終。不需公款絲毫，輸出家資巨萬。國家多士，誰與比倫。人盡如斯，何憂衰弱？我輩幸沾化雨，克畢功修，行將邀天室之褒嘉。益深感吾師之訓迪，謹抒數語，勉達私衷。敬勒貞珉，以垂永久。

霸縣崔氏第一自立高等小學堂紀念碑
夫以一人之力而能攜荷衆人所不易勝之任天下之至難也於錮習之中而能獨見異時不能不變之端舉世所罕覯也且以韋布效忠爲國家分育才之責斯又人所心竊冀之而祇恐才力不及者也吾師贊亭夫子行敦孝友學貫中西慨時勢之多艱憫斯人之寡學因自創立高等小學堂一所首開風氣獨任艱難教養兼施始終如一以高尚立品以樸實淑身以洙泗爲經以亞歐爲緯吾徒廿七咸受栽成獲益之深誠難言喻於今四載小學告終不需公款絲毫輸出家資鉅萬國家多士誰與比倫人盡如斯何憂衰弱我輩幸沾化雨克畢功修行將邀天室之褒嘉益深感吾師之訓迪謹抒數語勉達私衷敬勒貞珉以垂永久

七〇、重修邵家橋記

题解：

《重修邵家橋記》收録于民國二十三年（1934）《霸縣新志·金石志》，崔汝襄撰文。

碑文：

橋工蕆事，予遊焉。客有乘高軒者過之，問予曰：「橋何爲而作也？」曰：「通過渡也。」某工師曰：「土人也，越幾時？」曰：「兼旬耳。」「費奚若？」曰：「千餘緡。」「勝任幾許？」曰：「能任重，且致遠。」客曰：「吾曾作橋以通過渡矣，延異國之工師，經數年之時日，竭無量之資財，僅有名而無實，何此橋若斯之易易也？」予曰：「是橋也，根柢則仍舊也，補救則從新也。不飾外觀，但求實效，所以用力少，而成功多也。」客聞之，悵然若有所失，恍然若有所悟，歎曰：「嗟乎！根柢仍舊也，補救從新也。不飾外觀，但求實效，無惑乎用力少而成功多也。」長揖而去。適理事諸公索記于予，予書此以應之，勒石與否，予不敢知。宣統元年。

重修邵家橋記　崔汝襄
橋工蕆事予遊焉客有乘高軒者過之問予曰橋何爲而作也曰通過渡也某工師曰土人也越幾時曰兼旬耳費奚若曰千餘緡勝任幾許曰能任重且致遠客曰吾曾作橋以通過渡矣延異國之工師經數年之時日竭無量之資財僅有名而無實何此橋若斯之易易也予曰是橋也根柢則仍舊也補救則從新也不飾外觀但求

霸縣新志　卷七　六十二　天津文竹齋印

實效所以用力少而成功多也客聞之悵然若有所失恍然若有所悟歎曰嗟乎根柢仍舊也補救從新也不飾外觀但求實效無惑乎用力少而成功多也長揖而去適理事諸公索記於予予書此以應之勒石與否予不敢知宣統元年

七一、重修縣署記

題解：

《重修縣署記》收録于民國二十三年（1934）《霸縣新志・金石志》，知事唐肯撰文。

碑文：

霸于前清始年爲直隸州，固京南一重鎮也。余于民國四年二月，自良鄉奉調來此。周視平原沃壤，村舍相望，城垣雄厚。而固署址亦寬廣，規模氣象有足觀者，而門墻頽弊，堂廡傾欹，階之下圊厠布滿。地方行政機關，觀瞻所繫，而凌雜蕪穢至于此極，有司之責也。慨然欲修葺之，以工程較巨，力有未遑，僅能清潔之而已。會奉檄建立關岳廟，地方人士更以孔廟失修，霸臺墮廢，振文教、保古跡爲請。余忝牧斯土，誼無可辭。乃捐廉爲倡，募款興工，選公正士紳董其役。工竣，在事諸君視署屋之圮壞，引以爲陋。願以餘款興修，自門以達大堂，咸更新之如制。可治者治之，無可仍者改建之。高其閈閎，培其基址，閲月告成。整飭崇隆，丕振厥觀。二堂以次及住房，則因絀于資，概仍其舊。是役也，動機于建修廟臺，諸君子眷念公署爲一邑政治所自出，足以作人耳。日爲刷新之標幟，衆力贊成。余幸始願之獲遂，而嘉諸君子急公好義，不稍推諉，不及于燕居之室者，爲地方惜經費也。爰記其緣起于此，後之來者得省覽焉。

重修縣署記　知事唐肯（武建）

霸於前清始年爲直隸州固京南一重鎭也余於民國四年二月自良鄉奉調來此周視平原沃壤村舍相望城垣雄厚而固署址亦寬廣規模氣象有足觀者而門牆頹弊堂廡傾欹階之下圊廁布滿地方行政機關觀瞻所繫而淩雜蕪穢至於此極有司之責也慨然欲修葺之以工程較鉅力有未逮僅能淸潔之而已會奉檄建立關岳廟地方人士更以孔廟失修霸臺隋廢振文敎保古跡爲請余忝牧斯土詎無可辭乃捐廉爲倡募款興工選公正士紳董其役工竣在事諸君視署屋之圮壞引以爲陋願以餘款興修自門以達大堂咸更新之如制可治者治之無可仍者改建之高其閈閎培其基址閱月告成整飭崇隆丕振厥觀二堂以次及住房則因絀於貲槪仍其舊是役也動機於建修廟臺諸君子眷念公署爲一邑政治所自出足以作人耳目爲刷新之標幟衆力贊成余幸始願之獲遂而嘉諸君子急公好義不稍推諉不及於燕居之室者爲地方惜經費也爰記其緣起於此後之來者得省覽焉

民國四年十月

七二、文昌閣碑記

題解：

《文昌閣碑記》收録于民國二十三年（1934）《霸縣新志・金石志》，學正舉人張廷柏撰文。

碑文：

文昌在天，列紫微垣。凡六星炳炳，有文明之象。我聖天子，尊其神爲帝君。俾海内建祠宇，修春秋歲祀。凡以祈鍾靈毓秀，文教昌明，此固在士林者所共景仰，而家置俎豆者也。霸州舊有文昌宫，地湫隘不能建閣。朔望，州牧偕官屬禮拜，幾至肩相摩，以故士人鮮出入其間。顧謀欲更建之，而無其地，且州城應制，有其舉之，莫敢廢因之，其議遂寢。城東關廂火神廟建自前朝，閲碑記知于乾隆十九年，附文昌于其中。蓋離之明，與文之明相符，此其意至深且遠。乃不及百年，殿陛傾廢，存者惟帝君像，移于火神廟之後堂。非惟歲祀久缺，質之州人，竟罕有知之者，其無乃褻尊實甚。州東關廂夙有志而力不逮，用是大會學校中人，分赴四鄉，各請捐資，咸以爲可。惟歲數不登，功難驟起。又三年，始鳩工庀材，丕視工作，遂起崇閣，延帝君像于法座，棟宇之美，金石交輝，周以墻垣，並增修字紙鑪一座，以遵敬惜之訓。其前殿火神廟因亦一律修整，補其殘缺，蓋四閲月而工告竣。意前此之修，未必如斯之宏且麗也。夫天上祇一文昌，而天下建閣者，至以千萬數，神將安託，不知神依于閣，而實依于人之心。依于心，則心之所在，而神在，即閣之所在，而神無不在，神無間遠邇也，閣亦無分公私也。繼自今彬彬濟濟，將士人于此會文焉。即州牧及同官並來朔望之拜，亦誰曰不可。是舉也，州尊吕公兩學兩廳，悉捐俸以助。倘亦有志于文教之興，而仰體聖朝作人之雅意也歟。是爲記。

文昌閣碑記

學正舉人　張廷柏撰

文昌在天列紫微垣凡六星炳炳有文明之象我聖天子尊其神爲帝君俾海內建祠宇修春秋歲祀凡以祈鍾靈毓秀文教昌明此固在士林者所共景仰而家置俎豆者也霸州舊有文昌宮地湫隘不能建閣朔望州牧偕官屬禮拜幾至肩相摩以故士人鮮出入其間頗謀欲更建之而無其地且州城應制有其舉之莫敢廢因之其議遂寢城東關廂火神廟建自前朝閱碑記知於乾隆十九年附文昌於其中蓋離之明與文之明相符此其意至深且遠迺不及百年殿陛傾廢存者惟帝君像移於火神廟之後堂非惟歲祀久缺質之州人竟罕有知之者其無乃褻尊實甚州東關廂夙有志而力不逮用是大會學校中人分赴四鄉各請捐貲咸以爲可惟歲歉不登功難驟起又三年始鳩工庀材不視工作遂起崇閣延帝君像於法座棟宇之美金石交輝周以牆垣並增修字紙鑪一座以遵敬惜之訓其前殿火神廟因亦一律修整補其殘缺蓋四閱月而工告竣意前此之修未必如斯之宏且麗也夫天上祗一文昌而天下建閣者至以千萬數神將安託不知神依於閣而實依於人之心依於心則心之所在而神在即閣之所在而神無不在神無間遠邇也閣亦無分公私也繼自今彬彬濟濟將士人於此會文焉即州牧及同官並來朔望之拜亦誰曰不可是舉也州尊呂公兩學兩廳悉捐俸以助倘亦有志於文教之興而仰體聖朝作人之雅意也歟是爲記

七三、誥封恭人吴母孟太恭人墓誌銘

題解：

《誥封恭人吴母孟太恭人墓誌銘》收録于民國二十三年（1934）《霸縣新志·金石志》，趙慎畛撰文。

誌文：

太恭人姓孟氏，其家世故霸州著姓，爲處士諱士俊之女，誥贈中憲大夫吴公振功之繼配，户科掌印給事中霽峰之母。蚤就養京邸，卒于本年五月十九日申時，年七十三。霽峰卜以冬之十月，葬太恭人于贈公墓側，屬予銘其藏。予惟與霽峰偕舉進士，聯袍澤者十餘年。歲時拜謁，凡太恭人之慈徽懿德，得諸見知者最深，敢以不文辭哉？按狀：太恭人年二十二，繼劉太恭人歸贈公，逮事舅姑，盡孝養。贈公殁，主持家政，内外整肅，尤嚴教子。督霽峰日就傅，稍怠輒叱責之。贈公有弟子常出繼族後，生子三，太恭人視同己子。令偕霽峰讀，飲食寒暑，體恤周至，有過則庭立譙讓，與待霽峰無少異。霽峰學有成就，通籍服官。太恭人猶隨時詔以居官立身之要，視曩時尤加厲焉。其識大體如此。治家精心，計每歲租税出入，細至米鹽凌雜，稽覈檢校，纖悉具察，僮奴不能售其欺。故自贈公逝後，拓産有加，躬自節嗇而遇人獨厚。凡戚族鄰里之貧乏者，無不頌其德，即以此勖霽峰。故霽峰之慷慨爲人，敦義氣，多有所倚賴者，皆奉太恭人教也。于乎！太恭人身崇令德，而又迪其子以永厥緒，洵可謂賢矣哉。生子女各一，子即霽峰，由拔貢生司訓昌黎，中丙辰進士，官編修，洊擢給事中。女適新城姚氏，先卒。孫男三：祝齡，庠生；岳齡，卒；佺齡，幼。孫女一，未字。曾孫二，曾愉、曾陰。今將以十月十日祔葬于卜家莊之原，墓坐癸山丁嚮。銘曰：

母德伊何，曰嚴曰慈。閑家勖子，交相濟之。惟嚴守教，惟慈繫思。徵諸古史，是爲女師。厥子克荷，休譽聲馳。章明懿訓，蔚國羽儀。崇封花誥，象服攸宜。綿延餘慶，尚思令貽。佳城同穴，幽魂妥栖。勒銘貞石，永介蕃釐。

誥封恭人吳母孟太恭人墓志銘　紐愼昣

太恭人姓孟氏其家世故霸州著姓爲處士諱士俊之女誥贈中憲大夫吳公振功之繼配戶科掌印給事中霽峯之母蚤就養京邸卒於本年五月十九日申時年七十三霽峯卜以冬之十月葬太恭人於贈公墓側屬予銘其藏予惟與霽峯偕舉進士聯袍澤者十餘年歲時拜謁凡太恭人之慈徽懿德得諸見知者最深敢以不文辭哉按狀太恭人年二十二繼劉太恭人歸贈公逮事舅姑盡孝養贈公歿主持家政內外整肅尤嚴教子督霽峯日就傅稍怠輒叱責之贈公有弟子常出繼族後生子三太恭人視同己子令偕霽峯讀飲食寒暑體䘏周至有過則庭立譙讓與待霽峯無少異霽峯學有成就通籍服官太恭人猶隨時詔以居官立身之要視饔時尤加厲焉其識大體如此治家精心計每歲租稅出入細至米鹽淩雜稽覈檢校纖悉

具察僮奴不能售其欺故自贈公逝後拓產有加躬自節嗇而遇人獨厚凡戚族鄰里之貧乏者無不頌其德即以此勗霽峯故霽峯之慷慨爲人敦義氣多有所倚賴者皆奉太恭人教也於虖太恭人身崇令德而又迪其子以永厥緒洵可謂賢矣哉生子女各一子即霽峯由拔貢生司訓昌黎中丙辰進士官編修洊擢給事中女適新城姚氏先卒孫男三祝齡庠生岳齡卒佺齡幼孫女一未字曾孫二曾愉曾陰今將以十月十日祔葬於卜家莊之原墓坐癸山丁向銘曰

母德伊何曰嚴曰慈閑家勗子交相濟之惟嚴守教惟慈繫思徵諸古史是爲女師厥子克荷休譽聲馳章明懿訓蔚國羽儀崇封花誥象服攸宜緜延餘慶尙思令貽佳城同穴幽魂妥栖勒銘貞石永介蕃釐

七四、清處士孫公（鈐）之墓碑

題解：

《清處士孫公（鈐）之墓碑》收録于民國二十三年（1934）《霸縣新志·金石志》，王樹枏撰文。

誌文：

公諱鈐，字睦昆。天性純篤，善事親，尤得祖父母之歡心。喪母，思慕之誠，感通神明。父卒時，家甚貧，哀毀骨立，水漿不入口者六七日。祖母病年餘，湯藥服侍，惟公一人。溲便皆掬之以手，夜不止燈、不就枕者七十餘日。耳聾目昏，爲之失血。鄉里嘖嘖稱孝焉。又公總角時，即穎悟絶倫。喜讀書，別具會心，能發前人所未發。曾舉子張問十世章，質于師曰：「清世以後必有異乎。」師曰：「何謂也？」公曰：「孔子生于周，歷秦、漢、晋、隋、唐、宋、元、明至本朝，適爲九世，繼清者政教當有改革，不然顓孫氏何獨注意于此？」師大奇之。年及冠，五經皆通。師使爲時文，公曰：「此無用之學也。」遂慨然有投筆從戎，立功萬里之志。爰訪名師，習技擊之術，兼考天文、地理、兵法並奇門六壬、太乙術等。書學皆精，乃遭時不遇，懷抱未伸，喟然歎曰：「凡諸材能皆爲世所用者也。惟義理之學自己受用者也。吾何不自尋其樂，而別求煩惱乎？」于是搜羅關閩濂洛之書及諸儒先語録，精研而切究之。存心養性，以主敬爲宗，體驗所得，必躬行實踐而後快，更邃于《易》理，見微知著，不爽毫厘。作《卜易秘解》以明己見。又深痛時俗合婚、風水二事之誤人，由是于星命堪輿之學窮其奥，而悉以平易出之。論星命則主張爲善獲福之説，論堪輿則主張人傑地靈之言，使人不惑于異説，破迷信以正人心。且公素性剛直，嫉惡如仇，涵養既深，而剛直發爲慈祥。勸人爲善，孜孜不倦。嘗語人曰：「人惟溺于利，是以品行卑污，如陷身淤泥中，不能自拔。設志向一立，如置身千仞上。俯視卑鄙行爲，不值一笑。斬斷無限葛藤，省却許多苦惱，何等快樂，何等便宜！」其循循善誘類如此。至于敦睦宗族，周恤親鄰，信乎友朋，賑憂貧乏，種種善行，尤其彰明較著，婦孺皆知者也。嗟乎！公以一介布衣，矯世勵俗，足表率乎群倫！倘使乘時利用，其文謨武略，照耀人耳目者，更當何如哉。公既殁，列邑縉紳、巨公相與唏嘘而言曰：「老成彫謝，尚有典型。國家褒揚之典，非斯人，伊誰與歸。」爰臚陳其行誼，轉聞于上。大總統徐題褒「里黨觀型」匾額，並蒙清帝欽賜「種德收福」匾額，以旌其閭，身後亦云榮矣。然猶有憾。古之仁人君子，其立德立言非不著于一時，至後世而無傳者不知凡幾。鄉人士恐其久而弗彰也，爰爲立石于墓以誌之。庶觸目生悲，仰觀墜淚者，不知幾千百人。臨風懷想，慨慕有道者，不知幾千百載。嗚呼！斯亦可以不朽矣。公于宣統元年誥授通議大夫，壽至八十有二終。有子三，孫五，曾孫三，均能世其德。

清處士孫公之墓碑　王樹枏

公諱鈐字睦昆天性純篤善事親尤得祖父母之歡心喪母思慕之誠感通神明父卒時家甚貧哀毀骨立水漿不入口者六七日祖母病年餘湯藥服侍惟公一人溲便皆掬之以手夜不止燈不就枕者七十餘日耳聾目昏爲之失血鄉里嘖嘖稱孝爲父公總角時即穎悟絶倫喜讀書別具會心能發前人所未發嘗舉子張問十世章質於師曰清世以後必有異乎師曰何謂也公曰孔子生於周歷秦漢晋隋唐宋元明至本朝適爲九世繼清者政教當有改革不然顓孫氏何獨注意於此師大奇之年及冠五經皆通師使爲時文公曰此無用之學也遂慨然有投筆從戎立功萬里之志爰訪名師習技擊之術兼攻天文地理兵法並奇門六壬太乙術等書學皆

精乃遭時不遇懷抱未伸喟然歎曰凡諸材能皆爲世所用者也惟義理之學自己受用者也吾何不自尋其樂而別求煩惱乎於是搜羅關閩濂洛之書及諸儒先語錄精研而切究之存心養性以主敬爲宗體驗所得必躬行實踐而後快更邃於易理見微知著不爽毫厘作卜易秘解以明己見又深痛時俗合婚風水二事之誤人由是於星命堪輿之學窮其奧而悉以平易出之論星命則主張爲善獲福之說論堪輿則主張人傑地靈之言使人不惑於異說破迷信以正人心且公素性剛直嫉惡如仇涵養既深而剛直發爲慈祥勸人爲善孜孜不倦嘗語人曰人惟溺於利是以品行卑汚如陷身淤泥中不能自拔設志向一立如置身千仞上俯視卑鄙行爲不値一笑斬斷無限葛藤省却許多苦惱何等快樂何等便宜其循循善誘類如此至於敦睦宗族周卹親鄰信乎友朋賑憂貧乏種種善行尤其彰明較著婦孺皆知者也嗟乎公以一介布衣矯世勵俗足表率乎群倫倘使乘時利用其文謨武略照耀人耳目者更當何如哉公既殁列邑縉紳鉅公相與唏嘘而言曰老成彫謝尚有典型國家褒揚之典非斯人伊誰與歸爰臚陳其行誼轉聞於上大總統徐題褒里黨觀型匾額並蒙清帝欽賜種德收福匾額以旌其閭身後亦云榮矣然猶有憾古之仁人君子其立德立言非不著於一時至後世而無傳者不知凡幾鄉人士恐其久而弗彰也爰爲立石於墓以誌之庶觸目生悲仰觀墜淚者不知幾千百人臨風懷想慨慕有道者不知幾千百載嗚呼斯亦可以不朽矣公於宣統元年誥授通議大夫壽至八十有二終有子三孫五曾孫三均能世其德

七五、韓瑜墓誌

題解：

《韓瑜墓誌》全稱《故内客省使檢校太傅贈太尉昌黎郡韓公墓誌銘並序》，拓片收録于國家圖書館碑帖菁華，郝雲撰，刊刻年代不詳。志長73厘米、寬69厘米，蓋長41、寬38厘米。蓋文3行，篆書。誌文33行，行36字不等，楷書。蓋周刻八卦及天乾，志石出土于河北省霸州市。

誌文：

故内客省使檢校太傅贈太尉昌黎郡韓公墓誌銘並序　前進士郝雲撰

夫高門襲慶，列爵疏封。雄飛資廟食之文，鹿鳴叶朝謙之雅。若乃真先王之胄緒，大建侯之勳庸，繼世聯芳，載書備簡。韓之先與周姓武王封于韓原，号韓武子。後與趙、魏滅范，貞子遷之平陽，安王始爲六國。自韓之後，因生賜姓，族氏不遷。本大則枝出惟繁，源濬則流長靡竭。拜前封後，從昔至今。宗躅弥昌，豊謀盡紀。近代則起家于燕壤，仕禄于遼庭焉。曾祖爲大司馬，英氣拔倫，風襟特秀。討惡助中卿之典，若疇遵祈父之詩。王父諱知古，臨潢府留守，守尚書左僕射兼政事令。始逢昌運，兼館重權，如蕭何獨守于留司，孔光不言于温省。列考燕京統軍使天雄軍節度管内處置等使，開府儀同三司檢校太師兼政事令鄴王。石驎稟異，風虎騰祥，文武敵萬人之英，將相備累朝之傑，三分上爵，一字真封。忠貞則元后腹心，仁惠則黔黎膏沐。公諱瑜，字□，即鄴王夫人蘭陵氏之長子也。生而魁偉，幼有端良，雅好大謀，卓聞奇節。趨庭就傅，學詩禮以檢身；筮仕勤王，便騎射而成性。應曆中，初補天雄軍衙内都指揮使，尋詔赴闕，授銀青崇禄大夫檢校工部尚書右金吾衛將軍兼御史大夫上柱國。行止可度，必以廉能。夙夜在公，曾非曠怠。景宗皇帝紹位之始，命選禁衛，端求藎臣。以公壯志不群，良圖可用，授控鶴都指揮使、绛州防禦使檢校司空，尋授金紫崇禄大夫檢校太保左羽林軍大將軍。紫庭奉職，耀簪紱以輸忠；紅旆禦戎，森戈矛而稱略。遷授客省使，祗膺載勵，循墻益恭。朝廷嘉之，改授内客省使檢校太傅守儒州刺史，仁化洽于六條，政聲馳于雙闕。自任復詔，充内客省使崇禄大夫檢校太傅兼御史大夫上柱國、昌黎郡開國侯食邑一千户食實封一百户。遇聖明之代，當要重之榮。束帶立朝，有儀可效。對揚休命，發言盈廷。洎统和间，以太階未平，渠魁作孽，曹彬犯境，涿易屯兇。及賊師既潰，詔公權涿州刺史，實謂當難安之秋，得惠和之牧。次年，昭聖皇帝哀燕民之若子，忿趙氏以如讎，北率天兵，南行國討。仍覩敵寇據彼長城，築壘猶堅，横戈甚衆。公方當扈從，切在剪除，以奪人爲先謀，以亡軀爲盡瘁。因俯營擒狡，釋鎧傳宣。攻長城口，俄爲流矢中首，然雖抱楚，尚更摧鋒。金瘡尋發于朝昏，委命幾臨于泉壤。承天皇太后愈憐忠赤，愛之如母子之慈。皇帝復念舊勛，痛乎竭君臣之義，疊頒醫詔，親視殞傷。嗚呼！樂盡悲來，福盈禍構，賢愚並歎，今昔寧逃。以統和五年十一月十日薨于行次，享年四十有二。尋載靈柩而歸，權厝于霸州之私弟，皇上以階爵未峻，賵贈有加。殊錫恩輝，載超倫等。追贈太尉，所以旌忠孝也。國朝深論吉地，允擇通年。鄴王夫人方承天睠，深被國恩，足以崇骨肉之親，篤家門之孝。率諸昆季具窆如初，以統和九年歲次辛卯十月丙寅朔八日癸酉，改葬于霸州之西青山之陽，禮也。始，娶夫人蕭氏，先亡，合祔于此。夫人生九男三女：長男曰越孫，早亡；次曰阿骨兒，亦亡；次駭里鉢，亦亡；次寶神奴，亦亡；次福孫，亦亡；次栲栳，亦亡；次三哥，年幼；次四哥，亦亡；次高神奴，亦亡；長女楊佛喜，早亡；次羅漢女，次堰彌吉，俱在室，尚幼。繼室夫人蕭氏，誠歎未亡，禮無再嫁。公英雄授爵，膽氣過人，高貴相承，交游不雜，宜乎萃讜言而致壽，弘茂績以流芳，奈何遷隟興嗟，臨川告逝。必使松楸間植，長兹龜兆之占。陵谷縱遷，尚固牛眠之異。俾營豐樹，用刊貞珉。其詞曰：公之高貴，繼世聯芳。挺生魁偉，克藴端良。禮樂是悦，騎射斯彰。歷官禁省，效節疆埸。揮戈深入，流失横傷。魂飛戰壘，骨歸故鄉。皇情哀痛，宣贈彌光。事君事父，忠孝備昌。萬載千秋，芳聲不亡。

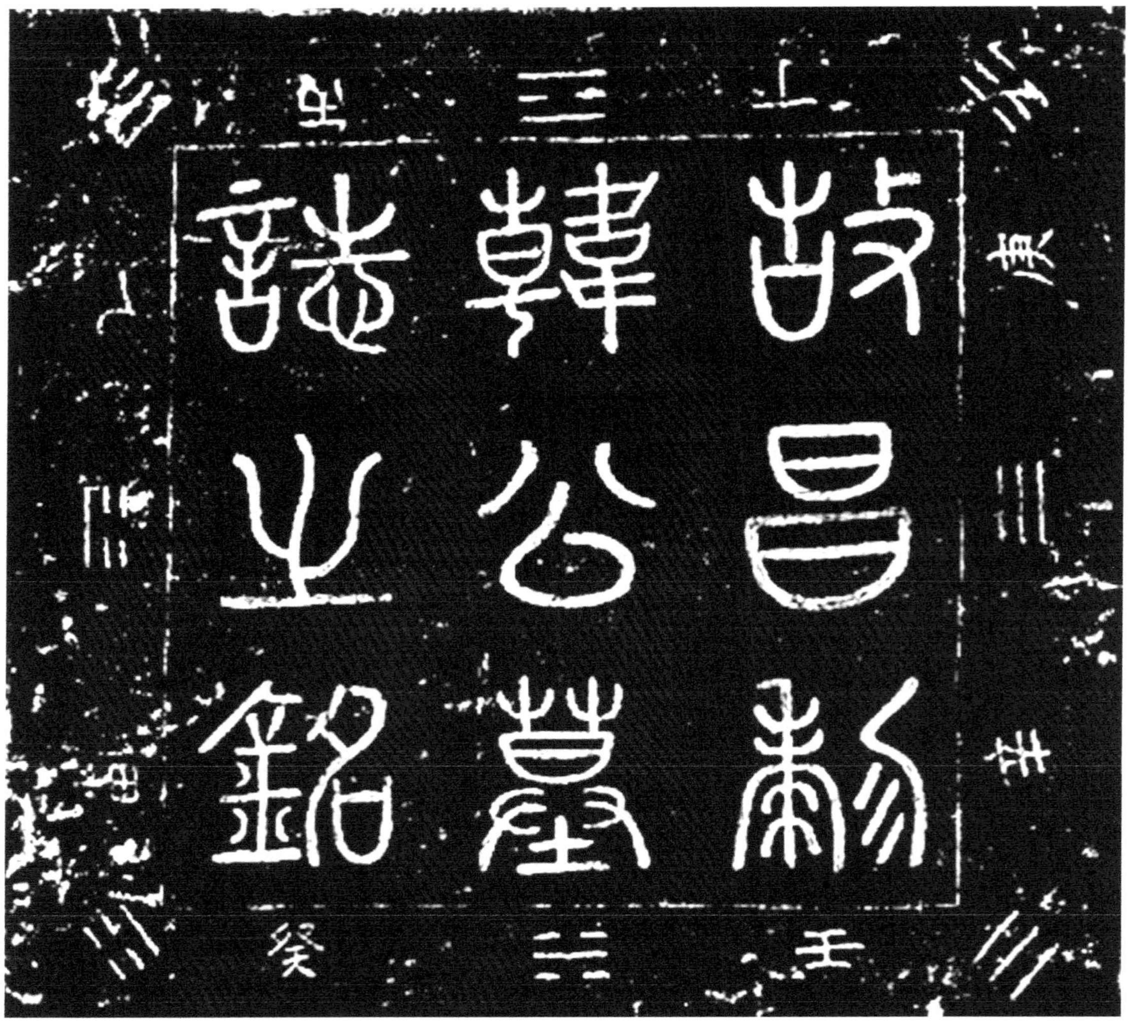
故昌黎韓公墓誌之銘